Christoph Martin Wieland

Der deutsche Merkur

Christoph Martin Wieland

Der deutsche Merkur

ISBN/EAN: 9783742897329

Hergestellt in Europa, USA, Kanada, Australien, Japan

Cover: Foto ©ninafisch / pixelio.de

Manufactured and distributed by brebook publishing software (www.brebook.com)

Christoph Martin Wieland

Der deutsche Merkur

Teutsche Merkur

vom

Jahr 1775.

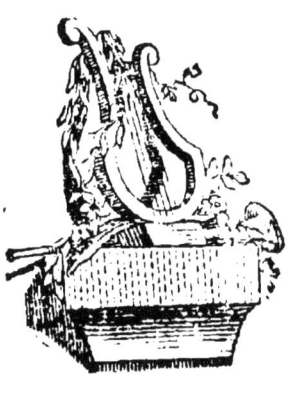

Erstes Vierteljahr.

Weimar.

Der Teutsche Merkur.

Jänner 1775.

I.
Das Urtheil des Midas.

Ein komisches Singspiel in einem Aufzug.

* * *

Personen:

Apollo.   Thalia.
Pan.   Ein junger Faun.
Midas.   Chor { der Faunen.
                { der Musen.

Die Scene ist am Ufer des Paktols, eine offne Gegend, mit Bäumen und kleinen Gebüschen geziert. In der Mitte erhebt sich eine Art von Thron, über dem ein aus Epheu und Rosen gewundener Kranz hängt. In der Ferne entdeckt man den Palast des König Midas, und einen Theil der dazu gehörigen Gärten.

Thalia tritt lachend auf.

Ha, ha, ha, ha!
O das ist gar zu schön! wer hilft mir lachen?

*Der Faun von der entgegenstehenden Seite
aus dem Gebüsche hervorspringend.*

Faun. Hier hast du deinen Mann!
Um einen Kuß, Thalia, lach ich mit,
Und frage nicht warum.

Thal. Um einen Kuß? Nein, schönes Fäunchen, nein;
So theuer nicht! ich kan ja Solo lachen.

Faun. Und mein Verlust wird auch erträglich seyn.
Ein Kuß? das lohnt sich auch der Müh!
Um einen möcht ich mir den Mund nicht
wässern machen.

Ein Küßchen ist
Auch gar zu bald geküßt.
Kaum spizt ihr die Lippen,
Es schlürfend zu haschen,
Kaum glaubt ihrs zu haschen,
So ist es entschlüpft.
Weg ist die Lust, sobald wir zählen müssen,
Wie leicht wird bey gezählten Küssen
Einer überhüpft!

Thalia (mit einer Pantomime, welche die Anspielung auf
die Fabel vom Fuchs und der Traube deutlicher macht.)

Die Traube mag ich nicht,
Sie würde mir nur stumpfe Zähne machen?
Sehr

Sehr schlau! allein, auch ungeküßt,
Mein guter Faun, sollt du mir helfen lachen.
Ha, ha, ha, ha!

(Der Faun lacht auf eine gezwungne und burleske Art mit.)

Thal. Genug, genug! der große Spaß
Zu wiehern, wie du thust, und nicht zu wissen
Warum! — Warum ich lache,
Dies ist — ha, ha, ha, ha!
Es ist zum bersten, Faun!
               (Sie wischt sich die Augen.)
Was Eigendünkel nicht vermag!
Sprich, lud nicht euer Pan auf diesen heuti-
             gen Tag
Den Musengott zum Kampf im Singen ein,
Und soll nicht Midas Richter seyn?

Faun. So, ist's nur dies? ich dachte was es wäre!

Thal. Ich denk' es ist sehr viel,
Und viel zu viel für euers Ordens Ehre.
Wir setzen nichts dabey aufs Spiel,
Und so ein Sieg kan wenig uns vergnügen.
Bloß euer Wahn, im Kampf mit uns zu siegen,
Der ist belachenswerth.

                            Faun.

Faun. Nur nicht zu früh gelacht, mein schönes Kind!
Am Ende sieht man erst, aus welchem Tone
Das Stückchen geht.

Thal. Ihr habt euch wenigstens sehr klüglich vor-
gesehn.
Die Wahl des Richters zeigts.

Faun. Die Wahl des Richters? Wie?
Besinne sich das Fräulein, was sie spricht!

Thal. Die Pflicht der Pierinnen
Ist wahr zu seyn.

  Ein Diadem ist keine Zauberbinde,
  Um welchen Kopf es auch sich winde.
  Es ziert die Stirne zwar,
  Und putzt das Haar;
  Allein der Kopf, der Kopf
  Bleibt wie er war!

Faun. Bey meinem Schlauche! Nennt ihr das —
Verzeih mirs Pan! — nicht gar moralisiren?
Doch, daß ihrs wißt, ein Midas hat dabey
Nichts zu verliehren.

  Herr Midas, durch der Sterne Gunst,
  Ist Meister jeder freyen Kunst,
  Und Kenner aller schönen Sachen.

         Thalia.

Thalia. Das ist bekannt!
 Wer giebt uns öfter was zu lachen?
Faun. Es ist kein bloßer Dilettant,
 Er kan es besser machen!
Thalia. Den Klugen was zu lachen!
Faun. Er hat Verstand! Thal. Das ist bekannt.
Faun. Macht er nicht Verse? Thal. Schlimm
 genug!
Faun. Und spricht von allem — Thal. Wie nicht
 klug.
Faun. Tanzt wie ein Faun, singt — Thal. Wie
 ein Rabe.
Faun. Und spielt die Flöte schier wie Pan,
 Er ist ein Mann von großer Gabe!
Thalia. Man siehts ihm an.
Faun. Bey meinem Thyrsusstabe,
 Ein Mann von großer Gabe!
Thalia. Ja wohl ein feiner Knabe!
 Man siehts ihm an!

Faun. Auch hören wirst du's bald. — Ah, ha!
 Sie kommen schon. Thalia, horch empor!
 Des Krummhorns Ton! die Klapperbleche!
 Die Pfeiffen! Sieh, der Faunen Chor,
 Und Pan in ihrer Mitte.

Zwoote Scene.

Pan. Chor der Faunen. Die Vorigen.

Pan. Ha, ▓▓▓▓ du-da? Ist alles fertig?
           Wo b▓▓ ▓ber Richter deyn, und wo mein
                              Gegentheil?
(zur Thalia) Ah, sa! mein schönes Kind, wie treffen
                              wir uns an?
           Du kömmst doch nicht den Kampf uns abzu-
                              sagen?

Thal. Wie schön ist dieses Selbstvertraun!
      Wie glücklich ist ein Faun,
      Der stets sich selbst gefällt, den keine Zwei-
                              fel plagen,
      Der urtheilt, wie man Kegel schiebt,
      Und Unsinn spricht soviel als ihm beliebt.
      Was darf ein Mann mit langem Ohr nicht
                              wagen?
              Ein Faun
              Ist traun!
              Im glücklichsten Zeichen gebohren!
              In seine Faunheit eingehüllt,
              Trägt er sein Hörnchen übergüldt,
              Reckt hoch empor
              Sein langes Ohr,
              Und spottet der kleineren Ohren.

                                              Pan.

Pan. Ich glaube gar das Mädchen will uns necken?
Gut, gut! das Omen nehm ich an!
Ja, lassen wollen wir die Ohren, recken
Bis an die Wolken hoch empor,
Und senken, senken, bis zur Erde senken
Sollt ihr die eurigen!

(Man hört Trompeten und Pauken.)

Chor der Satyren. Glück zu! der Richter kömmt!

Dritte Scene.

König Midas in einem langen Talar, dessen
Schleppe ihm zween Edelknaben nachtragen,
sehr eilfertig. Die Vorigen.

Thalia vor sich.

Der Spaß wird Ernst. Apollo darf
Nun länger nicht verziehn.

(Sie schleicht sich weg.)

Midas. Vergebung, guter Pan! Wir ließen uns
Zu lang erwarten. Gelt, ihr dächtet nicht,
Daß Midas, wie ihr ihn hier seht, dem
 Tage selbst
Zuvorkam, bey der ersten Rose,

Die ihm Aurora an die Nase warf,
Sich aus den Federn machte? O das stellt
Kein Mensch sich vor, kein Mensch, was uns
     ser einer
Den ganzen langen Tag bis in die Nacht
Zu ●●●●●. Wie man immer zehnerley
Auf ●●●● thun soll, immer da und dort
Und allenthalben seyn soll; oft nicht weiß,
     wo einem
Der Kopf steht, und am Ende, seht ihr, doch
Nie fertig werden kan, nie was zu thun war
Gethan hat, immer auf sich warten läßt.
Bey meiner Treu, es ist ein saures Leben!
Allein, was Raths? Umsonst ist einer auch
Kein Sultan! — Aber was ich sagen wollte,
Wo bleibt Apollo? Ha! probiert vermuthlich
Sein Stückchen noch? Hats Ursach! Was
    Geschmack betrift,
Da bin ich (unter uns) ein wenig eigensinnig.
Er kan es treflich machen, und noch kömmts
    drauf an,
Obs mir gefällt. Ich war von Kindesbei-
    nen an
Liebhaber, Kenner will ich just nicht sagen;
Doch Ohren bring ich mit, verlaßt euch drauf!

Pan. O! wenn man solche Ohren
Zu Richtern hat, ists nur ein Spaß ums singen.
      Midas.

Midas. Ich sage nichts. Allein — genug, ich weiß
Schon was ich weiß — Apollo mag nur
kommen!

Faun. Da kömmt er würklich.

Midas. Lupus in fabula, ha, ha, ha, ha!

(Er lacht und giebt sich die Miene, was sehr
sinnreiches gesagt zu haben.)

Vierte Scene.

**Apollo. Chor der Musen. Thalia.
Die Vorigen.**

Apollo. Herausgefodert komm ich, nicht aus Wahl;
Pan will den Kampf; Pan wählte sich den
Richter.
Mir gilt es gleich.
Um seinetwillen hoff' ich bloß,
Der Richter hat, was hier erfodert wird,
Ein Herz, das fühlen kan, und nicht zu
dicke Ohren.

Midas.

Midas. Nichts von captatio beneuolentiae!
Nichts präludirt! Zur Sache! Frisch gewagt
Ist halb gethan! — Ich setze mich —
(zu Apoll und Pan) Ihr tretet in die Mitte;
Ihr andern lagert euch zu beyden Seiten.
Und laßt hören, wem der Kranz gebührt!

Apollo zu Pan. Du singst zuerst.

Pan. Gut, weil du doch den Vortheil haben willst
Nach mir zu singen.

Thalia zu einer Muse. Ah! da setzt es was zu lachen.

    Pan (mit sehr viel Aktion.)

  O Nymfe mit dem schönen Busen,
  Wie lange willst du grausam seyn?
  Sieh, wie dein Pan die ganze Nacht
  An deinem Ufer sizt und wacht,
  Vom Mond bescheint,
  Und seufzt und weint,
  Und klagt dir seine Pein!
  Wie kan dein Herz so eißkalt seyn,
  In einem solchen Busen?

Midas. O bravo, bravo, Pan! das nenn ich singen,
Das heißt Musik! Ancora, guter Pan!
So etwas muß man zweymal hören.

                         Pan.

Pan. O Nymfe mit dem schönen Busen,
Wie kanst du doch so grausam seyn?
Ich spiel auf meinem Haberrohr
So manch herzbrechend Lied dir vor,
Und du, und du,   (weinend)
Du lachst dazu,
Und spottest meiner Pein?
Sy, so felsenhart zu seyn
Mit einem solchen Busen!

Midas
(steigt ganz außer sich vom Thron herab.)

Genug, genug! es ist nicht auszuhalten!
(zieht sein Schnupftuch heraus und weint.)

Thalia (ironisch.)

Ja wohl! die Nymfe muß samt ihrem schönen
                                        Busen
Von Alabaster seyn,
Die so was hören kan und nicht zerschmilzt.

Midas (ahmt den Gesang Pans nach.)

„O Nymfe mit dem schönen Busen — „
Das nenn' ich reine Melodie,
Das heißt Musik! — „Und du, und du
„Du lachst dazu„ — Da ist Natur und Ausdruck!

(Die Musen können sich nicht mehr halten, in
  ein lautes Gelächter auszubersten.)

Was

Was giebts zu lachen? he? Die närrschen
            Dinger!
Zu lachen wo man weinen soll! ha, ha, ha, ha!
            (er lacht selbst.)
Das hat kein Eingeweide, keine Seele!
Das schmeckt und fühlt nicht! — Desto
            schlimmer
Für euch! „Und du, und du„ — Wars
            nicht die Syrinx, Pan,
Die hier gemeynt ist?

Pan. Eben die, die spröde Hexe!
Hat mich leider! manches schöne Lied gekostet!
Wißt ihr was ihr Fehler war?
Sie liebte die Musik nicht — Ihrenthalben
Hätt' ich mich heiser singen mögen, hätte sich
Nicht so viel drum bekümmert!

Midas. Was du sagst? das garstige Ding! die
            mußte gar
Kein Herz im Leibe haben — Doch, davon
Ein andermal! Jzt muß ich, Amtes halben,
Auch deinem Gegentheil ein Ohr verleihen.
Wohlan, Apoll! die Reyh' ist nun an dir!
Der Sieg ist schwer — ich sage weiter nichts —
Doch, wenn du etwan anders dich
Besonnen hättest — Wie du meynst, Apollo!

            Apollo

Apollo (lächelnd) Der Sieg ist, wie ich sehe,
Bereits entschieden. Der Triumph allein
Fehlt noch. Und diese Freude nicht
Dem Sieger zu verkümmern, will ich singen.
Der Richter spreche dann — wie er's versteht!

Midas. Schon gut, schon gut!
So oft du geigen wirst, so werd ich tanzen.

Apollo. Vom schlummerlosen Lager hob
Ismene sich, die reizendste
Der jungen Schäferinnen,
An Ladons Ufer. Lange schlich ihr schon
Amynt, der schönste Hirt, mit stillen Seuf-
zern nach;
Vergebens! Fühllos blieb bey seinem Leiden
Die Schäferin.
Doch endlich überwältigt sie
Der Gott der Liebe; und am frühsten Morgen,
(Noch schien der Mond, noch schlief der
ganze Hayn)
Gieng sie mit leisem Tritt, jungfräulich
schüchtern,
Dem Hayne zu, wo unter dunkeln Myrten
Cytherens Marmorbild im Mondschein glänzt,
Sie nähert sich, pflückt halbentfaltete
Vom Morgenthau geschwellte Rosen, kränzt
Der Göttin Haar und Busen, seufzt,

Die

Die Stirne sanftgelehnt an ihre Wange,
Und betet so zu Cyperns Königin:

Holde Königin der Liebe,
Nein, nicht länger soll Ismene
Deiner Allmacht widerstreben!
Göttin, kanst du ihr vergeben?
Laß sie, laß sie dich versöhnen,
Diese erste stille Thräne
Hingeweint auf deine Brust.
O zu welchem neuen Leben,
Göttin, läßt du mich erwachen!
Alles scheint mir zuzulachen,
Alles athmet Götterlust.

Thalia (zu einer Muse.) Siehst du, wie vor Ver-
gnügen
Sogar der Faunen langgespiztes Ohr
Wollüstig wackelt.

Midas. Nicht übel! hübsch! ganz artig! in der That!
Ganz hübsch in seiner Art, ich muß gestehen.
Doch freylich — Nimm es mir nicht übel,
Apollo — zwischen Pan und dir —
Ich denke, wir verstehen uns — mit Einem
Worte,
Pan ist der Mann, und Ihm gebührt der
Kranz.
(Er steigt vom Thron herab, und sezt dem
Pan den Kranz auf.)
Chor

Chor der Faunen.

Wohlgesprochen! wohlgesprochen!
König Midas leb! er lebe!
Midas, der so weislich spricht,
Und sein Saame sterbe nicht!

Apollo. Dem weisen Spruch zufolg' ist Pan gekrönt;
Mich lohnt der Musen und mein eigner
Beyfall;
Und unbelohnet sollte nur
Der Richter, der so weislich sprach,
Von hinnen gehen? Nein, das soll nicht seyn!
Sein angebohrnes Ohr, das so gelehrt ent-
scheidet,
Ist fürderhin für ihn zu klein.
Wir wollen ihn, zum ew'gen Angedenken
An diesen Tag, mit einem Ohrenpaar,
Das seiner würdig ist, beschenken.

(Apollo berührt des König Midas Haupt, und
plötzlich dehnen sich seine Ohren in Esels-
ohren von der ersten Größe aus. Musen
und Faunen lachen überlaut.)

Midas. Was ist's? was ist's? was lachet man?
(er greift sich an die Ohren.)
Ha! beym Element, was soll die Schäckerey?
Nehmt mir die Ohren ab!

Midas. Ey, ey,
Bey meiner Treu,
Was soll die Schäckerey?
Nehmt mir die Ohren ab!

Apollo. Herr Aldermann verzeih;
Sie wieder abzunehmen,
Herr Aldermann,
Das geht nicht an.

Midas. Und du, Gevatter Pan,
Du läßt mich so beschämen?

Pan. Ey, hat sich was zu schämen!
Die Ohren stehn dir an.

Midas. Kurz um! die Schäckerey
Steht mir nicht an!

Thalia. ⎫ Herr Aldermann, verzeyh,
Der Faun. ⎭ Die Ohren stehn dir an.

Thalia. Wir bitten nur damit
Vorlieb zu nehmen.

Midas. Verdammter Streich!
Ich möchte gleich
Vor Aerger bersten.

Pan. ⎫
Thalia. ⎬ Man möchte gleich
Der Faun. ⎭ Vor Lachen bersten.

Pan.

Pan. Gieb dich zufrieden, Freund, und, statt zu murren,
Sey stolz auf deiner Ohren Majestät!
Du bist dadurch wie unser einer worden,
Und mit Vergnügen nehmen wir dich auf
In unsern langgeöhrten Orden.

Chor der Faunen. Wohlgesprochen, wohlgesprochen!
Unser Bruder Midas lebe!
Und mit seinen Ohren wachse
Auch sein Nachruhm himmelan!

Thal. allein. Weiser Midas, groß von Ohren,
Nimm zu deiner neuen Würde
Auch der Musen Glückwunsch an.

Beyde Chöre. Lebe, Bruder Midas, lebe,
Lebe, weiser Midas, lebe,
Und mit deinen Ohren wachse
Auch dein Nachruhm himmelan!

(Die Musen und Faunen schließen einen
Tanz um den König Midas, und
der Vorhang fällt.)

W.

II.
Geschichte
des
Philosophen Danischmende.

Keine Vorrede.

Eine Vorrede vor ein Werk, wie die Geschichte des Philosophen Danischmende? — Nein, bey allem was gut ist, ich werde keine Vorrede dazu machen, es erfolge auch daraus was will!

Für den verständigen Leser würde die kürzeste zu lang seyn: und dem unverständigen hilft keine Vorrede, und wenn sie dreymal länger wäre als das Werk selbst.

Es giebt Leute (sagte mir neulich einer meiner Freunde) welche sichs nicht ausreden lassen wollen, daß Sie unter den Sultanen — die Fürsten, und unter den Bonzen — die ganze Geistlichkeit verstehen.

„Ists möglich (sagte ich) daß es so blödsinnige Leute geben kan?„ Leider! (versezte mein Freund) und in grösserer Anzahl als Sie Sich vorstellen. Ich dächte, Sie wären's

ren's Sich selbst schuldig, diesen Leuten ein für allemal so deutlich, als nur immer möglich ist, zu sagen, wie Sie verstanden seyn wollen.

„Ich dächte, dies wäre schon längst geschehen, erwiederte ich. Ich kan mich unmöglich deutlicher erklären, als ich's im goldnen Spiegel gethan habe. Wer mich nun nicht versteht, will nicht, — oder befindet sich im Falle des ehrlichen Mannes, der alle Brillen einer ganzen Boutike probierte, ohne einen Buchstaben dadurch lesen zu können; am Ende zeigte sich's, daß der Mann weder mit noch ohne Brille lesen konte.

„Schaffe mir Kinder, oder ich sterbe, sagte Rahel zu Jakob ihrem Manne. Bin ich denn Gott? antwortete der Erzvater. — Dies ist gerade der Fall eines ehrlichen Autors, den unverständige Leser zwingen wollen, ihnen Verstand zu geben.

„Licht ist nur Licht für den Sehenden; der Blinde wandelt im Sonnenschein, und dünkt sich im Finstern.

„Also keine Vorrede, mein Freund — „

Auf Ihre Gefahr, sagte der Freund.

Et libera nos a malo, betete ich in der Stille, und schwieg.

Erstes Buch.

Erstes Kapitel.
Wie der Sultan Gebal und Danischmende aus einander kommen.

Schah-Gebal, ein durch gute und böse Gerüchte bekannter Sultan, hatte, neben manchen gleichgültigern Eigenschaften, die Schwachheit — wie es seine Tadler nannten — daß er über niemand, dem er einmal gut gewesen, lange zürnen konnte. Wahr ist's, in dem Augenblicke, wo man in seine Ungnade fiel — welches leicht begegnete — waren zwey- oder dreyhundert Prügel auf die Fußsolen das Wenigste, womit er den Unglücklichen, den dieser Zufall traf, bedrohte. Aber seit die Sultanin Nurmahal von ihm erhielt, daß dergleichen Züchtigungen nie anders, als in seiner Gegenwart vollzogen werden durften, hat man kein Beyspiel, daß er's bis zum zehnten Streiche hätte kommen lassen.

Er ließ sich, nach der Weise der Sultanen, seiner Brüder, bey solchen Anläßen große Complimente über seine Mildherzigkeit machen. Allein das Wahre an der Sache war, daß er, trotz seiner Sultanschaft, sich nicht erwehren konnte, bey jedem Streich

Streich ein unangenehmes Zücken in allen seinen Nerven zu fühlen. Der Gedanke, ich bin auch ein Mensch, denkt Ihr — Aber dies war's nicht. Armer Schah-Gebal! du warst zu sehr und zu lange Sultan, um so was aus dir selbst zu denken. Aber die Natur, die Natur! die treibt ihr Werk ohne Ansehn der Person, im Monarchen wie im Bettler. Die mitzitternde Nerve wird beym Anblick des Leidens eines Menschen an dem vermeynten Halbgott zum Verräther; er fühlt, daß er auch Fußsolen hat. Um es eiligst wieder zu vergessen, übt er eine seiner hohen Vorzüglichkeiten aus, und ruft: Gnade! (*)

Wie dem auch war, gewiß ist, daß der Philosoph Danischmende, als er, ohne recht zu wissen, wie ihm geschah, in des Sultans Ungnade fiel, weit leichter davon kam, als es seine guten Freunde, die Fakirn, gehofft hatten. Diese gutherzigen Seelen würden mit den dreyhundert Prügeln auf die Fußsolen, die ihm Schah-Gebal in der ersten Hitze seines Zorns versprach, als einer noch ganz leidli-

---

(*) Dies mag bey Schah-Gebaln so gewesen seyn, aber vermuthlich war er hierinn nur eine Ausnahme. Die Nerven der Sultanen verlieren gewöhnlich diese sympathetische Eigenschaft. Sie fühlen nicht, daß sie auch Fußsolen, auch einen H..rn haben, bis sie Podagra und J.w.. daran erinnern.   Anonym.

leiblichen Vergütung aller Unbilden, so sie von ihm erlitten zu haben vorgaben, allenfalls zufrieden gewesen seyn. Aber der Sultan, der bey dreyhundert Prügeln im Grunde nicht mehr als bey drey oder vieren dachte, fand nach kälterer Ueberlegung diese Strafe zu gelinde, und besann sich so lange auf eine härtere, bis ihm die Lust zu strafen gar vergieng.

Danischmende lag indessen in einem Gefängniß, wo etliche Spannen Himmel seine ganze Aussicht, und ein paar Fliegen seine ganze Gesellschaft ausmachten. Er fieng bereits an zu glauben, daß nun weiter nicht mehr die Rede von ihm seyn würde, als ihn der Sultan, in einer von seinen guten Launen, holen ließ.

Danischmende, sagte der Sultan, da er ihn mit seinem langen Barte (der inzwischen gute Zeit zum wachsen gehabt hatte) ansichtig wurde: — Wenn einem Menschen, wie du, zu rathen wäre, so würd' ich dir rathen, wie du hier stehst, die Philosophie abzuschwören, und — ein Santon (*) zu werden.

Den

(*) Eine Art von Muhammedischen Mönchen von der strengern Observanz, die sich in völliger Abgeschiedenheit von allen irdischen Dingen der Contemplation wiedmen, in der engsten Gemeinschaft mit dem höchsten Wesen zu stehen glauben, oder vorgeben, und daher von den Arabern Abdal genennt werden. *Herbelot.*

Den **Bart** dazu hätteſt du ſchon, wie ich ſehe; und an **Entbehrungen** ſollteſt du, denk ich, auch gewöhnt worden ſeyn, ſeitdem ſie dich zwiſchen vier Mauern eingekuffert haben. Ich ſehe wenigſtens kein ander Mittel, dich mit den Derwiſchen und Fakirn auszuſöhnen, die dir, wie ich höre, ſo herzlich gram ſind, daß ich eine Empörung beſorgen müßte, wenn ich darauf beſtehen wollte, dich gegen ſie in Schutz zu nehmen. Ein Santon, ich habe der Sache oft nachgedacht, ein Santon iſt das glücklichſte Weſen in der Welt. Wenn ich nicht mein Wort gegeben hätte, Sultan zu ſeyn, ich wüßte nicht was mich hindern ſollte, heute noch Santon zu werden.

Santon? — verſezte Daniſchmende: Die Sache mag ihr Gutes haben; aber — ich wollte wohl darauf ſchwören, daß ich niemals einen erträglichen Santon machen würde. Ich habe gewiſſe Bedürfniſſe, von denen ich mich unmöglich losmachen kann —

Bedürfniſſe, Bedürfniſſe, — fiel Schah-Gebal ein — die ſind immer das dritte Wort bey euch Philoſophen. Ich habe keine Bedürfniſſe und bin Sultan! Es iſt ein häßliches, verächtliches Ding, ſo viele Bedürfniſſe zu haben. Unter uns, was für Bedürfniſſe wären's dann, von denen du nicht Luſt hätteſt dich loszumachen?

B 5   Sie

Sie werden über mich lachen, versetzte Danischmende; aber wer kann sich helfen? Es giebt gewisse Dinge, ohne die ich weder leben noch weben kann; als da ist — die gute Mutter-Natur jedes Stückchen auf mir spielen zu laſſen, das ſie auf mir spielen will (*); immer auszusehen, wie mir ums Herz ist; nichts zu reden, als was ich denke; nichts zu thun, als was ich mit Freuden thue; mich mitzutheilen, wenn ich glücklich bin, und flugs in meine Schale zurückzukriechen, ſobald ich eine Fliege, die mir um die Naſe ſumßt, im Ocean ertränken möchte; item — alles, was Menſchen angeht, als meine Privatſache anzuſehen, und mich über ein Unrecht ſchrecklich zu ereifern, das vor dreytauſend Jahren einem Betteljungen zu Babylon geſchehen iſt; item, allen harmloſen ehrlichen Geſichtern recht gut zu ſeyn, und allen Schurken, wo ich nur an ſie kommen kann, auf den Fuß zu treten; und, während daß ich die Welt gehen laſſe — wie ſie kann, mich (ſo oft ich nichts angenehmers zu empfinden, oder nichts beſſers zu thun habe,)

(*) Dies iſt einer ſehr argen Ausdeutung fähig, Herr Daniſchmende!   Didius.

Wer ſind die Leute, die bey allen Dingen immer Arges denken?   Bonhomme.

Schurken.   Diogenes.

be,) auf meinen Sopha zu lagern, und Entwürfe zu machen, was ich thun wollte, wenn ich der grosse Lama, oder die Favoritin des Königs von Serendib oder der Dairi von Japan wäre. Mit einem Worte —

„Mit einem Worte, Herr Danischmende, ich sehe, daß du ein Grillenfänger bleiben wirst, so lange du lebst. Aber betrüge dich nicht, mein Freund. Ich habe dir schon gesagt, daß ich nichts für dich thun kann. Es steht bey dir, ob du ein Santon oder ein Kalender, oder was du werden willst; aber aus Hindistan muß ich dich verbannen, dafür hilft nichts. Die Fakirn! die Bonzen! — Um dein selbst willen muß ichs thun. In den Wildnissen des Imaus magst du dir einen Wohnort suchen, wo dirs am besten gefällt; näher kann ich, wenn ich Ruhe haben will, keinen Philosophen bey mir leiden.

Sultan von Indien, sagte Danischmende, es giebt sehr anmuthige Gegenden in den Wildnissen, wohin Eu. Hoheit mich zu verbannen die Gnade hat. Ich habe mir schon lange eine Vorstellung gemacht, daß sich dort eine ganz artige kleine Kolonie von glücklichen Menschen anlegen ließe.

Von glücklichen Menschen? — rief Schah-Gebal; Feenmährchen, Zauberschlösser, Freund Danisch-

nifchmende! wollteſt du nicht, da du mein Itimad-
dulet warſt, alle meine Unterthanen zwiſchen dem
Oxus und Ganges glücklich machen? Und wie viel
fehlte noch, daß du mit dieſer einzigen Grille ganz
Hindiſtan zu Grunde gerichtet hätteſt? Ich dächte,
von dieſer Narrheit wenigſtens ſollteſt du geheilt
ſeyn, Daniſchmende!

Was bey hundert Millionen verdorbener Menſchen unmöglich war, gelänge mir vielleicht bey einem kleinen Häuflein roher aber noch unangeſteckter
Söhne und Töchter der Natur, erwiederte der Philoſoph.

Der Sultan ſchwieg eine Weile, wie er zu thun
pflegte wenn ihm ein Einfall in den Wurf kam, mit
dem er etliche Augenblicke ſpielen konnte. Endlich
ſagt' er: Weißt du wohl, Daniſchmende, daß ich
beynahe Luſt hätte dich eine Probe machen zu laſſen?
Ich möchte wohl ſehen was herauskäme. Gut!
Ich gebe dir einen Befehl an meinen Schazmeiſter
zu Kabul; denn ohne Geld legt man keine Kolonien
an; zumal wenn du ſie, um eine ſchöne Zucht von
Menſchen zu bekommen, mit hübſchen Cirkaſſerin-
nen verſehen wollteſt. Aber nimm dich in Acht daß
der Bramine der Sultanin nichts davon erfährt.
Ich mag keine Fehde mehr mit dieſen wackern Leuten; ich will Ruhe haben!

Herr,

Herr, antwortete Danischmende, wenn mir zum
lezten mal noch erlaubt ist so freymüthig wie sonst
mit Eu. Hoheit zu reden, ich habe keine Lust mich
in die Wildnisse des Imaus verbannen zu lassen.
Ich bin nicht selbständig genug um ohne Gesellschaft
leben zu können, und schon zu alt, um Waldmen-
schen zahm zu machen. Gerne will ich für die Nachwelt pflanzen; aber dann müssen auch die Bäume
schon gewachsen seyn, in deren Schatten ich aus-
ruhen soll. Dem Bramen der Sultanin und allen
Fakirn und Bonzen in der Welt wird es gleichgültig seyn können, wo ich lebe, wenn sie nur nichts
weiter von mir hören. Und hören sollen sie nichts
mehr von mir, oder es müste nur kein bewohnba-
rer Ort mehr auf Gottes Boden seyn, wo man
sicher vor ihnen athmen könnte. Ich kenne in den
Gebürgen von Kischmir einen solchen Ort, ein ein-
sames Thal, fruchtbar und anmuthig wie die Gärten Schedads (*), und von einem harmlosen
Völk-

―――――――――――
(*) Schedad Ben Ad, ein alter Arabischer König aus
der fabelhaften Epoche dieser Nation, war ein mächtiger
aber gottloser Fürst (sagt die Arabische Tradition) der
Ansprüche an den Götterstand machte, und (außer der
in den Gedichten und Mährchen der Araber berühmten,
unsichtbar gewordenen Stadt Schedads) ein Paradies,
Iram genannt, anlegte, worinn diejenige unter seinen
Getreuen die er dieser Belohnung würdig hielt, von allem
was

Völkchen bewohnt, das keinen Begrif davon hat, wie man ein Fakir, oder Santon seyn kann. Wenn mir Eu. Hoheit so viel geben will, daß ich mir unter diesen guten Leutchen eine Hütte bauen kann, so sind alle meine Wünsche erfüllt. Für's übrige, was man noch um glücklich zu seyn haben muß, will ich schon sorgen.

Es sey darum, sagte Schah-Gebal. Wenn man einem Gutes thun will, muß man's ihm nach seiner eignen Weise thun. Lebe wohl, Danischmende. Möchtest du in deiner Einsamkeit glücklich genug seyn, zu vergessen, daß du einst der Freund eines Sultan warst!

Danischmende war im Begriff, auf dieses gnädige Compliment eine Antwort zu geben, die dem Sultan nothwendig hätte mißfallen müssen. Aber er konnt' es nicht über sein Herz bringen, den guten alten Herrn durch eine Wahrheit zu kränken, die am Ende doch zu nichts helfen konnte. Es
giebt

---

was die Sinnen schmeicheln und entzücken kan, trunken wurden. Ungeachtet dieses Schedads im Koran nie anders als mit Abscheu gedacht wird, pflegen doch viele Muhamedaner dieses sinnliche Paradies Jram mit demjenigen zu vermengen, welches ihnen in Koran verheissen ist.
Herbelot.

giebt Wahrheiten, die ein Mann (Sultan oder
Nicht-Sultan) sich selbst sagen muß; thut ers
nicht, oder kann ers nicht thun, so ists Menschlichkeit, ihn damit zu verschonen. In solchen Fällen
kann die Wahrheit nur demüthigen, nie besser
machen.

Danischmende verschwand noch an dem nemlichen Tage aus Dehli, und weder der Fakir der
Sultanin, noch die Sultanin selbst, konnten jemals
von Schah-Gebal erhalten, daß er ihnen gestanden hätte, was in dieser lezten Unterredung zwischen ihm und seinem ehmaligen Günstling vorge-
gangen. Dieses eigensinnige Stillschweigen des
Sultans, und die Unmöglichkeit vom Aufenthalt
des verschwundnen Philosophen etwas zu erfahren,
brachte die schöne Nurmahal und alle, denen daran
gelegen war, auf die Vermuthung, daß ihn Schah-
Gebal heimlich habe aus dem Wege schaffen lassen.
Auch dies ist so übel nicht, sagten die Bonzen.

———

Zweytes

Zweytes Kapitel.

Danischmende läßt sich in Kischmir nieder. Sein Hauswesen. Ein neues Bedürfnis.

Unterdessen hatte Danischmende, nachdem er auf Befehl des Sultans von dem Schatzmeister zu Lahor zehentausend Bahamd'or empfangen, in den Gebürgen, welche Kischmir von Tibet absondern, sich einen Wohnplatz ersehen, wo er, fern von Sultanen und Fakirn, nach seinem Geschmack und nach seinem Herzen glücklich zu leben hoffte. Es war ein langes zwischen fruchtbaren Hügeln und waldichten Bergen sich hinziehendes Thal, von tausend Bächen und Quellen aus dem Gebürge bewässert, und von den glücklichsten Menschen bewohnt, die vielleicht damals auf dem ganzen Erdboden anzutreffen waren.

Hier war ihm vor allen Dingen nöthig, sich ein kleines Hauswesen einzurichten. Denn (nach seiner Philosophie) setzt ein weiser Mann sich zuerst in seinem Mittelpunkte so wagrecht als immer möglich feste, und sorgt — für sich selbst. Dann zieht er einen Kreis mitfühlender Zuneigung und wohlthätiger Würksamkeit um sich her, schießt seine Stralen gegen alle Punkte dieses Kreises aus, und macht, soviel an ihm ist, Alles glücklich, was er erreichen kann.

Diesem

▬▬▬ ▬▬▬ ▬▬▬ kaufte sich Danischmende ein
▬▬▬ ▬▬▬; ungefehr so groß wie Plinius meynt,
▬▬▬ ▬▬▬ Müßiggänger eines nöthig habe (*);
▬▬▬ ▬▬▬ just soviel Grund und Boden, als er
▬▬▬ ▬▬▬ Kopf an einem Baum zurückzuleh▬
▬▬, ▬▬▬ ▬▬tigen Augen an einer Aussicht ins
▬▬▬ ▬▬▬, auf dem nehmlichen Fußpfade zwi▬
▬▬▬ ▬▬▬ Kohlgarten und Kornfelde hin und her
▬▬▬ ▬▬▬, ▬▬ seine Weinstöcke auswendig zu wis▬
▬▬, ▬▬▬ ▬▬▬ alle seine Bäumchen ein Register zu
▬▬▬ ▬▬.

Danischmende, der ein wenig mehr Bedürfnisse
hatte als Syronius, legte sich noch überdieß ein
Wäldchen ▬▬, wo er in dunkeln kunstlosen Irrgängen
herumschlendern konnte, und vergaß nicht, hier und
da eine Bank hinsetzen zu lassen, damit zwoo oder
drey Personen in Frieden neben einander Platz neh▬
men könnten, wenn sie des Gehens müde wären.
Auch hatte er ▬▬ Felsenquelle, die seine Wohnung
mit Wasser versah, durch eine Wiese, die er seinen
Blumengarten nannte, pflanzte da und dort auf die
Wiese und längst seines Kornfeldes Obstbäume, unter
deren Schatten seine Mäder und Schnitter ausru▬

hen

(*) Siehe in den Briefen des Plinius, den 24sten des 1sten
Buches.

T. M. Jänner 1775.   E

hen konnten, und ließ in den Felsen, aus dem die Quelle kam, eine Grotte hauen, (die Natur hatte schon das Meiste dabey gethan) wo man in der Sommerhitze, hinter einem Vordach von Epheu und Weinreben, auf einer Bank von Moos, beym Gemurmel der Quelle schlummern, oder dem Gesang der Grillen zuhören konnte, so lange man wollte.

Danischmende, wiewohl er eine Art von Philosophen war, verstund wenig oder nichts von der Landwirthschaft. In Kraft dieser seiner Unwissenheit wollte er nichts besser wissen als die Natur; bepflanzte seine Felder nicht mit Disteln, um eine Manufactur von ihrer Wolle anzulegen; pflügte mit dem Pfluge seiner Voreltern, und machte keine Versuche die ihn mehr kosteten, als sie werth waren. Kurz, seine Unwissenheit ersparte ihm vielleicht mehr als manchem hochgelehrten landwirthschaftlichen Metaphysikus seine Wissenschaft einträgt. Aber dafür ließ er sein Feld mit dem alten Pfluge so lange ackern bis es locker war; wo er einen leeren Platz sah, da pflanzte er einen Baum, oder etwas anders hin, das besser war als nichts; und wo sich nach einem starken Regen kleine Pfützen und Sümpfe zeigten, da ließ er so lange Sand und Erde hinführen bis sie ausgefüllt waren. Die Sperlinge und die Raubvögel hatten gute Ruhe vor ihm: denn (sagte er) jene thun mir gute Dienste gegen das Ungeziefer,

und

auch diese gegen die Sperlinge. Ueberhaupt war er ein großer Freund von der Maxime, nichts ausrotten zu wollen, was Gott erschaffen hat. Der Urheber der Natur (pflegte er zu sagen) versteht gewiß die Oekonomie so übel nicht als man glaubt. Er hat durch den einzigen kleinen Umstand, daß immer eine Gattung die andre frißt, hinlänglich dafür gesorgt, daß sie einander so ziemlich die Wage halten. Ich lebe beynahe auf aller andern Gattungen Unkosten; und ich sollte so unbillig seyn nicht leiden zu wollen, daß sie sich helfen wie sie können?

Der gute Philosoph, der (wie wir schon wissen) einer von den Empfindsamen war, hatte sich schon lange eine sehr einladende Vorstellung von einem in der großen Welt wenig bekannten Zustande gemacht, den er häusliche Glückseligkeit nannte. Um sich in seinem vorerwähnten Mittelpunct in das gehörige Gleichgewichte zu setzen, schien ihm eine Gesellin an deren Busen er ruhen könnte, unentbehrlich zu seyn. Was ihm, da er noch in der Welt lebte, höchstens — und nur in gewissen Augenblicken — eine ganz behagliche Sache schien, ward in seiner itzigen Lage zum Bedürfnis. Er dachte anfangs alle Tage beym Erwachen, und alle Nächte beym Einschlafen daran. Bald darauf dacht' er des Tages etlichemal und des Nachts auf seiner Matrazze ganze Stunden lang daran, bis er zuletzt gar nicht mehr davor schlafen konnte;

konnte; oder wenn er ja einschlief, so träumte ihm von Nichts als Hochzeiten und Wochenstuben, Puppen und Steckenpferden; und wenn er des Morgens vor Sonnen Aufgang ans Fenster gieng frische Luft zu schöpfen, sah er aus den Wölkchen, die wie kleine Inseln im Morgenhimmel herumschwimmen, lauter gelblockichte und schwarzlockichte, blauaugichte und braunaugichte Mädchenköpfe herausgucken. Je mehr er über die Sache philosophierte, je völliger überzeugte sich der gute Mann, — das schönste und beste aller Geschöpfe, der Auszug und Inbegrif alles dessen was in der Natur reitzendes ist, das lieblichste, begehrenswürdigste und unentbehrlichste aller Dinge sey — ein Weib. Kurz, er hörte nicht auf darüber zu philosophieren, bis ers endlich so weit brachte, mit ich weiß nicht welchem alten Weisen (*), sich selbst für die bloße Hälfte eines Menschen zu halten, die unmöglich anders als unvollkommen, dürftig, kröpelhaft und höchstunglückselig seyn könne, bis sie ihre andre Hälfte gefunden, und mit ihr in Einen wahren, ganzen, vollständigen Menschen zusammengewachsen sey. Man sieht, daß es nun hohe Zeit mit ihm war.

Zwar

(*) Als ob man so was vergessen könnte? Plato oder vielmehr Aristophanes beym Plato war's. Siehe dessen Συμπ. Tom. opp. III. p. 159 seqq.

Pantaleon Onocephalus.

———— als ein Musulman, sich wenig———
————— Weiber, und allenfalls, nach
————— Sitte, noch ebensoviel Kebs-
—————, ohne daß weder der Jman
————— große Lama in Tibet, noch der
————— Sultanin Nurmahal sich sehr daran
—————. Denn jeder dieser würdigen Her-
————— noch viel mehr in seinem Weiber-
————— Danischmenden war, es nicht um Wei-
————— seine Hälfte Noth; und da zwoo
————— dem allgemeinen Geständniß aller Men-
————— sind, ein Ganzes zu machen, so
————— dritte, vierte, fünfte, u. s. w.: so
lieber ———— sie an sich selbst hätte seyn mögen,
in ————— nichts anders als ein Auswuchs,
—————, Kropf oder Ueberbein gewesen,
der ————— Vollkommenheit des Ganzen zu be-
————— nur überlästig gefallen wäre,
————— tracht beyder Hälften gestört hätte. ————— blieb ihm also nichts übrig
————— gleichartige, genau einpassende,
————— ———te, geflissentlich für ihn allein
————— seines Jchs je bälder je lieber aus-
—————.

————lich sucht, findet immer etwas das
————werth ist; entweder das Gesuchte,
————— etwas Bessers. Danischmende,

mende, den das edelste unter allen menschlichen Bedürfnissen — zu lieben und geliebt zu werden — plagte, suchte sich ein Weib für sein Herz und nach seinem Herzen, und fand sie, wie man einen Schatz findet, oder den Schnupfen aufließt, unversehens, und ohne zu wissen wie.

Drittes Kapitel.

Mysterien — *Procul este profani!*

Unsre ehrlichen Altvordern mögen wohl nicht so unrecht gehabt haben, wenn sie glaubten, daß ein guter Genius (ob sie ihn so oder so mahlten thut nichts zur Sache) sich damit abgebe, einem ehrlichen Kerl in Danischmends Umständen auf die Spur zu helfen. Es ist wenigstens ein so tröstlicher und harmloser Glaube, daß ich dem Manne nicht gut seyn könnte, der mir ihn abräsonnieren wollte.

Eines Morgens früh als Danischmende ausgieng seine Träumereyen auszulüften, begegnete ihm, auf dem Wege zu seiner Grotte, ein Mädchen, die, mit einem großen Wasserkrug auf dem Kopfe, in der Einfalt und Unschuld ihres Herzens daherschritt.

Ob es eine Grille oder was es war, weiß ich nicht; aber alle Weisen aus Morgenland und Abendland

und hätten unserm Manne nicht aus dem Kopfe bringen, daß er seinen Genius habe, so gut als einer der Athemenser. (*) Alles was ich vor andern Leuten voraus habe, pflegte er zu sagen, ist vorzüglich, daß ich mir angewöhnt bey allen Gelegenheiten auf die Stimme meines Genius zu lauschen, und daß mich die Natur dazu mit einem Seelen-Ohr von der feinsten Art begabt hat.

Rede sie an, rief ihm der Genius in seinem ihm allein vernehmlichen Rothwelsch zu. — Das aufwandernde gehorchte.

Woher so früh, schönes Mädchen? sagte er mit einer so sanften Stimme, daß es unmöglich war seine Frage übel zu nehmen.

„Von

(*) *De Genio Socratis* vid. *Plutarch.* Tom. Opp. III. p. m. 482. Apuleius, nec non *Gottfr. Olearius* de Gen. Socrat. *Minut. Felix* in Octau. C. XXVI. *Tertull.* de Anima c. 28. *Lactans. Diuin. Iustit.* L. II. c. 15. *Augustin.* de Ciuit. Dei VIII. 14. *Iamblich.* de Myster. Aegypt. I. *Marsil. Ficin,* ad *Plot. Enn.* IV. p. 278. *Gabr. Naud. Apolog.* Au G. H. au. d. Magie c. XIII. *Charpens.* Vie de Socrate. *La Motte le Vayer* Opp. Tom. III. p. 274. *Serrer.* Platon. devoilé P. II. p. 56. *Andr. Dacier* preface de l'apolog. de Socr. *Iac. Bruck.* Hist. Crit. Phil. T. I. p. 545. *Sayer.* Hist. des Anc. Philos. T. II. p. 145. et alii passim — Ach! wie mir die Finger vom Ausschreiben weh thun! Theophil. Murrzuflus.

„Von jener Grotte, antwortete das Mädchen, indem sie mit dem Zeigefinger der linken Hand nach dem Orte wieß. (Danischmende bemerkte, wiewohl nur obenhin, daß es eine kleine niedliche Hand war.)

„Ich hohle dort alle Morgen Wasser in diesem Kruge, fuhr das Mädchen fort, denn es soll das Beste in der ganzen Gegend seyn.„

Und wozu brauchst du das Wasser? fragte Danischmende. (Es war eine alberne Frage, aber er wollte und mußte nun einmal was fragen, und in der Eile fiel ihm nichts klügers ein.)

„Ich begieße Morgens und Abends einen Rosenstock damit, den ich auf das Grab meiner Mutter gepflanzt habe„ antwortete das Mädchen, mit einem Ton der Stimme, der alle empfindsamen Saiten in seinem Herzen mitertönen machte.

Er sah ihr ins Auge, oder, welches einerley war, er sah in den Grund ihrer Seele; und in dem nehmlichen Nu fühlt' er mit Gewisheit, daß dies Mädchen die Hälfte sey, die er suchte.

Sie ist's, rief im nehmlichen Nu sein Genius.

Das

Das Mädchen war von feiner Gestalt. Alle *** ihres Gesichts drückten die Unschuld, das *** Gefühl und die Ruhe ihrer Seele aus. Ihr *** war in ihren Augen und auf ihren Lippen. *** sah ihr ins Gesicht, und von Stund an war *** ihr Freund, Vater, Bruder und Oheim, vertraute *** alle seine Geheimnisse, sein Leben, seine Ehre, seine Seele und Seligkeit, wünschte sich keine andre Frau, Tochter, Enkelin, Schwester, Nichte u. s. w. und würde lieber zehentausendmal den *** als zugegeben haben, daß ihr ein Leid *** — Uebrigens eine bloße Tochter der Natur; ohne Verzierung, ohne Ansprüche, ohne List, und *** unwissend, daß sie von Danischmenden *** lernen mußte.

Dies werden wenig Mädchen glauben wollen; aber wir können sie mit Gewißheit versichern, daß es wahr ist.

Sie ists, sie ists, flüsterte der Genius noch einmal.

Beym Himmel, ist Sie's, antwortete Danischmende.

Acht Tage darauf — Die ganze Geschichte ihrer Liebe in diesen acht Tagen erlaß ich euch; sie beträgt sieben

sieben starke Octavbände, und würde für Liebende, wie Amandus und Amanda, Herkules und Valiska, Celadon und Aströa, Aruns und Clelia, u. s. f. höchst unterhaltend seyn, wenn Liebende — Zeit zum Lesen hätten —

Acht Tage drauf vermählte sich Danischmende mit ihr, führte sie in sein Haus, und zeugte mit ihr Söhne und Töchter.

Weil dies jedermann kann — die Ausnahmen sind zu selten, um in Anschlag zu kommen — so haben sich die Leute angewöhnt, es für eine gemeine, alltägliche, verächtliche Sache zu halten, die man, ohne lächerlich zu werden, niemanden zum Verdienst anrechnen könne. Viele gehen so weit, daß sie uns gar bereden wollen, man könne mit Anständigkeit nicht einmal davon sprechen.

Man sieht wohl, daß solche Leute nie bedacht haben müssen, welch ein herrliches Geschöpfe der Mensch ist! Ja, solche Karikaturen und Grotesken zu machen, wie man sie alle Werkeltage in Menge machen sieht, — dabey ist freylich wenig Verdienst. Aber dies war Danischmendens Casus nicht. Seine Söhne und Töchter waren die wohlgestaltsten, artigsten, seelevollesten kleinen Geschöpfe, die man mit Augen sehen konnte. Alle Mädchen in der Gegend verliebten sich in seine Buben, alle kleine Jungen waren in seine Mädchen vernarrt; und wer zu alt zum verlieben und vernarren war, hatte die Kinder kaum etliche Stunden um sich, so war's ihm schon, als ob er ihr Vater und Mutter sey.

Dies mochte wohl Ausnahmen leiden; denn es giebt (wie ihr wißt) Leute, die nichts lieben können als sich selbst, und was sie selbst gemacht haben. Allein von solchen Selbstlern ist auch hier die Rede nicht.

Viele Leute, die nicht begreifen konnten, warum Danischmendens Kinder alle so liebenswürdig waren, bildeten sich ein, er müsse ein besonderes Geheimniß besitzen.

Es ist etwas an der Sache, sprach er; ich wollt' es euch wohl sagen, aber unter Zwanzig würde vielleicht kaum Einer seyn, dem es nützen könnte.

Sey's darum, sagten sie, und wenn unter Hundert nur Einer wäre.

Gut, sagte Danischmende; so findet mir erst einen Mann und ein Weib, deren Liebe mit jedem Jahr ihrer Verbindung wächst, immer herzlicher und zärtlicher wird, dergestalt, daß es zuweilen ein Wunder

in

in ihren eigenen Augen ist, wie es zugehe, daß sie sich nach einer Reihe zusammen gelebter Jahre oft verliebter in einander fühlen, als an ihrem Hochzeitstage. Wer die Probe machen will, dem wollt' ich wohl rathen (fuhr er fort) sich von seinem Genius eine Frau wählen zu lassen; es möchte nicht bey allen angehen. Oft sind unser Herz und unser Genius verschiedener Meynung, und seit die Welt steht ist noch nichts gut gegangen, was ein Mann wider Willen seines Genius gethan hat. Ich, meines Orts, hörte den Meinigen drey oder viermal so deutlich sagen, sie ists, daß ich meiner Sache gewiß war. Auch seht Ihr, ob er mich betrogen hat?

Aber, sagten die Leute, es muß ausserdem noch etwas dahinter stecken, eine Art von geheimen — eine Art von — kurz, etwas, das Ihr uns wohl entdecken könntet, wenn Ihr wolltet.

Ich wills euch ins Ohr sagen, antwortete Danischmende.

Viertes Kapitel.
Was Danischmende den Leuten ins Ohr sagte.

Ich — der Erzähler dieser gegenwärtigen Geschichte — kenne einen Arzt, dem ich — auf der Stelle eine Lobrede zu halten versucht werde, und auch

auch sogleich eine Lobrede halten würde, wenn ich
so schön reden könnte wie Isokrates und Plinius; —
einem Arzt, auf dem die Erfahrungskunst, die Weisheit und die Menschenliebe des göttlichen Hippokrates ruhen; — kurz, einen Arzt, wie ich, aus herzlicher Wohlmeynung mit Bösen und Guten, Gerech-
ten und Ungerechten, wünschen möchte, daß an jedem Orte, wo ein Paar Tausend Menschen beysammen wohnen, einer leben und so lange leben möchte,
bis er der Nachwelt einen Mann, wie er, an seinen
Platz gestellt hätte; — und eine von den Ursachen
warum ich diesen meinen Hippokrates ehre und liebe,
ist, daß er — weiß, was für ein Ding das Herz des
Menschen ist, und welche Wunder derjenige zuweilen thun kan. — er sey nun Arzt oder Gesetzgeber
oder Pfarrer oder Feldherr oder Tragödienschreiber
oder was ihr wollt —, der auf das Herz und auf
die Einbildung (in deren Gewalt jenes fast immer
ist) zu rechter Zeit den gehörigen Eindruck zu machen
weiß.

Was sind Jalappa und Senesblätter und Rha-
barber und Fieberrinde und Genseng und Asa Fötida
gegen Mittel die geradezu auf die Phantasie und die
Leidenschaften eines Kranken würken? Von wie viel
mehr Krankheiten als man gemeiniglich glaubt liegt
die wahre Ursach in einem verwundeten oder gepreß-
ten oder entgeisterten Herzen? Wie viele körperliche

Uebel

Uebel zeugt, nährt und verschlimmert eine kranke Phantasie? Wie oft würde eine rührende Musik, eine scherzhafte Erzählung, eine Scene aus dem Shakespear, ein Kapitel aus dem Don Quixote oder Tristram Schandy das gestörte Gleichgewicht in unsrer Maschine bälder wiederherstellen, Verdauung und Schlaf, besser befördern, niedergeschlagene Lebensgeister kräftiger ermuntern, Milzsucht, Mutterbeschwörungen, Hypochondrie, Schwermuth, Muckerey, Intoleranz und andere böse Geister schneller vertreiben, als irgend ein Recept im Neuverbesserten Dispensatorium?

Ein fröliches Herz und eine rosenfarbe oder himmelblaue Phantasie sind in tausend Verrichtungen des menschlichen Lebens unentbehrlich, wenn sie uns wohl von statten gehen sollen. — Grau in Grau mag zuweilen hingehen, wiewohl ich kein Liebhaber davon bin. — Feuerfarb, Pomeranzengelb und Violet sind Farben, mit denen man sich wenigstens sehr in Acht nehmen muß. — Strohgelb, Apfelgrün, Lilas, Pompadour sind ungefehr, was des alten Herrn Schandy seine neutrale Nahmen; ich rathe niemand seine Einbildung darein zu kleiden, wenn er was Kluges beginnen will; aber in Grüngelb und Schwarzbraun geht der Teufel, darauf kann man sich verlassen.

Wenn

Wenn ihr euch für zehn, oder zwanzig, oder dreißig Tomans, mehr oder weniger, eine Persische Tänzerin (*) kommen laßt, so machts wie ihr wollt; aber mit dem Weibe, daß die Mutter eurer Kinder seyn soll, wollt' ich dienstlich gebeten haben, ein wenig behutsam umzugehen.

„Sey dem dem macht die Farbe der Einbildung allein noch nicht alles aus.„ —

Ich will es euch kurz und gut sagen, weil ihrs doch wissen wollt!

„Man kann einen Freund herzlich lieben, ohne daß man es darum immer gleich stark fühlt wie sehr

(*) Die Tänzerinnen und Sängerinnen von Profeßion in Persien (wer Lust hat, kann im Chardin oder in den Lettres Chinoises tom. I. lettre 22. oder dem Journal de lecture Tom. I. p. 1. mehr von ihnen lesen) werden nach der Taxe, wie sie ihre Nächte verkaufen, benahmset. Sie nennen sich nicht Fatime, oder Canzade, oder Zelica, sondern die Zehn Toman; die Zwanzig Toman; die Dreyßig Toman. (Ein Toman ist eine goldne Münze, ungefehr vier Dukaten unsers Geldes.)

Marq. d'Argens.

Die sind theuer: Ουκ ωνημαι μυριων δραχμων μεταμελειαν, sagte Demosthenes.

Philodemus.

sehr man ihn liebt; ja es giebt Augenblicke, Stunden, Tage, wo einer für sein Leben nicht fähig wäre, seinem besten Freund einen einzigen warmen Kuß zu geben. Gerade so gehts einem Biedermanne zuweilen, ohne seine Schuld, mit seinem Weibe. Jedermann sieht, daß dies sehr vielerley Physische, M█████e, Politische, Theologische, Oekonomische, M███████e, Theatralische, Muſikalische, und andre████ von Urſachen haben ███. Zum Exempel, es ist neblicht Wetter — ██████ man hat uns ruhig geschlafen — oder eine schlechte Digeſtion gemacht — oder verdrießliche Briefe erhalten — oder Briefe wider Willen zu schreiben — oder unangenehme Geschäfte abzuthun — oder man hat unversehens ein wenig Bonzengift in den Leib bekommen, — oder ein elendes Schauspiel anhören müssen, und hundert andere solcher Zufälle mehr, die auch den fröhli████ Menschen niederschlagen, ungeduldig mach██ █████ Phantaſie mit Kapuzinerbraun austape████████nen.

Zum Ersatz hat ein Mann von Gefühl Tage oder Stunden — je häufiger je besser für ihn — wo seine Seele ruhig, klar und █████ iſt, wie ein stiller See; offen jedem unverfälschten Eindruck der Natur; empfindlich für ihre leiseſten Berührungen; geneigt mit allem, was lebt und webt, sich zu freuen; glücklich im Gefühl seiner selbst; glücklich durch allgemeines

über

über die ganze Schöpfung ausfließendes Wohlwollen.

In solchen Augenblicken (sagte Danischmende) spielen alle Federn, Räder, Druck- und Saug-werke unsrer Einbildung und unsers Herzens leicht und harmonisch zusammen; der Schleyer der Gewohnheit fällt von den täglichen Gegenständen unsrer Zuneigung ab; sie verschönern und verklären sich in unsern entzückten Augen; jede angenehme Erinnerung erwacht und vereinigt sich mit dem gegenwärtigen Wonnegefühl. Und nun, meine Freunde, sagt mir, giebt es einen Augenblick der geschickter wäre als dieser, um einem glücklichen Geschöpfe das Daseyn zu geben?

Es giebt noch andre herzausdehnende Augenblicke von ähnlicher Art, fuhr er fort: als da sind, — wenn wir eine unverhofte Gelegenheit bekommen haben, eine schöne That zu thun — oder wenn wir, nach trübseligen Stunden, wo dieser umwölbende grenzlose Himmel, wie das dumpfichte Gewölbe eines engen Kerkers, drückend auf uns liegt, im Arm einer redlichen Gattin Ruhe, in ihrem liebenden Blick Trost, in der Ergiessung unsers Kummers in ihr mitempfindendes Herz Erleichterung finden: wo sie uns alles ersetzt, alles vergütet, die ganze Welt für uns ist. — Erinnert euch meine

T. M. Jänner 1775. D Freunde

Freunde, daß wir nicht von einer zehn **Tomans** sprechen, und daß es itzt nicht um Spaß zu thun ist: — die Rede, ich wiederhohl' es, ist von den **Müttern eurer Kinder.** — Wartet in Gedult solche Augenblicke ab, und haschet sie wenn sie kommen.

„Aber wer nicht warten kann?„

Dem hab' ich nichts zu sagen, antwortete Danischmende.

Und doch (fuhr er fort) wir sind, ich gesteh es, am Ende nur arme schwache Menschlein; es giebt leichtsinnige, unempfindsame Augenblicke, über die man nicht allezeit Herr ist. In solchen wäre einem Manne zu wünschen, daß just eine hübsche Heerde Ziegen und Ziegenböcke oder rüstiger Esel und Eselinnen vor seinen Augen ausgetrieben würde; — er würde sie ansehen, erseufzen, und — weise werden. Wo nicht, so wäre wenigstens zu wünschen, daß er von solchen Augenblicken des Selbstvergessens nur überfallen würde, wenn nichts zu verderben ist, — wofern dies anders jemals der Fall seyn kann. (*)

Was

(*) Ich läugne schlechterdings, daß es jemals einen solchen Fall geben könne.   **Epiktetus.**

Was Danischmenden betrift, der hatte sich — ein wenig grillenhaft wie er war — fest in den Kopf gesetzt, daß sein Genius sich auch in diese Sache mische, und daß er ihn allemal, wenn es Zeit sey, ganz deutlich höre.

Man wird nicht recht begreiffen, wie er bey solchen Gelegenheiten, mitten in dem Lerm, den die Lebensgeister gewöhnlich dabey zu machen pflegen, fein genug habe hören können, um gewiß zu seyn, ob sein Genius Ja oder Nein sage. Aber der Genius schrie ihm so stark ins Ohr, daß er ihn nothwendig hören mußte. Dies war die einzige Gelegenheit, wo er so laut schrie.

Noch eins wollt' ich euch rathen, sezte Danischmende hinzu; — es ist ein wesentlicher Umstand — um aller Welt willen das Licht nicht auszulöschen; es wäre denn, daß der keusche Mond bey heiterm Himmel just mit vollem Lichte durch eure Vorhänge schiene (*).

Fünftes

(*) Unsre meisten Casuisten befehlen gerade das Gegentheil. Phutatorius.

Auch verstehen sie einen Q.... von der Kallipädie! Calvidius Lätus.

Fünftes Kapitel.

Bedarf keiner Ueberschrift.

Sollt' es wohl Weiber (unter denen, die uns lesen, nemlich) geben können, die dieses vierte Kapitel lächerlich, oder einige, die es gar ärgerlich fänden?

Wir wollen das Beste hoffen.

Und doch — Wenn Brantome würklich nach der Natur gemahlt hätte? — Wenn die Königinnen, Prinzessen, Düschessen, Marquisen, Comtessen, und übrige Damen an Heinrich II und Carl IX Hofe in Frankreich so gewesen wären, wie er sie gekannt zu haben versichert? — und wahr wäre, daß die Menschen — Männer und Weiber — in verschiednen Zeiten und Ländern nur in der Art ihre Leidenschaften und Sitten zu kleiden, aufzusetzen, zu schminken, zu verbrämen und zu garniren verschieden wären — so daß z. Ex. zu Heinrichs II Zeiten die Damen in Frankreich nur mehr entblößt (*) gegangen wären, als zu Ludwigs XVI Mode ist — im Grund aber (wie Arlekin schon vorlängst angemerkt hat) allenthalben und zu allen Zeiten einander eben so ähnlich wären,

---

(*) Der Autor nimmt hier das Wort entblößt vermuthlich metaphorice und in *Sensu morali*.

Struthiokamelus.

wären, als die Individua der übrigen Gattungen? — Wenn dem allen so wäre — nu ja, dann — dann stehe ich für nichts!

Alles was ich solchenfalls sagen kann, ist dieses: daß ich nicht nur für meine eigene Person weder Sohn noch Vater, Oheim noch Neffe, Bruder noch Schwager, am allerwenigsten aber — Ehemann oder Kebsmann von einem solchen Weibchen seyn möchte; sondern auch allen meinen Abkömmlingen männlichen Geschlechts bis ins tausendste Glied — wenn die Welt noch so lange halten sollte — hiemit ausdrücklich, und so lieb ihnen, wie ich hoffe, mein Andenken seyn wird, anbefehle; sich bestens vorzusehen, damit sie mit einem solchen Frauenzimmer, sie sey Jungfrau, Ehefrau oder Wittwe, in keine von allen vorbenannten Beziehungen und Verbindungen — in so fern es bey ihnen steht, solches zu vermeiden — jemals verwickelt werden mögen.

Ich ersuche sie inständig samt und sonders, diesen meinen ernstlichen erzväterlichen Befehl wohl zu erwägen, und solchem getreulich nachzukommen!

D 3   Sechstes

Sechstes Kapitel.

Worinn Danischmende die Schwachheit hat, mit einem Kalender über häusliche Glückseligkeit zu disputiren.

Wir wissen nun bereits so viel von dem Philosophen Danischmende, daß wir begreifen können, wie er — ungeachtet seiner Verbannung vom Hofe und aus der großen Welt, ein glückliches Leben geführt habe.

Er pflegte allemal zu lächeln und die Achseln ein wenig zu zucken, wenn ihm einfiel, daß der Doktor Abu-Bekr-Muhamed-Jbn Bajan-Jbn Sadhl Jbn Jaafar-Alfabali (*) nicht weniger als zwey hundert und fünf und sechzig verschiedene Erklärungen der Glückseligkeit gesammelt, und dennoch die einzige, die unserm Manne die wahre schien, vergessen hatte.

"Häusliche Glückseligkeit ist die einzige Art glücklich zu seyn, die dem Menschen hienieden bestimmt ist,

---

(*) Ich habe diesen Doctor im Leo von Grenada, Golius, Hottinger, Herbelot und vielen andern, die von Arabischen, Persischen, Türkischen und Indostanischen Gelehrten handeln, vergebens gesucht. Wer er wohl seyn mag?

P. Onocephalus.

ist, pflegte er zu sagen. Ich habe noch nie einen Menschen mit seinem Daseyn unzufrieden, neidisch über Andrer Glück, boshaft und übelthätig gesehen, der in seinem Kabinet, in seiner Kinderstube und in seinem Schlafzimmer glücklich war. Auch hab ich nie gehört noch gelesen, daß ein solcher Mann eine Verrätherey gegen den Staat angezettelt, oder einen Aufruhr erregt, oder sich zum Haupt einer Sekte aufgeworfen, ██████ der an die Spitze einer Räuberbande oder ███████████ gestellt, und Unheil auf Gottes Boden angerichtet hätte. Ein Mann, der in seinem Hause glücklich ist, ist immer auch ein guter Bürger, ein guter Gesellschafter, ein guter Mensch.

Aber (wandte der alte Kalender, mit dem er einst über diese Sache wortwechselte, ein) um dieser Art von Glückseligkeit, der du einen so großen Werth beylegst, fähig zu seyn, wird, däucht mich, eine besondere

(*) Dies möchte vielleicht Ausnahmen zu leiden scheinen; aber ich zweifle, ob sie bey schärferer Prüfung als solche bestehen würden. Luther, den man z. E. anziehen könnte, kam (wie bekannt) ohne seine Schuld zu der Ehre ein Anführer zu werden, und überdies war er noch nicht vermählt, dachte auch nicht daran es jemals zu werden, als er sich (mit Erasmus von Rotterdam zu reden) bengehen ließ dem Pabst an seine dreyfache Krone und den Mönchen an ihre dicke Bäuche zu greiffen.
                                        Sleidanus.

sondere Gemüthsverfassung, eine gewisse Empfind=
samkeit, Mäßigung, Gutherzigkeit und Einfalt der
Sitten vorausgesezt, ohne welche das größte häus=
liche Glück nicht glücklich macht, mit welchen hin=
gegen, auch ohne dieses, niemand unglücklich
seyn kann.

„Unstreitig, versezte Danischmende lachend, sezt
der Genuß des häuslichen Glücks die Fähigkeit —
es zu genießen, voraus. Aber was braucht man
dazu mehr als ein Mensch zu seyn, ein bloßer mensch=
licher Mensch, der weder mehr noch weniger hat,
als den Grad von Empfindung und Vernunft, wo=
mit die Natur alle Söhne und Töchter Adams aus=
steuert? Wo ist der Mensch — er müßte denn nur
im Keime schon verunglückt seyn, — in dessen Macht
es nicht stünde, wie ein Mensch zu fühlen und zu
handeln? Und liegt nicht eben darinn, daß die Fä=
higkeit zum Genuß des häuslichen Glücks unter allen
Fähigkeiten der menschlichen Natur die gemeinste
ist, und am wenigsten Mitwürkung fremder Umstän=
de, Verfeinerung, Kunst, und andere Bewegungen
vorausfezt, liegt nicht eben darinn der stärkste Be=
weis, daß häusliches Glück das wahre Glück des
Menschen ist?

„Ihr Andern, die ihr euch so viel damit wißt,
weiser zu seyn, als wir natürliche Leute, und —
weil

weil ihrs beffer verstehen wollt, als die Natur — euch Gott weiß welch ein System von Entbehrungen und Unabhängigkeit und erkünstelten Tugenden gemacht habt, das den Mangel dessen, was wir genießen, ersetzen soll, — wenn ihr aufrichtig seyn wolltet! Was für Geständnisse hättet ihr zu thun! Wie theuer verkauft euch die Natur die unrühmlichen Siege, die ihr über sie erfechtet!„

Nach deiner Meynung, erwiederte der Kalender, wäre also kein Heil für die ehrlichen Leute, denen gewisse Umstände und Verhältnisse nicht erlauben, sich in diesen behäglichen Stand zu setzen, in dessen engen Zirkel du das höchste Gut des Menschen einzuschliessen scheinst?

„Wenn sie ein gesundes Herz und unverdorbnes Gefühl haben, so bedaure ich sie, antwortete Das nischmende. Dann ist freylich kein anderer Rath für sie, als allen Vorrath von Liebe, den ihr Herz in sich faßt, über die ganze Menschheit auszugießen. In einem engern Kreise würde ihr Geist zusammenschrumpfen, ihr Herz vertrocknen. Fremde Glückseligkeit muß nun ihre eigne werden. Nichts als allgemeines Wohlwollen und unabläßiges Bestreben Gutes zu thun, kann die ungeduldigen Wünsche der Natur in ihrem Inwendigen einschläfern; sie vergessen machen, daß sie selbst des besten Theils der

Glückseligkeit, die sie andern zu verschaffen oder zu erhalten suchen, entbehren müssen. Und dennoch giebt es Augenblicke — desto häufiger, je näher wir dem Abend des Lebens kommen — wo die Natur zu laut schreyt, um sich übertäuben oder in Schlaf singen zu lassen. Es sind traurige Augenblicke! Noch einmal, ich bedaure den Mann, der ein Herz hat, die süssesten, lautersten, besten Freuden des Menschenstandes zu genießen, der sie mit Geschmack gessen, mit Wollust hineinschlürfen würde — und ihrer entbehren muß. So oft ich mir so einen Mann denke, möcht' ich toll werden über die dummen Einrichtungen in der Welt, die nicht selten den besten Sterblichen in eine so unnatürliche und peinvolle Lage schrauben!„

Nur die armen unschuldigen Geschöpfe, die Gott der All........, nach Seel und Leib zu Müttern erschuf......... die der Aberglaube oder eine grausame Familien=Politik zum trostlosen Stand ewiger Unfrucht=

(*) In diesen fünf oder sechs Worten liegt ein tiefer Sinn, und so zu sagen der ganze Embryo der wahren Gynäkologie, oder Theorie der Natur und Bestimmung des Weibes. Ich gedenke, zum Besten der Einfältigen, einen Commentarius über diese Worte, zwey bis drittenhalb Alphabet stark, in Octav, auf fein holländisch Papier, mit Kupfern und Vignetten von besonderm Geschmack heraus=

Unfruchtbarkeit verdammt, — an die mag ich gar nicht denken! Das Herz im Leibe blutet einem ehrlichen Kerl, der an sie denkt!„

„Es ist wahr, eure Bonzen und Bonzinnen wissen sich zu helfen, sagt man. Aber desto schlimmer! Die wohlthätigen Absichten der Natur werden doch verfehlt; und welcher Freund der Menschheit kann gleichgültig bleiben, wenn er, bloß durch Schuld unsrer weisen wohlgemeynten Anstalten, zu Verbrechen werden sieht, was, ohne sie, Tugend hätte seyn können?„

Siebentes Kapitel.

Wer dieser Kalender war. Graphische Beschreibung eines Kalenders.

Ich habe einen Fehler begangen, lieber Leser, den ich erst izt gewahr werde. Da bring' ich einen Kalender auf die Scene, laß' ihn reden und disputiren, und habe nicht gesagt, wann und wie und warum

herauszugeben, wenn sich anders unter den zwoo oder drey Millionen Teutscher Mädchen oder Weiber, welche gedrucktes lesen können, ein Paar Tausend finden, die ihren Fingerhut darauf unterzeichnen wollen. Es versteht sich daß er von Silber seyn muß.

Mart. Scriblerus, jun.

um und von wannen er kam, und wer er ist, und was er will. Ich müßte das ganze sechste Kapitel umkehren, ja wohl gar meinen ganzen Plan — oder wie man das nennen will was dies Buch von einem Wörterbuch, Kollectanen-Buch, Pot-pourri oder Florilegium unterscheidet — verändern, wenn ich diesen Fehler verbergen wollte. Dies verlohnte sich wohl der Mühe nicht. Laßen wir also den einmal gemachten Fehler gemacht seyn — denn auch verborgen wär' er doch gemacht — und sehen zu, wie wir ihn vergüten.

Danischmende saß eines Abends unter der äußersten Linde eines langen Spazierganges der zu seinem Hause führte, an der Landstraße. Er hatte seinen Knaben, einen Jungen von drey bis vier Jahren auf seinen Knieen stehen, und ließ sich nicht verdrießen, während daß der Junge mit seinen Haaren spielte, auf alle seine kindische Fragen — in denen (nach seiner Philosophie) große Weisheit der Natur verborgen steckte — zu antworten, so gut ein weiser Mann auf die Fragen eines Kindes, die oft vor lauter Einfalt spitzfündig sind, antworten kann.

Aber, Papa, sagte der Junge, warum wird es denn itzt dunkel? (*)

Weil

(*) Wenn Herr Danischmende diese Frage seines kleinen Buben für eine von den spitzfündigen hält, so muß ihn
die

Weil die Sonne untergegangen ist, mein Sohn, antwortete der Papa.

So? sagte der Bube; wohin geht sie denn?

Danischmende war im Begriff dem Kinde begreiflich zu machen, daß dort hinterm Berge auch Leute wären, als sie plötzlich durch die Annäherung eines alten Kalenders gestört werden, der so ermüdet schien

die väterliche Liebe gewaltig verblenden. Es ist, mit seiner Erlaubniß eine sehr dumme Frage. Denn hätte der Junge acht gegeben warum es bey Tage hell ist, nehmlich, daß es hell wird sobald die Sonne aufgeht, und so lange hell bleibt, als die Sonne am Himmel ist, so hätt er sogleich schliessen können, daß es dunkel werden muß wenn die Sonne weg ist. Der Bube sollte mein gewesen seyn; ich wollt' ihn gelehrt haben Schlüsse zu machen!   Magister Duns.

Wenn Herr Duns sich bemühen wollte meinen 7ten Versuch mit Bedacht zu lesen, so würde er finden, daß der Junge, ohne die Logik gelernt zu haben, mehr Logik in seinem Hirnkasten hatte, als er meynt.
                                   D. Hume.

Und wenn ein Kind von vier Jahren mit einem hochilluminirten Doctor von vierzig über solche Dinge in Wortwechsel kömmt, so ist immer eine Schellenkappe gegen einen Doctorhut zu wetten, daß das Kind recht hat.
                           Tristram Schandy.

schien, daß er sich mit Hülfe einer großen knotigen Keule von Schwarzdorn kaum noch fortschleppen konnte.

Sie möchten gerne wissen, Madam, — was für eine Art von Geschöpfen ein Kalender ist, und wie er denn aussieht, weil man ihm seine Kalenderheit schon von fern ansehen konnte? Denn daß hier von keinem Almanach die Rede sey, haben Sie schon gemerkt.

Ein Kalender — es wird schwer seyn, Madam, Ihnen ohne Hülfe eines Mahlers oder Kupferstechers einen anschauenden Begriff davon zu geben, wie ein Kalender, in sofern er ein Kalender ist, aussieht. Denn Sie auf andre Bücher deswegen zu verweisen wäre unhöflich.

Sie haben doch wohl in Ihrem Leben, es sey nun in natura oder in der Abbildung wenigstens, einen Kapuziner oder Waldbruder, mit einem langen Barte, einem Strick um den Leib, und einem langen Rosenkranz in der Hand oder an der Seite, vor die Augen bekommen? — Gut! — Solchenfalls nun schneiden Sie diesem Kapuziner oder Waldbruder seinen langen, schwarzen, oder rothen, oder weissen, oder scheckichten, oder blauen Bart — denn man sieht ihrer von allen Farben — an der Wurzel ab, — oder

befehlen

befehlen vielmehr ihrer Phantasie es für Sie zu thun; sie ist eine große Meisterin Bärte (sonderlich Zwickelbärte) anzusetzen oder abzumähen — lassen Sie ihm ferner Haare und Augbraunen so glatt wegscheeren als ob nie nichts dergleichen da gewesen wäre. Alsdann ziehen Sie ihm seinen Mantel, seinen Kapuz, seinen langen Rock und seine hölzernen Schuhe —.

Doch, um Vergebung! Ich' sehe eben, daß sie ihm — es ist auch um der Anständigkeit willen besser — seinen Rock lassen können, wenn Sie Sich nur die Mühe geben wollen, die Aermel und den obern Theil, der Hals und Brust bedeckt, gänzlich davon zu abstrahiren, und ihn ein wenig über den Anfang der Waden von unten auf ringsum abzustutzen. Strick und Rosenkranz bleiben.

Die Kapuziner, Madam, tragen, der Reinlichkeit wegen, keine Hemden, wie Sie wissen — oder ist zum erstenmal hören. Die Kalender auch nicht. Man erspart viel dabey an Leinwand, Zwirn, Seife, Wäscherlohn, u. s. w. — Andrer Vortheile zu geschweigen.

Nun, weil Kapuzinertuch in den warmen Morgenländern, wo die Kalender zu Hause sind, ein wenig zu schwer wäre, so verwandeln Sie es in Kothfarbene, oder Kuhrothe, oder Eyerdottergelbe

Sack=

Sackleinwand — und insofern Sie alle diese verschiedene Operationen des Geistes, Abstraktionen, Depilationen, Decurtationen, Desigurationen und Decolorationen mit der erforderlichen Genauigkeit vorgenommen haben — so kann es nicht fehlen, Sie haben das wahre leibhafte Bild eines Kalenders vor sich stehen, so daß Sie gar nicht nöthig haben, sich deswegen nach Türkenland, Persien, Korassan, Zagatan, oder andre solche Länder im Heydenthum zu bemühen.

Die Damen in Hollstein, Meklenburg, Pommern Dännemark, Norwegen, Schweden u. s. w. welche sich aus bekannten Ursachen nicht in dem Falle befinden, den wir hier voraussetzen, können sich ganz leidlich aus der Sache ziehen, wenn Sie alle vorbemeldte Abstractionen, Depilationen, u. s. w. mit dem einen oder andern von den Papions, oder Sapajus, im 12ten Theil der neuesten Octavausgabe von Büffons Naturgeschichte, vorzunehmen belieben wollen. Wir wollen Ihnen hierzu unmaßgeblich den Mandril von Guinea (S. 136.) oder den grauen Saju oder Sajuassu, den der Ritter Linne in seinem Natursystem, *Simia capucina caudata, imberbis, cauda longa hirsuta*, nennet (S. 317.) vorgeschlagen haben; wiewohl in verschiedner Betrachtung der Wanderu von Ceylon, *Simia caudata, barbata, corpore nigro, barba niuea, prolixa*
(S. 102.)

(S. 102.) noch bequemer dazu wäre; wenigstens zu unserm vorliegenden Gebrauch. Denn, obgleich die Kalender gewöhnlicher Weise eben so unbärtig sind, als des Ritter Linneus *Simia capucina, imberbis, cauda longa, etc.* so führte doch derjenige, wovon itzt die Rede ist, vermuthlich aus einer Art von kalenderischer Coketterie, einen vollständigen, langen, mausfarben Bart, der ihm, mit Hülfe eines grossen Stücks brauner Leinewand, das in Gestalt eines Mantels um seine Schultern geschlagen war, so ziemlich das Ansehen eines alten griechischen Philosophen, aus einer von den schmutzigen Sekten (*), gab.

Danischmende nahm den alten Kalender mit nach Hause, und bewirthete ihn so gut er konte. Sie unterhielten sich von allerley Dingen, und so wie der Kalender seine Seele gelabet hatte, fieng er an muntrer zu werden, und sprach wie einer, der viel gesehen, und mehr gedacht hat, als Kapuziner, Waldbrüder, Kalender, Fakirn, Mandrils und Wanderus gewöhnlich zu denken pflegen.

Itzt

(*) Ohnezweifel sind unter dieser Benennung die Stoiker und Cyniker gemeynt, de quibus vide —

Murrzuflus.

Nicht doch, Herr Murrzuflus! wer wird denn immer citieren! der Setzer.

T. M. Jänner 1775. E

Jzt betrachtete Danischmende seinen Gast mit mehr Aufmerksamkeit. Bruder, sagte er zu ihm, mir däucht wir sollten uns schon gesehen haben?

Es ist möglich, antwortete der Kalender.

W.

Die Fortsetzung folgt.

III.
Reise
des Herrn von M** nach China,
in den Jahren 1773 und 1774.

Aus der noch ungedruckten französ. Handschrift seiner Briefe.

Erster Brief,
an seine Schwester, Frau von R***.

* * *

Port-Luis, in Isle de France,
den 3 Jun. 1773.

Hier sind wir nun auf dieser so lang gewünschten Insel, geliebte Schwester. Wie viel Unruhe, wie viel Sorgen haben wir vielleicht schon deinem Herzen gemacht! Ich danke dir dafür; aber in der That waren sie alle unnöthig. Ich wenigstens glaube

ke nun nicht mehr an Meeresgefahren. Diese leeren Schreckbilder mögen allenfalls noch bey dem furchtsamen Völklein in eueren drey Bißthümern ihre Wirkung thun; aber bey mir nicht. Kein Stürmchen, keine hohe See, kaum ein elender kleiner Windstoß, meine eintönige Reisegeschichte aufzustutzen! Aber, statt deren, Windstillen und widrige Winde die Menge, die uns fünf ganze Monate bey einer Ueberfahrt kosteten, die sonst nur höchstens hundert Tage dauert. Sey es drum. Unglück ist immer zu Etwas nütze. Hätten wir diese Reise in der sonst gewöhnlichen Zeit vollendet, so wäre ganz unfehlbar auch unser Schiff, mit den sechzehn andern, die in dem Hafen lagen, von dem schrecklichsten und wütendsten Sturme dessen man sich in hiesigen Gegenden erinnert, ans Land geworfen und zertrümmert worden. Der Hafen war bey unsrer Ankunft noch ganz verschüttet. Uebereinander liegende Gerippe zertrümmerter Schiffe, eingestürzte Häuser, verheerte Felder, zeigten uns rund umher ein treues Bild der Verwüstung. Du kannst dir, in deiner gemäßigten Zone nicht einmal einen Begriff von dieser schrecklichen Art Stürme machen, die hier, leider! nur gar zu gewöhnlich sind. Eure stärksten Winde brechen höchstens einmal einen Baum ab, schmeißen einen Glockenthurm um, oder richten sonst einen dergleichen kleinen Unfug an. Aber was sagst du zu einem ungeheuern Windwirbel, der eine ganze Insel umfaßt;

umfaßt; Menschen und Thiere tödtet oder lebendig begräbt; Kraut und Gras auf den Feldern abmähet und wegsengt; Bäume zersplittert und mit der Wurzel ausreißt; Häuser aus dem Grunde hebt und zwanzig Schritt weit von ihrem Platze schleudert? Ein solcher wütete den 9ten April, am Charfreytage, ganzer 24 Stunden lang, in der armen Isle de France. Ein schöner Bußtext für predigende Schwärmer! Die Bourdalouen der Insel machten auch auf der Stelle Gebrauch davon, und machten zu Wirkungen des Zornes Gottes, der über die Sünden der Colonie entbrenne, das, was unter diesem Himmelsstriche Naturfolge der wechselnden Jahreszeiten ist. Kurz, sie predigten Buße; aber die Kirche, welche unter den Füssen der Gläubigen zitterte, zwang sie zu entfliehen, und zwey Stunden drauf stürzte dieß Gotteshaus, ein Gebäude von unsäglichen Kosten, in einen Schutthaufen zusammen.

Dieß war eine lange Episode, Schwesterchen! Doch, das sind die gewöhnlichen Folgen vom Reisen. Siehst du, zu was für einen geschwätzigen Erzähler mich schon das kleine Fleckchen gemacht hat? Was wird's erst werden, wenn ich noch 10 bis 12000 Meilen (*) mehr auf dem Rücken habe? Dann genade dir Gott mit Gedult! —

Ich

(*) Französische nemlich.

Ich versprach Dir, glaub' ich, bey meinem Abschiede ein schönes umständliches Reiseprotocoll? Nicht wahr? Der herrlichste Anfang zu einem so unsterblichen Werke war auch wirklich gemacht, und lag in meiner Brieftasche. Ich glaubte, da ich es anfieng, höchst interessant zu werden; aber endlich sah' ich, daß es Wahn war. Lieber Gott, was ist wohl einförmiger als eine Seereise! Himmel und Meer, Meer und Himmel! ein ewiges Einerley! Und Wind und Wetterbeobachtungen, und fern vorbeygeschiffte Länder, dacht' ich, würden Dich so wenig amüsiren als mich, und ließ es liegen.

Ohne mich also in dergleichen Umständlichkeiten einzulassen, weiß'st du, daß wir uns den 23 December einschifften. Tages drauf giengen wir mit einem hüpschen frischen Winde unter Seegel, und legten in acht Tagen das unglückliche Capo finis terrae zurück, von welchem man mir schreckliche Wunderdinge erzählt hatte. Diese ersten acht Tage verflossen uns theils unter Erstaunen, theils unter Versuchen uns in unsere neue Lebensart zu finden, theils unter Kampf mit den abscheulichen Ueblichkeiten der Seekrankheit, welche mich, unter allen übrigen Reisenden, allein verschonte. Der arme M**be kam am schlimmsten dabey weg. Da wir aber diesen kleinen Tribut erst einmal bezahlt hatten, waren wir vom Scheitel bis zur Sole in Meermänner verwandelt.

wandelt. Die Zeit fieng an uns lang zu werden. Aber was war zu thun! Nach manchen Bemerkungen und Beobachtungen über unsere andern Reisegesellen, fiel immer der Schluß dahin aus, daß man sich mit Gedult waffnen, und den tapfern Entschluß fassen müsse, der vollkommensten Langenweile mit verbundnen Augen in den Rachen zu springen.

Unser Schiffsstab, welcher aus braven Officieren bestund, hatte zum Obersten einen alten Seehund; einen gewaltigen Beter, und ausgelernten Seemann, aber übrigens so unwissend, wie ein Türke, und eben so grob und ungesellig, als im Gegentheil seine übrige Gesellschaft, nach Maasstab der Seesitten berechnet, höflich und artig war. Herr von La X**ee, ein Mann von viel Geist, den du schon aus meinen Briefen in Europa kennest, stund an der Spitze von zehn Reisenden; denn so viel waren unserer, die eine kleine Gesellschaft von theils liebenswürdigen Leuten, theils höchst leidigen Geschöpfen ausmachten. Die Dame aber, welche erst mit uns reisen wollte, hatte die Gefahr für ihre Tugend, bey einer Gesellschaft junger feuriger Pursche, welche die See noch hungriger machte, wohl erwogen, und sprang noch den Abend vor unsrer Einschiffung ab, ließ aber an ihrer Stelle eine junge Negerin, welche desto williger die Opfer der Jugend am Bord empfieng.

Hier

Hier waren wir nun wohl und regelmäßig zusammengestallet. Sechs und funfzig Tage guter Wind brachten uns gemach bis ohngefehr noch 100 Meilen von der Linie, als uns die vollkommenste Windstille überfiel, die uns sechs und zwanzig tödtlich lange Tage das Vergnügen gönnte, nach Herzenslust zu fluchen, Whist zu spielen, zu fischen, und andere eben so schmacklose Zeitvertreibe mehr. Mit den Ceremonien der Taufe unter der Linie verschone ich dich. Wir kauften uns davon los. Aber dies war uns weniger zum Spaß, daß man schon anfieng uns vom Zumessen des Wassers zu sprechen. Indessen entfernten wir uns doch allgemach wieder von dieser Feuerquelle, und ein halber Monat von wechselnden frischen Lüften, Meerstillen, und Gegenwinden brachte uns endlich an das Vorgebürge der guten Hoffnung.

Wer unsere traurigen Führer hätte hören und sehen können, wie sie die Maste befestigten, die Seegel einzogen, die Schießlöcher kalfaterten, kurz alle Anstalten zu einer bevorstehenden Gefahr machten, der hätte nothwendig denken müssen das Cap müsse sich uns mit einem außerordentlichen Abentheuer anzeigen. Aber mitnichten. Eine neue eben so abscheuliche Windstille, als die unter der Linie, zwang uns abermals uns auf gut Glück von den Strömen umhertreiben zu lassen. Den vierten April

April änderte die See ihre Farbe, das Senkbley gab uns Grund, und die Matrosen entdeckten 18 bis 20 Meilen von uns die Küsten von Afrika. Nun umarmten Alle einander vor Freuden, und wünschten sich Glück, als wären sie einer schrecklichen Gefahr entgangen, und der Schiffcapitain beschenkte uns, ganz schwitzend und keuchend, mit einem prächtigen Te Deum, nach altem löblichen Gebrauch. Am Charfreytage, den 9 April, faßte uns doch der Schwanz des ungeheuern Wirbelwindes, der 600 Meilen von uns die Indischen Gewässer peitschte, und änderte ein wenig die ewige heitere Stille, die uns fast verzweifeln machte. Die ölstille See fieng an zu sieden, schlug Wellen, und alles glich nicht übel dem Anfange eines kleinen Sturmes. Schon machte ich mich fertig einen der stärksten zu sehen, um dir ein Gemälde davon zu liefern, daß dir wenigstens die Haare zu Berge stehen sollten. Aber dießmal kamen wir mit der blosen Furcht und einer schlaflosen Nacht davon.

Am 12ten sahen wir zwey Schiffe, welche von China zurück kamen. Wir gaben ihnen Briefe nach Frankreich mit, und Du mußt ohngefähr um diese Zeit einen von mir erhalten haben.

Der Genius der Ruhe, welcher unsere Farth leitete, brachte uns endlich, mit seiner gewöhnlichen Lang-

langsamkeit, am 18 May diese Insel zu Gesichte. Es war auch hohe Zeit damit, denn die frischen Lebensmittel fiengen schon an uns auszugehen, und das Eingesalzene, an welches wir uns nun halten mußten, beförderte den Scharbock, der heimlich unsre Equipage zu verzehren anfieng. Mit welchem Entzücken verschlang nicht unser Auge den Anblick des Landes, das wir nun schon so lang entbehret hatten. Die dürren verbrannten Felsen, welche den Hafen umfassen, schienen uns Ufer eines Zauberlandes, und nie haben mir die süssen Thäler unsrer Mosell so reizend gelächelt als die Aussicht auf diese Insel, welche eigentlich aus dem Standpunkte, wo man sie zuerst erblickt, uneingenommnen Augen einen traurigen, widrigen Anblick giebt.

Wir landeten noch am nemlichen Tage. — O Schwester, theure, geliebte Schwester, daß du nicht hier warest! Du, die ich so ganz in meinem Herzen trage! Wie würde ich dich umarmt, geküßt, an mein Herz gedrückt, und mit meinem Entzücken umschlungen haben! Da allein fehltest der Fülle meiner Freuden. —

Den ganzen Nachmittag brachten wir zu, uns Quartier zu suchen. Der Orkan hatte die meisten Häuser entweder gar umgeworfen oder doch beschädigt, und die Zimmer welche noch stunden, waren meist reist mit den Officieren der verunglückten Schiffe besetzt. Wir hatten die ganze Stadt durchstrichen, eine Hitze ausgestanden, davon man nur unter dieser Zone einen Begriff haben kann, und waren endlich noch immer froh für unser fünf nur zwey enge Kämmerchen zu finden, wo wir uns vor der Hand einstellen konnten, und wo uns die ganze Nacht hindurch die Fliegen und Maraingouins (*) reinigten. Den Morgen drauf giengen wir den Häuptern der Insel aufzuwarten, und wurden von ihnen zum Mittagessen eingeladen. Die folgenden Tage über waren unsre Hauptgeschäfte, uns besser einzuquartiren, uns vorstellen und einführen zu lassen, auszuladen, und unsre Ballen zu verkauffen; und, ohne uns zu rühmen, Kenner fanden daß wir uns noch immer gut genug, für's erstemal, aus unserm Handel zogen. Hier ist alles Banian; hier ein Ehrenwort, welches aber bey Euch Leuten, die ihr noch in der ganzen Brühe der Vorurtheile schwimmet, ohngefehr so viel heißen möchte, als — ein ehrbarer Jude. Man hat hier eigentlich nur zwey Gesichtspunckte aus welchen man Jedermann betrachtet; den Handel, oder Landbau und Eigenthum. Dieß ist der einzige große Unterschied den man hier kennt. Oft findet

---

(*) Eine Art kleiner Mücken, die außerordentlich lüstern nach dem Blut der neu Angekommen ist.

findet sich beydes in einerley Person. Ober- und Unterofficier, Gerichtsperson und Geistlicher, Vornehm und Gering, kurz jeder Weiße in der Colonie hat den Bayanismus am Halse. Diese Gewinnsucht schmeckte uns Anfangs nicht; da wir aber bald den Nutzen dieses beständigen Procentirens einsahen, bogen auch wir nach und nach den Nacken unter das Joch der angenommenen Meinungen und Sitten, und in kurzen werde ich dir unsern M** be als denn entschloßensten Banian von ganz Indien liefern können. Glückliches Land für Leute die gern Andere in den Detail ihrer eignen Angelegenheiten ziehen! Glaube nicht daß man hier seine Zeit damit verliehrt, den Damen schöne Sachen, und leere Schmeicheleyen zu sagen. Es giebt einen ganz andern Weg zu ihren Herzen. Der Cours der Piaster, der Preis des Caffee, glänzende Spekulationen, ein ausgeführter Streich im Handel, dieß, Schwesterchen, sind die Lockbeere womit man die Coquetten von Isle de France fängt; denn diese giebt es in den Colonien so gut als in der Hauptstadt.

Kenntest du S. Brieu, so hätt' ich leichte Mühe dir einen Begriff von Port-Luis zu machen. Denke dir ungeheure Massen von Felsen, hin und wieder abgesetzt, deren Gipfel mit Bambus, Palmen und Corneliuskirschbäumen bewachsen; am Fuße dieses dürren Gebürges ein Städtchen von ohngefähr einer

fran-

französischen Meile im Umkreis; Häuser die ziemlich unsern großen Meßbuden gleichen; ungeheuere Casernen; königliche Magazine, und einige Privathäuser von Stein, welche unter den hölzernen Hütten zerstreuet liegen, so hast du schon ein dunkles Bild davon. Die Gassen sind ziemlich gerablinicht angelegt, aber von großen Felsenspitzen so uneben, daß die armen Fußgänger alle Augenblicke straucheln und fallen. Ein Trupp Negern, männlichen und weiblichen Geschlechts, von ihren unmenschlichen Aufsehern gepeitscht, sind fast die einzigen Geschöpfe, welche man am Tage auf den Straßen sieht. Abends aber, wenn die Hitze nachläßt, versammlen sich die Einwohner, im Kühlen ihr Gewerb zu treiben; die Weiber geben oder nehmen Besuch an, und die Schwarzen tanzen nach der bellenden Stimme ihrer Cameraden, und dem Tackt einer elenden Trommel. Oft sieht man eine der zierlichsten Damen, in ihrem creolischen Putz, (der immer mehr werth ist, als manche Eurer abgeschmackten Moden,) aus einer elenden hölzernen Hütte kommen, sich in einen Palankin, von zehn bis zwölf Schwarzen begleitet, werfen, um bey allen ihren Bekannten einmal Reihe herum zu gähnen.

Es kann seyn, daß ich mich in meiner Meinung über die hiesigen Weiber irre; aber, sey es auf die Gefahr, so zeichne ich dir sie doch wie ich sie gesehen habe. Trägheit, Wollust, und Härte gegen ihre Unergebnen, scheinen mir die Hauptzüge in ihrem Charakter. Ihre, vor Unthätigkeit fast steifgewordene Hände, denen eine Nadel eine viel zu schwere Last ist, bekommen bey dem geringsten Fehler ihrer Sklaven alle ihre Kräfte wieder, und werden zu Herkules Fäusten, wenn es drauf ankommt den Steißen ihrer Negreßen ihren Zorn empfinden zu lassen. Einige von ihnen führen eine ordentliche Taxe von Schlägen für jede Art von Fehlern; und wie bey Euch etwann ein strenger Herr seinem Bedienten etwas Zerbrochenes am Lohne abziehet, so lassen diese sonsten fühlbaren Geschöpfchen vor ihren Augen funfzig und mehr Peitschenhiebe zuzählen, ohne von dem wimmernden Geschrey des armen Leidenden gerührt zu werden. Eben diese schönen Creolen, die so unmenschlich mit den armen Schwarzen umgehen, sind im Gegentheil nichts weniger als grausam gegen die Weißen. Sie erspahren sogar, wie man sagt, ihren Liebhabern die ersten Schritte, und kommen ihnen auf mehr als den halben Weg entgegen. Vieles entschuldigt sie dabey; denn theils treibt sie das heiße Clima unwiederstehlich zu Vergnügungen dieser Art, theils würden sie wegen der Leichtigkeit, mit welcher man sich hier zu Lande Genuß verschaffen kann, ganz und gar vernachläßiget werden, wenn sie sich nicht durch ihre zuvorkommenden Gefälligkeiten noch Liebhaber zu verschaffen wüßten.

Ihre

Ihre fürchterlichsten Nebenbuhlerinnen sind eben diese Negressen, welche sie so mißhandeln. — Ein seltsamer, verdorbner Geschmack! wirst Du sprechen? — Nicht so, Schwesterchen! Ich dachte ehedem hierüber eben so, wie Du, da ich noch nichts als häßliche Afrikanerinnen mit zerquetschten Nasen und aufgeworfnen Lippen gesehen hatte. Aber die Bengalinnen, die schönsten Asiatischen Negressen, haben mich wieder mit der schwarzen Haut versöhnt. Der schönste schlanke harmonische Wuchs, die weißesten Zähne, Augen, die manches Europäische Gesicht zur Schau tragen würde, eine seidene Haut, und die ausstudierteste Nettigkeit, dies zusammen ersetzt gar leicht das bisgen Weis und Roth, was ihnen mangelt. Es giebt auch würklich hier wenig Männer, die nicht, unter dem Titel als Braut, oder Frau, eine dergleichen Favorite haben; welcher sie die Freyheit schenken, wenn sie dieselbe durch ihr Betragen und ihre Zärtlichkeit verdient. Glaube nicht aus meiner Lobrede auf die Negressen, daß ich unwiderbringlich vom Dienst der Europäischen Schönheit abgefallen sey. Mit nichten, gute Schwester! Ein Paar mal habe ich zwar wohl den Ueberläufer gespielt — Etwas sehr verzeyhliches nach einer fünfmonatlichen Seereise — im Grunde des Herzens aber liebe ich doch der Haut unsrer Europäerinnen, weiß und roth sie auch immer seyn mag.

Betrach=

Betrachtest Du nicht, tief in Deinem Lothrin-
gen, dieß Land vielleicht als das Land der Unschuld? denkst Dir es mit halb rohen Menschen
bevölkert, die noch im Schoose der Mutter Natur
die ganze Aufrichtigkeit und Einfalt der Sitten des ersten Weltalters genießen? — Lieber
Gott! wie gut, wenn dem so wäre! Aber Ehrlichkeit, Dich sucht man vergebens hier! Wie
viel Leute sieht man hier nicht, die in Frankreich
mit dem Glück zerfielen, und hieher giengen das
gute Vornehmen unter ihnen wieder herzustellen,
ohne eben in der Wahl der Mittel dazu delikat zu
seyn. Ein feiner Betrug, künstliche Taschenspieles-
reyen, sind hier Geschicklichkeiten worüber niemand
mehr erröthet. Wir selbst kamen gut davon. Leute,
die uns wohlwollten, hatten uns mit einem heilsamen Mißtrauen gewaffnet, welches uns für allen
Fällen bewahrte, in welchen sonst gewöhnlich neu-
angekommene Fremde ihren Willkommen bezahlen
müssen. Hier ist es ein allgemeiner Grundsatz, daß
die Taufe unter der Linie allen in Frankreich be-
gangenen Unfug abwasche, und eben so auf der
Rückreise von allen Sünden Indiens reinige. Jedoch so allgemein treffend auch diese Satyre immer
ist, so mußt Du doch glauben daß es hier manchen
ehrlichen Biedermann giebt, der dieß Brandmal
nicht verdienet hat. Ich selbst habe das Glück
etliche verschiedene kennen zu lernen, deren guten
Namen

Namen auch der größte Bösewicht nicht hätte antasten können.

Uebrigens habe ich dir bisher nur von der Stadt gesprochen. Besteigt man aber die Felsen, welche die Stadt umringen, so findet man eine ganz andere physische und moralische Ordnung der Dinge. Lachende Felder, Jahr aus Jahr ein mit Manz, Korn und Caffeebäumen bedeckt, und von unzähligen kleinen Canälen durchwässert, werden von gutherzigen ehrlichen Landleuten angebaut, deren sanfte unschuldsvolle Sitten mit den Sitten der Einwohner der Stadt und des Hafens aufs seltsamste abstechen. Der Tisch, welcher in der Stadt unglaublich theuer ist, kostet, wenn man sich auf dem Lande niedergelassen hat, fast gar nichts. Jagd, Fischerey, Gärten und Federviehzucht geben Lebensmittel im Ueberfluß. Die Bäume und Stauden liefern ohne Wartung Ananas, Bananen, u. s. w. So einladend aber auch immer der häusliche Aufenthalt hier ist, wirst Du doch, in dem Briefe an meinen Bruder, die wichtigen Ursachen finden, welche uns für dieser Verführung sicherten. —

Solltest Du mich wohl schon vergessen haben, liebste Schwester? — Zuweilen kommt mir der garstige Gedanke. Kein einziges von den Schiffen, welche im Februar und März von Frankreich abgiengen

fiengen, bringt mir Briefe von Dir! Ich möchte
Dich ausschmälen — Doch, bis zur Ankunft des
N**ne will ich's noch aufschieben. Aber führest
du mich da abermals hinter's Licht, dann kannst Du
nur sicher auf die herrlichste Staupe rechnen. —

Am 25sten Junius.

Eben war es noch hohe Zeit daß Dein lieber Brief,
vom 6 Jänner, einlief, Schwester! Drey Tage später, so schwomm ich schon auf dem Wege nach
China. Der Marquis von N**ne warf gestern
hier Anker. Ich war einer der Ersten am Bord.
Denke Dir meine Freude über Dein Paket, als
ich's erblickte; als ich's in den Händen hielt! Ganz
gewiß schlossen die Umstehenden aus der Wonne, die
mir aus den Augen glänzte, ich müsse Briefe von
einer Geliebten in Frankreich, an der mein Herz hieng,
erhalten haben. — Dein Brief werde mich nur
schwach intereßiren? Dieß glaubst Du? Himmel!
kann wohl Etwas in der Welt, das von Euch kömmt,
geliebten Freunde, meinem Herzen gleichgültig seyn?
Liebt mich nur stets, so viel Eurer sind. Aber treibt
es darinnen immer so weit Ihr könnet, meine Zärtlichkeit gegen Euch übertrifft doch nichts.

Die Zahl Deiner Kleinen hat sich also wieder
vermehrt? — O, sag' nur was Du willst, es ist sicher

T. M. Jänner 1775.   F

ſicher wieder ein Mädchen. Nicht wahr, Schweſterchen? Nu, ſey es! Ich liebe es ſchon faſt ſo ſehr, als ihr Vater und ihre Mutter. Lerne ihm bald den Nahmen ſeines Onkle in Indien ſtammlen, damit, wenn Du ihn vielleicht vergeſſen könnteſt — etwas, das ich jedoch von Dir nicht befürchte — es Dich an ihn erinnere. Seinem Bruder tauſend Dank für ſeine allerliebſte Epiſtel. Er iſt doch drollicht und muthwillig genug! Ich weiß nicht, was du an ſeiner Naſe auszuſetzen haſt? Iſt ſie nicht von eben dem Schnitte wie die Meinige? und — verflucht! — die iſt doch eben ſo übel nicht.

Deine Freundin hat alſo geweint? und um mich floſſen ihre Thränen? Wohlan, um ſie für dieſen zärtlichen Zoll ihres Herzens, darauf ich ſo ſtolz bin, zu belohnen, verſpreche ich ihr, ihren Nahmen in China zu nennen. Mache ſie recht fühlen, welche Ehre es ihr ſey, achttauſend Meilen weit von ihrem Schorſteine einen Kopf zu beſchäftigen, der ſo voll Handlungsſpekulationen ſteckt, als der meinige. Ich lade ſie hiermit höflichſt auf den 10 Auguſt 1774 zu Dir ein, mit uns herrlichen Chineſer Thee zu trinken; der uns doppelt gut ſchmecken wird, weil ich ihn mitgebracht habe, und wir ihn aus Chineſer Taſſen mit Deinem Wappen trinken werden, wenn mir die Hitze der Linie, unter welcher ich noch 3 Monat lang ſchiffen muß, Dein Siegel nicht vollends

lends ganz verderbt, welches ohnedieß schon gelitten hat.

Diese Nacht schlafe ich am Bord, und morgen auf der Insel Bourbon, wo wir drey Tage ruhen. Von da machen wir die zwoote Farth nach Malac, im Binsenlande, und zu Ende des Septemb. werden wir in China seyn, wo wir uns in Allem vielleicht drey Monat aufhalten werden. Es geht mir äußerst nahe meinen lieben M**be hier zu lassen. Ihn schmerzt diese Trennung nicht weniger als mich. Umarme seine Mutter aufs zärtlichste für mich, und beruhige sie über das Schicksal ihres Sohns, dessen Gesundheit bisher nicht das mindeste gelitten hat. Wenn ich noch einen Augenblick erhaschen kann, so schreibe ich ein Wort an meine liebe Schwester. (*)

IV. Mi-

(*) Ich bedaure sehr, daß mir nicht erlaubt ist, den liebenswürdigen und durch die Vorzüge seines Geistes eben so sehr, als durch die Eigenschaften seines Herzens schätzbaren Ausländer zu nennen, dem ich diese reizenden Originalbriefe, und die Erlaubnis, sie dem Merkur einzuverleiben, zu danken habe. Ich bin gewiß, das Publikum würde mit Vergnügen an dem Dank, den ich ihm hiemit öffentlich dafür erstatte, Antheil nehmen.

W.

IV.

Miscellanien.

1.
Rechtfertigung eines schönen Wortes des Pompejus.

Pompejus, der Große, befand sich einst in dem Falle, daß er in dringenden Geschäften der Republik — — (es war darum zu thun, die Stadt Rom, in einer Theurung, mit Lebensmitteln zu versehen, und dies war in einer so ungeheuren Stadt, und bey ihrer damaligen Verfassung, das dringendste aller Staatsgeschäfte) zu einer Zeit, da die See sehr stürmisch war, unter Segel gehen sollte. Man stellte ihm vor, daß er es nicht wagen könne, ohne sein Leben in die augenscheinlichste Gefahr zu setzen. Es ist nöthig daß ich abreise, sagte Pompejus, daß ich lebe ist nicht nöthig.

„Dies sieht wie ein Bon-mot aus,„ — sagt Balzac, der in der Mitte des vorigen Jahrhunderts einen gewaltigen Schöndenker vorstellte, — „aber „wenn man's in der Nähe besieht, sieht man, daß es „nichts sagt. Denn es sagt etwas das sich selbst „vernichtet. Wie kann ein Mann reisen, wenn er „nicht lebt?„

D Bal-

O Balzac, Balzac, wie kann ein witziger Kopf ein Schiefkopf seyn, wie du in diesem Augenblick warst?

Wenn Herr Balzac richtig räsonnierte, so müßte ein Soldat, um seine Pflicht zu erfüllen, allemal davon laufen so oft er Gefahr sähe. Denn wie kann er ohne Kopf, oder ohne Arme und Beine, seine Schuldigkeit thun? Seine erste Pflicht ist also seine Person in Sicherheit zu bringen. — Bey dieser Art zu räsonnieren würden die Kriege nicht sehr blutig seyn.

Die Worte des Pompejus haben nur einen Sinn, und gegen den ist nichts einzuwenden. Er will sagen: Wenn die Gelegenheit da ist, wo ein braver Mann seine Schuldigkeit thun soll, so fragt er nicht, kann ichs mit Sicherheit thun. Er thut sie, erfolge was da will. Ob ich lebe oder nicht lebe, ist am Ende der Welt gleich viel; denn sie ist lange ohne mich gegangen, und wird auch künftig ohne mich gehen. Aber so lang ich lebe, kann mich nichts von meiner Pflicht loßzählen.

2.

Zufällige Gedanken über das Verhältnis des Angenehmen zum Nützlichen.

Eben diesem Balzac, dem es nicht selten begegnet was albernes zu sagen, und zu glauben daß er was sinnreiches gesagt habe, lauffen auch öfters gute Gedanken vor den Schuß, — wie es einem Menschen nothwendig begegnen muß, der, wie Er, sein Leben damit zubringt, Gedanken aufzujagen. In folgender Stelle gefällt mir der Schlußgedanke, wiewohl er etwas epigrammatisches hat, wegen der Einfalt, und einleuchtenden Wahrheit des Bildes, worein er eingekleidet ist. „Man muß Bücher zur Erhohlung und „zur Ergötzlichkeit haben, wie man Bücher zur Belehrung und zu Geschäften haben muß. Jene sind an„genehm, diese nützlich, und der menschliche Geist be„darf beyde. Das Canonische Recht und das Justi„nianische Gesetz sey und bleibe in Ehren„ — (Ach ja! so lange Gott will, und bis diejenige, in deren Händen die gesetzgebende Macht ist, endlich einsehen werden, daß Sie und wir bey Gesetzen, die auf unsern Zustand paßten, uns besser befinden würden!) „und herrsche auf den Universitäten; aber man ver„banne darum den Homer und Virgil nicht. Wir „wollen den Oelbaum und den Weinstock bauen, „aber ohne Rosen und Myrten auszurotten.„

Ich finde bey dieser Stelle zwoo Anmerkungen zu machen. Die eine ist, daß Balzac den Pedanten, welche die Günstlinge der Musen und deren Werke mit gerümpfter Nase und dummen Hohnlächeln ansehen, zu viel einräumt, wenn er die Homere und Virgile blos unter die ergötzenden Schriftsteller rechnet.

net. Das vernünftige Alterthum dachte ganz anders, und Horaz behauptet mit gutem Fug, daß man mehr praktische Philosophie vom Homer lernen könne als vom Krantor und Chrysippus.

Die andere Anmerkung ist, daß es überhaupt mehr eine kaufmännische als philosophische Art zu denken zeigt, wenn man das Angenehme dem Nützlichen entgegenstellt, und jenes gegen diesem mit Verachtung ansieht. — Man merke, daß ich hier blos von dem Angenehmen rede, das für einen unverdorbnen Geschmack angenehm ist, und weder Gesetze und Pflichten noch ein gesundes moralisches Gefühl beleidiget. — Dies vorausgesetzt, sage ich: das Nützliche in so fern man es dem Schönen und Angenehmen entgegensetzt, haben wir mit dem niedrigsten Vieh gemein, und indem wir lieben und schätzen was uns in diesem Verstande nützlich ist, thun wir nichts als was das Oechslein und das Eselein auch thut. Der Werth dieses Nützlichen hängt von seiner mehrern oder mindern Unentbehrlichkeit ab; in so fern also eine Sache zur Erhaltung der menschlichen Gattung und der bürgerlichen Gesellschaft nothwendig ist, in so fern ist sie allerdings etwas Gutes; aber etwas Vortrefliches ist sie darum nicht. Daher begehren wir auch das Nüzliche nicht um sein selbst, sondern blos um gewisser Vortheile willen, die wir davon ziehen. Das Schöne hingegen lieben wir aus einem innern

unsern Vorzug unsrer Natur vor der blos thierischen; denn unter allen Thieren, ist der Mensch allein mit einem zarten Gefühl für Ordnung, Schönheit und Grazie begabt; daher kömmt es, daß er desto vollkommner und, so zu reden, desto mehr Mensch ist, je ausgebreiteter und inniger seine Liebe zum Schönen ist, und je feiner und sichrer er durch die bloße Empfindung die verschiedenen Grade und Arten des Schönen zu unterscheiden weiß. Und daher ist's auch blos das Schöne, in Künsten sowohl als in Lebensart und Sitten, was den geselligen, entwickelten und verfeinerten Menschen von dem Wilden und Barbaren unterscheidet; ja, alle Künste ohne Ausnahme, und die Wissenschaften selbst haben ihr Wachsthum beynah allein, dieser dem Menschen eingepflanzten Liebe zum Schönen und Vollkommnen zu danken, und würden noch unendlich weit von dem Grade zu dem sie in Europa gestiegen sind, entfernt seyn, wenn man sie in die engen Grenzen des Nothwendigen und Nützlichen, im gemeinen Sinne dieses Wortes, hätte einschränken wollen.

Dies lezte that Sokrates, (*) und wenn er jemals in irgend einer Sache Unrecht hatte, so war's in diesem Stücke. Keppler und Newton würden niemals die Geseze des Weltsystems — das Schönste, was der

menschl-

(*) S. das 7te Kap. im III. Buche der Sokrat. Denkwürd. Xenophons.

menschliche Geist jemals durch Denken herausgebracht hat — gefunden haben, wenn sie, seiner Vorschrift zufolge, die Meßkunst auf die bloße Feldmesserey und die Astronomie auf den bloßen unmittelbaren Gebrauch bey Land- und See-Reisen und beym Kalendermachen eingeschränkt hätten.

Sokrates ermahnte die Mahler und Bildhauer, das Schöne und Angenehme mit dem Nüzlichen zu verbinden: so wie er die Tänzer aufmuntert, das Vergnügen, das ihre Kunst zu geben fähig sey, zu veredeln, und das Herz zugleich mit den Sinnen zu ergezen. Dem nemlichen Grundsaze zufolge mußte er diejenigen Arbeiter, welche sich mit den unentbehrlichern Dingen beschäftigen, ermahnen, das Nüzliche soviel möglich mit dem Schönen zu verbinden. Aber nichts für schön gelten lassen wollen, als in sofern es nüzlich ist, heißt die Begriffe verwirren.

Schönheit und Grazie sind zwar durch die Natur selbst mit dem Nüzlichen verwandt, aber sie sind nicht darum begehrenswürdig, weil sie nüzlich sind, sondern weil es der Natur des Menschen gemäß ist, in ihrem Anschauen ein reines und edles Vergnügen zu geniessen, ein Vergnügen, das mit demjenigen, so uns das Anschauen der Tugend macht, völlig gleichartig, und eben so sehr ein Bedürfnis vernünftiger Wesen ist als Nahrung, Kleidung und Wohnung Bedürfnisse des thierischen Menschen sind.

3.

Ueber etwas das Plato gesagt haben soll, und nicht gesagt hat.

Ein schöner Gedanke eines Original-Autors, indem er nach und nach aus einer Hand in die andre geht, findet sich oft am Ende von dem, was er ursprünglich war, so verschieden, daß ihn sein eigner Vater nicht mehr erkennen würde. Ein Beyspiel dieser Art, das mir eben aufstößt, scheint mir sonderbar genug um hier einen Platz zu verdienen. Es betrift einen Gedanken des Plato, der in seinem Phädrus vorkömmt, in diesem von so manchen Italiänischen, Englischen und Teutschen Dichtern so häufig berupften, aber gewiß von den Wenigsten gelesenen, und schwerlich jemals von irgend einem Menschensohne verstandnen Gespräch über das Schöne, worinn Platons vorgeblicher Sokrates, um einem schönen Jüngling zu erklären was das Schöne ist, in einer seltsamen metaphysisch-mystisch-poetischen Bildersprache so wunderschöne, helldunkle, hocherhabene, nonsensicalische Dinge vom Zustand der Seele vor und nach diesem Leben, und von ihren Federn und Flügeln, und von ihrem Wagen, Pferden und Kutscher, und von den Reisen die sie im Gefolge Jupiters und der andern Götter in den überhimmlischen Gegenden macht, und von der herrlichen Augenweide die sie dort hat, und von den Mysterien worinn sie initiirt wird, und der Himmel weiß von wie viel andern schönen Sachen

schwazt

schwazt, bey denen einem jungen Menschen, der sie zum erstenmal liest, die Wange glüht und das Herz im Leibe hüpft, weil man in diesem Alter nichts herrlicher findt, als Metaphysisches Galimathias in schöne bunte poetische Bilder eingekleidet. — Doch die Rede soll izt nicht vom Phädrus sondern bloß von der Verwandlung seyn, die ein bekannter Gedanke von ihm, im Durchgang durch ein paar gute Köpfe, erlitten hat.

„Könnten wir, sagt Plato, die Tugend nakt „erblicken, so würden wir so viel Reiz an ihr „entdecken, daß wir außer ihr nichts auf der „Welt mehr lieben wollten." — So sagt uns ein Neuester, übrigens empfehlungswürdiger, Schriftsteller, dessen Name hier nichts zur Sache thut: und wer sollte nun nicht glauben, Plato habe dies würklich gesagt? Gleichwohl sagt Plato kein Wort von allem diesem. Seine selbsteigne Worte mögen Zeugnis dessen geben: — „Φρονησις ȣχ ὁραται. Δεινȣς γαρ αν παρειχεν· ερωτας ειτι τοιȣτον ἑαυτης εναργες ειδωλον παρειχετο εις οψιν ιον. (in Phaedro. Tom. Opp. III. p. 250.) „Die Weisheit würde unbeschreib= „liche Liebe einflößen, wenn sie sich unter einer „Gestalt, die ein sichtbarer Abdruck ihrer Voll= „kommenheit wäre, vor unsre Augen stellte."

Hätte der moderne Schriftsteller diese Stelle Platons nur aus der Uebersetzung welche Cicero davon gegeben

geben, gekannt, so würde er dem Original schon weniger Unrecht gethan haben. Sie steht bekanntermaßen im 14ten Abschn. des 1sten Buchs de Officiis: — „*formam* ipsam, Marce fili, et tanquam faciem ho„nesti vides, quae si oculis cerneretur mirabiles „amores, ut ait Plato, excitaret sapientiae. „Wenn „das Ideal des sittlichen Schönen (*) mit leiblichen „Augen gesehen werden könnte, es würde (wie Plato „sagt) unaussprechliche Liebe der Weisheit einflößen.„ — Denn wiewohl sich Cicero schon einige Freyheit mit diesem Platonischen Gedanken genommen, so sagt er doch im Grunde beynahe Einerley. Aber vermuthlich ist dieser nemliche Gedanke noch durch mehr als einen verfälschenden modernen Kopf gegangen, bis er sich endlich unserm wackern Landsmann, durch einen nur zu gewöhnlichen Irrthum des Gedächtnisses, in einer Gestalt darstellte, worinn er gerade zweymal (**) nonsensikalischer erscheint als im Plato selbst. Ich wünschte daß dies Beyspiel einen jeden Schriftsteller, der den Gedanken eines andern anführt, behutsam genug machen möchte, allezeit vorher das Original nachzuschlagen, oder wenn er dazu keine Gelegenheit hat, lieber an dessen statt zu sagen, was er selbst denkt, als was Plato oder Aristoteles gesagt haben, — deren Nahme

an

(*) Was Schaftesbury die Moralische Venus nennt.

(**) Denn Plato will nicht, daß die Tugend sich nackend zeigen soll, und sagt auch nicht, daß man dann sonst nichts mehr lieben würde als sie.

am Ende doch nichts zur Sache thut, das was sie gesagt haben mag Sinn, oder (wie hier der Fall seyn möchte) Unsinn seyn. Denn warlich der göttliche Plato wußte doch wohl selbst nicht recht was er sagte, da er einen bedingten Satz behauptete, dessen Bedingung unmöglich ist. Die Tugend kan nur in Empfindungen, Neigungen und Handlungen würklicher oder gedichteter Personen sichtbar werden; und wem sie in dieser sichtbaren Gestalt nicht liebe, und soviel Liebe als ein menschliches Herz nur immer fassen kann, einflößt, — dem ist nicht zu helfen.

Ich weiß wohl, daß sich Plato dadurch rechtfertigen läßt, daß das intelligible Bild oder idolum der Weisheit, wovon er spricht, seiner Meynung nach, in den überhimmlischen Räumen, oder in der Welt der Ideen, würklich existiert. Aber auch dadurch wird sein Gedanke wenig gebessert. Denn immer bleibt es (nach seinen eignen Begriffen) eine Unmöglichkeit, diese Idee mit leiblichen Augen zu sehen. Solche Einfälle läßt man (einer alten schlimmen Gewohnheit zufolge) den Poeten hingehen, oder bewundert sie noch wohl gar darum: aber in dem Munde eines Philosophen sind sie unerträglich.

Uebrigens hat die Vorstellung der Tugend, die sich nackend sehen läßt, etwas widerliches, das wohl seinen ganz guten Grund haben mag; und ich bin gewiß,

daß

daß sich kein großer Mahler dazu verstehen würde, die Personificierte Tugend, anstatt in einem langen majestätischen Gewande, entkleidet darzustellen. Mich däucht es sind nur zwey idealische Wesen, denen es anständig ist, nackend vor unsern Augen zu erscheinen, die Wahrheit, und die Schönheit: selbst die Grazien, — wiewohl die Gewohnheit, sie nackend (und meistens sehr zu ihrem Nachtheil) darzustellen, bey den Künstlern überhand genommen hat — würden in dem Gwande, das ihnen Sokrates gegeben, mehr Grazie haben; wenigstens sollte der Maler, der verwegen genug ist sie zu entkleiden, fähig seyn, einen solchen Schein von Unschuld über sie auszugießen, daß man, so wie man sie erblickte, denken müßte, sie wüßten nicht daß sie nackend seyen.

W.

V.

Neue Bücher.

Anmerkungen übers Theater, nebst angehängtem übersezten Stück Shakespears. Leipzig, in der Weygandischen Buchhandlung 1774. 160 S. in 8.

Nicht Herr Göthe selbst, wie der vorige Band des Merkurs sagte, sondern Herr Lenz ist der Verfasser dieser Anmerkungen, von denen sehr zu wünschen ist, daß sie von unsern dramatischen Dichtern beherzigt werden mögen, wenn der Verfasser gleich nicht der erste ist, der sie ihnen ans Herz legt. Wenn sie nur einen angehenden theatralischen Schriftsteller reizen, das Studium des Menschen ernstlicher zu treiben, als bisher geschehen ist, so haben sie Nutzen genug gestiftet, ob sie gleich (den Neologismus der Schreibart abgerechnet) das Verdienst der Neuheit nicht haben. Seit dem Leßings Dramaturgie der Verehrung des französischen Theaters den ersten Stoß beybrachte, sind viele Bilderstürmer aufgestanden, die mit dem größten Eifer auf dasselbe losgerannt sind. Ein solcher ist auch der Verfasser; bald thut er es in ausführlichen Detaillirungen, bald in Spöttereyen, wie (S. 6.) folgende: „Da erschienen die fürchterlichsten Helden des Alterthums, der „rasende Oedip, in jeder Hand ein Auge, und ein großes Gefolge

„folge griechischer Imperatoren, römischer Bürgermeister,
„Könige und Kaiser, sauber frisirt in Haarbeutel und seidenen
„Strümpfen, unterhalten ihre Madonnen, deren Reifröcke
„und weiße Schnupftücher jedem Christenmenschen das Herz
„brechen müssen, in den galantesten Ausdrücken von der Hef=
„tigkeit ihrer Flammen. u. s. w." Zu größerer Gemeinnützigkeit
dieser Anmerkungen wäre zu wünschen, daß der Verfasser nicht
mit der täglich überhand nehmenden Sucht behaftet wäre,
eine Schreibart zu affectiren, die mit dem Styl der besten
Autoren aller Zeiten und Völker den widrigsten Absatz macht,
und den meisten Lesern, die man doch belehren will, entweder
ganz unverständlich ist, oder nur verworrene, schwankende und
schielende Vorstellungen giebt, woraus sie nicht klug werden
können. Was für einen Kommentar hätte nicht z. B. die fol=
gende Periode vonnöthen, um für die meisten einen Sinn zu
haben: „Wie das alles so durch einander geht, Cluvers orbis
„antiquus mit der neueren Heraldick, und der Ton im Gan=
„zen so wenig deutsch, so kritisch bebend, gerathen schön ——
„Wer Ohren hat zu hören, der klatsche, das Volk ist ver=
„sucht." —— An mißlungnen Bonmots und sonderbaren
neuen Wörtern (wie beklapsen) mangelts auch nicht. Das
angehängte Stück Shackespears ist Love's Labour's lost,
welches der Verfasser vorzüglich gewählt zu haben scheint, weil
es mehr, als irgend eines von diesem Dichter, von Quibbles
wimmelt. Sowohl in der Uebertragung derselben, als in der
Versificirung der darinnen vorkommenden Liedchen scheint mir
der Verfasser sehr glücklich. z. B.

    So sanften Kuß giebt nicht der Sonnen Strahl
       Tropfen, die sie früh auf Rosen findet,
    Keine Blicke der verliebten Qual,
       Die auf meiner Wang' entzündet.
    Spielt der Mond so sanftes Silber nicht
       Aus seines dunkeln Gründen,
    Als dein alabasternes Gesicht
       Thränen, die sich mir vom Auge winden.
    Bild, hier triumphirest du,
       In Krystall gehaun, auf Kosten meiner Ruh!
    O nur immer her, die Thränen schwellen an,
       Bis was du werth und was ich fühlen kann.

Zusaz des Herausgebers.

Der Verfasser der A. d. Th. mag heißen wie er will, traun!
der Kerl ist 'n Genie, und hat blos für Genies, wie er ist,
                                            geschrie=

geschrieben, wiewohl Genien nichts solches nöthig haben. Soll ihm dies aber nicht erlaubt gewesen seyn? Durft er doch schreiben, was gar niemand, was er selbst nicht verstunde! Wer konnt's ihm wehren? Fürs Publikum ist so was freylich nicht. Denn was soll dies damit machen? Wie soll es dem Genie seine Räthsel errathen? oder ergänzen, was der geheimnißreiche Mann nur halb sagt? oder ihm in seinen Gemssprüngen von Klippe zu Klippe nachsetzen? —— Sein Ton ist ein so fremder Ton, seine Sprache ein so wunderbares Rothwelsch, daß die Leute dastehn, und's Maul aufsperren, und recken die Ohren, und wissen nicht ob sie süß oder sauer dazu sehen sollen; —— sehen also Höflichkeits halben, und um sicher zu gehen, lieber süß, wie die meisten Zeitungsschreiber und Recensenten. —— Sein Ton ist nicht der Ton der Welt; es ist auch nicht der Ton der Untersuchung; Schulton ist's auch nicht; Kenner haben sonst auch noch nie so gesprochen. Was ist's denn? Es ist der Ton eines Sehers, der Gesichte sieht, und mit unter den Ton eines *Quomebaccherapistuiplenxm*, der seinen Mund weit aufthut, um etwas herrliches, funkelneues, noch von keinen Menschensohn gesagtes, zu sagen, und dann gleichwohl (wie Horaz in seinem Rausche) gerade nichts sagt, das sich der Müh verlohnte, das Maul so weit aufzureißen. Mag seyn, daß ein solcher begeisterter Seher oder Genie allerley Dinge sieht, die wir andern Leute, die ihrer Sinnen mächtig sind, nicht sehen —— auch wohl zwoo Sonnen, zwoo Theben für eine —— aber das Unglück ist, daß der Leser selten gewiß werden kann, was der Mann gesehen hat, und ob er auch recht gesehen hat. Ein solch Büchlein, so klein es ist, den Lesern, die keine Genien sind, verständlich zu machen, zu prüfen; das Korn von der Spreu zu scheiden, und zu zeigen, was darinn gesunde Kritik, und was eitel schaales Wortgeklage ist, was würklich neugedacht, und was nur durch die Affectation seltsamer Wendungen, Wortfiguren und Nothzüchtigung der Sprache den Schein einer unerhörten Entdeckung bekommen hat, wiewohl Andre das lange vorher kürzer, deutlicher und richtiger gesagt haben, —— Alles dies zu thun, müßte man ein Buch in Folio schreiben; und wer soll's schreiben? oder, wenn's geschrieben wäre, wer soll's lesen?

Uebrigens, wenn unsre Leser sich mit ihren sehenden Augen überzeugen wollen, daß es auch schon im Jahre 1773, und also wenigstens ein Jahr vorher, eh der Verfasser der Anmerkungen der Welt sein Lichtlein leuchten ließ, Leute gab, welche wußten, worinn Shakespears großer Vorzug besteht: so ersuchen wir sie nur im 3ten Band des T. Merkurs die 184 und 185ste Seite zu lesen, und dann —— das Buch wieder zuzumachen.

W.

Der Teutsche Merkur.

Februar 1775.

I.
Geschichte des Philosophen Danischmende.

Fortsetzung von S. 66.
des Jänner.

Achtes Kapitel.
Geschichte der drey Kalender.

Warst du nicht einer von den drey Kalendern, die vor fünf Jahren, um die Erndezeit, zu Dehli, den Gärten des Serails gegen über, unter einer Cypresse saßen?

Der Alte erinnerte sich dessen nach einigem Besinnen. Der Sultan, der euch gewahr wurde (fuhr Danischmende fort) wollte wissen, wer ihr wäret, und wie es käme, daß ihr euch just unter diesem Cypressenbaum, seinem Serail gegen über, und nicht an

an irgend einem andern Ort in der Welt befände.
Ich gieng also hin, um mich ein wenig näher mit
euch bekannt zu machen. Aber ihr waret verschwunden, eh' ich zur Cypresse kam. Ich suchte euch vergebens; niemand wollte etwas von den drey Kalendern wissen. Einen, zween, vier, fünf, sechs,
sieben, u. s. f. hatten viele Leute gesehen. Ich
schickte unter alle Thore und in alle Quartiere der
Stadt, um die drey Kalender zu erfragen. Endlich
erfuhr ich des folgenden Morgens, daß man hinter
der großen Pagode, vor dem östlichen Thore, drey
Kalender unter den Bäumen frühstücken gesehen
habe. Ich begab mich sogleich an den Ort; aber
kaum wurdet ihr gewahr, daß ich auf euch zugieng, so stundet ihr auf, und entferntet euch so be-
hende, daß ich bald die Hoffnung aufgab, euch einzu-
holen; und von Stund an sah man euch nicht
wieder in Dehli.

Sieben Tage lang wurde beym Schlafengehen
des Sultans von den drey Kalendern gesprochen.
Jedermann wollte was besonders von ihnen wissen;
aber im Grunde wußte niemand nichts davon, als
daß die drey Kalender — drey Kalender waren.
Es fehlte wenig daran, daß euch Schah-Gebal ein
Paar tausend Reuter nachgeschickt hätte. Denn
wiewohl ihm die Sache anfangs ziemlich gleichgültig war, so hatte man doch so lang und breit

davon

davon gesprochen, so viel gemuthmaset, verglichen, induciret, argumentiert und disputiert, daß seine Neugier endlich im Ernste rege wurde. Es sind Kundschafter, sagte einer; es sind drey Weise aus Griechenland, sagte der andre; sie kommen von den Enden der Welt; sie besitzen Geheimnisse, haben den Stein der Weisen, und können zaubern, sich unsichtbar machen, sich in Thiere verwandeln, auf Wolken reiten, — sagte der dritte, vierte, fünfte, u. s. f. Es sind Kalender, sagte ich, und vermuthlich die müßigsten Leute von der Welt, es müßten's nur diejenigen noch mehr seyn, die nichts bessers zu thun haben, als Hypothesen über drey Kalender zu machen (*). Dies, guter Alter, ist alles, was ich von eurer Geschichte weiß —

— und hier, versezte der alte Kalender, alles was ich zur Ergänzung derselben hinzuthun kann. Ich kenne die beyden jungen Kalender, die du bey mir gesehen hast, sehr wenig. Wir trafen uns einst zu Samarkand an, reiseten eine Zeitlang mit einander, trennten uns wieder, fanden uns darauf unverhoft in Kandahar wieder zusammen, und durchzogen in Gesellschaft einen Theil von Persien, ohne

(*) Oder die Geschichte von drey Calendern zu schreiben.
Damphus.

Oder Noten dazu zu machen.
Naso.

ohne daß einem von uns einfiel, den andern um seine Geschichte zu fragen. Indessen zeigte sich bald, daß der eine nicht übel sang, und der andre mit der Wuth, Lieder und Verse aus dem Stegreif zu machen, behaftet war. Wo uns unterwegs in einem Dorf eine erträgliche Dirne mit schwarzen Augen in den Wurf kam, da sezt' er sich unter einen Baum hin, krönte und salbte die Bäuerin zur Sultanin seines Herzens, und machte Lieder, klafterlang, zu Ehren ihrer schwarzen Augen. Dann giengen beyde Laffen und sangen's des Abends, während daß sie ihre Ziegen melkte, vor ihrer Stallthüre. Dessen ward ich denn endlich überdrüßig, und wir trennten uns abermal. Zwey Jahre giengen vorbey, ohne daß wir etwas von einander hörten; bis ich einsmals zu Lahor meinen Sänger vor der Pforte eines Palasts antraf, wo er lange die besten Lieder seines Freundes, des Versemachers, aus voller Kehle anstimmte, ohne daß jemand acht darauf gab. Zulezt kam ein Diener heraus, und reichte ihm, vermuthlich um ihn zum Schweigen zu bringen, ein kleines Allmosen. Er schien sich seit einiger Zeit, wider Willen, im Fasten geübt zu haben, und sah so nackt und armselig aus, daß mich seiner jammerte. Die Leute von Lahor sind ein rohes Volk, sagte er; ich habe ihnen vergebens nach den schönsten Weisen von Ispahan gesungen; die Unmenschen lieben weder Tanz noch Gesang; sie hätten
mich

mich singen laſſen, bis mir die Zunge im Gaumen vertrocknet wäre, ohne ſich darum zu bekümmern. Da lob ich mir die Einwohner von Iſpahan! Das iſt doch ein Ort, wo man ſeine Talente geltend machen kann! — Warum bliebſt du denn nicht dort, fragte ich, wenn's dir ſo wohl gieng!— Das will ich dir im Vertrauen ſagen, erwiederte er. Du weißt, daß ich einmal nicht übel ansſah. Ich ſang nicht lange vor den Häuſern einiger Großen zu Iſpahan, ſo hatte ich das Glück, einem davon, der ein ſehr reicher Emir war, zu gefallen, und er nahm mich unter ſeine Muſikanten auf. Nun war ich nicht lange im Hauſe, ſo fand ſich, daß ich glücklicher war, als ich gedacht hatte; denn ich gefiel auch der Gemalin des Emirs. Bey allen Houris im Paradieſe, das war eine Frau! Zu meinem Unglücke hatte ſie den einzigen Fehler, daß ſie ein wenig zu eilfertig in ihren Sachen war, und nie aufhören konnte. In wenig Wochen war meine Stimme weg, und ich wurde ſo dünne, daß die Sonne durch mich ſchien. Der Emir konnte nicht begreifen wie dies zugieng; aber es ſey nun, daß er etwas argwohnte, oder daß er einen Sänger, der nicht mehr ſingen konnte, für ein unnützes Hausgeräthe anſah, genug er jagte mich aus ſeinem Hauſe und aus Iſpahan. Was ſollt' ich anfangen? Ich kehrte wieder zu meiner vorigen Lebensart zurück; aber mit ſo ſchlechtem Erfolge, daß ich, ſo kurze

G 3   Zeit

Zeit es auch noch so fortgehen möchte, allen Emirn und Emirsweibern auf ewig unnütze werden mußte. Komm mit mir, Alfaladdin, sagte ich: man muß mehr als eine Saite auf seinem Bogen haben. Was nützt dem Tauben ein Leyermann? Das Volk von Lahor liebt die Musik nicht, — oder vielleicht sind sie nur keine Liebhaber von den Stimmen, die durch die Emirsweiber zu Ispahan verdünnert worden. Was thut's? Etwas müssen sie lieben, und morgen sollst du sehen, ob ich es ausfindig gemacht habe. Ich führte den armen Schelm in meine Herberge, wo drey oder vier Fakirn mit einer reichlichen Abendmalzeit meiner warteten. Er gerieth vor Freuden und Erstaunen außer sich, da er sah, wie gute Anstalten wir gegen das ungeduldigste aller menschlichen Bedürfnisse gemacht hatten. Aber, wie fangt ihr das an, Brüder? rief er aus. Was für ein Geheimniß besizt ihr, diese tauben Ottern von Lahor zu beschwören, daß sie euch mit dem Mark ihres Landes mästen? Geduld, sagt ich: du sollst es sehen. Es ist die leichteste Sache von der Welt, die Mildherzigkeit dieses Volkes zu besteuren. Der ungeschickteste Strohkopf hat dazu Geschicklichkeit genug: du brauchst dazu weder deine Lenden noch deine Lungenflügel anzugreifen. Mache nur, wie du diese guten Fakirn machen siehst, und bekümmre dich weiter um nichts. Des andern Morgens nach dem zweyten Gebete begaben wir uns

uns in den Vorhof der großen Moschee. Eine Menge Volks sammelte sich um uns her. Ich theilte den Fakirn und dem nichts arges besorgenden Alfaladdin Geiseln aus. Wozu dies? fragte mich der Sänger heimlich. Mache wie du deine Kameraden machen siehst, sagt ich ihm mit großer Ernsthaftigkeit, und schone deines Leders nicht, oder du bist verlohren. Die Fakirn fiengen an sich aus Leibeskräften zu peitschen, und arbeiteten so gelassen und taktmäßig auf ihren bloßen Rücken zu, als ob er von Alabaster gewesen wäre. Der arme Alfaladdin, wie er sah, daß kein ander Mittel war, entschloß sich endlich mit zusammengebißnen Zähnen ihrem Beyspiele zu folgen. Aber die Natur empörte sich schon beym zweyten Streich. Er hob die Geisel so langsam, als ob anstatt jedes Spörnchens ein Mühlstein daran hienge, und eh' ich michs versah, hatte er sich unterm Gedränge davongeschlichen. Unterdessen daß sich die Fakirn, zu großer Erbauung des Volkes von Lahor, ohne alles Mitleiden mit sich selbst, zerfezten, theilte ich Amulete gegen alle Krankheiten und böse Geister, gegen Donner und Wetter, Ratten, Schlangen und Scorpionen aus; und den Weibern verkaufte ich Talismane um ihren Männern besser zu gefallen und Mittel gegen die Unfruchtbarkeit. Des Mittags zogen wir uns mit der Beute von Lahor beladen in unsre Herberge zurück. Wir fanden da unsern Abtrünnigen, der mir sein Instrument

ment mit demüthigem Danke zurückgab, und bey den Bärten aller zwölf Imans schwur, daß er lieber singen und hungern als seine Malzeit auf Unkosten seines Rückens verdienen wolle. Wohin gedenkst du dann, fragt ich ihn. — "Nach Dehli, wo ich vermuthe, daß sich mit singen oder — leyern mehr als mit geisseln verdienen läßt." — Ich begleite dich, sprach ich; meine Amulete und Talismane werden ungefehr bis dahin für uns beyde zureichen. Ich ließ also die Schafsköpfe von Fakirn zu Lahor zurück, und kam mit Alfalabdin nach Dehli. Weil wir sehr ermüdet waren, setzten wir uns den Gärten des Serails gegenüber, unter den ersten besten Baum, wo wir unsern ehmaligen Gefährten Sinan, den Dichter, in eben so verfallnen Umständen antrafen, als die, woraus ich seinen Freund den Sänger gezogen hatte. Wir saßen noch nicht lange beysammen, als wir gewahr wurden, daß man uns aus einem Fenster des Serail beobachtete. Dies beunruhigte meine Gefährten. Der Sultan ist kein Freund unsers Ordens, sagten sie; es könnte Seiner Hoheit leicht einfallen übel zu finden, daß wir uns hier im Angesichte seines Serails gelagert haben. Ich weiß nicht, ob der Sultan ein Freund von Kalendern ist oder nicht, sagte ich; aber ich weiß, daß ich kein Freund — von Sultanen bin. Man kann nie zu weit von diesen Herren seyn. Wir machten uns also auf, sobald wir sahen, daß man sich vom Fenster

ent-

entfernte, und schlichen uns hinter den Bäumen weg. Wir giengen über den Fluß und übernachteten bey einer mildherzigen Wittwe, die viel Mitleiden mit jungen Leuten unsers Standes zu tragen schien. Des folgenden Morgens, da wir umhergiengen, die Stadt auszukundschaften, glaubten wir gewahr zu werden, daß man uns mit ungewöhnlicher Aufmerksamkeit betrachte. Dies bewog uns den einsamen Ort zu suchen, wo du uns fandest. Deine Ankunft schien eine geheime Absicht zu verrathen, die unsre Unruhe vermehrte. Wir trennten uns also zum drittenmal, und seit dem weiß ich nicht, was aus den beyden jungen Kalendern geworden ist; ich vermuthe aber, daß sie mit einander gegangen sind, ihre Talente in den mittäglichen Provinzen von Indostan geltend zu machen.

Hier schwieg der alte Kalender, zum Beweise, daß er über diese Materie nichts weiter zu sagen hatte.

———

Neuntes Kapitel.

Ein Dialog zwischen dem Leser und dem Autor.

„Und dies wäre also die Geschichte der drey Kalender, nach der man uns schon so lange den Mund wässern gemacht hat?„

Wie

Wie Sie sehen.

„Es verlohnte sich wohl der Mühe nicht uns damit zu behelligen.„

Das beliebt Ihnen so zu sagen, meine Herren. Ich wollte wetten, daß unter Hundert so gelehrten, belesenen, alles wissen wollenden, und Alles mit allen seinen Umständen wissen wollenden Herren, wie Viele unter Ihnen sind, wenigstens achtzig seyn müssen, die keinen unbeträchtlichen Theil ihres Lebens zugebracht haben, Historien zu lesen, die sich der Mühe eben so wenig und vielleicht weniger verlohnten als diese.— Und dann, ist's billig, für nichts zu rechnen, daß ich Sie, da Sie doch einmal die Geschichte der drey Kalender wissen wollten, so leicht habe durchwischen lassen? Stund es etwan nicht bey mir, diese nemliche Geschichte, wovon ich itzt den Kern und die Quintessenz in Vier Octavblättern geliefert habe, in ebensoviel Bände auszudehnen?

„Als ob wir dann verbunden gewesen wären, sie zu lesen?„

O meine Herren, Sie würden sie gelesen haben, dafür steh ich Ihnen. Es giebt Mittel die Leute lesen zu machen!

„Wenn

„Wenn einiger Nutzen davon zu gewarten ist, ja. Aber wozu soll wohl —

die Geschichte der drey Kalender nutzen?„

Wie gelehrte Leute so eine Frage thun können! Alles ist nützlich, meine Herren, Alles; Dorn und Disteln, Spreu und Häckerling, Spinneweben und Wespennester, Froschzungen und Froschleich, Wanzen und Blatläuse, Bärenfett und Katzenfett, ja in gewissen Umständen sogar Bonzenfett (*). — Nur Bonzengift ganz allein nehm ich aus; denn dies hat

(*) Jemand suchte dem Cäsar, einige Zeit vor dessen Ermordung, Argwohn gegen den Antonius und den Dolabella beyzubringen, in die er ein besonderes Vertrauen setzte. O, sagte Cäsar, ich besorge nichts von diesen fetten und zierlich frisierten Burschen; die blassen und hagern (er meinte den Cassius und Brutus) sind mehr zu fürchten. (Plutarch im Leben Cäsars.) Vermuthlich zielt unser Autor auf diese Stelle, und will so viel sagen: fette Bonzen wären weniger gefährlich als magere. Diese Maxime ist nun freylich nicht ohne Ausnahme; aber gleichwohl mag sie a potiori ihre Richtigkeit haben, wenn es auch bloß daher käme, weil fette Bonzen ordentlicher weise zu träge sind, viel Böses zu thun. Und in so fern ließe sich dann wohl mit einigem Grunde behaupten, daß auch Bonzenfett seinen Nutzen habe; in so fern es nemlich einen physischen Grund enthält, warum ein feister Bonze weniger übelthätig und giftig ist, als andre.

M. Scriblerus.

hat zu allen Zeiten in der ganzen Welt zu nichts getaugt — als Unheil anzurichten, ehrlichen Leuten das Herz abzufressen, Könige zu ermorden, und gute Päbste zu vergiften —

O Clemens XIV!

Wenn also (Bonzengift und aqua tofana ausgenommen) Alles in der Natur zu etwas gut ist, warum, meine hochgeehrten Freunde, sollte die Geschichte der drey Kalender zu nichts gut seyn? — Wie, wenn Sie Sich entschlössen, sie noch einmal zu lesen? Man entdeckt oft erst beym zweyten oder drittenmal, wo der Hund begraben liegt.

„Alles, was sich darinn entdecken läßt, läuft auf zwey Punkte hinaus; erstens, daß der Sultan, und die Sultanin seine Gemalin, und Danischmende sein Hofsophist, und alle Mirzas und übrige Müßiggänger an seinem Hofe von den drey Kalendern — nichts wußten; und zweytens, daß alles, was der alte Kalender von der Sache weiß und sagt, schwerlich um eine Stecknadel besser ist als Nichts."

Meine Herren, haben Sie nicht gelesen und lesen vielleicht noch täglich Bücher in groß und klein Folio, Quarto und Octavo, vollgestopft und gepfropft mit unmenschlicher Gelehrsamkeit, mit höchstmühseligen

ligen Nachforschungen und Berichtigungen, mit ausführlicher Widerlegung aller gegenseitigen Meynungen, mit Citationen zehentausend andrer Bücher, und mit Digreßionen durch alle Prädikamente, das Ganze mit einem zwey- oder dreyfachen Register wohl versehen, — haben Sie, sage ich, nicht dergleichen Bücher gelesen, sie im Schweiß ihres Angesichts, bey nächtlicher Lampe, auf Unkosten Ihrer Augen, Ihres Oelkrügleins, Ihres Schlafs, und vielleicht Ihrer häuslichen Obliegenheiten, gelesen, ohne einen andern Nutzen davon zu haben, als daß Sie nun entweder nichts von der Sache wußten, oder etwas wußten, das Ihnen das Oel in der Lampe nicht bezahlte?

Das ist eben die Sache, meine Freunde — und Sie haben immer noch dabey gewonnen, wenn Sie wissen, daß es so ist.

Und nun gehen Sie hin, und sagen mehr, die Geschichte der drey Kalender sey zu nichts nütze. (*)

Zehn-

(*) Der Autor ist hier zu bescheiden. Ich habe in meinem Leben viel Historien gelesen, aber ich kenne ihrer wenig, die in vier bis fünf Blättern so viel nützliche Moral und nur halb so viel Weltkenntnis enthielte. Man lernt daraus Sultanen und Fakirn, Emirn und Emirsweiber, Poeten

Zehntes Kapitel.
Fortsetzung der Geschichte des ersten Kalenders.

Perisade sah bey einigen Stellen der Erzählung des Kalenders bald auf ihren Mann, bald auf den Erzähler mit Augen, in deren eigenthümlicher Heiterkeit ein Wölkchen von Mißfallen schwamm, welches dem Alten nicht unbemerkt blieb. Danischmende selbst, wiewohl er mehr von der Welt gesehen hatte als Perisade, und in der Mine des Kalenders etwas fand, das ihn zu dessen Vortheil einnahm, konnte sich doch des Gedankens nicht erwehren, daß er einen schlimmen alten Vogel, und vielleicht einen gefährlichen Menschen unter sein Dach aufgenommen habe.

Der
ten und Sänger, Schlauköpfe und Schafköpfe, Hofleute und gemeine Leute, kennen. Wer tiefer in das Wesen der Dinge zu sehen gewohnt ist, wird sogar die vier grossen Triebräder, die das ganze Maschinenwerk dieser Unterwelt gehen machen, ohne Mühe darinn entdecken. Mit einem Wort, man sage mir nicht viel, oder ich bin im Stand, und schreibe ein grosses Buch Betrachtungen über die Geschichte der drey Kalender, worinn ich alles entwickle ---
M. Scriblerus.

Bewahre! Wenn Herr Scriblerus entwickelt, das ist just, als wenn Herr Theophilus Murrzuflus citiert; dann wird des Entwickelns und Citierens kein Ende. Lieber ergeben wir uns auf Gnade und Ungnade, und nehmen unentwickelt und uncitiert alles für gut an, was uns die Herren dafür geben wollen.
Der geneigte Leser.

Der Kalender schien durch das, was seine Wirthe von ihm dachten, wiewohl er es deutlich in ihren Augen las, nicht beunruhiget zu werden. Er sprach noch eine Weile von allerley Dingen; aber da er merkte, daß Perisade immer ernsthafter, und Danischmende immer stummer wurde, fand er für gut, den widrigen Eindruck in Zeiten auszulöschen, den er ihnen in einer Art von Sorglosigkeit, die vielleicht aus einem billigen Selbstvertrauen entsprang — von seinem Charakter gegeben hatte.

„Nicht wahr, sagte er zu Danischmenden, mein Aufzug, meine Lebensart, die Gesellschaft, worinn du mich zu Dehli gesehen hast, und die Peitschen und Amulete, die ich zu Lahor austheilte, geben dir keine sehr vortheilhafte Meynung von deinem Gaste? Allein in meinem Stande macht man allerley Bekanntschaften, lernt mit allerley Menschen leben, und macht allerley Thorheiten mit. Der Stand eines Kalenders hat, wie alle andre, ohne Zweifel seine schlechte Seite; aber er hat auch seine Vorzüge. Er wird vielleicht von den Meisten gemißbraucht; aber es ist gewiß, daß er eben sowohl eine Schule der Weisheit seyn kann, wenn wir wollen. Unser Orden ist wenig von der Sekte jener Philosophen unterschieden, die bey den alten Griechen Cyniker genannt wurden; der ganze Unterschied liegt darinn, daß der Pöbel ich weiß nicht welchen Begriff von Heiligkeit und Verdienst

dienst mit unsrer Lebensart verknüpft, weil der Stifter derselben ein Santon, und vermuthlich, so wie seine ersten Nachahmer, im Kopfe nicht allzurichtig war. Ich gestehe gerne, wäre ich ein Fürst, oder der Weßir eines Fürsten, so würde meine erste Sorge seyn, keine Müßiggänger und Landstreicher, unter welche Namen sie sich auch verstecken wollten, in meinem Lande zu dulden.„

So dacht' ich auch, sagte Danischmende, und hielt plötzlich wieder ein, weil ihm auch dies Wenige, wider Willen, entwischt war.

„Da ich aber, fuhr der Alte fort, ein Kalender bin, und in einem Theile der Welt lebe, wo eine allgemeine Verschwörung der Sultanen und Weßire gegen die Kalender nicht zu besorgen ist; so bediene ich mich der Freyheit, die man mir lassen will, und schleiche mich so leise durch die Welt, als ich kann.

„Ein Kalender, nach dem Begriff, den ich mir davon mache, hat den Vortheil auf diesem großen Markte des menschlichen Lebens, — wo alle andre Leute etwas zu kaufen oder zu verkaufen, zu tauschen oder zu wechseln, zu richten oder zu schlichten, zu pfeiffen oder zu tanzen, zu betrügen oder zu stehlen haben, — den bloßen Zuschauer zu machen. Er

besitzt

besizt weder Land noch Geld, treibt weder Handwerk noch Kunst, hat weder Weib noch Kind, ist keines Ortes Bürger, keines Fürsten Diener, hat kein ander Vaterland als den Erdboden, hängt an Nichts, ist so frey wie der Vogel in der Luft, und, wenn er weise ist, glücklicher als der Sultan von Indien.„

(Das ist nicht viel gesagt, dachte Danischmende.)

„Und warum sollte er nicht weise seyn? Was so viel andre Menschen daran hindert, ist kein Hinderniß für ihn. Er hat sich angewöhnt, so wenig zu bedürfen, daß die Begierlichkeit ihn selten zu Thorheiten verleitet, und so viel, als die Natur bedarf, findet er allenthalben. Indessen wandert er, ohne sich zu bekümmern, ob die Welt gut oder übel geht, aus einer Provinz in die andre, von Stadt zu Stadt, von Dorf zu Dorf, macht sich mit allen Arten von Menschen bekannt, übernachtet bald unter einer vergoldeten Decke, bald in einer Leimhütte, beobachtet aller Menschen Thun und Lassen, lernt ihre Leidenschaften und Einbildungen, ihre Tugenden und Laster, ihre Mummereyen, Trugschlüsse und Possenspiele, ihre schwache und ihre häßliche Seite kennen, lernt wodurch man ihnen gefallen, und wie man auch den unbändigern Theil so kirre machen, zäumen und bemaulkorben kann, daß er alles mit sich anfangen läßt, was ihr wollt. Warum sollte nun ein mit allen diesen Erfahrungen und Kenntnissen bereicherter Mann nicht weise seyn, und wie sollte ihn seine Weisheit nicht glücklich machen? Wenn die Glückseligkeit darinn besteht, so wenig als möglich zu leiden, wer leidet weniger als er, der so wenig bedarf, so wenig verlieren kann, durch keine Begierden gequält, durch keine Sorgen schlaflos gemacht wird, und gegen alles unvermeidliche Ungemach des Lebens durch die Gewohnheit abgehärtet ist? Der mit den übrigen Menschen in so wenigen und so unbedeutenden Verhältnissen steht, daß es beynahe unmöglich ist, jemals mit ihnen in einen empfindlichen Zusammenstoß zu kommen? Der sie so gut kennt, und so wenig Ansprüche an sie macht, daß es ihm nie einfällt, sich darum zu bekümmern, ob sie ihn hochschätzen oder verachten? — Besteht die Glückseligkeit in dem Gleichgewichte der Seele, wer ist ruhiger als der, der bey allen Veränderungen und Katastrophen der Welt nichts zu gewinnen noch zu verlieren hat; der nichts so heftig liebt noch haßt, daß seine eigne Ruhe dabey leiden könnte; der nie in fremdes Interesse verwickelt, nie von fremden Leidenschaften herumgetrieben wird, und, wenn alle Sultanen der Welt Lust bekämen mit einander zu raufen, sehr entschlossen ist, nicht ein einziges Haar von den seinigen dazu herzugeben? — Liegt der höchste Grad der Glückseligkeit in der Selbstgenugsamkeit, wer,

als

als 'er, kann sich rühmen, unter allen Arten der Sterblichen diesem Glücke der Götter am nächsten zu kommen? Er, der alles, was er sein nennt, immer bey sich trägt?„ —

— O die verwünschten Deklamationen, dachte Danischmende —

— „und dem nichts unentbehrlich ist, als Luft zum Athemholen, Wasser zum Trank, Wurzeln zur Speise, und ein Baum oder eine Höle zum Obdach? — Entspringt die Glückseligkeit aus dem Genuß des Vergnügens, welche Vergnügungen sind lebhafter, vollströmender, unschädlicher, und wohlfeiler zu haben, als diejenigen, wovon alle Menschen aus dem großen Becher der Natur bis zur Sättigung trinken können? Und wer genießt diese freyer, ungestörter und behutsamer, als der Kalender, dieser ächte Sohn der Natur, dessen Einbildung durch keine Vorurtheile verwöhnt, dessen Geschmack durch keine spitzfündige Verfeinerung verzärtelt, dessen Organe durch Ueppigkeit und Ausschweifungen nicht geschwächt und abgenuzt sind?„ —

Der Kalender merkte endlich, daß Danischmenden die Geduld auszugehen anfieng. „Nun dann, was sagst du, fuhr er lachend fort, zu allen diesen Glückseligkeiten des Kalenderstandes? Ich gestehe, daß ein bischen Deklamation mit untergelaufen ist.„ —

Das

Das weiß der Himmel, rief Danischmende. —

„Indessen ist doch immer so viel davon wahr, daß ich, so wie du mich hier siehst, einer von diesen glückseligen Sterblichen bin, die so wenig leiden, so wenig bedürfen, so wenig fürchten noch hoffen, kurz so wenig Antheil an der abgeschmackten Farce nehmen, die das Erdenvolk mit so viel dummer Feyerlichkeit auf der einen, und mit so viel kindischem Muthwillen auf der andern Seite spielt, als es einem Wesen, das von vier Elementen leben muß, nur immer möglich ist."

Gut! oder, wenn ich dir aufrichtig sagen soll, wie mirs ums Herz ist, nicht gut, versezte Danischmende. Ich bin eines von den verträglichsten Geschöpfen auf Gottes Boden; aber es ist mir unmöglich, einem Menschen hold zu seyn, der blos für sich selbst lebt. Ich hasse die bloße Vorstellung von einem gleichgültigen Zuschauer des menschlichen Lebens. Nicht, als ob ich einem weisen Manne zumuthen wollte, sich ohne Noth in die Angelegenheiten irgend einer besondern Gemeinheit verpflichten zu lassen. Aber, ist er nicht ein Weltbürger; und, so wenig es immer seyn mag, was die Menschen für ihn thun, wie kann er vergessen, daß er auch etwas für sie zu thun schuldig ist?

„Schul=

„Schuldig? — erwiederte der Kalender ganz kaltſinnig; dies dächte ich nicht! Ja, wenn er irgend etwas von den Menſchen als Schuldigkeit forderte; Dann! — Aber dies iſt ganz wider die Grundſätze des ächten Kalenders. Was er von den Leuten empfängt, das giebt ihm ihre Gutherzigkeit, oder ihre Eitelkeit, oder ihr Aberglaube. Die beyden erſten belohnen ſich ſelbſt, und der lezte verdient, zur Strafe, betrogen zu werden. Denn wozu hat ein Menſch vonnöthen, ſeinen fünf Sinnen und dem Menſchenverſtande zu trotz, ſich ungereimtes Zeug in den Kopf zu ſetzen?"

„Uebrigens ſeh ich nicht, wie man die Philoſophen unſers Ordens einer gänzlichen Unthätigkeit beſchuldigen kann. Sie nützen der eblern Art von Menſchen durch ihren Umgang, durch Mittheilung ihrer Bemerkungen, durch ein Urtheil von den menſchlichen Dingen, das durch keine Partheylichkeit, keinen Sektengeiſt, keine Art von Vorurtheilen verfälſcht wird. Die Großen hören zuweilen durch ſie das Koſtbarſte, was ein gemeiner Mann einem Großen geben kann, die Wahrheit; und der leichtgläubige Pöbel empfängt aus ihrer wohlthätigen Hand Amulete und Talismane, herrliche Arzneyen für eine kranke Phantaſie; Dinge, die an ſich nichts ſind, aber durch den Glauben, den man an ſie hat,

zuwei-

zuweilen wunderthätig werden (*). Mir däucht, alles dies sezt die Kalender mit den übrigen Erdbewohnern so ziemlich ins Reine; und giebt ihnen, wiewohl sie weder graben noch spinnen, ein hinlängliches Recht an das Wenige, was sie vonnöthen haben. — Von den Gunstbezeugungen milder Seelen vom schönen Geschlecht, um die man uns zu beneiden pflegt, sag' ich nichts; denn man kann sich leicht vorstellen, daß wir sie verdienen müssen."

Freund Kalender, sagte Danischmende, wenn deine Sache, wie ich besorge, nicht die beste ist, so hast du ihr wenigstens die beste Wendung gegeben, die man ihr geben kann. Uebrigens finde ich eben so natürlich, daß ein Mann seine eigene Art über jede Sache zu denken, als daß er seine eigene individuelle Nase habe. Es giebt freylich Nasen von so besonderer Figur und Proportion, daß die Schönheit der menschlichen Gattung nicht viel dabey gewinnen würde, wenn man sie zu Modellen machen wollte. Aber unter tausend mehr oder weniger gebogenen, oder eingedrückten, viereckigten oder aufgestülpten, längern oder kürzern Nasen vom gewöhnlichen Schlage mag immer ein Elephantenrüssel oder ein Habichtsschnabel ohne Schaden mit lauffen.

Es

(*) Vid. die von dem Parlementsrathe von Montgeron legaliter verificirten Wunder des Abbe Paris.

So alten als die kaltblütigen Philosophen sind, zu denen du dich bekennst, würd' es allerdings sehr unbillig seyn, ihnen den wenigen Raum, den sie auf diesem ohnehin so schlecht bevölkerten Erdenrund einnehmen, zu mißgönnen. Doch läugne ich nicht, daß es mir leid thun sollte, wenn sie jemals aufhörten selten zu seyn.

Eilftes Kapitel.
Ein ehvertrauliches Gespräch zwischen Danischmende und Perisade.

Als Danischmende und Perisade sich wieder allein befanden, — — Sie sehen, meine Freunde, ich erlasse Ihnen den Rest der Unterredung bey Tische, und wie man einander gute Nacht wünschte, und die Beschreibung des Schlafzimmers, welches dem Kalender angewiesen wurde, und die Beschreibung einer schönen jungen Sclavin, die ihm Wasser brachte und schon wieder verschwunden war, da er sie eben mit einiger Aufmerksamkeit ansehen wollte, u. s. w. — und dies ist immer sehr höflich von einem Schriftsteller, der bey gutem Muthe ist, und etliche Buch schönes weisses holländisches Pappier und ein Dutzend schon zugeschnittene starke Gänskiele vor sich liegen hat —

Als, sage ich, Perisade und Danischmende (zu großer Erleichterung der erstern) sich wieder allein befanden, erfolgte etliche Minuten lang eine tiefe Stille.

„Dieser Kalender ist mein Mann nicht; sagte endlich Perisade, indem sie ihren leichtseidnen rosenfarben Unterrock fallen ließ. (*)„

Ich wollte auch nicht, daß ers wäre, antwortete Danischmende. „Eine Frau wäre unglücklich bey einem solchen Manne, fuhr sie fort; wie könnt' ein Mann, der so denkt, ein zärtlicher Vater seyn?„

Mit einer solchen Art zu denken, Perisade, wird man ein Kalender oder — ein Bösewicht.

„Ich fürchte wir haben einen schlimmen Menschen in unserm Hause, mein Lieber.„

Besor-

(*) Ich wollte wetten was man will, es war kein Unterrock, sondern eine Art von Beinkleidern, die von den Hüften bis an die Knöchel reichen, und von jeher die Stelle des Unterrocks bey den Morgenländischen Damen vertreten hat. Unser Autor ist ein wenig zu sehr gewohnt, sich solche Freyheiten gegen das Costume herauszunehmen.

Theoph. Murrzuflus.

Beforge nichts, Perifade, er ist nicht so arg als er sich macht. Und dann ist er ja ein Kalender!

„Ich bin diesen Leuten nie gut gewesen."

Ich auch nicht. Aber ein Kalender kann so denken wie dieser, ohne daß er darum ein schlimmerer Mann ist als tausend Ahdre.

„Nichts so sehr lieben, daß seine Ruhe dabey in Gefahr käme? — Begreifst du das, Danischmende? Was nennt der Mensch lieben?"

Wir müssen ihn nicht nach uns beurtheilen, meine Beste, wenn wir ihm nicht Unrecht thun wollen. Der Mann trägt sein Herz in seinem Kopfe.

„Ich kann nicht glauben (fuhr Perifade fort) daß ein Mensch desto besser sey, wenn er so wenig Bedürfnisse hat. Ich wenigstens schäme mich nicht zu gestehen, daß ich ohne dich und unsre Kinder keinen Augenblick leben möchte. Und wenn ich itzt denken müßte, daß ein einziges menschliches Geschöpf in unserm Hause unglücklich wäre, ich könnte keine Ruhe haben. Das Glück der Menschen, die um mich sind, ist ein Bedürfnis für mich."

— Wie

— Wie Sie sehen, war die gute Perisade, mit aller ihrer Zärtlichkeit und Güte des Herzens, eine kleine Egoistin (*). Allein dies konnte nicht anders seyn. Wir haben es schon gesagt, sie war eine bloße kunstlose Tochter der Natur.

Danischmende liebte sie nur destomehr darum.

Was Perisade eben gesagt hatte, eröfnete zwischen ihnen eine von diesen höchstinteressanten — aber nur für die redenden Personen interessanten Dialogen, die sich in keine Wörtersprache übersetzen lassen. Man könnte sie unmittelbare Seelengespräche nennen, wenn es in unserm gegenwärtigen Zustande möglich wäre, daß Seelen sich einander, ohne durch ein materielles Medium zu gehen, mittheilen könnten.

Aber,

(*) Der Egoismus, wovon hier die Rede ist, ist nicht der moralische, vermöge dessen ein Mensch nichts liebt als sich selbst, sondern die natürliche Nothwendigkeit, worin eine Person, der es an allgemeinen Begriffen fehlt, sich befindet, immer sich selbst zum Modell oder Maasstab zu nehmen, wenn sie von anderer Menschen Werth oder Unwerth urtheilt; wovon ich in meiner Abhandlung vom Egoismus ausführlich zu handeln, und alles mit kurzweiligen Beyspielen zu erläutern gesonnen bin.

M. Scriblerus.

Aber, eben darum weil dies nicht angeht, rathe ich einem jeden, der viel Seele hat, und unter vier Augen mit einer Freundin unvermerkt in eine so interessante Unterredung geräth, daß die gewöhnliche Sprache unter der Gewalt ihrer beyderseitigen Empfindungen einsinkt, — wofern die Freundin nicht, zum Glücke, seine eigene Frau ist, so rathe ich ihm, von dem Augenblick an, da er merkt, daß seine besagte Seele alle ihre Kräfte zusammenrafft, um durch ihren Leib — wie durch eine zwischen ihr und der Seele gegenüber aufgemauerte Scheidewand, durchzubrechen, — von dem Augenblick an rath ich ihm — auf allen seinen Beinen so hurtig davonzulaufen, als er kann, — (*) Wenn es anders, wie ich besorge, nicht schon zu spät ist.

Zwölf-

(*) Besser wäre es dergleichen Gelegenheiten gänzlich zu vermeiden.
Sämmtliche Meister des Moralisten-Handwerks.

Sicherer wär' es allerdings; aber es ist nicht allemal möglich. Ueberdies, ist nicht, unglücklicher Weise, die ganze Welt voller Gelegenheiten?
Caramuel.

Zwölftes Kapitel.

Fortsetzung der Geschichte des ersten Kalenders.

Bey allem dem was du gestern zu Gunsten deines Standes vorgebracht, — sagte Danischmende zu seinem Gaste indem sie frühmorgens auf dem Wege zur Grotte spaziren giengen, — wundert's mich doch, wie ein Mann, wie du, dazu gekommen ist, ein Kalender zu werden.

„Ein Mann wie ich damals war, da ich's wurde, versezte der Alte, hat wenig Hofnung oder Gelegenheit jemals etwas bessers zu werden. Alle Menschen — wenige, außerordentliche Genien vielleicht ausgenommen (*) — werden durch die Umstände was

---

(*) Der Kalender hat wohl gethan, vielleicht zu sagen. Denn wenn man genau nachsieht, wird sich allemal finden, daß auch die ausserordentlichen Genien ohne gewisse besondere Umstände, die ihnen gerade diese und keine andre Bildung, Spannung und Richtung gaben, das was sie waren nicht geworden wären.

Helvetius.

Hieran ist etwas wahr. Hindernde oder begünstigende Umstände müssen freylich immer mitwürken, wenn ein Menschensohn — ein Alexander oder Annibal, ein Homer oder Lykurg, ein Sokrates oder Phidias, ein Hippokrates oder Archimedes werden soll. Aber es ist auch wahr — und alle Induktionen und Sophismen, welche

Helvetius

was sie sind. Was mich wenigstens betrift, ich bin sehr überzeugt, daß ich das Beste was an mir ist, meiner Kalenderschaft zu danken habe, und auch du würdest es so finden, wenn ich dir erzählte, wie ich dazu gekommen bin."

Ich

Helvetius dagegen aufhäuft, vermögen nichts gegen ein durch die allgemeine Erfahrung so sehr bestätigtes Faktum — daß man zum Alexander, Annibal, Homer, Lykurg, Sokrates, Phidias, Hippokrates und Archimedes gebohren wird, und daß die Geister von dieser Klasse ihren eigenen Weg auch durch den dicksten Wald von Hindernissen hindurch zu brechen wissen. Sie gleichen einem Eichen-Sprößling, der mittelst Erde, Wasser, Luft und Feuer, zur Eichen heranwächst, aber auch nicht weniger ein Eichbaum wird, wenn sich gleich Meelthau und Baumwanzen, Ratten und Maulwürfe, Ziegen und Rinder mit allen vorbesagten Elementen gegen ihn verschwüren. Die gewöhnlichen Menschen hingegen sind wie ein Stück Holz, Thon oder Marmor in der Hand der Kunst, woraus, je nachdem mans schneidet, hobelt, drückt und behaut, ein Schemmel oder ein Priap, eine Schüssel oder ein Nachttopf, ein Apollo oder ein Silenus wird. Kurz, der Mann von Genie ist ein Werk der Natur, das seine Form und würkende Kräfte in sich selbst hat: Die übrigen sind alles, was Zeit und Umstände, Gewohnheit und Bedürfnis, Spitzbuben und Narren, Tyrannen und Bonzen aus ihnen machen wollen.

Dübos.

Ich

Ich wollte daß ich alle Tage jemanden hätte, der mir erzählte wie er dazu gekommen ist, der Mann zu werden der er ist, sagte Danischmende; ich kenne nichts lehrreichers.

„Meiner Mutter Mann, Herr Danischmende, war in einer kleinen Stadt in Kandahar was man einen Schuhflicker nennt, wiewohl er auch in dieser Kunst sich keinen besondern Ruhm erworben hatte.

„In der That war dies an seinem Orte nichts so leichtes; denn, vermöge der Polizeyverfassung meiner lieben Vaterstadt zählte man vierzig bis funfzig Schuhflicker daselbst, welche unter zwölfhundert beschuhte Einwohner dividiert, unmöglich soviel Schuhe zu flicken haben konnten, daß sie Salz und Kümmel damit verdient hätten; zumal, da sich unglücklicherweise zu so vielen Schuhflickern kein einziger

Schuster

Ich halte gar nichts von allen diesen Philosophien, und von diesem Unterschied zwischen Genien und gewöhnlichen Menschen. Es steht kein Wort davon in meinem Quenstädt. Wir sind Alle arme Sünder, und wenn wir nicht umkehren und werden wie die Kindlein, so kömmt am Ende Meister Hämmerling, und hohlt die Genien so gut wie die gemeinen Leute.

Der Pfarrer zu * * * *

Hierinn hat der Herr Pfarrer Recht.

J. C. L.

Schuster im Orte befand: also daß alle Leute, die es nur einigermaßen möglich machen konnten, baarfuß giengen.

„Nun weiß ich nicht, wie der Schuhflicker, mein Vater, dazu kam, daß er eine hübsche Frau hatte: Genug, er hatte sie, und (was er in seinen Umständen für ein großes Glück ansah) noch oben drein einen Freund, oder vielmehr einen Gönner und Beschützer in dem Vorsteher einer Derwischerey, deren Gartenende an die Hinterthür unsers kleinen Hauses stieß.

„Es giebt gutherzige Leute, die es für ungereimt halten, einen Mann, der, allen Evatöchtern zu troß, ein Gelübde gethan hat, kein Mann zu seyn, mit einer menschlichen Schwachheit im Verdacht zu haben. Es giebt aber auch boshaftes argwöhnisches Volk, vor deren Afterreden ein Derwisch selbst nicht sicher ist, wenn er sich herabläßt, der Freund eines alten Schuhflickers zu seyn, der eine hübsche Frau hat.

„Mein Vater war von der ersten Klasse, der Rest unsrer ganzen Stadt von der zweyten.

„Aber der Derwisch ließ sich dadurch in seinen wohlthätigen Gesinnungen gegen uns nicht irre machen,

chen; und es würde undankbar von mir seyn, nicht zu gestehen, daß ich ihm und der Schönheit meiner Mutter wo nicht mein Daseyn, doch gewiß meine Erhaltung ganz allein schuldig bin.

„Meine Kindheit brachte ich, Dank sey dem guten Derwischen! so glücklich hin, als man in diesem Alter ist, wenn man an Aepfeln, Nüssen, Kastanien und Kuchen keinen Mangel hat, und ohne Zwang und Beschäftigung in seiner natürlichen Wildheit herumlaufen darf.

„Als ich heranzuwachsen anfieng, wollte der Schuhflicker, mein Vater, mich zu seiner Kunst anführen. Aber da ich nicht das geringste Genie (*) dazu verrieth, und überhaupt einen unheilbaren natürlichen Abscheu vor aller Arbeit zeigte: schlug unser Beschützer endlich vor, mich in seinen eignen Orden aufzunehmen.

„Er mahlte mir die Pflichten desselben sehr leicht und angenehm; es war weiter nichts als — meinem Bischen Menschenverstand, meiner Freyheit, und noch einer solchen Kleinigkeit zu entsagen, deren Bestimmung

---

(*) Der Autor gebraucht hier das Wort Genie vermuthlich ironice. Denn zur Schuhflickerey braucht es doch wohl kein sonderliches Ingenium.

Der Schulmeister von Abdera.

stimmung ich damals nicht beffer als den Werth der beyden erstern kannte. Das übrige, sagte er, wären mechanische Fertigkeiten, zu deren Erwerbung nichts als ein wenig Zeit und Uebung erfordert wurde.

„Ich ließ mir alles gefallen, oder vielmehr ich sah in dem Stande der Derwischen nichts als seligen Müßiggang und Essens und Trinkens die Fülle, d. i. Alles, was nach meinem damaligen Begriffe das höchste Gut ausmachte.

„Aber nach etlichen Jahren fand sich, daß mir die Natur einige Triebe und Gaben zugetheilt hätte, die mit den Pflichten meines Derwischenrockes unverträglich waren. Ich bediente mich mit der größten Freyheit meiner Zunge, über die Aufführung meiner Vorgesezten und Brüder zu urtheilen; und (was einigen Argwohn gegen die Tugend meiner Mutter erregen könnte) ich fühlte einen unwiderstehlichen Trieb in mir, mit allen Schuhflickern unsers Ortes, welche leidliche Weiber hatten, Bekanntschaft zu machen. Weil ich noch zu jung war, um vorsichtig zu seyn, so trieb ich's so arg, daß endlich die Ehre der Derwischerey die Zärtlichkeit überwältigte, welche Natur oder Gewohnheit dem Vorsteher für mich eingeflößt hatte. Er beraubte mich aller Freyheit, legte mir häufige Fasten auf, und da dies noch nicht helfen wollte, verordnete er mir gewisse perio-

T. M. Febr. 1775. J dische

dische Geißelungen, die, seinem Vorgeben nach, ein herrliches Mittel gegen die Anfechtungen von Schuhflickersweibern seyn sollten.

„Ich zweifle sehr daß der gute Derwisch dies aus eigner Erfahrung wußte. Mir wenigstens schien's als ob seine Arzney das Uebel nur vermehre; und da sie überdem so unangenehm zu nehmen war, so fand ich für gut an einem schönen Morgen aus der Derwischerey zu entweichen, und mich der Natur und meinem Schicksal auf Gerathewohl zu überlassen.„

„Ich trieb lange ohne Mast und Segel in der Welt umher, und brachte mein Leben kümmerlich davon, indem ich alle Arten von Professionen, die man nicht zu lernen braucht, versuchte. Bald zog ich als Troßjunge mit einer Karavane, bald machte ich den Wasserträger, bald den Eseltreiber, bald — gegen die Gebühr — den Esel selbst. (*)

„Bey allem diesem regte sich etwas in mir, das durch die Verächtlichkeit der Rollen, die ich in diesem

---

(*) Man kann sich nicht erwehren hieben an eine gewisse Anekdote in Lucians Lucius oder Esel schlechtweg (welche Apulejus auch seinem goldnen Esel einverleibet hat,) zu denken. Die Historie ist keine von den erbaulichsten; aber was muß unser einer nicht lesen?

Onocephalus.

sem irrenden Zustande spielte, beleidiget wurde. Aber was für Auswege standen mir offen? Der Stand eines Kalenders schien in meiner Lage der einzige zu seyn der in meiner Gewalt war, und durch den ich mich in etwas gebessert halten konnte. Denn wiewohl er in den Augen der Welt keiner von den ehrsamsten ist, so war er's (wenigstens in der Meynung des Pöbels) unendlichmal mehr, als der Stand eines Wasserträgers oder Eseltreibers. Ueberdies vertrug er sich vollkommen mit meiner Neigung zum Herumschwärmen, und Erfahrungen über die verschiednen Denkarten und Leidenschaften der Menschen zu machen.

„Ich nahm also den Habit eines Kalenders, gesellte mich zu einigen irrenden Rittern dieses Ordens, die ich für geschickt ansah, mich in die Geheimnisse desselben einzuführen, und durchwandre nun bereits über dreißig Jahre lang, bald in Gesellschaft, bald allein, die meisten Provinzen in Asien.

„Ich würde nie fertig werden, wenn ich dir alle Abentheuer erzählen sollte, die mir während dieser langen Wanderschaft aufgestoßen sind. In der That, es wäre bloß meine Schuld, wenn ich die Menschen nicht kennen gelernt hätte; und wenn mir auch diese Kenntniß zu nichts hälfe, als mich durch und durch zu überzeugen, daß es nicht der Mühe werth ist, in dieser Trödelwelt etwas anders als ein Kalender zu seyn, so wär' es genug, um mich's nie gereuen zu lassen, daß ich diese Lebensart ergriffen habe.

w.

Die Fortsetzung folgt.

II.

Reise
des Herrn von M** nach China.

Fortsetzung von S. 83. des Jänner.

Zweeter Brief.
An die Mutter seines Freundes und Reisegefährten M**be.

* * *

Kantong, den 23 Dec. 1773.

Zürnen Sie nicht mit mir, gute Mutter, daß ich ohne das geliebte Pfand, welches Sie mir anvertraueten, zurückkomme. Mir geht gewiß die Abwesenheit Ihres vortreflichen Sohnes nicht weniger nahe, als Ihnen. Aber sehen Sie, so geht es mit der

der Lebensart, die wir uns gewählt haben. Immer fallen Trennungen dabey vor, an die man sich gewöhnen muß. Fiengen wir nicht selbst unsere Laufbahn mit den schmerzhaftesten an? Glauben Sie nur, daß unser Abschied von M*, von dem M*, wo wir so viele Gegenst̅nde unsrer zärtlichsten Liebe und Freundschaft zurückließen, nicht ohne Thränen war. Um aber völlige Vergebung bey Ihnen zu erhalten, verspreche ich Ihnen die bestimmte Zeit unsrer Wallfahrt möglichst zu verkürzen. Ich will aber nicht, daß Ihr Sohn aus Asien zurückkehre, ohne die vornehmsten Küsten davon mit mir durchlauffen zu haben. Ueber die angeblichen Gefahren zur See seyn Sie immer höchst ruhig. Sie sehen ja, was mir eine Reise von 15 bis 20000 Meilen auf diesem Elemente ist.

Ihr Sohn wird Ihnen ohnfehlbar eine schöne Beschreibung der langweiligsten Reise, die man nur von Frankreich nach Isle de France haben kann, gemacht haben. Hier haben Sie das Supplement dazu. Ich schicke es Ihnen, selbst auf die Gefahr für einen leidigen Schwätzer gehalten zu werden. Aber Sie wissen schon Mittel für einen solchen Fall.

Nachdem ich der Freundschaft ein reichliches Thränenopfer, über die Trennung von Ihrem geliebten Sohne zu Port-Louis, gebracht hatte, gieng ich höchsttraurig zu Schiffe. Morgens drauf, als ich erwachte, befand ich mich auf der Rheede von Bourbon. Das Land dieser Insel ist vortreflich, die Leutchen gut, und die Weibchen sehr mitleidig. In den Augen dieser guten Insulaner ist, ein Europäer seyn, ein so grosses Verdienst, daß man mit diesem Titel, und ein bischen gesunder Vernunft schon sehr weit bey ihnen kömmt.

Da die Geschäfte, die wir in dieser Insel hatten, gemacht waren, giengen wir nach Malac unter Segel; ich sonderlich, ziemlich mit Orangen, Ananas, und Bananen beladen, die mir die herrlichsten Dienste gegen die Langeweile unterweges thaten. Wenn sie mich einmal anfiel, — und dies geschah fast zu allen Zeiten des Tages — gleich lief ich zu meinem Vorrathe, druckte den Saft eines Cocos auf, und trank aufs Wohl meiner Freunde in beyden Hemisphären; und immer meiner Langenweile zum Possen. Unter diesem süssen und unschuldigen Zeitvertreibe kamen wir in die Meerenge von Malac, da wir, beym schönsten Wetter, 200 Meilen lang an den schönsten Küsten von der Welt hinseegelten. Zwanzig Meilen von Malac überfiel uns eine Windstille, einem gewissen felsigten Vorgebürge gegenüber, welches die Ungedulb, die es mir verursachte, tief in mein Gedächtniß geprägt hat. Herr von la K**te, der so ungedultig als ich war, da er sahe, daß, anstatt fort-

zukom=

zukommen, die Ströhme uns vielmehr ganz von unsrer Bahn abbrachten, schlug mir vor in der Schaluppe vorauszugehen, ohngeachtet die Andern ihn vor den kleinen Malakkischen Raubschiffen warnten, als welche fast täglich europäische Ladungen anfielen. Aber dies half nichts.

Wir bestiegen die Schaluppe, mit einem Paar guten Steinstücken bewaffnet, und von unserm Secondkapitän, einem der ehrlichsten und bravesten Jungen, die ich kenne, nebst acht tapfern Matrosen, unterstützt, deren Muth wir doch, Gott sey Dank! nicht nöthig hatten.

Hier bekam ich zum erstenmale die Seekrankheit, der ich auch rechtschaffen meinen Tribut bezahlen mußte. Noch eine Meile von der Rheede überfiel uns die Nacht. Aus Furcht vor den Klippen, welche die ganze Küste einfassen, beschlossen wir uns die Nacht über vor Anker zu legen. Zum Unglück mußte diese Nacht noch eine abscheuliche Art von Sturmwetter, die man hier Sumatra nennt, kommen, um uns so übel als möglich mitzuspielen. Ich stellte mich lustig, aber, warlich! es war mir nicht so ums Herz. Tausendmal lieber hätte ich in meinem Bette gelegen, als hier in einem elenden Nachen, ein Paarmal so groß als ohngefähr eine große Weinkufe; krank wie ein Hund; einen höllischen Wind und

J 4 Regen

Regen auf dem Rücken; alle Augenblicke eine Welle
über den Kopf, die mich fast ersäufte; immer in
der Gefahr daß der rasende Sturm unser schwaches
Tau zerreiße und uns an die nahen Felsen schleu=
dere. Alle die schönen Reflexionen, die ich in die=
ser erbärmlichen Lage machte, hatten nur den ein=
zigen Fehler, daß — sie ein wenig zu spät kamen;
aber sie haben mich doch auf ewig von dem Muth=
willen geheilt, mich wieder solchen kleinen Fahr=
zeugen anzuvertrauen.

Mit anbrechendem Tage kamen wir endlich nach
Malac. Unser erster Besuch, war bey dem Scha=
bandar; einer Art von Handlungsoberaufseher.
So ein phlegmatischer Holländer er auch übrigens
war, wollte er sich doch fast vor Lachen ausschütten,
als er unsere drey Figuren sah. Wir hatten uns
zuvor gut angezogen, um ans Land zu gehen; aber
diese schreckliche Nacht hatte uns jämmerlich zuge=
richtet. Der Regen und das Meer hatte aus mei=
nen Haaren und den Perüken meiner Kameraden
eine schöne Salbe von Puder und Pommade auf
unsere Kleider herabgeflößt, welche, nebst dem reich=
haltigen Schifftheer der Schaluppe, sie uns auf
ewig unbrauchbar machte.

Indessen wir warteten, bis die Dame vom Hause,
die Frau Schabandarin, ihre Toilette gemacht
hatte,

hatte, präsentirte man uns Pfeiffen und Betel. Ich bin auf dieser Reise ein fürchterlicher Raucher worden, und traue mir jetzt alle Holländer zu Malac darauf herauszufordern. Diese ehrlichen Leute erstaunten auch insgesamt einen Franzosen von meinem Alter fast eben so feyerlich rauchen zu sehen als einen Schabandar.

Madame erschien endlich. Ich wollte, als ein galanter Ritter, meine Pfeiffe weglegen; allein sie verbath dies Opfer meiner Höflichkeit, nahm, um mich zum Fortfahren aufzumuntern, selbst eine, und so bufften wir einander nach Herzenslust Tabakwolken zu. Indessen Herr von La R**te seine Geschäfte mit dem Herrn Gemahl abthat, fragte mich Madame, in ihrem halb holländisch-halb französischen Rothwelsch, über die Europäischen Moden aus. Ich, stolz darauf, mich zum Oberrichter des Geschmacks gemacht zu sehen, tadelte frisch weg die Simplicität ihres Kopfputzes, ohngeachtet er schon mit mehr Sinkerlitzgen behangen war, als unsere liebe Frau von Marximbois. Die neueste Modefrisur in Frankreich, sagte ich, sey Berenicens-Haar; und nun zeichnete ich ihr den lächerlichsten Aufsatz von der Welt vor, den ich auch glücklich den folgenden Morgen, so gut als möglich, von ihr ausgeführt zu sehen, den Spaß hatte. Es war eine Art spindelförmichter fliegender Locken, davon sich jede mit einer

J 5   Blume

Blume schloß, und ihr Chignon sah' aus, wie eine Staude Kraußkohl; kurz der ganze Kopfputz war die Quintessenz des schlechten Geschmacks. Da die Frau Schabandarin die einzige Europäerin in der Kolonie ist, so giebt sie den Ton, und ich habe allen Grund zu hoffen, daß meine Spindellocken in der ganzen Halbinsel das größte Glück machen werden. Dank sey es meinem herrlichen Rathe, daß Malac nun vielleicht einige Jahre hindurch der einzige Ort in der Welt ist, wo man sich am albernsten und geschmacklosesten aufsetzt.

In dieser boshaftsüßen Hoffnung gieng ich wieder zu Schiffe, und wir seegelten an den Küsten von China hin, durch die schönsten Meere von der Welt. Hier packte uns ein gewisser Wind, Typhon genannt, den diejenigen, welche sich auf der Fahrt hieher ein wenig verspäten, gewöhnlich aushalten müssen. Einige Tonnen Wasser auf dem Verdeck, und häufige Wellenstöße, welche unsere Reisebündel von einem Bord zum andern warfen, würden unter den Händen eines Aufschneiders schon ein feiner Sturm werden. Aber ich liebe die Wahrheit, und kann Ihnen versichern, daß mich der ganze Spaß nicht auf eine Viertelstunde unruhig gemacht hat. Er endigte sich mit einem guten frischen Winde, der uns glücklich nach Makao brachte.

Makao

Makao gehört den Portugiesen, ist zwar eine kleine Stadt, kommt aber den angenehmsten in Frankreich bey. Hier halten die Chineser alle Frauenzimmer zurück, die mit aus Europa kommen. Ich traf hier zwey Dänische Damen und ein Mädchen aus Paris an, denen diese Politik der Chineser eben nicht sonderlich gefiel. Nichts ist trauriger als das Leben, welches sie hier führen müssen. Die große Hitze verbietet das Spatzierengehen, und ihr ganzer Umgang schränket sich auf einige ungesittete Mönche, und die Indianischen Portugiesen, die verächtlichsten Creaturen unter der Sonne, ein. Sie geben sich für Nachkommen jener berühmten Hidalgos aus, welche die Eroberung von Indien machten. Wenn es wahr ist, so muß ich gestehen, daß diese Bursche sehr ausgeartet sind.

Wir nahmen hier einen Chineser Piloten, der uns auf dem sogenannten Gelben Strome bis Wampu lootsen sollte. Ich habe nie etwas prächtigeres gesehen, als den Anblick, den beyde Ufer dieses Flusses geben. Unermeßlich große Auen und Felder mit Reiß angebauet; von tausend Canälen durchschnitten; mit Städten, Flecken und Dörfern besäet; hier und da hohe Thürme von chinesischer Bauart, vermöge deren der Hof von Nanking, obgleich 400 Meilen entfernt, durch verabredete Zeichen in weniger als drey Stunden erfahren kann, was an den

äußer-

äußersten Gränzen des Reichs vorgeht, kostbare marmorne Grabmäler, mit Pyramiden verziert, und Landhäuser vom auserwähltesten Geschmack, umgränzen den Gesichtskreis, und machen eine unbeschreiblich schöne Landschaft. Kleine Schiffchen, die einen auf diesem Flusse beständig umringen, geben dem Lande ein gefallendes Ansehen von Thätigkeit und Leben.

Wir ließen unser Schiff zu Wampu, und giengen in einem ganz kleinen Fahrzeuge nach Kantong, welches nur drey Meilen davon liegt. Nach abgelegten Besuchen bey verschiednen Nationen Europens, mußte ich nun mein Noviciat in der Kunst anfangen, worinnen ich schwerlich jemals großen Fortgang machen werde. Da man hier, aus Eigensinn der Chineser, auf bloßen männlichen Umgang eingeschränkt ist, so muß man sich durch das Vergnügen der Tafel dafür zu entschädigen suchen. Diesem überläßt man sich auch würklich hier so ausschweifend, daß ich wenig Gastmale andrer Nationen gesehen habe, wo die Schwelgerey der Gäste dergleichen Scenen hervorgebracht hätte. Meistens folgt das wütendste Spiel auf den Wein.

Bey dem Wort, Spiel, sehe ich Sie für mich zittern, gute Mutter. Aber seyn Sie ruhig; ich bin dem Versprechen, das ich Ihnen gab, nicht mehr zu spielen,

ſpielen, treu geblieben. Mein ganzer Verluſt in
China beträgt nicht fünf Piaſter.

Die Promenade iſt hier ſo eingeſchränkt, daß
man kaum, unter den Mitteln wider die Langeweile,
mit darauf rechnen kann. Ein Gang von ohngefehr 200 Ruthen lang, und einige Privatgärten, ſind
die einzigen Plätze, wo man der freyen Luft genieſſen kann.

Kantong iſt ein wenig größer als Paris, aber
wir ſind nur auf einen gewiſſen Theil der Stadt eingeſchränkt, deſſen Gränzen wir nicht überſchreiten
dürfen, ohne uns Steinwürfen und Bambusſchlägen auszuſetzen. Das Volk bleibt ſtehen uns zu beſchauen; eben ſo, wie man es in Frankreich machen
würde, wenn man Chineſer ſähe. Aber das verdrüßlichſte von der Sache iſt, daß ſich dieſe Beſichtigungen meiſtens mit Mißhandlungen und Bambuspruͤgeln endigen, wenn ſie ſtark ſind, das heißt, Hundert gegen Einen. Außerdem iſt nichts unter der
Sonne ſo haſenhaft feig, als dieſer Pöbel. Vier
mit ihren Stöcken bewaffnete herzhafte Europäer
ſind im Stande, tauſend dieſer Bettler zu verjagen.
Unſre Taſchendiebe und Beutelſchneider, ſo berühmt
ſie auch immer in ihrer Kunſt ſeyn mögen, ſind gegen dieſe Purſche hier nur Lehrjungen. Uhren, Röhre,
und ſonderlich Schnupftücher, alles ſteht ihnen an.

Ich

Ich habe auch meinen Zoll, die ersten Tage über, mit etlichen Paaren entrichtet, und endlich sahe ich, um nur eins davon wieder mit nach Frankreich zu bringen, kein ander Mittel, als keins mehr in der Tasche zu führen.

Ich hatte mir auf Treu und Glauben der Erzählungen eingebildet die Füsse der Chineserinnen müßten die schönsten von der Welt seyn. Aber weit gefehlt! Ich habe nichts an ihnen gefunden als eine monstrose Ungestaltheit. In ihrer zärtesten Jugend zerbricht man sie ihnen, und quetscht sie dergestalt ein, daß sie höchstens nur 4 Zoll lang werden, und eben dadurch macht man diesen armen Geschöpfen das Gehen durchaus unmöglich. Ein feines Mittel, welches die Chineser, die größten Eifersüchtigen von der Welt, erdacht haben, sich der Treue ihrer Weiber zu versichern. Ich erblickte ihrer zwey von ohngefähr in einem Privatgarten. Sie schrien erschrecklich da sie mich erblickten. Aber des Schreckens ohngeachtet, den ich ihnen so unschuldigerweise einjagte, hatte ich doch Muße genug ihre ganze Tracht zu beschauen. Ihre Kleidung gleicht ziemlich unsern Priesterröcken, und läßt durchaus nichts von Wuchs und Taille sehen; aber Kopf, Hände und Füße sind völlig sichtbar.

Nichts sieht lächerlicher aus als ihre Hände. Ihre mit Ringen und andern Juwelen überladenen

Finger

Finger endigen sich mit zwey bis drey Zoll langen Nägeln, welche die Zeichen des Adels sind. Der Pöbel hingegen, der sich mit Sklaven-Geschäften abgiebt, und den elenden Bettlern von Europa, kommt es nicht zu, sich die Nägel lang wachsen zu lassen.

Der Kopf der Chineserinnen würde auch in Frankreich artig seyn. Kleine aber sehr lebhafte Augen à la chinoise, der Mund schön roth, eine Milchweise Haut, machen ein feines Ganzes. Den leztern Reiz, nemlich die Milchfarbe ihrer Haut, haben sie zwar nicht von Natur; die Mode, welche euch rothe Wangen macht, lehrt sie ihr ganzes Gesicht mit einer Art von Gips überziehen.

Ihr Kopfputz ist einer der angenehmsten den ich je gesehen habe. Ihre Haare sind mit unendlicher Kunst aufgesetzt. Goldne und silberne Ringe, Perlen, und ins Toupet gesteckte Blumen, erheben den Glanz ihrer Haare, die vom schönsten Agat-Schwarz sind, gar sehr.

So ein Neuling ich auch im Commerzwesen bin, und so viel Mühe es mir auch macht mit Leuten Geschäfte zu machen, deren Sprache ich gar nicht verstehe, so hoffe ich dennoch daß mein Unternehmen den glücklichsten Erfolg haben soll. Ich habe meine Waaren um einen weit bessern Preis eingekauft als meine

übrigen

übrigen Reisegefährten; und wenn ich sie auch um einen noch so mäßigen Preis wieder im Orient verkauffe, so rechne ich doch, daß mir 23000 Francken, nach Abzug aller Kosten, wenigstens 40000 bis 45000 eintragen sollen.

Es ist sonst ein sehr schlechtes Mittel eine Nachläßigkeit zu entschuldigen, daß man sagt, man habe nicht Zeit gehabt; aber bey mir trifft es doch mit Wahrheit ein. Ich komme mit allen meinen Briefen nach Frankreich zu kurz. Der schnelle Abgang der Schiffe, welcher um mehr als 14 Tage übereilt wird, und die Anhäuffung der Geschäfte, welche er uns nothwendig macht, setzt mich in die Unmöglichkeit an alle meine Freunde zu schreiben. —

III.
Briefe
über Italien.

Erster Brief.

Bester Freund!

Sie beklagen sich über Ihr Schicksal, welches Sie an einen Punkt der bewohnten Erdkugel so fest gebunden funden hat, daß Sie in Ihrem ganzen Leben kaum die Gränzen Ihres Stadtgebiethes überschritten haben. Einige Quadratmeilen ausgenommen, halten Sie den übrigen Theil der Erde, in Ansehung Ihrer für verloren, und vergleichen sich mit einer Pflanze, die unter einer gläsernen Glocke in einem handbreiten Raum von Erde und Luft von wenigen Waßertheilchen sich ernährt?

Sie haben gewissermaßen Recht, mein bester Freund. Eine wißbegierige und edle Seele, wie die Ihrige ist, möchte sich gerne über die Erdscholle erheben, die ihren Gesichtskreis einschränkt. Sie sehnt sich nach entfernten Gegenden, Geschöpfe ihres gleichen aufzusuchen, derselben Denkungsart, Gewohnheiten, Beschäftigungen u. s. f. zu erforschen, solche mit ihren eigenen zu vergleichen, und das beste zu wählen, um die Vorurtheile der Erziehung abzulegen, und ihrer Glückseligkeit näher zu kommen. Da aber Ihre Glücksumstände dieses nicht zulassen, so lobe ich Sie, daß Sie den Verlust der Vortheile, die uns das Reisen verschaffen kann, durch Lesung der besten Reisebeschreibungen und geographischen Schriften einigermaßen zu ersetzen suchen. Denn obgleich das Lesen keinen so wirksamen Einfluß in unsere Sitten und Denkungsart hat, daß es so, wie der persönliche Versuch und Umgang mit gesitteten Nationen, dieselben bilden könne, so veräns

T. M. Febr. 1775. K dern

dern wir dennoch dadurch unsere theoretischen Begriffe, und werden im gemeinen Leben erträglicher.

Es gefällt mir aber sehr, daß einer meiner Briefe Ihnen Gelegenheit gegeben hat, auf die Reisebeschreibungen mißtrauisch zu werden. Ich schrieb Ihnen damals verschiedene Fehler, die ich in des Herrn de la Lande Reisebeschreibung, folglich auch in jener des Herrn Volkmanns, der sogar des erstern Druckfehler übersezt hat, angemerkt hatte. Ich entdeckte Ihnen auch die Ursache, warum es unmöglich wäre, daß ein Fremder in einem Zeitraum von wenigen Monaten ein Land kennen, und beschreiben könne.

Hierdurch wurden Sie bewogen, mich zu ersuchen, daß ich Ihnen zuverläßige Nachrichten vom gegenwärtigen Zustande Welschlandes, besonders des Grosherzogthums Toskana, ertheilen möchte. Und weil Sie zugleich ein Liebhaber der Alterthümer sind, und Verlangen tragen, die vornehmsten Geschlechter und Männer, die jemals dieser Nation Ehre gemacht haben, kennen zu lernen, so soll ich Ihnen auch von diesen Dingen etwas schreiben? In beyden Stücken werde ich Ihnen, lieber Freund, Gnüge zu leisten suchen. Nur das bitte ich mir aus, daß Sie mir die Freyheit lassen, meinen Krahm, so wie mir eine jede Sache zuerst vor handen kommt, auszulegen.

Der

Der Handel der Toskaner, besonders der Florentiner, besteht hauptsächlich im Verkauf oder Vertausch ihrer natürlichen Produkte, welche sind, Oehl, Wein, alle Arten von Getreide, Bau- und Brennholz, Hanf, Kastanien, trockene Feigen, Mandeln, Citronen und Pomeranzen, Sardellen, Manna, Salz, alle Arten von Marmor, Mühlsteine, Schwefel, Alaun, rohe Seide, u. s. f. Wegen der Bequemlichkeit der Häfen Porto-Ferrajo und Livorno können die Toskaner ihre Produkte sehr vortheilhaft anbringen, besonders wenn sich im mittelländischen Meer Kriege ereignen. Dieses hat sich im lezten Kriege zwischen den Türken und Russen sattsam gezeiget, welcher den Toskanern mehrere Millionen eingetragen hat. Viel geringer ist aber der Nutzen, den die Toskaner aus den künstlichen Produkten ziehen; denn diese, wenn man einige wenige ausnimmt, sind von weit geringerer Vollkommenheit, als die ausländischen. Der hochselige Kayser hat zwar zu Florenz eine Fabrik seidener mit Gold und Silber durchwirkter Zeuge angelegt; die allda verfertigten Artikel sind auch dauerhafter, als die französischen; weil man aber den Geschmack daran tadelt, und sie nicht so wohlfeil haben kann, als jene, so findet man davon keinen starken Absatz bey fremden Nationen; welcher aber desto stärker ist in Ansehung des Atlasses, der vor allen andern den Vorzug hat. Weil die schwarze Farbe, die man zu Florenz den Tüchern

K 2 und

und Zeugen giebt, ausserordentlich schön ist; so werden diese in dem übrigen Theil Italiens gesucht und hochgeschäzt, besonders wenn es englische oder französische Tücher sind. Die Engländer kaufen auch lieber die florentinischen Pomaden aus Orangenblüthe, als die französischen. Ein Bauernmädchen von Signa hat die Kunst erfunden, aus einer Art von feinen und kurzen Strohhalmen, die wie der Wildhafer unfruchtbar sind, ungemein feine und schöne Hüthe von allerhand Farben und Formen, von denen mancher auf 3 bis 4 Dukaten kommt, ja sogar ganze Kleider von 50 bis 60 Scudi zu verfertigen. Solcher Hüthe wird eine große Menge nach England und Wien verschickt. Was die Wollenmanufakturen angeht, so werden nur grobe Tücher in Toskana verfertiget, und es ist sonderbar, daß vom Großherzog an bis auf die geringsten Bürger alle sich mit französischen und englischen Tüchern kleiden, obgleich die Einführung fremder Tücher unter den schwersten Strafen verboten ist.

Von dem alten Handel und Reichthum der Florentiner ist kaum noch ein Schatten übrig. An den meisten Häusern zu Florenz siehet man noch die Bogen der Kaufläden und Waarenmagazine, welche nun vermauert sind. Denn zu Zeiten der Republik war die Handelschaft das Hauptgeschäfte des Adels und der Bürgerschaft, wodurch sie zu einem unermeßnen mehnen Reichthum gelanget waren. In der Bibliothek von S. Maria Novella hat sich ein Brief vom 15ten Jahrhundert gefunden, worinn ein Kaufmann sich bey dem andern beklagt, daß in der S. Martinsmesse nur 8 Millionen Scudi im Umlauf gewesen wären. In dem nemlichen Jahrhundert lebten zu Florenz viele Kaufleute, die eine Summe von 100000 Scudi in zehnerley Münzen zu bezahlen im Stande waren, wie ich es besonders von einem aus dem noch blühenden Hause Antinori versichern kann.

Welche war aber wohl die eigentliche Quelle so großer Reichthümer? — Die Wollenweberey. In einer geschriebenen Chronik Benedikts Dei, vom 15ten Jahrhundert, die im Magliabecchischen Büchersale aufbehalten wird, lieset man, daß damals 200 Wollenfabriken, wo für 400000 Goldgülden Waaren jährlich verarbeitet wurden, davon die Weber 200000 Gewinnst hatten, zu Florenz waren; daß allein in der Gegend der Stadt, die Calimara heißt, 25 Magazine waren, aus welchen jährlich für 300000 Goldgülden Waaren verschickt wurden.

Sie werden schwerlich aus teutschen oder Französischen Schriftstellern erlernen können, wer die Wollenweberey zu Florenz eingeführt, und zu einer so großen Vollkommenheit gebracht habe, daß zwischen dem 13ten und 16ten Jahrhundert; die Florentinischen Tücher vor allen andern in der Welt gesucht wurden. Diesen Vortheil hatten die Florentiner den München des Humiliatenordens zu verdanken.

Da Friederich der Rothbart die Stadt Meiland dem Erdboden gleich gemacht hatte, versetzte er viele wohlhabende reiche Geschlechter aus dieser Stadt und der ganzen Gegend nach Teutschland. Die Entfernung von ihrem Vaterlande war diesen Leuten unerträglich. Sie legten deswegen Bußkleider an, warfen sich dem Kaiser zu Füßen, und fleheten ihn um die Erlaubnis an, in ihr Vaterland zurück zu kehren. Viele davon hatten ein Gelübde gethan in den Bußkleidern, wodurch der Kaiser zum Mitleiden bewogen worden war, lebenslang zu beharren. Sie hatten in den Niederlanden die Wollenweberey gelernt. Diese nahmen sie sich vor zum Besten der Armen zu betreiben, und in freywilliger Armuth zu leben. Unter ihrem Anführer und Oberhaupte Johannes, einem Weltpriester und Edelmanne von Como, richteten sie im Jahr 1180 zu Meiland, Alexandria, und in andern Oertern der Lombardie von ihren eigenen Gütern Klöster auf, die keine Sammelplätze oder Pflanzschulen von Grillenfängern und Schwärmern, sondern Wollenfabriken waren, von deren Gewinn die Armuth unterhalten wurde.

Ihre

Ihre Beschäftigungen, besonders der Handel, konnten nicht mit einer strengen Klosterzucht bestehen, zu welcher sie doch der Kardinal und Meiländische Erzbischof Karl Borromäo 1568 verbinden wollte. Weil sie sich ihm widersetzten und Einer von ihnen so verwegen gewesen war, daß er nach dem heiligen Kardinal schoß, so wurde der ganze Orden vom Pabst Pius V. vertilget.

Diese Humiliaten wurden gegen das Jahr 1200 nach Florenz berufen, um die Wollenweberey allda den Bürgern zu lehren. Sie brachten auch diese Kunst zu einer ganz besondern Vollkommenheit, und bereicherten dadurch die Republik. Sie standen deshalben bey den Florentinern in so großem Ansehen, daß diese den gemeinen Schatz des Staates ihrer Aufsicht und Verwaltung anvertrauten.

Aus der Florentinischen Geschichte ist bekannt, daß im 13, 14, und 15ten Jahrhundert eine große Menge Niederländer in den dasigen Wollenfabriken arbeiteten, woraus ich schließe, daß die Humiliaten dergleichen Kunstverständige mit sich aus den Niederlanden nach Italien geführt, und nach und nach immer mehrere dahin gezogen haben. Diese Leute wußten dem Tuche eine sonderbare Consistenz, ein sanftes und glänzendes Wesen zu geben. So gar die Tücher, die in Frankreich und anderwärts verfertiget

fertiget waren, bekamen unter ihren Händen eine neue Gestalt, und die letzte Vollkommenheit. Die Florentiner hielten deswegen in Frankreich, besonders zu Lion ihre Faktoren, die Ihnen die französischen ungefärbten Tücher zuschicken muſten. Die Franzosen bekamen ihre eigenen Tücher verbessert und gefärbt von den Florentinern wieder, und diese erhielten für ihre Arbeit die Wolle, woran es ihnen mangelte. Denn ob man gleich zuverläßige Proben hat, daß vor Zeiten in den Pistojesischen Gebürgen und im Mugellaner Thal die Schäfereyen in dem besten Zustande gewesen seyn, so ist es doch gewiß, daß sie nicht hinreichend waren, eine so große Menge Weberstühle mit Wolle zu versehen. Sie bekamen die meisten aus der Lombardie, Apulien, Frankreich, und Spanien; und weil sie den Tuchhandel in die Levante, nach Frankreich und in alle am mittelländischen Meer gelegene Länder allein in Händen hatten, so konnten sie die fremde Wolle mit ihrem Tuche eintauschen, und hatten nicht nöthig, dieselbe baar zu bezahlen.

Die Humiliaten haben zu Florenz eine gewisse Art von Scheinheiligen, die man Bacchettoni nennt, und die sich mit der Wollenweberey beschäftigen, nach sich gelassen. Diese machen wie die Bethschwestern oder Quiselen der Jesuiten zu E**, Profeßion von Andacht und Frömmigkeit, hören des
Tages

Tages mehrere Messen, klappern mit langen Rosenkränzen, vernachläßigen nie das 40stündige Gebeth, wecken mit gräßlichen Geschrey auf Sonn= und Feyertägen ganz früh ihre Mitbrüder zur Versammlung der Brüderschaft auf, wo sie nicht nur die halbe Nacht, sondern auch den größten Theil des folgenden Tages lateinische Psalmen brüllen, die sie nicht verstehen, und wodurch des Nachts die ganze Nachbarschaft aus dem Schlafe erwecket wird, laufen des Sonntags durch die Straßen, und rufen: Padri e madri, mandate i vostri figliuoli alla dottrina Cristiana; im Grunde aber sind sie stolze und eigensinnige Leute, welche alle diejenigen, die ihre Andächtlereyen nicht nachthun, für ungläubige Freygeister halten, und sich von einer andern Gattung Menschen, die nach gewissen Regeln schwärmen, als Werkzeuge aller Bosheit gebrauchen lassen. Sie unterscheiden sich besonders durch ihre Kleidung. Der Hut ist in Form eines Schiffes auf zwey Seiten aufgekrempt. Ein schwarztuchener zugeknöpfter Rock gehet ihnen bis auf die Hälfte der Schenkel, die eine schwarze Pumphose bedeckt. Zwey weise Läppchen, auf Art der Weltgeistlichen, hangen ihnen vom Halse bis auf die Hälfte der Brust herab, und ihre Schuhe sind mit ledernen Riemen anstatt der Schnallen zugebunden. Zu Hause umschürzen sie sich mit einem schwarzen Tuche, und wenn sie ausgehen, flattert ein schwarzer Mantel hinter ihnen her.

K 5   Cosmus

Cosmus der dritte, der vorletzte Großherzog von Toskana aus dem Hauße Medici, hielt so viel auf diese Italiänische Quacker, daß er selbst sich so wie sie kleidete, in den Kirchen mitten unter ihnen kniete, und alles Gute von denen dachte, die es ihm nachthaten. Daher kam es, daß damals schier ganz Florenz sich auf Bacchettoner Art kleidete, und sich jedermann, der sein Glück machen wollte, mit langem Rosenkranze neben ihm in der Kirche zu knien, oder von ihm gesehn zu werden bestrebte.

Dieser Großherzog hatte sich mit einer Prinzeßin aus dem Hause Orleans vermählt, die von einer sehr munteren Gemüthsart war, und nach Art der Französischen Damen sich mit Reiten und Jagen oft belustigte. Vor den Augen der Bacchettoni waren diese unschuldigen Ergötzungen ein Greuel. Sie suchten ihrer Großherzoginn Thun und Laßen mit den schwärzesten Farben bey dem Großherzog abzuschildern, stellten ihm vor: wie nothwendig es wäre, das öffentliche Aergerniß aus dem Wege zu räumen, zumalen da schon 3 Kinder vorhanden wären, und, weil sie fast alle 10 Monat niederkäme, der Staat nicht im Stande seyn würde, so vielen fürstlichen Kindern eine wohlanständige Versorgung zu geben; und mit Beyhülfe des Jesuiten Giaccomini brachten sie die Sache so weit, daß er seine noch sehr iunge Gemahlin nach Frankreich zurück

zurück schickte, wo sie in einem Kloster ihr Leben geendigt hat. Sie hinterließ 2 Söhne, Ferdinand, Johann Gasto, und eine Tochter Violante, welche nachgehends an den Kurfürsten von Bayern vermählt wurde, und als Wittwe ihre Brüder überlebte. Der Prinz Ferdinand starb in der blühenden Jugend an der Liebesseuche, die ihm eine Venetianische Tänzerin, welche ihn davor warnete, zugebracht hatte. Johann Gasto, der sich in seiner Jugend zu Prag mit übermäßiger Schwelgerey zu Grund gerichtet hatte, war unfähig, sein Geschlecht fortzupflanzen. Der Kardinal Francesco Bruder des Großherzogs, mußte endlich eine Frau nehmen aus dem Hause Gonzaga, mit Namen Victoria, welche zwar verschiedene Bastarden, die in die Klöster geschlossen worden sind, hinterließ, aber keinen ächten Sohn von ihrem alten Gemahl erhalten konnte. Auf diese Weise erlosch das vortrefliche Haus Medici.

Nun werden Sie ohne Zweifel über die verdammte Scheinheiligkeit der Bacchettoni recht böse seyn? Sie haben recht — nehmen Sie Sich aber vor ihren Verfolgungen in acht. Sie sind unversöhnlich, und ihre giftigen Bisse sind tödtlich, besonders unter Fürsten, die Cosmus dem dritten gleichen. Ich bin Ihr wahrer Freund

N. N.

IV.

IV.
Miscellanien.

4.
Fortgeſezte Betrachtung über die Verwandtſchaft des Schönen und Nüzlichen.

Die Verachtung des Angenehmen im Gegenſaz mit dem Nüzlichen, gegründet, (wofern ſie irgend einen Grund hat) auf das Vorurtheil als ob eine Sache dadurch daß ſie nur zum Vergnügen dient, alſofort keinen wahren Werth habe, und auf den noch ungereimtern Wahn, als ob eine Sache ſobald ſie angenehm iſt ſonſt zu nichts gut ſey, iſt noch immer etwas worauf ſich Manche recht viel zu gute thun, und ſich darum gewaltig weiſe dünken; und gleichwol iſt nichts irriger als dieſe Vorurtheile, und in ſeinen Folgen nichts Schädlicher als dieſe Trennung deſſen was Gott und die Natur zuſammengefügt hat. Da ich einmal in der Stimmung bin, über dieſe Materie zu denken, ſo erlaube man mir einen neuen Verſuch zu thun, den richtigen Begriff des Nüzlichen und deſſen Verwandtſchaft mit dem Schönen und Angenehmen ins Klare zu ſetzen, wiewohl es unmöglich ſcheint, etwas ganz Neues über einen Gegenſtand zu ſagen, den bereits die Alten von allen möglichen Seiten angeſehen und aufs ſchärfſte unterſucht haben.

Der

Der Mensch hat zwar gewisse Bedürfnisse, die ihm mit allen andern oder doch mit den meisten Thieren gemein sind. Aber weder diese Bedürfnisse, noch die Fähigkeit und Bestrebung solche zu befriedigen, machen ihn zum Menschen. Indem er für sein Futter sorgt, sich ein Nest baut, sich zu einem Weibchen hält, seine Jungen äzt, und sich mit einem andern herumbeißt der ihm sein Futter nehmen, oder sich in den Besitz seines Nestes setzen will, — in allem diesem handelt er, was das Materielle betrift, als ein Thier. Aber durch die Art und Form, wie der Mensch — wofern er nicht durch zwingende äußre Ursache zu einem viehischen Stande gebracht und darinn erhalten wird — alle diese thierische Dinge thut, unterscheidet er sich über alle übrige Thierarten, und zeigt seine Menschheit. Denn dies Thier das sich Mensch nennt, und dies allein, hat ein angebohrnes Gefühl für Schönheit und Ordnung, hat ein Herz das zur Mittheilung seiner Selbst, zu Mitleiden und Mitfreude und zu einer unendlichen Mannichfaltigkeit angenehmer und schöner Empfindungen aufgelegt ist; hat einen starken Hang zum Nachahmen und Schaffen, und bemüht sich unaufhörlich an dem was er erfunden oder gemacht hat, zu beßern. Alle diese Eigenschaften zusammengenommen unterscheiden ihn wesentlich von den übrigen Thieren, machen ihn zu deren Herrn und Meister, unterwerfen ihm Erde und Meer, und bringen ihn von Stuffe zu Stuffe so weit, daß er durch die beynahe unbegrenzte Erhöhung

seiner

seiner Kunstfähigkeiten, im Stand ist, die Natur selbst umzugestalten, und sich aus den Materialien die sie ihm giebt, eine neue zu seinen besondern Absichten vollkommner eingerichtete Welt zu erschaffen.

Das erste, worinn der Mensch diese seine Vorzüglichkeit offenbart, ist die Verfeinerung und Veredlung aller der Bedürfnisse, Triebe und Verrichtungen die er mit den Thieren gemein hat. Die Zeit, die er dazu braucht, kömmt hier nicht in Betrachtung. Genug er bringt es endlich dahin, daß er seinen Unterhalt nicht mehr dem bloßen Zufall abbetteln muß, und die größere Sicherheit einer reichlichern und bessern Nahrung läßt ihm Muße, auch auf die Vervollkommung der übrigen Erfordernisse des Lebens zu denken. Er erfindet eine Kunst nach der andern; jede derselben vermehrt die Sicherheit oder das Vergnügen seines Daseyns; und so steigt er unaufhörlich vom Unentbehrlichen zum Gemächlichen, vom Gemächlichen zum Schönen. Die Natürliche Gesellschaft in der er gebohren ist, verbunden mit der Nothwendigkeit sich gegen die nachtheiligen Folgen der großen Ausbreitung der Menschlichen Gattung sicher zu stellen, veranlaßt ihn endlich zur bürgerlichen Gesellschaft und Lebensart. Aber auch da hat er kaum für das Nothwendige, für die Mittel der innern und äusserlichen Sicherheit gesorgt, so sehen wir ihn auf tausendfältige Art beschäftigt, diesen seinen neuen Zustand zu verschönern. Unvermerkt vermehrt verwandeln sich kleine Dörfer in große Städte, die Wohnsitze der Künste und der Handlung, und die Vereinigungspuncte der verschiedenen Nationen des Erdbodens. Der Mensch breitet sich auf allen Seiten und in jedem Sinn immer weiter aus; Schiffarth und Handelschaft vermehren die Verhältnisse und Beschäftigungen, indem sie die Bedürfnisse und Güter des Lebens vervielfältigen; Reichthum und Wollust verfeinern jede Kunst deren Mutter Noth und Mangel war; Muße, Ruhmbegierde und öffentliche Aufmunterung befördern das Wachsthum der Wissenschaften, welche, durch das Licht das sie über alle Gegenstände des menschlichen Lebens verbreiten, zu reichen Quellen neuer Vortheile und Vergnügungen werden.

Aber in eben der Maaße, wie der Mensch seinen äußern Zustand verbessert und verschönert, entwickelt sich auch sein Gefühl für das Sittliche Schöne. Er entsagt den rohen und unmenschlichen Gebräuchen der Wildheit; lernt alle gewaltsamen Handlungen gegen seines gleichen verabscheuen, und gewöhnt sich an die Gesetze der Gerechtigkeit und Billigkeit. Die mannichfaltigen Verhältnisse des gesellschaftlichen Standes entwickeln und bestimmen die Begriffe des Wohlstandes und der Höflichkeit, und die Begierde sich Andern gefällig zu machen und sich bey ihnen in Achtung zu setzen, lehren ihn seine Leidenschaften zurück halten, seine Fehler verbergen, seine beste Seite heraus kehren, und alles

alles was er thut auf eine anständige Art verrichten;
Mit einem Worte, seine Sitten verschönern, sich mit
seinem übrigen Zustande; und durch alle diese Stuffen
erhebt er sich endlich, bis zu der höchsten Vervollkommung seines Geistes, die in seinem gegenwärtigen Leben
möglich ist, zu dem großen Begriff des Ganzen wovon
er ein Theil ist, zum Ideal des Schönen und Guten,
zu Weisheit und Tugend, und zur Anbetung des uner-
forschlichen Urhebers der Natur, des allgemeinen Vaters der Geister, dessen Willen zu erkennen und zu thun
zugleich ihr größtes Vorrecht, ihre erste Pflicht und ihr
reinstes Vergnügen ist. Alles dies, meine Freunde,
nennen wir, mit Einem Worte: Die Fortschritte der
Menschheit. Und nun antwortet euch selbst auf die
Frage; würde der Mensch sie gemacht haben, wenn jenes angebohrne Gefühl des Schönen und Anständigen unthätig in ihm geblieben wäre? Nehmet es ihm,
— und alle Würkungen seiner schaffenden Macht, alle
Denkmäler seiner Größe, alle Reichthümer der Natur
und Kunst, in deren Besitz er sich gesezt hat — verschwinden; er sinkt in den viehischen Stand der dummen und gefühllosen Bewohner von Neuholland
zurück, und mit ihm versinkt die Natur selbst in Wildheit, und chaotische Ungestalt. — Was sind alle diese
Stuffen durch die der Mensch nach und nach sich der
Vollkommenheit nähert als Verschönerungen? Verschönerung seiner Bedürfnisse, Lebensart, Kleidung,
Wohnung, Geräthe? — Verschönerungen seines Geistes

stes und Herzens, seiner Gesinnungen und Leidenschaften, seiner Sprache, Sitten, Gebräuche, Vergnügungen? — Welch ein Abstand von der ersten Hütte zu einem Gebäude von Palladio? von dem Kahn eines Patagonen zu einem großen Schiffe von der Linie? von den drey Klötzen, die in uralten Zeiten bey den Böotiern die Huldgöttinnen vorstellten, zu den Grazien des Praxiteles? Von einem Dorfe der Hottentotten oder wilder Indianer zu einer Stadt wie Amsterdam oder London? — Von dem Putz einer Neu-Seeländerin zum Putz einer Sultanin? Von der Sprache der Einwohner von Otaheite zu den Sprachen Homers, Virgils, Tassos, Miltons und Voltaires? — Durch wie viel unzählige Grade der Verschönerung mußten die Menschen und die menschlichen Dinge gehen, bis sie diesen beynahe unermeßlichen Zwischenraum zurückgelegt hatten? Die Begierde zum Verschönern und Verfeinern, und die Unzufriedenheit mit dem geringern Grad, so bald man einen höhern kennen lernt, sind die wahren einzigen und höchst einfachen Triebfedern, wodurch der Mensch es dahin gebracht hat, wo wir ihn sehen. Alle Völker, die sich vervollkommnet haben, machen den Beweis dieses Satzes, und wenn sich würklich solche finden sollten, die — ohne besondere physische oder sittliche Hindernisse — immer auf dem nemlichen Grade der Unvollkommenheit stehen blieben, oder gar einen gänzlichen Mangel jener Triebfedern der Vervollkom-

T. M. Febr. 1775.   L   nung

mung verriethen; so hätte man Ursache, sie vielmehr für eine besondere Art von menschenähnlichen Thieren als für würkliche Menschen unsres Stammes, und unsrer Art zu halten.

Wenn nun (wie niemand läugnen wird) alles, was den Menschen und seinen Zustand vervollkommnet, den Namen des Nützlichen verdient: wo bleibt der Grund dieses verhaßten Gegensatzes, den gewisse Ostrogothen zwischen dem Schönen und Nützlichen machen? — Der Mensch lebt nicht allein vom Brod, guten Leute! — Es scheint wohl, daß ihr nie bedacht habt, was es für Folgen haben würde, wenn ein Volk, das eine hohe Stufe der Verfeinerung erreicht hat, seine Musik, seine Poeten, seine Schauspiele, seine Romane, seine Mahler und übrige Künstler, mit einem Wort, alles was zum Gebiet der Musen und Grazien gehört, oder — was eben so schlimm wäre — wenn es den guten Geschmack in allen diesen Dingen verlöhre? Der Verlust von Dingen, die ohne Vergleichung weniger auf sich haben, würde schon eine gewaltige Lücke in seinem Wohlstande machen. — Wenn man euch eine Rechnung vorlegte, was es für die Franzosen zu bedeuten hätte, wenn nur die zween kleinen Artickel, Fächer und Tabackdosen, aus der Zahl der europäischen Bedürfnisse ausgestrichen werden könnten, — und ihr wolltet dann so gut seyn, und bedenken, daß dies nur ein paar kleine Aestchen von den unzählichen

lichen Aesten und Zweigen der Industrie sind, welche die Liebe zu Spielsachen und Flitterwerk, womit alle die großen Kinder in Hosen und langen Röcken um uns herum behaftet sind, hervorgetrieben haben; und wolltet ein wenig nachrechnen, wie nützlich der Welt sogar die unnützlichen Dinge sind; und wolltet überlegen, daß die Gebiete des Schönen und Nützlichen ~~nicht~~ territoria clausa, sondern auf so mannichfaltige ~~Art~~ durcheinander gewunden sind, daß es gar nicht möglich ist, ihre Gränzen jemals genau und zuverläßig anzugeben, kurz, daß eine so große Verwandtschaft zwischen ihnen ist, daß beynahe alles Nützliche schön, und alles Schöne nützlich ist, oder werden kann: wenn ihr das alles überlegtet, so würdet ihr — Aber es giebt Leute, die (wie die Abderiten) vom überlegen nicht klüger werden. Wem der Kopf einmal schief sitzt, der wird in seinem Leben nicht dahin gebracht, die Sachen so zu sehen, wie sie von allen Andern, die gerade vor sich hin gucken, gesehen werden.

Und dann giebt es noch eine Gattung unverbesserlicher Leute, die von jeher erklärte Verächter des Schönen gewesen sind; nicht weil ihnen der Kopf schief sitzt, sondern weil sie nichts nützlich nennen, als was ihren Seckel füllt. Nun ist das Handwerk eines Sykophanten, Quacksalbers, Amuletenkrämers, Ducatenbeschneiders, Kuplers, Tartuffen, u. s. w. so einträglich es auch seyn mag, gewiß nicht schön: es ist

ist also natürlich, daß diese Herren allerseits bey jeder Gelegenheit eine tiefe Verachtung gegen das Schöne das ihnen nichts einträgt zu Tag legen. — Ueberdies, wie manchem Görgen ist seine Dummheit nüzlich? Wie mancher verlöhre sein ganzes Ansehen, wenn die Leute, unter denen er's gewonnen oder erschlichen hat, Geschmack genug hätten, Aechtes vom Unächten, und Schönes vom Schlechten zu unterscheiden? Solche Leute haben freylich eine wichtige Personalursache, Feinde vom Wiz und Geschmack zu seyn. Sie sind in dem Falle jenes Ehrenmannes, der seine häßliche Tochter an einen Blinden verheyrathet hatte, und nicht zugeben wollte, daß seinem Tochtermanne der Staar gestochen würde. Aber wir andern, die nur dabey zu gewinnen haben, wenn wir klüger werden, was für Abderiten müßten wir seyn, wenn wir uns von diesen interessierten Herren bereden lassen wollten blind zu werden oder blind zu bleiben, damit — ihrer Töchter Häßlichkeit nicht offenbar werde?

5.
Ueber eine Stelle im Amadis de Gaule.

Da ich dieser Tagen zufälliger weise im achten Buche des alten Amadis aus Frankreich blätterte, stoß' ich auf eine Stelle, die mich beym ersten Anblick in die angenehme Ueberraschung sezte, womit man in einer unangebauten Wildnis mitten unter Disteln und Unkraut eine schöne Gartenblum' erblicken würde.

Bey

Bey näherer Betrachtung entdeckte ich etwas das mir meinen Fund noch ungleich interessanter machte; denn ich fand, daß diese Stell' eine wörtliche Uebersetzung der 42 u. 43sten Stanze des *Orlando Furioso* sey, welche selbst eine Uebersetzung des Catullischen ut flos in septis ist. Vielleicht mache ich manchem unter meinen Lesern Vergnügen, wenn ich ihm Gelegenheit gebe, zu sehen, wie es der unbekannte Uebersetzer des Amadis angefangen, um diese zwoo Stanzen, die unter die schönsten im ganzen Ariost gezählt werden, in eine Sprache wie unsre liebe teutsche Helden- und Muttersprache vor 200 Jahren war, zu transferieren. (*)

Hier ist zuvörderst das Original, wovon diejenige, die es nicht verstehen eine, wenigstens erträgliche, Uebersetzung in ottave rime im 6ten Bande des T. Merkurs finden können.

> La verginella e simile alla rosa
> Ch'n bel giardin su la nativa spina
> Mentre sola e sicura si riposa,
> Ne gregge ne pastor se le avvicina;
> L' aura soave et l'alba rugiadosa

L'acqua,

─────────

(*) Das Wort übersetzen muß damals noch nicht üblich gewesen seyn; denn der Uebersetzer des Amadis bedient sich immer des Wortes transferieren, nennt sich auch selbst in der Vorrede den Translatorem.

L'acqua, la terrra al suo favor s'inchina;
Giovani vaghi et Donne inamorate
Amano averne e seni e tempie ornate:

Ma non si tosto dal materno stelo
Rimossa viene e dal suo ceppo verde,
Che quanto avea dagli uomini e dal Cielo
Favor, grazia e bellezza, tutto perde.
La vergine, che'l fior, di che piu zelo
Che de' begli occhi e della vita aver de',
Lascia altrui corre, il pregio ch' avea innanti
Perde nel cor di tutti gli altri amanti.

Eh ich die Stelle aus dem Amadis abschreibe, die man sogleich für etwas mehr als eine bloße Nachahmung dieser Stanzen erkennen wird, muß ich bemerken, daß sich dieser litterarische Diebstal (welcher eigentlich auf den Baccalaureus Johann Diaz als Verfasser des achten Buchs des Spanischen Amadis zurückfällt) auf die ganze Rede des Königs Sacripante von Circassien, im ersten Gesang des Orlando Furioso, und also auf die vier Stanzen 41 bis 44 erstreckt, als deren ganzen Inhalt er, mit sehr wenigen Veränderungen oder vermeintlichen Verschönerungen, dem Sultan Zair, einer verschmähten und von Eifersucht, über seinen glücklichern Nebenbuler Lisuart, geplagten Liebhaber der Prinzeßin Onoloria, in den Mund legt. Sultan Zair fängt damit an, wie Ariosts

Sacri-

Sacripant (dem er alle Worte nachspricht) auf sich selbst schmählen, daß er sich um eine Schöne plage und peinige, die sich einem andern schon ergeben und zugeeignet, und durch solche Mittel das Beste so in ihr gewesen verlohren habe. — Und nun fährt er fort: „Denn recht zu sagen, ein Tochter und schamhafte Jungfrawe vergleichet sich einer Rosen, welche dem schönen Rosengarten zugethan ist, damit sie kein schaden weder von den Thieren noch Ungestüme der Zeit empfahe, und die Morgenröte voller Thawes zu irem Gunst sich neiget, und umb solcher ursachen willen begeren ihr oft die jungen liebhabenden Jungfräwlein, welche deren brechen, und sich setzen Kränzlein und Sträußlein zu machen, ihre Häupter damit zu zieren, und ihre kleine Brüstlein oder runde Oepfelein damit zu bestecken, auff ihren zarten und eingebundenen Wagen zu pflanzen; sie aber wirdt nicht so bald von ihrem grünen Zweig und mütterlicher Nahrung genommen, daß sie nicht allgemach die Gunst und Schönheit, so sie beyde vom Himmel und Menschen begehren möcht, verleuret; gleichfals auch die Fraw oder Jungfraw, so ihr ein andern die Blumen der Jungfrawschaft nemmen läßet, welche sie doch höher und wehrter denn ihr Gut und eigen Leben achten sollte, wird ihr aller Preiß benommen, der sie achtbar und gunstreich bey allen, so ihren Dienst und guten willen trugen, machen sollte."

Man sieht, daß Ariost durch eine Uebersetzung in diesem Geschmacke nicht viel gewinnen würde. Seine Stanzen mußten schon sehr viel verlieren, indem man versuchte, sie in die französische, und aus dieser in die teutsche Sprache überzutragen, welche beyde damals noch sehr weit davon entfernt waren, so verfeinert zu seyn, als die italiänische; zumal, was die teutsche betrift, in Oberteutschland, wo der Uebersetzer gebürtig war; wie aus den häufigen Idiotismen erhellet, z. Ex. daß er (wie das Volk in Schwaben noch izt thut) ihren statt ihr, ihnen statt ihn, Topen statt Tatzen, sagt, u. s. w. Dies war schon Nachtheils genug: Wie groß mußte der Verlust erst seyn, da sie nun gerade in die Hände eines Menschen ohne Geschmack fielen. Denn man muß gestehen, die Translation unsers Ungenannten hat durchaus alle Eigenschaften einer elenden Uebersetzung, die wir noch heutiges Tages so häufig zu sehen Gelegenheit haben. Sie ist schleppend, ängstlich, wörtlich ohne darum getreuer zu seyn, und gerade da am schlimmsten wo der gute Mann verschönern will. Indessen muß man zu seiner billigen Entschuldigung nicht vergessen, daß er in allen diesem bloß dem Französischen Uebersetzer Schritt vor Schritt nachgegangen, und vermuthlich nicht den

gering-

geringsten Argwohn gehabt, daß die ganze Rede des Sultan Zair aus dem Ariost entwendet sey; und wenn man bedenkt, daß diese Stelle durch die Hände drey verschiedener Uebersetzer und durch drey nicht minder verschiedene und damals noch wenig polierte Sprachen gegangen, so wird man sich eher verwundern, daß sie nicht noch schlechter gerathen ist.

Aber (denkt vielleicht jemand) wäre es nicht eben sowol möglich, daß Ariost das Selbstgespräch seines Sacripants dem Amadis gestohlen hätte? In diesem Falle hätte er sich durch die Verschönerung derselben ein wahres Eigenthumsrecht erworben. Aber die Unschuld Ariosts, was diesen Punkt betrifft, ist außer allem Zweifel. Denn die erste Ausgabe seines Orlando ist vom Jahr 1515, und Johann Diaz stellte seinen achten Theil des Amadis, enthaltend die seltsamen Abentheuer und großen Thaten des unüberwindlichen Ritters Liswarte, erst im Jahr 1525 ans Licht. Die französische Uebersetzung (welche der teutsche Tranßlator irrig für das Original hält) kam zuerst im Jahr 1543 heraus, und die teutsche folgte ihr im Jahr 1573. Ariost kann also unmöglich der Dieb seyn.

* * *

Indem ich dieses achte Buch des Amadis zu durchlauffen fortfahre, stoße ich S. 354 noch auf eine Stelle, die augenscheinlich nicht nur eine Nachahmung, sondern eine wörtliche Uebersetzung der 49sten und 50sten Stanze im achten Buche des Orlando ist. Ich zweifle nicht, (und hab' es auch zum Theil gefunden) daß auf die nemliche Weise die meisten sonderbaren Abentheuer aus Ariost's Rittergedichte in den Amadis übergetragen worden sind. Die ersten Vier Bücher des leztern, welche als das wahre Original dieses seltsamen Romans anzusehen sind, sind von dergleichen Diebstälen frey Aber die Fortsetzer fanden ihre eigene Erfindungskraft endlich erschöpft; Sie plünderten also, wo sie konnten. Erst in der Nähe, dann in der Ferne, den Homer und Virgil, und was ihnen vorkam. Zulezt da auch diese Quelle erschöpft war, bestohlen sie sich selbst; denn in den lezten Büchern des Amadis sind beynahe alle Begebenheiten von Wort zu Wort, und bloß mit veränderten Nahmen aus dem achten und den nachfolgenden Büchern abschrieben.

6.
Ueber die Kunst aufzuhören.

Costar macht eine Anmerkung über eine Stelle in der Hekuba des Euripides, die eine Wahrheit in sich faßt, an welche man junge Dichter nicht zu oft erinnern kann. Euripides läßt den Herold Talthybius der unglücklichen alten Königin die Umstände der Opferung ihrer Tochter Polyxena auf Achills Grab erzählen. Ich möchte den sehen, der mit weniger Zügen ein edleres Herzeinnehmenders Bild zeichnen könnte, als das ist, das Euripides von Polyrena macht. Er vollendet es mit diesem schönen Zug: „selbst im Augenblick des Todes war sie noch besorgt anständig zu fallen, —

So weit vortreflich, sagt Costar; aber kein Wort weiter! Wie kann der Dichter glauben, die Zuhörer könnten Erläuterung vonnöthen haben, was er unter anständig fallen verstehe? Wofür also der Zusatz: „und zu verbergen, was vor männlichen Augen verborgen werden muß." Dieser einzige Strich verderbt das ganze Bild, und — hierinn, dächt' ich, hätte Costar, wiewohl er nur Costar ist, recht. Wann die Griechen zu Euripides Zeiten nichts anstößiges daran fanden, (welches wir jedoch weder bejahen noch verneinen können,) so wird sich darüber niemand verwundern, der aus den Komödien des Aristophanes gelernt hat, wie viel die Ohren, und sogar die Augen der Athenienser ertragen konnten. Nur loben möcht' ich sie deswegen nicht.

Die Kunst aufzuhören, zu fühlen wenn's genug ist, nicht ein Wort mehr zu sagen, nicht einen Strich mehr zu machen, als zum Zweck nöthig ist, — o meine jungen Freunde, für den Dichter wie für den Maler, — und warum nicht für jeden Schriftsteller? — eine große Kunst! Ein einziger Vers, ein einziges Wort

zu

zu viel, ist genug, zu machen, daß eine naive, rührende, erhabne Stelle nicht naiv, nicht rührend, nicht erhaben ist.

7.
Die sterbende Polyxena des Euripides.

Welch ein trefliches Sujet würde nicht diese Aufopferung der Polyxena (wovon eben die Rede war) für die Seelenmalerin Angelica Kaufmann seyn! „Das Heer der Griechen hat sich um den Grabhügel des Achilles, der durch die Treulosigkeit der Söhne Priams gefallen war, versammelt, der Seele seines Helden das verlangte Todesopfer feyerlich darzubringen. Neoptolemus, der Sohn des Helden erscheint, mit Polyxenen an der Hand, die, kurz zuvor Achillens verlobte Braut, nun seinen Schatten mit ihrem Blute befriedigen soll. Er führt sie mitten durchs Heer, stellte sie auf die Spitze des Grabhügels. Ein Haufen auserlesener Jünglinge tritt herzu, um das Opfer zu halten. Der Sohn Achills nimmt eine goldne gefüllte Schale, gießt sie auf das Grab aus, und, nachdem der Herold dem ganzen Heer ein tiefes Schweigen geboten, ruft er den Schatten seines Vaters an, ladet ihn ein das jungfräuliche Blut zu trinken, welches ihm von den Griechen zum Opfer dargebracht werden soll, und bittet ihn um günstige Winde und glückliche Heimfarth in ihr Vaterland. Nun entblößt er das Opferschwerdt, und winkt den Jünglingen, das geweyhte Mädchen zu fassen. Haltet ein, ruft Polyxena

Ixena, die seinen Wink versteht: o ihr, deren Hände meine Vaterstadt zerstörten, ich sterbe freywillig; keiner von euch rühre mich an; unerschrocken biet ich meinen Nacken dem Opfermesser dar; lasset mich, um der Götterwillen, lasset mich als eine Freye sterben; verdammet mich, eine Königstochter, nicht zur Schmach, eine Sclavin unter den Schatten genennt zu werden. — Das Heer murmelt ihr die Bewilligung ihrer Bitte zu. Agamemnon winkt den Jünglingen; sie gehorchen und treten zurück. Kaum sieht Polyxena sich frey, so reißt sie ihr Gewand von der Schulter, entblößt eine Brust und einen Busen von so vollkomner Schönheit, daß man ein Marmorbild zu sehen glaubte, (*) kniet dann auf die Erde, und spricht

(*) Diesen Zug wozu ich leider! ein ganzes Dutzend Worte brauche, machte der griechische Dichter mit Sechsen,

μαϑὺς τ' εδειξε, σερνα τ' ὡς αγαλματος καλλιςα —

und so thut freylich das Bild eine ungleich schönere Würkung. Aber wie hätt' ich den ganzen Sinn des ὡς αγαλματος καλλιςα mit weniger Worten ausdrucken können? — ich konnte setzen: ihren bildschönen Busen, — aber der Text sagt doch noch mehr. Die Griechen zu des Euripides Zeiten waren schon an die Bilder des Phidias und Alkamenes gewöhnt, an idealische Formen, die sich dem Geiste des Künstlers darstellten, indem er sich von der individuellen

spricht, mit einem Ton der das härtste Herz erweichen mußte, zum Jüngling: „Da, Jüngling wähle selbst „wohin du den Stahl führen willst, hier ist meine Brust „hier mein Hals, ich bin bereit.„ Der Sohn Achills, von Mitleiden mit der schönen Unschuldigen gerührt, stößt mit zitternder Hand das Schwerdt in ihren Hals. Ein Blutstrom schießt hervor; sie fällt, und noch im Sterben ist sie besorgt anständig (*) zu fallen.„

Ich fühl es, daß ich dem Schatten des Euripides Abbitte schuldig bin. Die herzrührende Einfalt seines Styls und Tons, und der sanfte Schmelz seiner Farben macht ihn unübersetzlich. Sein Gemählde verliert in meiner Uebersetzung, was das beste Stück von Vans derwerft in einem Kupferstiche verlieren muß. — Alle Liebhaber des Schönen sollten Griechisch lernen!

len zur höchsten dem Verstande anschaulichen Schönheit erhob. Die Vergleichung des Busens der Polyrena mit dem Busen eines Marmorbildes, erweckte also in der Seele der Griechen einen aufschauenden Begrif einer ganz untadelichen und höchst vollkommen Schönheit; ich besorge aber, daß das bloße Wort bildschön bey uns, deren Augen keinen Werken von einem Phidias zu begegnen gewohnt sind, nicht hinreichend wäre, die nehmliche Würkung zu thun.

(*) ευσχημως ist ein bestimmteres mahlendes Wort, als anständig; aber ich kenne kein gleichbedeutenders in unserer Sprache.

8. Ich

8.
Ein charakteristischer Zug der griechischen Nationalart.

Ich kann diese vortrefliche Scene meines Euripides nicht verlassen, ohne des schönen Zuges zu erwähnen, womit er den Eindruck, den dieses rührende Schauspiel auf das umstehende griechische Heer gemacht, schildert, — wiewohl seine Absicht hier nicht war zu mahlen, sondern der armen Hekuba etwas sagen zu lassen, das ihr in ihrem unermeßlichen Leiden einigen Trost geben möchte. Es ist ein so charakteristischer Zug der griechischen Nationalart, dieses lebhaften Gefühls für das sittliche Schöne, wodurch sie sich immer vor allen andern Völkern ausgezeichnet hat!

— Kaum hatte Polyxena den Geist aufgegeben, so lieffen alle Griechen herbey, ihrem Leichnam die lezte Ehre zu beweisen; einige werfen von ferne frisches Laub auf sie; andre tragen Fichtenzweige herbey, und richten den Holzstoß auf; wer aber nichts herbeytrug (fährt Euripides fort,) der hörte von dem Zutragenden diese Worte: „Was stehst du da, schlechter Kerl, mit lee„rer Hand, und bringst dem Mädchen weder einen „Schleyer, noch sonst etwas, die Leiche zu schmücken? „Willst nicht gehn, und der braven edlen Seele auch „was geben?„ — Und gleichwohl waren die Männer, die so viel warme Empfindung für das Schöne in dem Edelmuth, womit Polyxena gestorben, hatten, die nemlichen Barbaren, welche fähig waren, das schuldlose Mädchen dem Schatten ihres Helden abzuschlachten. So hat von jeher der Aberglaube das gesundeste sittliche Gefühl zerrüttet!

W.

V.
Theatralische Neuigkeiten.

Vorerinnerung des Herausgebers.

Viele Leser haben die Wiederherstellung dieses Artickels im Teutschen Merkur gewünscht; und ich glaube selbst, daß er nicht ohne Nutzen seyn wird, wenn er den Freunden des Theaters zuverläßige Nachrichten und richtige Urtheile liefert. Da ich mich nun, aus guten Ursachen, nicht selbst damit abgeben kann noch will, so habe ich diesen Artickel einem Manne aufgetragen, der viel Kenntniß in diesem Fache besizt. Ich versehe mich des Besten zu ihm, kann aber weder für seine Nachrichten, noch für seine Urtheile Bürge seyn, sondern muß ihm die Verantwortung derselben selbst überlassen. Ich würde mich mit jedem andern Verfasser in dem nemlichen Falle befinden; und überhaupt würde, von theatralischen Personen, Stücken und Vorstellungen Urtheile, wodurch sich niemand beleidigt finden sollte, zu fällen, einem Gott zu schwer seyn. Es wird also, wie ich mir leicht vorstellen kann, über den gegenwärtigen Artickel und dessen künftigen Fortsetzungen viel Klagens erhoben werden; und mancher, der nicht nach seinem Sinn gelobt, oder, seiner Meynung nach, unbillig getadelt worden, wird seine Geberde verstellen, vielleicht auch Rache schnauben, und gelegenheitlich nehmen, so gut er kann.

Aber

Aber dies sind Ungemache dieses Erdenlebens, gegen welche
kein Mittel ist. Alles, was ich selbst — ich, der ich alle Talente
und Verdienste von Herzen liebe, und so viel an mir ist, auf-
muntere, von keiner Parthey und wider niemand eingenommen bin, kein Interesse habe, jemand zu loben noch zu tadeln,
durch niemands Kleinheit grösser, und durch niemands Grösse
kleiner werden kann, und nichts verachtenswürdigers kenne,
als andre Leute aus bloßem Muthwillen zu insultiren, —
Alles, was ich hiebey thun kann, ist, fürs erste, einem jeden,
der etwas gegen die Wahrheit der in diesem Artikel vorkommenden Nachrichten oder Urtheile mit Grund einzuwenden hat,
freyzustellen, daß er seine Vertheidigung oder Berichtigungen
durch den Merkur selbst an das Publikum gelangen lasse,
und dann, mich allen Freunden der Litteratur und des Theaters sehr verbunden zu erklären, welche mich durch ihre Bey-
träge in den Stand setzen wollten, diesem Artikel eine Vollständigkeit und Zuverläßigkeit zu geben, die er ohne eine solche Mitwürkung schwerlich erhalten kann.

W.

Weder den Werth der teutschen Bühne überhaupt zu
entscheiden, noch die Beschaffenheit der einzelnen Theater strenge zu beurtheilen, soll der Endzweck dieses Artickels seyn, welchen der Merkur von nun an den
Freunden des Theaters zu gefallen liefern wird. Ich
werde von Zeit zu Zeit nur erzählen, was sich bey den
mancherley Provincialbühnen, aus welchen unser Theater besteht, für Veränderungen ereignet haben, und
es dem Leser überlassen, die Resultate aus meinen Da-
tis zu ziehen. Wenn es wahr ist, was einige behaup-

T. M. Febr. 1775. M ten,

pten, daß wir Teutsche verdammt sind, in dieser
Kunst allein unvollkommen zu bleiben, so dürfen wir
die Bemühung, den Liebhabern der theatralischen Geschichte ein Gnüge zu leisten, nicht bis zu der Epoche
der Vollkommenheit aussetzen. Winkelmann muste in
seiner Kunsthistorie auch von der Kunst der Egypter
reden, blos um zu beweisen, wieweit diese Nation hier-
innen zurückgeblieben. — Ich werde zuerst etwas
vom neuesten Zustande der vornehmsten Truppen, und
dann von den neuesten Schriftstellern fürs Theater
sagen.

Die Seilerische Gesellschaft mag den Anfang
machen, nicht als wenn ich durch den Platz, den ich
ihr anweise, zugleich ihren Werth bestimmen wollte,
(denn ich werde mich nie auf die Rangstreitigkeiten
unter den verschiedenen Truppen einlassen,) sondern
weil ich mich hier auf dasjenige beziehen kann, was
der Merkur schon ehemals von ihr gesagt hat. Die
Vorzüge der merkwürdigsten Mitglieder sind damals
bereits angezeigt worden; und ich habe jezt nur von
zwey neuen Personen zu reden, womit diese Gesellschaft verstärkt worden — ich meine von den Herren
Großmann und Hönicke. — Ersterer, (von Geburt ein Berliner) ist seit dem Julius vorigen Jahres
bey dem Theater engagirt. Da er sich vorher den
Studien gewidmet, und in verschiedenen Sekretariats-
stellen Kenntnis der Welt erworben hatte, so kam
er

er nicht unvorbereitet zu diesem Beruf. Er hatte zuvor an verschiedenen Theaterkritiken Antheil genommen, und muſte sich nun doppelt beeifern, daß ihm nicht das Wiedervergeltungsrecht wiederführe. Er hatte vorher schon selbst Schauspiele geschrieben, die zwar dem Publikum noch wenig, aber doch den Litteratoren bekannt sind, und wenigstens so viel beweisen, daß der Verfasser zu deklamiren verstehe. Seine übrige Anlage zum Schauspieler besteht in Anstand und Feuer; aber seine kleine Figur, der schwache Umfang seiner Stimme, vielleicht auch Mangel an innrer Empfindung werden ihm wohl nie verstatten, ein vortreflicher Schauspieler für mancherley Rollen zu werden. Dem ungeachtet wird er doch in seinem Fache glänzen können; denn sein Fach wird er wohl finden, wiewohl noch nicht möglich ist, es ganz zu bestimmen, da er bisher nur wenige Rollen erhalten hat. — Der andre Herr Gönicke ist noch ganz Anfänger, und wird zuweilen auch zum Singen gebraucht. — Nach dem Unfall, welcher das hiesige Schloß betraf, gieng diese Gesellschaft nach Gotha, wo sie seit dem achten Junius des vorigen Jahrs wöchentlich dreymal spielt. Da sie von dem dasigen Hofe die Erlaubnis bekommen, die Leipziger Messen zu besuchen, so hielt sie sich vom 19ten September bis zum 4ten November zu Leipzig auf, und spielte den achten November das erstemal wieder in Gotha. — Was die Schauspiele betrift, welche sie zu geben pflegt, so bestehet wohl unstreitig

M 2 ihre

ihre Stärke im Trauerspiel, im Drama, in den feinern komischen Stücken (eines Marivaux, la Chausee u. s. w.) und verhältnißmäßig zu reden, im Gesang; das eigentliche Lustspiel und die Farce vernachläßigt sie vielleicht einigermaßen. — Nicht nur bey dieser, sondern auch bey allen Gesellschaften glaube ich bemerkt zu haben, daß die Französischen, und die nach der Form derselben gemodelten Stücke besser exekutirt werden, als diejenigen Originale, worinnen wahre teutsche Sitten geschildert sind, und als die englischen Schauspiele, vornemlich als die Komödien der Engländer; eine Bemerkung, welche bey der Frage, ob die Bemühungen einiger neuerer Schriftsteller uns vom französischen Geschmack abzubringen von schnellem Erfolg seyn möchten, wichtig ist. Die Ursache darin scheint mir diese. Wir hatten allerdings manche gute Schauspieler, ehe wir gute dramatische Dichter bekamen. Kohlhardt, Koch, die Neuberinn, Eckhof hatten es in ihrer Kunst schon weit gebracht, als Schlegel, Krüger, und Leßing aufstanden, und das teutsche Schauspiel schufen. Die Franzosen gaben damals den Ton in der gesitteten Welt an, und unsre Schauspieler mußten sich um desto mehr im regelmäßigen Schauspiel nach den Acteurs der Franzosen bilden, da noch keine andern Theaterstücke vorhanden waren, als Ueberſetzungen aus dem Französischen. Unsern Dichtern zeigte darauf eine nähere Bekanntschaft mit den Griechen und Britten bald einen andern

dern Weg, als die Korneillen und Racinen, die Crebillons und Voltairen eingeschlagen sind. Unsere Schauspieler hingegen, die noch kein Fürst nach England geschickt hatte, sich nach Garrick zu bilden, gehen noch immer auf dem Wege der Lekains und Boissards. — Man sehe bey der Seilerischen Gesellschaft die Vorstellungen des Hausvaters und der Minna, des Advokat Patelins und des Westins Diana, und man wird diese Betrachtung bestätigt finden. Unsre beyden originellsten Operetten die Apotheke und der Einspruch werden bey ihr gar nicht, und bey andern Gesellschaften nicht so oft und so gut aufgeführt, als die Weißischen, die Heermannischen und die Französischen. — Die neuen Stücke, welche seit der Entfernung der Seilerischen Gesellschaft von Weimar aufgeführet worden, sind folgende. — Miß Obre, aus dem Englischen des Kumberland von Herrn Bock übersetzt, ward den 12 Junius zu Gotha das erstemal gegeben. Madam Brandes in der Hauptrolle, Herr Böck als Barville und Herr Großmann als Naphthali verdienen alles mögliche Lob. Aber die Charakteristischen Rollen Colin, Mortimer und Drud werden zu schwach ausgeführt, und so geht das Ensemble verloren. Alle Nebenrollen können schlecht, ja selbst einige Hauptrollen mittelmäßig gespielt werden, wenn nur diejenigen Rollen gut besetzt sind, auf welchen das Interesse oder das Komische des Stückes beruhet, und das Stück wird noch immer seine Würkung thun.

Ist es hingegen umgekehrt, so mögen sich die **Acteurs** in den Nebenrollen zu Tode arbeiten, das Stück wird doch fallen. Uebrigens ist der Schade so gros nicht, wenn ein mittelmäßig Stück mittelmäßig aufgeführt wird. Man verzeiht es einem guten Tänzer sehr leicht, daß er sich ein wenig vernachläßigt, wenn er eine schlechte Kompagnionin hat. — Aber fragt vielleicht jemand, warum giebt man dergleichen Stücke? vermuthlich ist es mit den theatralischen Vorstellungen wie auf einem Balle mit den Englischen Tänzen; die guten müssen mit den schlechtern abwechseln, damit jene eine desto bessere Würkung thun.

Der **Edelknabe** des Herrn Engel ward den 2ten November zu Leipzig auf die Bühne gebracht. Kein naiver Einfall des Dichters geht in dem Munde derjenigen Dem. Brandes verloren; diese hofnungsvolle junge Schauspielerin zeigte hier viel Empfindung, doch ihr Spiel war zugleich gemäßigter, als es in andern Rollen zu seyn pflegt. — Herr Böck als Fürst, und Madam Seiler, als Frau von Detmund, trugen viel zum Success des Stückes bey. — Herrn Eckhofs erkennt man auch in der kleinen Rolle des Directors als einen Meister. So klein die Rolle ist, so hat sie doch Schwierigkeiten, damit die allzufurchtsame Schüchternheit des Teutschen Schulgelehrten, die aus einer Vermischung von Bescheidung und Mangel an Welt entsteht, nicht dumme Blödigkeit werde, die den rechtschafnen

schafnen Mann, wider die Absicht des Dichters, lächerlich machen würde.

Den 25sten November sah man von dieser Gesellschaft zum erstenmal die Brüder des Hrn. Romanus. Außer den beyden Rollen der Brüder haben die übrigen nichts hervorstehendes, daher zeige ich blos an, daß Lysimon Herr Eckhof und Philidor Herr Brandes war. Den Baron würde Herr Großmann vielleicht beßer gemacht haben, als Herr Röder. — Die Olivie des Herrn Brandes ward den 3ten December das erstemal so vorgestellt, wie er sie in Druck gegeben hat. — Eben so wird die Dorfgala des Herrn Gotter, welche sonst nur einen Aufzug hatte, seit dem 9ten Dec. nach allen den drey Akten vorgestellt, die ihr der Dichter im Druck gegeben. Der Marionettenspieler Niklas, der dumme Christlieb, der Schulmeister und seine Frau geben die em Singspiele des Herrn Gotters das meiste Leben, und eben diese Rollen werden vom Herrn Hensel, Herrn Hellmuth, Herrn Günther und Madam Böck meisterhaft ausgearbeitet. Treumund, Clare und Antoinette sind Herr Böck, Madam Koch, Madam Hellmuth.

Eine bekannte Französische Farce der weibliche Hauptmann (aus einer freyen handschriftlichen Uebersetzung des Herrn Gotter) kam den 28sten Decbr. das erstemal aufs Theater. Die Hauptsache kommt hier

hier auf die Maskerade der Charlotte an, und man weiß schon, wie dergleichen Verkleidungen der Madam Bock gelingen. Den unwichtigen Liebhaber hatte Herr Großmann, und, welches vielleicht ein wenig befremden wird, die Madame le Blanc (in der Uebersetzung Frau Schwarz) die Dem. Böschinn. Das erste neue Stück des neuen Jahres war die bekannte Operette von Anseaume, le Tableau parlant, welche Herr Reichard mit neuen Arien versehen hatte, und die den 13ten Jänner zum erstenmal gespielet ward. Madam Koch hatte, wie gewöhnlich, die Hauptrolle; Die Dem. Brandes, welche in allen Erfordernissen einer dermaligen teutschen Schauspielerin, und also auch im Singen geübt wird, kam darinn als Schwester der Isabelle vor. — Endlich die lezte neue Vorstellung, bey der ich diesmal stehen bleiben will, ist Ariadne, ein Duodrama des Herrn Brandes, mit musikalischen Accompagnemens von Herrn Benda, ein Stück, das in Gotha außerordentliche Sensation gemacht hat, und worinn Madame Brandes als Ariadne den Beyfall des dasigen Publikums mit dem Tonkünstler theilt, und ihn vernemlich durch ihre Kunst, die Leidenschaften zu nüanciren, verdient. —

Jezt, da ich dieses schreibe, (im Anfang des Februar) erwartet diese Gesellschaft verschiedene neue Verstärkungen. Herr Grosmann hat sich mit einer Madam Flittner verheyrathet, die nebst ihrer Schwester

ster sich dem Theater wiedmen will. Das wichtigste ist aber wohl die Hoffnung, Herrn Borchers von der Döbbelinischen Geſellſchaft zu erhalten.

Dies erinnert mich, nun von der Döbbelinischen Truppe zu reden, zumal da ſie jetzt Sachſen zu ihrem Aufenthalte gewählt hat. Herr Döbbelin war für ſeine Perſon genöthigt, einige Zeit zu Leipzig zurückzubleiben, aber ſeine Geſellſchaft ſpielt ſeit dem 17ten October in Dresden. — Madam Döbbelin ausgenommen, welche wegen ihrer ſchönen Figur noch immer gefällt, und welcher auch faſt in jeder Rolle hin und wieder ein Zug geräth, ſind die Frauenzimmer von keiner Bedeutung. — Unter den Mannsperſonen verdienen die Herren Borchers, Döbbelin, Thering und Hempel ausgezeichnet zu werden. Herr Borchers gehört unter die beſten und einſichtsvollſten Schauſpieler, und arbeitet faſt in jedem Fache mit Succeß. Beſäße er einen größern Umfang der Stimme, und mehr Zärtlichkeit in Liebhaberrollen, ſo könnte man ihn Eckhof den Zweyten nennen. Seine Declamation iſt ſtets richtig, ſein Geberdenſpiel natürlich und mannichfaltig. Herr Döbbelin gefällt am meiſten in einigen Vaterrollen, welche Würde erfordern, und viel Action zulaſſen. Hr. Thering iſt ein Schauſpieler, den die Natur ganz allein gebildet hat. Alle Rollen, wo dieſe hinreicht, und die ſeinem Genie angemeſſen ſind, ſpielt er gut und mit Beyfall, z. E. die Pedanten, die niedrigkomiſchen Bedienten u. ſ. w.

Hingegen mißfällt er äußerſt in allen denen, welche Deklamation und Feinheit der Sitten erfodern. Er ſcheint den einen Abend ein Meiſter, und den andern ein Stümper zu ſeyn. — Herr Hempel hat weit mehr Studium, als Herr Thering, aber auch weit weniger natürliche Anlage. Er ſpielt immer erträglich, aber er reißt nie hin, er entzückt nie. — Da die Zuſchauer bey dieſer Geſellſchaft nicht gern ein Stück wiederholen ſehen, ſo iſt ſie genöthiget, deſto fleißiger Neuigkeiten zu geben. Die Beurtheilung dieſer Vorſtellungen würde aber ſehr einförmig werden. Vielleicht, daß ſich bald mehrere gute Mitglieder zu dieſem Theater finden, und dann will ich von ihren neuen Stücken Nachricht ertheilen.

Von Sachſen wende ich mich nach Brandenburg. Der wichtigſte Vorfall bey der Rochiſchen Geſellſchaft iſt bereits aus den öffentlichen Zeitungen bekannt, nemlich der Tod des Principals ſelbſt. Die Vorſtellung der Molieriſchen Alten und der Bauern hat durch dieſen Tod unſtreitig das meiſte verlohren; denn wenn gleich Herr Roch ſchon einige Zeit durch ſeine Geſundheitsumſtände abgehalten ward, die Bühne oft zu betreten, ſo war doch zu hoffen, daß er durch ſeinen Unterricht noch manchen komiſchen Zögling bilden könnte, ſo wie überhaupt wenig Principale ſo viel Fleiß auf den Unterricht der Anfänger verwandt haben. — Ob ſeine Wittwe das Directorium fortführen wird, iſt noch nicht entſchieden. — Hr. Burmann und Hr. Döbbelin haben

dieſen

diesen Todesfall in ziemlich schlechten Versen besungen. — Noch ist nicht wie Moliere begraben worden, vielmehr haben viele Herren des Hofs, einige seiner Freunde, und alle männliche Mitglieder der Gesellschaft seinen Sarg begleitet. — Noch immer sind Operetten (nicht blos Pariser, sondern sogar Prager) die häufigsten neuen Vorstellungen dieser Gesellschaft. — Der Clavigo des Herrn Göthe ist zu Berlin aufgeführt worden, vielleicht aber waren die Rollen nicht zum Besten vertheilt. Denn Herr Müller machte den Beaumarchais, Madam Henke die Sophie, und Madam Henisch die Marie. Selbst Herr Brückner hätte unstreitig in der Rolle des Beaumarchais mehr geglänzt, als in der des Clavigo. — Von dem Wiener, Mannheimer, Münchner, Hamburger Theater will ich in der nächsten Fortsetzung den Anfang machen.

Die Abtische Gesellschaft, die sich schon etliche Jahre am Nieder-Rhein und im Holländischen durch allerley Schicksale hindurchgearbeitet hat, befindet sich seit einigen Monaten in Amsterdam, und führt daselbst hochteutsche Schauspiele mit vielem Beyfall auf. Ich werde in der nächsten Fortsetzung umständlichere Nachrichten von dieser Gesellschaft geben, welche sowohl durch den Umstand, daß sie die erste ist, die unsre dramatischen Musen mit dem besten Erfolg in Holland eingeführt hat, als wegen des großen Talents der Madame Abt Aufmerksamkeit verdient.

VI.

VI.

Neue Bücher.

1. Ueber die Toleranz und Gewissensfreiheit, in sofern der rechtmäsige Religions-Eifer sie befördert, und der unrechtmäsige sie verhindert. Erstes und Zweytes Buch. von Friedrich Germanus Lüdke. Berlin 1774. bey Mylius. 390 Seiten in 8.

Die Freunde der Toleranz werden sich durch die Lectüre dieses treflichen Buchs in ihren Grundsätzen, wenn sie richtig sind, befestigen; oder, wenn ihre Begriffe halb wahr und halb falsch sind, das Richtige von dem Unrichtigen absondern lernen. Die, welche für die Religion und Reinigkeit der Lehre am meisten zu eifern vorgeben, und Toleranz kaum für etwas anders als Indifferentismus oder verstockten Naturalismus halten, könnten durch Hrn. L. eines bessern belehrt werden, wenn nur ihre Gemüther Belehrungen anzunehmen fähiger wären. Sie könnten lernen, was ächter Religionseifer ist, und wie sehr er sich von dem falschen durch seine Eigenschaften, Quellen und Absichten sowohl, als durch die Mittel, deren er sich zu Erreichung seines Zwecks bedient, unterscheidet. Der Christ endlich, der sich mitten unter den lauten Widersprüchen der Eiferer und der Toleranzprediger in einer unangenehmen Verlegenheit befindet, nicht weiß, welche Parthey er ergreifen soll, beyde in seinem Herzen tadelt, und voll banger Furcht schreckliche Zeiten für die Religion ahndet, wird an dieser Schrift einen treuen Wegweiser finden, der ihm aus dem Labyrinth, worinn er herumirret, heraushilft. Er wird bald einsehen, daß die Grundsätze seines Führers mit der Vernunft und dem Geist des Christenthums übereinstimmen, und

auf

auf das Beste des Menschengeschlechts, auf die Vertheidigung
der Rechte der Vernunft und des Gewissens, ja auf die Beförderung der Religion selbst abzielen, und durch Beyspiele aus
der ältern und neuern Geschichte, deren H. L. selbst manche
angeführet hat, bestätigt und gerechtfertigt werden.

2. **Neueste Religionsgeschichte,** unter der Aufsicht Herrn
Chr. Wilh. Franz Walchs. Vierter Theil. Lemgo, in
der Meierschen Buchhandlung, 1774. 572 Seiten in 8.

Herr Walch und seine Mitarbeiter fahren fort, von einzelnen Theilen der neuesten Kirchengeschichte Nachrichten zu liefern, die sich durch ihre Wichtigkeit, Zuverläßigkeit und Genauigkeit empfehlen. Aufer einer angefangenen Geschichte der
Dißidenten in Pohlen seit dem Jahr 1764, einer Nachricht
von der Visitation des irländischen Collegii in Rom, und einer
fortgesezten Erzählung von den Bewegungen über die symboli-
schen Bücher in England, findet man eine Nachricht von dem
Streite über den Werth der complutensischen Ausgabe. Der
lezte Auffaz ist der unbeträchtlichste. Man wird weder aus
der Erzählung und dem magern Verzeichniß von Gründen und
Gegengründen, noch aus den eingestreuten Urtheilen etwas zur
Kritik wirklich brauchbares lernen.

3. **Synodalrede über die besten Mittel, wodurch der Fortgang eines verbesserten Zustandes der Zircherischen
Kirche kann befördert werden,** vorgetragen von
Heinr. Escher, Pfarrer zu Pfäffikon und Decano der Ky-
burger Claß. Zürich, bey Orell ꝛc. 1774. 43 S. in 8.

Eine fürtrefliche Rede, voll Eifer für die Beförderung der
Wahrheit und Tugend; aber einem Eifer, der von reifen Einsichten und der wärmsten Menschenliebe geleitet wird. Glücklich

lich ist das Land, das unter seinen Lehrern viele Männer aufweisen kann, die diesem würdigen Schweizer gleichen; und noch glücklicher ist es, wenn Eschers Vorschläge in ihm ausgeführt werden. Sie sind gar nicht so lokal, daß sie in irgend einer Gegend Teutschlands uninteressant seyn könnten.

4. Predigten von einem Frauenzimmer verfasset. Aus dem Englischen. Leipzig 1775. bey Böhme, 220 Seiten in 8.

Zehn Reden oder Betrachtungen, von denen die drey letzten ein teutsches Frauenzimmer zur Verfasserin haben sollen. Beyde Damen sagen manche gute nützliche Wahrheit, und beyde zeigen sowohl fromme Gesinnungen als einen guten Verstand. Aber etwas hervorstechendes in den Gedanken, oder den Wendungen, oder dem Ausdruck, fand ich nicht, so gern ich es gefunden hätte. Doch könnte man der Teutschen, ohnerachtet sie eine ziemlich strenge Moralistin ist, einige Vorzüge vor der Engländerin zustehen. Daß aber beyde ihr Geschlecht so sehr haben vergessen oder verleugnen können, daß sie kaum in drey oder vier Stellen etwas sagen, das Frauenzimmer näher angehet als Männer und allenfalls von einer Predigerin eher vermuthet werden konnte als von einem Prediger: Dies ist in der That seltsam.

5. D. Gotthilf Traugott Zachariä, christliche Religionsgeschichte und Lehre, zum Unterricht vernünftig zu erziehender Kinder. Göttingen, in Kübelers Verlage. 1774. 410 Seiten in 8.

Herr Z. erzählt das Wichtigste der biblischen Geschichte) nicht überhaupt der christlichen Religionsgeschichte (in kleinen Abschnitten, und sucht dadurch zwey Absichten zu erreichen. Die erste ist eben die welche sich Hr. Heß in seiner Schrift von dem

Reich

Reich Gottes vorgesetzt hat, nämlich durch die Darlegung des großen Plans welchen Gott zur Besserung des Menschengeschlechts entworfen und seit dem Anfang der Welt nach und nach ausgeführt hat, eine vernünftige Ueberzeugung von der Wahrheit und Göttlichkeit der christlichen Religion zu wirken. Seine andere Absicht ist, den Unterricht in den Glaubenslehren, welche ihrer Natur nach meistens historischer Art sind, mit dem Vortrag der Geschichte selbst so viel möglich zu verbinden. Ins Ganze genommen ist diese Methode unstreitig gut. Wäre das Buch geschrieben um den Kindern selbst in die Hände gegeben zu werden, so würde mancherley mit Grund dagegen erinnert werden können. Da es aber eigentlich bestimmt ist einen Leitfaden für den Lehrer abzugeben, so kann es nützlich gebraucht werden, wenn nur dieser Lehrer die Geschicklichkeit besitzt, alles faßlicher und interessanter als Hr. J. gethan hat, vorzutragen, das Ueberflüßige abzuschneiden oder abzukürzen, und dafür über andre Theile des Unterrichts sich destomehr auszubreiten. Daß man übrigens für Heterodoxien hier sicher ist, versteht sich wohl von selbst.

6. **Was hat Jesus Selbst bey seinem sichtbaren Wandel auf Erden in seinen hinterlassenen Reden eigentlich gelehret?** Rostock und Leipzig, in der Koppischen Buchhandlung. 1774. 602 Seiten in 8.

Um das was von dem Stifter unsrer Religion herkommt, von dem was Menschen, es sey mit oder ohne Grund, zugesetzt haben, zu unterscheiden, ist eine Samlung nöthig, welche blos aus solchen Sätzen besteht, die zuverläßig im N. T. enthalten sind. Auch ist es nützlich den Unterricht Jesu selbst von den Belehrungen seiner Apostel abzusondern. Gegen die Absicht und den Plan des Verfassers kann also nichts eingewendet werden. Nur die Ausführung ist nicht ganz nach meinem Wunsch. Die Erklärungen d r Reden Jesu sind nicht immer die besten sondern sehr häufig zu etymologisch. In den Folgerungen, die aus den Aussprüchen Christi gezogen werden, vermisset man nicht selten die Nothwendigkeit der Konsequenz. Und überhaupt fällt es in die Augen, daß der Verf. die Evangelisten mit dem allzugeschäftigen Fleiß eines Suchenden gelesen hat, der ängstlich etwas zu übersehen befürchtet. Ich glaube nicht, daß ich aus den Reden Christi mehr als etwan zwey Drittheile von den Sätzen die der Verf. für eigne Behauptungen Jesu ausgiebt, gesammlet haben würde.

7. Ein-

7. **Einleitung in die schönen Wissenschaften nach den Französischen des Herrn Batteux, mit Zusätzen vermehrt von Karl Wilhelm Ramler, neue verbesserte Auflage, erster Band S. 480, zweiter Band S. 420, dritter Band S. 354, vierter Band S. 426, 8. bey Weidmanns Erben und Reich, 1774.**

Die Hauptverbesserung ereignete sich mit diesem Lehrbuche bey der dritten Auflage, bey welcher Herr Ramler nicht allein die neue Edition des Originals benützte, sondern auch viele wichtige Zusätze, (z. E. die schätzbare Zugabe von der Bildung der teutschen Beiwörter) hinzu that — So wichtig und zahlreich sind die Veränderungen dieses neuen Abdrucks nicht, aber doch nicht ganz unerheblich — Klopstock und Denis haben ihre Stelle im Kapitel von der Ode erhalten, und aus ihnen sind einige Beispiele zergliedert. Am ausgearbeitesten aber ist der neue Charakter von Götz: „Er hat in der leichten lyrischen „Gattung Meisterstücke von allen Arten geliefert. Einige besitzen die lachende Anmuth Anakreons, andre sind rührend, „andre sind scherzhaft bis zum Komischen. Alle aber, sogar „die nachläßig schönen, sind hinlänglich vollendet und ausgeführt, alle sind wohlklingend, alle aufs beste versificirt, alle „voll gewählter, oft neuer, immer mannichfaltiger, niemals ge„zwungener poetischer Ausdrücke. Man findet bey diesem Dich„ter überall Feinheit und Naivetät, Süßigkeit und Stärke, „blühende und wohlgeordnete Einbildungskraft. Was er zur „Verschönerung oder Erhöhung der Gedanken aus der Grie„chischen, das ist, aus der allgemein eingeführten poetischen „Götterlehre entlehnt, ist ausgesucht, bedeutend, unabgenutzt, „und wird niemals bis zum Eckel wiederholt. Er fällt nicht „in den Fehler einiger Ausländer, die, wenn von einer schö„nen Gegend die Rede ist, nichts als die Flora und den Zephyr „anführen können; die, bey jeder Erklärung ihrer Liebe, Amorn „und Cytheren nennen; die alles, was anmuthig ist, durch die „Grazien und Amoretten verschönern lassen; die, bey jeder An„wandlung zu singen, von ihrer Muse reden. Auch vereinigen „sich in allen seinen Liedern die Gedanken selbst zu einem natür„lichen Ganzen: Die Uebergänge sind niemals erschlichen, nie„mals sind die Strophen von jener gezwungenen Verbindung, „die bloß durch Worte und oratorische Wendungen gemacht „wird. Was unser Dichter von den Alten oder Neuern ent„lehnt, verschönert er allemal, und verwebt es so vollkommen „mit seinen eignen Gedanken, daß es ihm eigenthümlicher an„zugehören scheint, als den Eigenthümern selbst.„

―――――――

Der Teutsche Merkur.

März 1775.

I.

Der Mönch und die Nonne, auf dem Mittelstein (*).

Ein Gedicht in drey Gesängen.

Prolog.

(*) Neben der berühmten Wartburg stund vorzeiten auf einem hohen Berg eine Burg, die (nach einigen Chronicken) schon in der Mitte des fünften Jahrhunderts von einem von Frankenstein erbaut, 700 Jahre drauf von der Herzogin Sophia von Brabant, während ihrer Händel mit dem Marggr. von Meissen, Heinrich dem Erlauchten, wieder aus den Ruinen gezogen worden, nun aber nur noch wenige Spuren ihres ehmaligen Daseyns aufzuweisen hat. Diese Burg hieß der Mittelstein, woraus der Nahme Mädelstein entstanden, den der Berg noch heutiges Tages in der Gegend führt. Auf diesem Mittelstein oder Mädelstein ragen zween ziemlich hohe Steine hervor, die von ferne, und in so fern die Einbildungskraft das Ihrige beyträgt, wie zwoo sich umarmende menschliche Figuren aussehen. Das gemeine Volk glaubte vorzeiten (und glaubt vielleicht noch)

Prolog.

Der Klosterstand, wovon Pythagoras (*)
Den blinden Heyden schon ein Müsterlein
gegeben,

Hat noch) diese zween Steine seyen ein Mönch und eine Nonne gewesen, die aus wechselseitiger Liebe dem Kloster entsprungen und sich auf diesen Berg geflüchtet, daselbst aber zur Strafe ihres Verbrechens und andern ihres gleichen zum abscheulichen Exempel, in dem Augenblick, da sie sich umarmen und küssen wollen, in Stein verwandelt worden. Diese zu einer althergebrachten Sage gewordene Fabel konnte vielleicht zu nichts Bessern nutzen, als daß sie die Entstehung des gegenwärtigen Gedichtes veranlaßt hat. Aus einem solchen Mährchen kann ein Dichter machen was er will; er ist weder an Zeitrechnung, noch Costume gebunden; die damit vorgenommene Veränderungen bedürfen also keiner Rechtfertigung. Von der Fabel selbst aber kann, wer Lust hat, in Limperts lebenden und schwebenden Eisenach das Mehrere lesen.

(*) Pythagoras wurde der Stifter eines höchst löblichen philosophischen Instituts, dessen Ordensregel die berühmten goldnen Sprüche waren, wovon das Publikum eine ganz vortrefliche Paraphrase von dem einzigen itztlebenden Dichter, der sie so gut zu machen fähig war, nächstens zu erwarten hat. Die Nahmen Cönobium und Cönobite schreiben sich von diesem Pythagorischen Orden her. Es wäre zu wünschen, die Klöster hätten noch etwas mehr als diese Nahmen mit demselben gemein.

Hat seinen Werth, so gut (zum mindsten) als
            ein Leben
In Diogens berühmtem Lagerfaß.
Wenn gleich nicht alle propagieren,
Seyd unbesorgt, das menschliche Geschlecht
Stirbt drum nicht aus. Doch fodert man mit
            Recht
Des inneren Berufs sich erst zu überführen,
Bevor ein Menschensohn das große Wagstück wagt,
Und Allem, was in Kopf und Herz und Nieren
Uns zweygebeinten federlosen Thieren
Diesseits des Monds am meisten wohlbehagt,
Durch einen derben Schwur entsagt,
Um all sein Lebenlang bey wohlverschloßnen Thüren
Zu fasten und zu psalmodiren.
Beruf, Beruf! darauf kömmt alles an!
Der fehlte nun — sagt uns ein altes Mährchen —
Zum Unglück just dem lieben frommen Pärchen,
Wovon ich euch, so gut ich weiß und kann,
Erzählen will, was sich — wann, müßt' ihr mich nicht
            fragen,
Vor ewiglanger Zeit, mit ihnen zugetragen.
Ergötzt es euch, so hat der Dichter halb erreicht,
Was er dem Leser gerne gönnte;
Denn, glaubet mir, kein Mährchen ist so seicht,
Aus dem ein Mann nicht weiser werden könnte.

* * *

Der Mönch und die Nonne.

Erster Gesang.

Ein frommes klösterliches Pärchen,
Er, Bruder Sixt, Sie, Schwester, Clärchen,
Noch beyde jung und schön und zart
Und fromm und gut nach teutscher Art,
Kurz, recht geschaffen für einander,
So gut als Hero und Leander,
Und (was ich nicht verschweigen muß)
Der Künste, die Ovidius
De arte lehrt, so unerfahren
Als nie ein Paar von achtzehn Jahren;
Dies gute Paar — Erschrecket nicht!
Sie glaubten nicht daran zu fehlen;
Die armen argwohnlosen Seelen!
Sie — liebten sich, und nannten's Pflicht.
Sixt sah die junge Schwester gerne,
Die Schwester sah den Bruder gern,
Und ihre schönen Augensterne
Gestunden's frey, doch nur von ferne.
Sie fühlten sich so anzusehen

Ihr könnt nicht glauben welche Lust;
Sixt blieb wie eingewurzelt stehen,
Und Clärchens Herz hüpft' in der Brust.
Bey dieser Lust sich vorzusehen,
Fiel, bloß aus Unschuld, keinem ein.
Wie kann darinn was Böses seyn,
Denkt junges Volk. — So pflegts zu gehen!
Das süsse Gift der Liebe schleicht,
Wie eitel Nektar, glatt und leicht,
Ins Herz hinab; allein, die Wehen,
Die Wehen, Kinder, folgen nach.
Da gehts euch wie Dionens Knaben
Als ihn versteckt im Honigwaben
Ein Bienchen in den Finger stach.
Des Busens wollustreiches Dehnen,
Dies dunkle nahmenlose Sehnen
Wird unvermerkt zum stumpfen Schmerz.
Euch preßt, ihr wißt nicht was, das Herz,
Im trüben Auge schwimmen Thränen;
Von euerm Lager flieht die Ruh,
Ihr ruft zu Stillung euers Kummers
Umsonst dem holden Gott des Schlummers,
Und schließt die Augen schlaflos zu;

Ein innerlich verzehrend Feuer
Leckt euer jugendliches Blut;
An eurer Leber nagt der Geyer
Des Titus, der niemals ruht;
Wie Rosen in der Mittagsglut
Welkt ihr dahin, wie auf den Matten
Gemähtes Gras; und kurz und gut,
Wenn Amor nicht ein Wunder thut,
Bleibt nichts von euch als euer Schatten.

Dies war der jammervolle Stand
Worinn sich unser Paar befand.
Denn, ach! sich lieben und nicht sehen,
Und, sieht man sich, durch Blicke nur
Einander was man fühlt gestehen!
Bedenkt es; mit so warmen Trieben
Auf dreißig Schritte stets zu lieben!
'S ist mehr als menschliche Natur
Ertragen kann! Nur einmal nur
Auf ihre Hand, den Mund zu drücken,
(Seufzt Bruder Sixt) o welch Entzücken!
Nur ihre Hand an meine Brust;
Mein Leben gäb' ich d'rum mit Lust!

Wie gern erhörte Schwester Clärchen,
Du lieber armer Bruder Sixt,
Den Wunsch den du zum Himmel schikst!
Sieh, zum Beweis, das helle Zährchen
Das aus den Augen, stets nach dir
Mit reiner herzlicher Begier
Gerichtet, auf die Leinwand bebt
Die sich von ihren Seufzern hebt.
Wie gerne hätt' er diese Zähre
Vom weissen Kragen weggeküßt!
In meinen Augen, daß ihrs wißt,
Macht Sixten diese Schwachheit Ehre.
Ein Mensch, der doch kein Engel ist,
Kann traun! um kleinern Sold nicht minnen!
Ach! um dies Thränchen zu gewinnen
Wär' er auf Erbsen baarfuß bis
Nach Rom gereißt, dies ist gewiß!
Allein dem Prior mit dem langen
Eisgrauen Barte sein Verlangen,
So unschuldsvoll es immer war,
Zu beichten, — nein, dies war nicht möglich!
Er hätt' es noch so herzbeweglich
Vorbringen mögen, offenbar

Lief er Gefahr. — o Gott! ihm stehen
Vor dem Gedanken schon die Haar'
Zu Berge — lief er nicht Gefahr
Sein Clärchen gar nicht mehr zu sehen?

Wie wirds den armen Seelen gehn!
Verhaltne Liebe, sagt Galen,
(Sagt's oder hätt' es sagen sollen)
Jemehr wir sie verbergen wollen,
Je tiefer frißt sie sich ins Herz;
Ihr Schmerz ist ein zu süsser Schmerz,
Als daß man gleich an Heilung dächte;
Und wenn man dann geheilt seyn möchte
So ists zu spät. Dies sehen wir
An Bruder Sixt und Schwester Clare.
Schon drey Aeonenlange Jahre
Unglückliche, bekämpfet ihr
Natur und Herz; casteyen, beten,
Die Geisel und das härne Kleid
Habt ihr versucht, den Feind zu tödten;
Umsonst, je hitziger ihr kämpft,
Je minder wird sein Troz gedämpft.
Zum Unglück ist, zumal bey Claren

Der

Der Sitz des Uebels nicht im Fleisch.
Sie ist so neu, so unerfahren!
Und liebt so schön, so Engelkeusch!
Für sie nur schlimmer! Denn je reiner
Des Nönnchens Seele ist, je feiner
Sie denkt und fühlt, je minder läßt
Durch Geiseln, fasten, wachen, beten,
Solch eine Liebe sich ertödten.
Im Tempel selbst, am höchsten Fest,
Schwebt Sixtens theures Bild ihr immer
Vor ihrer Stirn; im Speisezimmer,
In jedem Kreuzgang, jedem Saal,
An jeder Wand hängts überall
Gemahlt, geschnizt, mit einem Schimmer
Von Gold ums Haupt; ihn muß sie sehn
Wohin sich ihre Blicke lenken,
Und mit ihm auf und nieder gehn.
Und von ihm träumen, an ihn denken
Und träumte sie vom Himmelreich;
Denn was in Clärchen lebt und webet
Ist durch und durch mit ihm verwebet,
Und alle Heil'gen sehn ihm gleich.
Eh könnte sie sich selbst verliehren

Als dem geliebten Bild entfliehn;
Vertieft sie sich im meditieren
Unwissend meditiert sie — ihn;
Wenn Todesbilder ihr erscheinen,
So ists, um Sixtens Tod zu weinen:
Wenn zu des Paradieses Glanz
Sich ihre Phantasie erhöhet,
Entzückt der schöne Sternenkranz
Der sich um ihre Scheitel drehet,
Sie nur, weil Sixt ihn pflükt' und gab;
Und selbst des Fegfeuers Flammen wehet,
Sein Athem kühlend von ihr ab.

O sagt, die ihr die Liebe kennet,
Ist euch um Klärchens Herz nicht bang?
Ein Herz, das so wie ihres brennet,
Wenn Schicksal, Mauren, Klosterzwang
Und Schwur den Liebling von ihm trennet,
Laßt seine Liebe noch so rein
Laßt seine Seufzer Engel seyn,
Zu bald wird die Natur es rächen!
Die schwärmerische Seelenglut
Entflammt auch bald ein junges Blut,

Und reinste Liebe wird zu Wuth
Wenn Trost und Hoffnung ihr gebrechen.
Wie kann sie von Entbehrung leben?
Sie will genießen was sie liebt,
Und Küsse die sie träumend giebt
Will sie zulezt auch wachend geben.
Ihr sprecht: in stillen Liebesthränen
Ist Wollust: wahr! doch sagt, was ist
Natürlicher, als sich zu sehnen:
„O würden sie mir aufgeküßt!"
Allein wenn jeder Wunsch des Herzens
Auf ewig unbefriedigt bleibt;
Wenn jede Nacht den Grab des Schmerzens
Die Pein der Sehnsucht höher treibt;
Wenn sich in brünstigem Verlangen
Die Arme aufthun liebevoll,
Und einen Schatten stets umfangen:
Sagt, wie ein Herz nicht brechen soll?
Wer wünschte nicht ein Marterleben
Das nur verlängert wird zur Pein,
Dem der es gab zurückzugeben?
Bald ausgespannt, bald frey zu seyn,
Ist nun auch Clärchens Trost allein!

Da

Da sizt bey mattem Lampenschein
Das arme Kind in seiner Zelle,
Blaß, wie bey düstrer Mondeshelle,
Ein Geist auf einem Leichenstein.
Vertrocknet ist der Thränen Quelle;
Auf einen Todtenkopf den Blick
Geheftet, bebt sie nicht zurück
Vor dem Gedanken, bald zu sinken
Ins kühle Grab, die Ruhestatt
Des Müden, der vollendet hat
Der Leiden bittern Kelch zu trinken.
Sie sieht, mit Palmen in der Hand
Ihr Engel aus den Wolken winken,
Sieht schon die Siegeskrone blinken,
Und seufzt: „o diese Scheidewand
O möchte sie noch heut zerstieben!
Was ist's das mich an diese Welt,
Mein Trauter, noch gefesselt hält?
Werd' ich dich dort nicht reiner lieben?„

So schwärmt die kranke Phantasey
In Clärchens sanfter schöner Seele,
Stets sanft und zärtlich, — wie im May,

Die

Die stille Nacht durch, Philomele
Um den geraubten Gatten weint.

Ganz anders würkt die Fieberhitze
In ihrem unglückfel'gen Freund.
Wild springt er auf vom harten Sitze,
Umarmt in glühnder Raferey
Ein Crucifix — (er wähnt es sey
Der Abgott seiner Seele) — drückt
Mit tausend liebestrunknen Küssen
Es an sein schlagend Herz, — erblickt
Mit kaltem Schau'r was er gethan;
Und stürzt betäubt dem Gott zu Füssen,
Und fleht um einen Blitz ihn an!

Die ihr, von frommem Wahn geblendet,
Den Arm zu Molochs-Opfern hebt,
O Väter, eh ihr sie vollendet,
Betrachtet dieses Bild, und bebt!

W.

Kleine

II.
Kleine Gedichte.

Die Veilchen in einer Urne.

Einer Urne Trauervolle Zierde
Schließet meines Mädchens Veilchen ein;
Stiller Tugend Bilder, reich an Würde,
Euch will sie die wärmsten Sorgen weihn!
Froh des Glückes zu genießen,
Wachset unter ihren Küßen.

Düftet süßer, wenn ihr blaues Auge
Ueber euch mit seelger Schwermuth hängt,
Gute Veilchen, und mit euerm Hauche,
Der sich durch die sammtnen Blätter drängt,
Fließe Freud' in ihrem Busen,
Und Begeistrung für die Musen.

Von einem Ungenannten.

An eine Nachtigall.

Süsse kleine Nachtigall,
Von Gedanken schwehr
Tönt nicht dein geweihter Schall,
Singst du mir nicht mehr!

Viele Würmchen gab ich dir;
Aus dem Silberquell
Füllt ich dies Gefäsgen hier
Frisch und rein und hell:

Sorgsam den Geliebten nicht
So sein Mädchen pflegt,
Wenn am heißen Angesicht,
Ihm ihr Herzgen schlägt.

Eingespert im Käfig hier
Mußt du einsam seyn;
Voll von Liebe, voll Begier
Dich ihr ganz zu weihn,

Trauerst du die Tage hin,
Und die lange Nacht.
Sing, dann wird dein Leid entfliehn,
Wie's dein Dichter macht.

Sieh den schönen hellen Tag,
Sieh der Sonnen Strahl,
Sing mir Freudenlieder nach,
Oder deine Qual.

Von demselben.

Der May, ein Gemählde.

Jugendlich aufs neu
Sah ich ihn, den May,
Rege Freude schwebte
Ueber der Natur,
Auf der grünen Flur,
Die sein milder Hauch belebte.

Rosen kränzten ihn,
Im Vorüberziehn.
Weheten die Weste,

Lief

lief das zarte Grün
Wellengleich um ihn,
Zitterten der Bäume Aeste.

Stolzer Blumen Chor
Trug sein Haupt empor,
Balsamveilchen blühten
In der Büsche Nacht,
Ohne Glanz und Pracht,
Die die Stillen nie verriethen.

Dem entzückten Ohr
Sang der Vögel Chor
Freude, Lust und Liebe;
Würmchen ohne Maas
Wimmelten im Gras
Voll von Kuß und voll von Liebe.

In des Jünglings Herz
Floß der Liebe Schmerz,
Und des Mädchens Wangen
Ihren holden Mund,

L. M. März 1775.

Klein und süß und rund,
Färbte zärtliches Verlangen.

Von demselben.

An Glycerion.

Leicht wallet ihr, wie reine Morgenlüfte,
Des Lebens schönste Stunden mir dahin!
O! flieht nicht so, wie durch Orangendüfte
Verbuhlte kleine süße Schmetterlinge fliehn!

Gedanke! — denn was bist du mehr, du Leben
Des Erdensohns, den Wonne trunken macht?
Kaum fühl ich dich, kaum will ich mich erheben,
So schlummert schon mein Geist hinüber in die Nacht

Des Grabes, wo Empfindungen verrauchen,
Wo öde Todtenstille mich begräbt;
Wo dann nicht mehr von Seelenvollen Augen
Glycerions ein Blick mein schlummernd Nichts belebt!

Geliebt

Geliebteste! sind meine schönsten Tage
Wie Regenlandschaft einst vor dir verhüllt,
Dann weis ich es, daß deine fromme Klage
Den Rosenhayn, das kleine Veilchenthal erfüllt;

Wo nun nicht mehr bey Nachtigallenschlägen
In Mayennächten Hand in Hand wir gehn!
O! da wird oft auf ihren stillen Wegen
Die Königin der Nacht dich einsam weinen sehn!

II.
Geschichte
des
Philosophen Danischmende.

Fortsetzung von S. 132.
des Februar.

Dreyzehntes Kapitel.

Der Kalender sagt Danischmenden im Vertrauen was er
von der menschlichen Gattung denke.

Ich möchte wohl wissen, sagte Danischmende, auf welchen Fuß du die Menschen kennen gelernt hast, um ein so schönes Resultat herauszubringen?

O 2 So

„So gern ich meine Meynung über alles frey von der Brust weg sage, versezte der Kalender, so möcht' ich doch nicht in dem Falle seyn, auf dem großen Marktplatze zu Dehli oder Ispahan sagen zu müssen, was ich von den Menschen denke. Aber unter vier Augen sehe ich keine Bedenklichkeit."

Zumal, da die Welt bleiben wird was sie ist, du und ich mögen von ihr denken was wir wollen, sagte Danischmende.

„Dies möcht' ich eben nicht so unbedingt für wahr annehmen, erwiederte der Kalender. Ich denke der Fall hat sich schon oft zugetragen, wo es so gleichgültig nicht war, was für einen Begriff dieser oder jener sich von den Sachen machte. Wer kann uns gut dafür seyn, daß Glück und Zufall — die schon so oft aus Grobschmidten, Küchenjungen, Kameltreibern, Kühhirten, ja sogar aus Fakirn, Luftspringern, Lohnhuren, Kuplern, und Gott weiß was für anderm Auskehricht des menschlichen Geschlechtes wichtige Personen in der Welt gemacht haben, — nicht einmal in einem Anstoß von Laune den Einfall kriegen könnten, einem philosophischen Einsiedler wie du, oder einem Kalender wie ich, eine Rolle in der Welt zu spielen zu geben?"

Danisch-

Danischmende lächelte und schüttelte den Kopf, indem er an die Rolle dachte, die ihn der Brame der Königin Nurmahal in einem rings um gut gemauerten und mit einer doppelten Thüre und großen eisernen Stangen und Riegeln wohl verwahrten Kefigt hatte spielen lassen.

„Ich bin kein Menschenfeind, fuhr der Kalender fort, wiewohl ich eben nicht sagen kann, daß ich sie sehr liebenswürdig finde; aber ich bin ein herzlicher Feind aller Deklamationen, da ein Mann seine Bakken so voll nimmt als er kann, um alles Gute und Böse, was er weiß, über die arme Menschheit herauszublasen, ohne sich darum zu bekümmern, wie viel oder wenig Wahres an der Sache ist.

„Ich möchte den Vorwurf nicht verdienen, daß ich der Natur — auf die am Ende doch alle Schuld zurückfällt — durch eine allzuschlechte Meynung von ihrem besten Stücke Arbeit, Unrecht thue. Aber ich möchte doch auch der Mann nicht seyn, der, — nachdem er wohl geschlafen, wohl gegessen und getrunken, eine gute Verdauung gemacht, einen leichten gesunden Stuhlgang gehabt, (*) und sich an seinem

Weibe

(*) Nach der Meynung des Hippokrates, Avicenna, Rasis und aller andern Aerzte, ist dieses eine unentbehrliche

Bedin-

Weibe oder Kebsweibe nach Wohlgefallen gehabet hätte, — auf seinen Sopha ausgedehnt, von Feenschlössern und Schlaraffenländern, und goldnen Zeiten und schönen Seelen träumte, und dann, zwischen Wachen und Traum sich hinsetzte und ein System daherfabelte, worinn der Mensch als das gutartigste, edelste und glücklichste Geschöpfe von der Welt figurirte, Geschichte und tägliche Erfahrung möchten mir das Gegentheil noch so laut in die Ohren schreyen.

„Ich hasse das Uebermaas in allen Dingen. Indessen gesteh ich, wenn ja auf einer von beyden Seiten ausgeschweift werden müßte, so würde die Wahrheit weniger verliehren, wenn man zu schlimm als wenn man zu gut von der menschlichen Natur dächte."

Ich höre für mein Leben gern paradoxe Sätze behaupten, sagte Danischmende lächelnd.

„Die Wahrheit hat zuweilen das Unglück paradoy zu klingen, erwiederte der Kalender: aber der Beweis für das was ich itzt sagte, ist nur gar zu leicht zu führen.

„Setzen

Bedingung zum frey und heiter denken; ein constipirter Mensch kann weder was gescheidtes denken noch was angenehmes träumen. D. Akakia.

„Setzen wir einmal den Fall, es gäb eine Art von Geschöpfen — in welchem Planeten du willst — die mit einer so schlechten Anlage auf die Welt käme, daß unter Tausend kaum Eines, und auch dies nicht anders als durch die sorgfältigste und mühsamste Kultur, unter einem Zusammenfluß der günstigsten Umstände, wovon nicht Einer fehlen dürfte, zu einem merklichen Grade von Werth zu bringen wäre; was würden wir von der ganzen Art halten?

„Würde die Art der Hyänen oder Krokodile darum besser seyn, wenn man einige Beyspiele hätte, daß durch außerordentliche Mühe und gutes Glück dann und wann eine Hyäne oder ein Krokodil zahm und nüzlich gemacht worden wäre?

„Ich besorge, daß dies ganz eigentlich unser Fall seyn möchte. Wieviel Kunst und Fleiß, welche lange Uebung, und wieviel Glück noch oben drein, wird nicht dazu erfodert, bis ein Mensch weise und gut wird? Und wie unendlich klein ist die Anzahl dieser leztern gegen das unermeßliche Heer der Narren, der Schaafköpfe, der Gecken, der Betrüger, und der Bösewichte, deren ewiges Dichten und Trachten ist, alles zu verhindern, zu untergraben, zu ersticken, und, wo möglich, gänzlich zu vernichten und auszulöschen, was die Weisen und Guten unternehmen?

nehmen? — Oder ist es etwan nicht wahr, daß ich in diesen wenigen Worten die Geschichte des menschlichen Geschlechts ausgezogen habe?„

Danischmende krazte sich hinterm linken Ohr und sagte — nichts.

Der Kalender verfolgte mit aller Unbarmherzigkeit eines Misanthropen, der sich in seinem Vortheil sieht: „ich gebe zu, daß unter jener größern Zahl die Schaafköpfe, die sich von den Schlauköpfen verführen, betrügen und mißbrauchen lassen, daß es einen Stein erbarmen möchte, — daß, sag' ich, diese Schaafköpfe — die ganze Zunft der Gecken, Faselhansen und Narren mit allen ihren Subdivisionen eingerechnet — sich zu den Betrügern und Böswichtern vielleicht wie 100 zu 1 verhalten. Aber was gewinnt die menschliche Gattung dabey? Es braucht nur einen schlauen Spitzbuben um hundert dumme Knaben an eine lange Kette anzuschließen und hinzuführen wohin er will; und so sind es (zur Schande der Menschheit!) doch immer die Schlimmsten unter den Menschen, die am Ende Meister sind.„

Lieber wollt' ich mir die Augen ausreißen, als dies nur einen Augenblick glauben, sagte Danischmende.

Glau-

„Glauben? — versezte der Kalender kaltsinnig: glauben können wir, was uns beliebt; aber die Rede ist hier nicht von glauben. Die Frage, wenn ich nicht irre, war: wie die Sache sey; nicht wie wir wünschen, hoffen, träumen, daß sie seyn sollte und möchte. Facta müssen hier den Ausschlag geben!„

„Facta sind alles, was man daraus machen will, Danischmende: aus jedem neuen Augenpunkte zeigen sie etwas anders; und in zehn Fällen gegen einen ist das vermeynte Factum, worauf man mit großer Zuversicht seine Meynung gestüzt hatte, im Grunde eine bloße Hypothese (*).

„Dies mag seyn, erwiederte der Kalender. Aber die Facta, wovon ich rede, sind von der Art derjenigen die, aus allen möglichen Gesichtspunkten betrachtet, immer die nemliche Gestalt zeigen, und immer das nemliche Resultat geben. Auch wird ihre Wahrheit allgemein anerkannt, wiewohl die Eitelkeit — das einzige Laster, das der menschlichen Gattung ausschließlich eigen ist, uns für das Resultat die Augen verschließt.

„Ich

(*) Conf. alle die beredten, scharfsinnigen und wohlmeynenden Herren, welche Versuche über die Geschichte der Menschheit geschrieben haben, von Iselin bis Home inclusive.   X.

„Ich will mich auf drey einschränken, die zu meinem Zwecke völlig hinreichend sind.

„Das erste. Die menschliche Gattung ist von der Natur mit allem versehen, was zum Wahrnehmen, Beobachten, vergleichen und unterscheiden der Dinge nöthig ist. Sie hat zu diesen Verrichtungen nicht nur das Gegenwärtige unmittelbar vor sich liegen, und kann, um weise zu werden, nicht nur ihre eigne Erfahrungen nützen: auch die Erfahrungen aller vorgehenden Zeiten, und die Bemerkungen einer Anzahl von scharfsinnigen Menschen, die, wenigstens sehr oft, richtig gesehen haben, liegen zu ihrem Gebrauch offen. Durch diese Erfahrungen und Bemerkungen ist schon längst ausgemacht, nach welchen Naturgesetzen der Mensch — in welcher Art von Gesellschaft und Verfassung er sich befinde — leben und handeln muß, um in seiner Art glücklich zu seyn. Durch sie ist alles, was für die ganze Gattung — folglich für jeden einzelnen Menschen — zu allen Zeiten und unter allen Umständen nützlich oder schädlich ist, unwidersprechlich dargethan; die Regeln, deren Anwendung uns vor Irrthümern und Trugschlüssen sicher stellen kann, sind gefunden; wir können mit befriedigender Gewißheit wissen, was schön oder häßlich, recht oder unrecht, gut oder böse ist, warum es so ist, und in wie fern es so ist; es ist keine Art von Thorheit, Laster und

Bosheit zu erdenken, deren Ungereimtheit oder Schädlichkeit nicht schon längst so scharf als irgend ein Lehrsatz im Euklides erwiesen wäre: — und dennoch, diesem allen ungeachtet, drehen sich die Menschen seit etlichen tausend Jahren immer in dem nehmlichen Zirkel von Thorheiten, Irrthümern und Mißbräuchen herum, werden weder durch fremde noch eigene Erfahrung klüger, verlassen immer wieder, ihrem eignen Gefühl zu Trotz, den richtigen Weg, wenn sie ihn glücklicher Weise einmal gefunden haben; kurz, werden, wenns hoch kömmt, witziger, scharfsinniger, gelehrter, aber nie weiser als ihre Vorfahren von jeher gewesen sind.

"Daß dem so sey, beweiset — der Augenschein; aber wie es möglich sey, kann, däucht mich, durch nichts in der Welt begreiflich werden, als durch mein zweytes Factum: — "die Menschen, nehmlich, räsonniren gewöhnlich nicht nach den Gesetzen der Vernunft. — Im Gegentheil ihre angebohrne und allgemeinste Art zu räsonniren ist: von einzelnen Fällen aufs Allgemeine zu schliessen, aus flüchtig oder nur von einer Seite wahrgenommenen Begebenheiten irrige Folgerungen herzuleiten, und alle Augenblicke Worte mit Begriffen, und Begriffe mit Sachen zu verwechseln. Die Allermeisten, das ist, nach dem billigsten Ueberschlag 999 unter 1000, urtheilen, in den meisten und wichtigsten

Vorfallenheiten ihres Lebens, nach ersten sinnlichen Eindrücken, Vorurtheilen, Leidenschaften, Grillen, Phantasien, Launen, zufälliger Verknüpfung der Worte und Vorstellungen in ihrem Gehirne, anscheinenden Aehnlichkeiten und geheimen Eingebungen der Parteylichkeit für sich selbst, um derentwillen sie alle Augenblick ihren eignen Esel für ein Pferd und eines andern Mannes Pferd für einen Esel ansehen. Unter den besagten Neunhundert und Neun und Neunzigen, sind wenigstens Neunhundert, die zu allem diesem nicht einmal ihre eigenen Organen brauchen, sondern aus unbegreiflicher Trägheit lieber durch fremde Augen falsch sehen, mit fremden Ohren übel hören, durch fremden Unverstand sich zu Narren machen lassen, als durch sich selbst vielleicht richtig empfinden wollen; nichts von einem beträchtlichen Theil dieser Neunhundert zu sagen, die sich angewöhnt haben, von tausend Dingen in einem wichtigen Tone zu sprechen, ohne überall zu wissen was sie sagen; und ohne sich einen Augenblick darum zu bekümmern, ob sie Sinn oder Unsinn sagen."

"Sollte dies etwan nicht genug seyn, die Gültigkeit der Ansprüche, die der Mensch an die Würde eines vernünftigen Wesens macht, zu entscheiden, — nun so laß sehen, ob mein drittes Factum nicht den Ausschlag giebt?"

"Eine

"Eine Maschine, ein bloßes Werkzeug, das sich
von fremden Händen brauchen und mißbrauchen
lassen muß, ein Bund Stroh, das alle Augenblicke
durch einen einzigen Funken in Flammen gerathen
kann, eine Pflaumfeder, die sich von jedem Lüftchen
nach einer andern Richtung treiben läßt, — sind
wohl, seit die Welt steht, die für Bilder, wodurch
sich die Thätigkeit eines vernünftigen Wesens be-
zeichnen ließe, angesehen worden; wohl aber hat
man sich von jeher dieser Bilder auf dem ganzen
Erdboden bedient, um die Art und Weise auszudrü-
cken, wie die Menschen, besonders wenn sie in großen Haufen zusammengedrängt sind, sich zu bewegen,
und zu handeln pflegen.

Wir, wir sind gewöhnlicher Weise Begier- und
Abscheu, Furcht und Hoffnung — von Sinnlichkeit
und Einbildung in Bewegung gesetzt — die Triebräd-
der aller der täglichen Handlungen, die nicht das
Werk einer bloß maschinenmäßigen Gewohnheit sind;
sondern in den meisten und angelegensten Fällen —
gerade da, wo es um Glück oder Unglück des ganzen Lebens, Wohlstand oder Elend ganzer Völker —
und am allermeisten, wo es um das Beste des ganzen menschlichen Geschlechts zu thun ist, — sind es
fremde Leidenschaften oder Vorurtheile, ist es der
Druck oder Stoß weniger einzelnen Hände, die ge-
läufige Zunge eines einzigen Schwätzers, das wilde

Feuer

Feuer eines einzigen Schwärmers, der geheuchelte
Eifer eines einzigen falschen Propheten, der Zuruf
eines einzigen Verwegnen, der sich an die Spitze
stellt (*) — was Tausende und Hunderttausende in
Bewegungen sezt, wovon sie weder die Richtung
noch die Folgen sehen, was Staaten in Verwirrung
bringt, Empörungen, Spaltungen und Bürgerkriege
verursacht, Republiken und Thronen umstürzt,
die Werkstätte der Natur und der Kunst verwüstet,
und oft die Gestalt ganzer Welttheile verändert.

Durchlauffen wir die große Geschichte der
Menschheit oder die Geschichte eines einzelnen Men-
schenstammes, immer sehen wir Myriaden hinter
einem Einzigen herströmen, Myriaden einem Einzigen nachsprechen, Myriaden ihre Hände und Fäuste
nach dem Wink eines Einzigen heben, Myriaden sich
mit sehenden Augen für einen Einzigen in den Abgrund stürzen.

— Und nun, lieber Danischmende, wenn wir diese
drey unläugbaren großen Facta, die, so zu sagen,
der Auszug der allgemeinen Geschichte des Erden-
volks sind, zusammen nehmen, und uns dann fragen:

Mit

(*) Siehe die Geschichte aller großen Revolutionen, Empörungen, Religions und Bürgerkriege von Anbeginn
der bürgerlichen Gesellschaft bis auf diesen Tag.
X.

Mit welchem Rechte kann eine Gattung von Geschöpfen, die nach der Vernunft weder denkt noch handelt, die durch fremde und eigene Erfahrung nie klüger wird, immer das Spiel ihrer Phantasien und Leidenschaften ist, immer von mechanischer Gewohnheit oder fremden Kräften in Bewegung gesezt wird, immer wider ihr eigen Interesse handelt, immer wieder zerstört, was sie aufgebaut hat, immer mit dem Stein, den sie den Berg hinaufgewälzt, wieder herunter fällt, um ihn von neuem hinaufzuwälzen, mit welchem Rechte — „

Halt, fiel ihm Danischmende ins Wort, nicht zu früh Triumph gesungen! — Ich gebe zu — muß ich nicht? — daß die Menschen, im Durchschnitt genommen, nie Weise gewesen sind, und — wofern nicht ganz andre Anstalten dazu gemacht werden, — wenig Hoffnung von sich geben, jemals merklich weiser zu werden. Aber laß es seyn! Immer ist noch ein wichtiger Artickel übrig, der unserm Streit eine ganz andre Wendung giebt. Es ist nicht zu läugnen, daß ein gewisser Schwindelgeist, eine gewisse mechanische Tendenz unsre Pferde beym Schwantze zu zäumen, ein Erbübel in der Familie Adams ist. Aber man muß wenigstens gestehen, daß unser Herz besser ist als unser Kopf. In der That, Freund Kalender, mit aller unsrer angebohrnen Narrheit, Hastigkeit, und Schaafmäßigen

Einfalt,

Einfalt, wären wir doch, von Haus aus, und wenn man uns unverhudelt ließe, ganz gute Leute; und auch so, wie die Sachen izt mit uns stehen, ist Tugend bey weitem so selten nicht als Weisheit.

„Tugend, guter Danischmende! Tugend? — rief der alte Ungläubige; beym Himmel, ein schöner Name! und, wie ich besorge, auch weiter nichts als ein Name für die meisten Menschen. Einige, schlauer als die Uebrigen, haben eine hübsche Maske daraus gemacht, die sie geschwinde vor's Gesicht nehmen, so oft sie Absichten auf die Dienste, oder den Beyfall, oder den Beutel, oder die Weiber und Töchter der ehrlichen blödsichtigen Kautze, welche Gesichter und Masken nicht zu unterscheiden wissen. — Kein Wunder, daß diese Leute so viel Eifer für ihre Maske zeigen, immer so viel Lobens und Pralens davon machen! Es ist auch eine schöne gute Maske! Man kann seine Leidenschaften und schlechten Streiche so bequem unter ihr verbergen! — Tugend! — ich verliehre alle Geduld, wenn ich die Menschen mit diesem Worte, wie Kinder mit ihrer Puppe, spielen sehe! Die Welt müßte ein ander Aussehen haben, mein guter Danischmende, wenn die Menschen wüßten was Tugend ist!"

Freund Kalender, rief Danischmende ein wenig hitzig, Sarkasmen sind keine Gründe. Ein Mann, der

der sich rühmt so viele Menschen gesehen zu haben, und keine guten Menschen gesehen hätte, nirgends etwas bessers als Masken der Tugend gesehen hätte, der Mann müßte — sich in einem ausserordentlich unglücklichen Zeichen auf den Weg gemacht haben.

„Damit wir nicht (sagte der Kalender ganz gelassen) unvermerkt in den Fall kommen, uns um Worte zu zanken, — und um dir zu zeigen, daß ich den Menschen — wiewohl ich ein Kalender — bin — nicht einen Tüttel von dem Bischen Tugend, worinn doch ihre beste Haabe besteht, zu entwenden gedenke, wollen wir ein wenig näher hintreten, und die Waare, die man uns für etwas so kostbares giebt, genauer betrachten.

„Ich denke, es ist mit der Tugend, wie mit dem Golde. Etwas Legierung von Silber oder Kupfer muß immerhin dabey gedultet werden. Aber Gold von sechzehn Karat hört auf Gold zu heissen. Nach dieser Regel möchte wohl ein großer Theil der menschlichen Tugenden für allzugeringhaltig erfunden werden, als daß wir sie Handel und Wandel für gute ächte Tugend paßiren lassen könnten.

„Viele — und gewiß diese Viele machen bey weitem die Meisten aus — ergeben sich einer gewissen Temperaments- oder Lieblingstugend auf Unkosten aller übrigen, und glauben dadurch, daß sie in Einem Puncte mehr thun als sie schuldig sind, ein Recht zu erhalten, in sieben andern desto weniger zu thun. Ich denke du hast nichts dagegen, Damonischmende, wenn ich diese Tugenden sogleich als offenbar unächt ausschieße und bey Seite werfe?

„Ein gleiches werden wir wohl auch mit einer Menge vermeinter Tugenden vornehmen müssen, die anstatt das Gepräge der Natur zu führen, von Aberglauben, oder irgend einem andern falschen Wahn gestempelt sind? Wir werden also keinem Manne, der sich die Augen ausreißt, um nichts zu sehen das ihn zum Bösen reizen könnte, keinem Menschen, der sich zu einem unbedingten Gehorsam gegen einen andern Menschen verpflichtet hat, keinem Höfling, der aus Ergebenheit gegen seinen Fürsten sich zu Bubenstücken brauchen läßt, keinem Patrioten, der aus Liebe zu seinem Vaterlande ungerecht gegen andre Völker ist — seine Enthaltung, seinen Gehorsam, seine Ergebenheit gegen seinen Fürsten, seine Liebe zum Vaterlande für Tugend gelten lassen können?

„Das Quantum von Tugend, das uns nach diesem Ausschuß übrig bleibt, so viel oder wenig es seyn mag, ist das Eigenthum zwoer Arten von Sterblichen, die in sehr wesentlichen Stücken vollkommne Gegenfüßler von einander sind, — Der

Weisen,

Weisen, und der Enthusiasten. Beyden, in so fern sie aus innerlicher Neigung, ohne Nebenabsicht, Sold noch Lohn, alles Gute zu befördern, und alles Böse zu verhindern suchen, kann man einen gewissen Grad von Tugend nicht absprechen. Die Frage ist also bloß, um wie viel sich das menschliche Geschlecht dadurch besser befinde? Laß uns einen Augenblick sehen!

„Die Weisen lieben das Gute, und wünschen Gutes zu thun; aber sie unternehmen nichts, eh sie sich der Möglichkeit der Ausführung versichert haben. Wer den Menschen würklich Gutes thun wollte, müßte sie erst vernünftig machen. Nun wäre dies (wie wir gefunden haben) ungefehr so viel, als wenn einer unternehmen wollte, Mohren zu bleichen, oder Schnee an der Sonne zu trocknen. Ein Mann, der selbst ein wenig vernünftig ist, giebt sich mit keinen solchen Versuchen ab. Was soll er also thun? — Böses verhindern? — Da hätte er nur das ganze menschliche Geschlecht wider sich. Dies ist zu viel für Einen Mann. Der tapferste Held kann keiner Zagheit beschuldigt werden, wenn er keine Lust hat, sich allein einem ganzen Heer entgegen zu stellen. — Nun möcht' ich wohl wissen, was seiner Tugend zu thun übrig bliebe? Er thut nichts Gutes, weil er nicht kann; er hindert nichts Böses, weil er nicht darf; er thut selbst nichts Böſes, weil er nicht mag; er wird alſo ein Kalender, und thut gar nichts.

„Die Welt gewinnt, wie du ſiehſt, nicht viel durch die Tugend der Weiſen. Sollte ſie etwan bey der Tugend der Enthuſiaſten mehr zu gewinnen haben?

„Du erinnerſt dich doch der Fabel vom Bären, der nicht leiden wollte, daß ſich eine Fliege auf die Naſe des ſchlafenden Einſiedlers, ſeines Freundes, ſezte, und, um ſie zu verjagen, mit einem groſſen Stein die Fliege und den Einſiedler zugleich todt ſchmiß? — Dieſer Bär iſt, mit deiner Erlaubniß, das Bild jener ſchwärmeriſchen Menſchenfreunde, die aus tugendhaftem Eifer gegen Irrthum, Unrecht, Unterdrückung und andre Uebel, womit ſie die Menſchheit geplagt ſehen, in einem Jahre oft mehr Unheil anrichten, als in zwanzig Jahren geſchehen wäre, wofern ſie die Welt hätten gehen laſſen, wie ſie gieng. Es iſt wahr, ihre Beweggründe und Abſichten ſind untadelich; ihr Haß gegen das Böſe iſt ſo rein, wie ihre Liebe zum Guten; auch ihre Thätigkeit iſt an ſich ſelbſt löblich. Aber unglücklicher Weiſe verblendet ſie ihr Eifer, ihre Begierde, den kürzeſten Weg einzuſchlagen, über die Wahl der Mittel. Sie erregen einen Sturm, um einen Sperling zu Boden zu werfen, und zünden euch das Haus

Haus überm Kopf an, weil sie gehört haben, daß ihr von Ratten geplagt werdet. Die Leidenschaft der Tugend wird unstreitig durch die Schönheit ihres Gegenstandes unendlich veredelt, aber sie behält doch die Natur einer Leidenschaft; alle Leidenschaften lauffen mit der Vernunft davon, und ein zorniger oder verliebter Mensch kann, so lang er das eine ■■■ das andre ist, eben so wenig weise s■ ■, als ein Verrückter. Die Enthusiasten der Tugend sehen ■■■ ■■■ Seite der Sache, nur die gute oder nur die schlimme; sehen nicht, daß das Uebel, wovon sie ■■■■■■■■ wollen, bloß die andre Seite eines un■■■■■■■■tigern Guten ist, oder daß es in Ver■■■■■■ Umstände ein weit kleineres Uebel ist, als ■■■■■■■, wodurch man uns davon befreyen können ■■■ ■■ daß das Gute, so sie uns thun wollen. ■■■■■■, die der Zusammenhang der Dinge uns ■■■■■■ bracht, zum größten Uebel werden wür■■■ ■■■cht selten treibt sie ihr Eifer für die gute

P 3   Sache

(*) Der Kalender, wie alle kalten Köpfe, sieht öfters richtig und sagt manchmal große Wahrheiten. Wenn unsre Leser über diejenige, die er hier sagt, das Beste was vielleicht jemals darüber gesagt worden ist, lesen wollen, so empfehlen wir Ihnen den achten Dialogen der Dialogues sur le Commerce des bleds des Abbé *Galiani*, und wenn sie eines der besten, lehrreichesten, und zugleich witzigsten und unterhaltendsten Bücher, das seit hundert

Sache so weit, daß sie sogar unmögliche Dinge durchsetzen wollen; ein Unternehmen, das, natürlicher Weise fehlschlagen muß, und zu nichts hilft, als das Uebel, dem man entgegen arbeitet, zu beschleunigen. Sie erhalten nichts, weil sie zu viel wollten; versäumen das Gute, das sie thun könnten, weil sie ein größeres thun wollen, das nicht in ihrer Macht ist; und am Ende findet sich gemeiniglich, daß sie selbst Opfer ihres Eifers geworden sind, ohne die Welt um einen Atom besser zu hinterlassen, als sie war.

„Es giebt noch eine Art von Enthusiasten der Tugend, die nicht soviel oder vielleicht gar nichts thun, weil sie weniger thätig sind, oder — meine Weisen, wiewohl aus einem andern — ganz unthätig bleiben, und die ich, zum Unterschied Virtuosen nennen will. Es sind Leute von feiner Empfindung und hoher Phantasie, die sich eine so schöne, so erhabene Idee von der Tugend gemacht haben, daß sie, in der That, — zu nichts als zum Anschauen gut ist. Eingenommen

von

dern Jahren zum Vorschein gekommen ist, lesen wollen, das ganze Buch, — welches, im Vorbeygehen gesagt, nicht so viel Eindruck in der Welt gemacht hat, als ein so ausserordentlich gutes Buch hätte machen sollen, und dies ohne allen Zweifel, bloß deswegen, weil sehr wenig Leute Verstand und Witz genug haben, es zu verstehen. X.

von diesem Urbilde des Sittlich-Schönen, fährt ihre Seele vor dem häßlich contrastirenden Anblick des würklichen Laufs der Welt mit Grauen und Unmuth zurück. Sie versuchen es vielleicht etlichemal ihre Lieblings-Ideen außer sich würklich zu machen; aber der Leimen, in den sie solche drucken wollen, ist zu spröde und unbildsam, um so feine Formen anzunehmen. Sie verliehren die Geduld über dem öfters mißlungnen Versuch, geben endlich Arbeit und Hoffnung auf, und ziehen sich wieder in sich selbst hinein, um im Anschauen und Anbeten dieser göttlichen Urbilder einer Wonne zu geniessen, die ihnen nichts was weniger vollkommen ist, gewähren kann. (*) In diesem Zustande ist ihnen so wohl, daß sie sich zulezt gar nicht mehr entschliessen können, einen so seligen Müßiggang mit dem mühvollen Nichtsthun des beschäftigten Lebens zu vertauschen. Und so gehen auch diese Virtuosen, mit aller ihrer Liebe zur idealischen Tugend für die Welt verlohren, und das größte Verdienst, das man ihnen zuschreiben kann, ist, daß sie zuverläßig

Nichts

(*) Wo ein Mann wie dieser Kalender ist, dies alles wohl verwahrt? S.

Kennen wir nicht einen Mann der ein gelehrtes Buch vom Licht und von den Farben schrieb, und blind gewesen war, von seiner Geburt an bis an seinen Tod? A.

Nichts schlimmer machen, als sie es angetroffen haben.

„Man wundert sich oft, wie es komme, daß die vereinigten Kräfte der Weisen und Tugendhaften die Welt in so langer Zeit nicht haben besser machen können. Nichts ist begreiflicher, als wie dies kommt, sobald man weiß woher es kömmt. Die Weisen ziehen sich aus Klugheit zurück, und bleiben unthätig, weil sie nicht Lust haben, Wasser mit einem Siebe zu schöpfen, oder durch eine Mauer zu gehen, in die sie sich erst mit ihrer Nase eine Oeffnung bohren müßten. Die Virtuosen kriechen aus Unmuth in ihre Schale, und — lassen sich was träumen. Die Enthusiasten springen zwar mit dem ganzen Feuer ihres guten Willens mitten in die Welt hinein, stürzen alles zu Boden, was ihnen im Weg ist, hauen und schwadronieren links und rechts um sich her, treffen Feinde und Freunde, und machen in Einem Tag ein größer Stück Arbeit, als gelaßne Leute vielleicht in hundert Jahren machen würden: aber man hat noch immer von Glück zu sagen, wenn sich das Gute, das sie thun wollten, gegen den Schaden aufhebt, den sie würklich thun. Wo bleibt nun der Grund sich zu verwundern, daß selbst die Besten der Welt so wenig Nutzen schaffen? Nimmt man nun noch dazu, daß diese Besten — die denn am Ende doch selbst arme Erdenklöße sind, so gut wie

wie andre — ein so kleines Häuflein machten, wenn sie alle beysammen wären, daß sie auf einer allgemeinen Tagsatzung des menschlichen Geschlechts, mit einem Mehr von fünfhundert Stimmen gegen eine, zur Welt hinausvotirt würden: so erhält die Sache vollends ihr unwiderstehliches Licht.

„Es klingt nicht fein, mein lieber Danischmende, aber du siehst, es kann nicht anders seyn: — die Grimassenmacher, Quacksalber, Gaukler, Taschenspieler, Kuppler, Beutelschneider und Klopffechter theilen sich in die Welt; — die Schöpse recken ihre dummen Köpfe hin, und lassen sich scheeren; — die Narren schneiden Capriolen und Burzelbäume dazu, — und die Klugen gehen davon und werden — Einsiedler, oder, wenn sie nichts bessers wissen, Kalender.„ (*)

P 5 Vier-

──────────

(*) Welches alles (wie der geneigte Leser ohnehin gemerkt haben wird) figürlicher Weise und allegorice gesagt ist, und freylich cum grano salis bedeutet werden muß.
      Bucephalus.

Ich gedenke einen Commentar darüber zu schreiben.
      Mart. Scriblerus.

Vierzehntes Kapitel.

Was Danischmende dazu sagt.

Da der alte Kalender seinen Saz sattsam ausgeführt zu haben glaubte, so schwieg er nun, und erwartete was Danischmende dagegen einzuwenden haben würde. Aber Danischmende liebte das Disputieren nicht halbsoviel als der Kalender.

Soll ich dir sagen was ich von der Sache denke? sprach er. Fürs erste sag ich: der weise Mann, der vor übergroßer Weisheit nicht alles Gute thut wozu er Gelegenheit hat, ist nach meinem Wörterbuch, ein kalter, selbstischer, feigherziger Schurke; und hierinn, hoffe ich, sind wir einverstanden.

Das denk' ich, sagte der Kalender ein wenig erröthend. Sodann, was die Enthusiasten betrift, fuhr Danischmende fort, so gesteh ich dir, daß dies eine Gattung von Sterblichen ist, die ich vielleicht besser kenne (*) als irgend eine andre. Ueberhaupt läßt sich viel Böses von ihnen sagen; es ist ein ergiebiges Gemeinpläzchen. Aber, da diesmal die Rede blos von den Enthusiasten der Tugend, von den Eiferern für die Rechte und Vortheile der Menschheit
unter

(*) Er mochte wohl selbst einer seyn.

unter uns war, so hast du, denk' ich, mehr Böses und weniger Gutes von ihnen gesagt, als recht ist. Ich berufe mich auf die Geschichte wie du, wenn ich behaupte: daß das menschliche Geschlecht dieser Art von Enthusiasten alles, was von Vernunft, Tugend und Freyheit noch auf dem Erdboden übrig ist, zu danken hat. Dies alles ist Ihr wenig, wirst du sagen. Aber so wenig es seyn mag, für uns ist es unendlich viel; denn dies wenige macht, daß wir Menschen und keine Orang-Utangs, oder noch was ärgers sind.

Aber, sprichst du, sie zerrütten die Welt indem sie einen Feind bekämpfen, der nicht auszurotten ist, und sie selbst werden oft das Opfer ihres schwärmerischen Heldenmuths. — Desto edler und preißwürdiger sind sie, für die Sache der Menschheit keine Gefahr zu scheuen, und großmüthig ihr Vergnügen, ihre Ruhe, ihr Leben selbst auf ein Spiel zu setzen, wobey gemeiniglich nur die Andern die Gewinnenden sind. Und wenn der hitzige Krieg, den sie zu unserm Besten mit den Feinden der Menschheit führen müssen, nicht immer ohne gewaltsame Erschütterungen abläuft, ist es ihre Schuld? Das Böse, wozu sie wider ihren Willen den Vorwand oder die Veranlassung geben, ist das Werk der Bösen; das Gute hingegen das sie hervorbringen, ist ihr eignes Werk; aber jenes ist vorübergehend

diese

dieses fortdauernd und unermeßlich durch die wohlthätigen Folgen, die es über das menschliche Geschlecht verbreitet.

Es ist wahr, sie fehlen zuweilen in der Wahl der Mittel; aber dies beweiset nur, wie nothwendig es ist, daß sie mit den Weisen in gutem Vernehmen stehen; diese sollen untersuchen und entwerfen, jene ausführen. Vereinigt können sie alles; getrennt sind sie immer in Gefahr das zu seyn, wofür du sie ausgegeben hast, Memmen und Narren. Auch die Virtuosen — wie du eine der besten Menschenarten nennest — sind so unnützlich nicht, als du dir einbildest; und wenn sie der Welt auch keinen andern Dienst erwiesen, als daß sie gleichsam die Bewahrer jener Ideale des Schönen und Guten, jener unvergänglichen Bilder der Vollkommenheit sind, die den kostbarsten Schatz der Menschheit ausmachen; ist dies nicht genug, um sie in den Augen eines Weisen wenigstens so ehrwürdig zu machen, als es der Hüter des heiligen Grabes zu Mecca in den Augen der Muselmänner ist?

Aber wie kömmt es, Freund Kalender, daß du einer Klasse von guten Menschen vergessen hast, deren Daseyn dir doch unmöglich hat verborgen bleiben können, da sie ganz gewiß zahlreicher ist, als eine von den Dreyen, in welche du die Guten vertheilt hast?

„Du

„Du meynst doch wohl nicht, diese Leute von tugendlichem Temperament; diese guten Seelen, die es bloß darum sind, weil sie keine Versuchung oder nicht Muth genug in sich fühlen, Böses zu thun?„

Glückliche Schwäche! rief Danischmende; glückliches Temperament, das den Menschen, zu seinem und seiner Mitgeschöpfe Bestem, unfähig macht, verkehrt und übelthätig zu seyn! Nenn' es immer Temperament, oder was du willst, — genug es giebt Menschen, die durch eine angebohrne Richtigkeit der Natur getreu bleiben, redlich gegen alle andre Menschen gesinnt sind, das Wahre fühlen, das Gute thun, ohne sich den Kopf darüber zu zerbrechen, warum es wahr und gut ist, und ohne jemals die unendlich feinen Schwierigkeiten gesehen zu haben, die den Metaphysiker martern, wenn er die Grenzlinien des einen und des andern haarscharf durch alle die labyrinthischen Krümmungen und Verwicklungen der Natur, der Nothwendigkeit, des Zufalls und der menschlichen Anordnungen ziehen will.

Diese Art von Menschen ist unter den unverfeinerten Klassen der polizierten Völker, und unter den rohen Kindern der Natur, die wir Barbaren und Wilde nennen, viel zahlreicher als man glaubt; und wenn du auf deinen Wanderungen so unglücklich gewesen

wesen seyn solltest, keinem davon in den Wurf gekommen zu seyn, so mache dich mit dem Völkchen bekannt, unter dem ich hier lebe. Es wird vielleicht mehr beytragen, dich mit der menschlichen Natur auszusöhnen, als alles, was ich zu ihrer Vertheidigung sagen könnte. „Oder mich wenigstens in den Gedanken bestärken, erwiederte der Kalender, daß die Menschen desto besser sind, je mehr sie sich dem Stande nähern, wo der Instinkt die Stelle der Vernunft, der Gesetze und der übrigen künstlichen Maschinerien vertritt, wodurch man sie verschlimmert hat, indem man sie verfeinern wollte; kurz daß sie desto besser sind, je mehr sie — in ihrer Art, versteht sich — den übrigen Thieren gleichen.„

Freund Kalender, sagte Danischmende ein wenig unmuthig, es ist etwas in deinen Begriffen, das alle Augenblicke wider die meinen anprallt. — Aber — fuhr er fort, indem er sich sogleich wieder zusammen raffte — wir können und sollen nicht alle durch ein und eben dasselbe Schlüsselloch in die Welt gucken. Vergieb mir, ehrlicher Alter! Ich hatte Unrecht, zu vergessen, daß du schon über dreyßig Jahre ein bloßer Zuschauer, und ein Kalender bist.

Fünf-

Fünfzehntes Kapitel.

Ein Familienstück.

Während daß die beyden Philosophen so zusammen schwazten, hatte Danischmende seinen Gast durch verschiedene krumme Fußpfade unvermerkt bis zum Eingang einer ländlichen Wohnung geführt, die nicht ganz so gut, und nicht ganz so schlecht aussah, daß ihr erster Anblick nicht den Gedanken hätte erregen können, sie könnte wohl das Obdach glücklicher Menschen seyn.

Es war ein schöner Sommermorgen. Die ganze Familie war in einer Laube versammlet, die von Rosengebüschen und etlichen in die Runde gepflanzten Bäumen formirt wurde. Niemand wurde der seitwärts herankommenden Fremden gewahr. Stellen wir uns hinter diesen Busch, flüsterte Danischmende dem Kalender zu, und sehen was es hier giebt.

Ein ehrwürdiger alter Mann, eine gute Hausmutter von vierzig Jahren, ein Mädchen von achtzehn, blühend wie ein Frühlingsmorgen, ein junger Landmann aus einem benachbarten Dorfe, der bey dem Alten um sie anhielt, und etliche jüngere Geschwister des Mädchens machten eine so schöne Gruppe, als jemals von einem Mahler in Athen, Paris oder Peking gezeichnet, gemahlt oder gesudelt worden.

Das

Das Mädchen stand zwischen ihrem Liebhaber und ihrer sitzenden Mutter, die den linken Arm der Tochter mit ihrem rechten umfaßt hielt, und mütterlich drückte. Der rechte Arm des Mädchens war mit dem linken des Jünglings verschränkt. Mit halbgeschloßnen Augen schien sie, in süsser Unentschloßenheit der Natur, zwischen ihrer Mutter und ihrem Liebhaber zu schweben, und doch verriethen ihre auf der nervichten Hand des Jünglings spielenden Finger (*) den ihr unbekannten aber mächtigern Zug des Instinkts. Ihr ländlicher Anzug, leicht und schneeweis, bedeckt sittsam die schönen Formen ihrer Gestalt ohne sie zu verbergen, und erhöhte die Lebhaftigkeit ihrer schwarzen Augen und schwarzen Locken. Eine Rose an ihrem halboffnem Busen macht ihren ganzen Putz aus. Eine von ihren Schwestern, ein sanftes Mädchen, vom Gedanken der Trennung ganz verschlungen, lehnte ihr trauriges Gesicht voll schwesterlicher Liebe auf ihre linke Schulter, indem sie den rechten Arm fest um ihren Nacken schlung (**).

Die

(*) Ich wollte gleich alles wetten, daß der Autor dies Gemählde dem Greuze abgestohlen hat.

Ein Kenner.

(**) Der leibhafte Greuze! — Aber warum hat der Autor die andre Schwester weggelassen, die hinter des alten Vaters Stuhl hervorguckt, und den Bräutigam und ihre glückliche Schwester mit so neidischen Augen anflözt.

Die Mutter sagte nichts; aber ihre Augen, die mit Thränen erfüllt von der geliebten Tochter zum Vater, und vom Vater zur Tochter irrten, sagten in der mächtigen Sprache der Natur: o Vater, wie kann ich mich von diesem Liebling meines Herzens trennen?

Dies alles zusammen machte den ersten Augenblick aus, der sich unsern ungesehenen Zuschauern darstellte. Danischmends Herz war ganz in seinen Augen.

Der alte Vater — man wurde sein Freund beym ersten Blick auf sein ehrliches altväterliches Gesicht, und sein lockicht silbergraues Haar — wandte sich, mit einer Bewegung, wovon seine grauen Locken ihren Reiff um seinen Nacken schüttelten, an die Mutter. — Der junge Mensch war der Sohn seines verstorbnen besten Freundes — ein fleißiger, rüstiger, wohlgemachter Bursche — er liebte das Mädchen

kost, daß man ihr gleich ein paar Ohrfeigen geben möchte? — Vermuthlich hofte er durch solche Weglassungen den Diebstahl desto eher zu verbergen.
Der Kenner.

Der Kenner beweißt sich als einen wahren Kunstrichter Unter zwoo möglichen Erklärungen muß man allemal die wählen, die dem Autor die nachtheiligste ist.
Wittenberg.

T. M. März. 1775.   Q

chen so herzlich — und das Mädchen war ihm
schon lange heimlich gut — und war ein Mädchen
von achtzehn, strozte von Gesundheit und Jugend —
und er, der Vater, war ein alter Mann, der
noch gerne die Freude erleben wollte, die Kinder seiner Tochter um seine Knien herumspielen zu sehen. —
Dies alles stund in seinem Gesichte geschrieben.

„Gute Mutter, sagte er mit einem warmen
Ausdruck im Gesicht, und einem Ton, der so unmittelbar zum Herzen gieng wie er aus dem seinigen
kam, — gute Mutter, sagte er, indem er beyde
Arme gegen sie ausbreitete: was wollen wir machen?
Sie lieben einander; er ist ein braver Junge; sie
ist ein gutes Mädchen; wollten wir sie hindern
glücklich zu seyn?„

Die Mutter lächelte ihre Einwilligung mit wei-
nenden Augen, und drückte des Mädchens Arm
mit beyden Händen. Das Mädchen zitterte wie
Espenlaub.

„Da, mein Sohn, sprach der Vater zum Jüngling, der mit sprachloser Rührung sich gegen ihn
neigte: da, nimm sie, mein Sohn; sie ist dein!
ich gebe dir das Liebste was ich habe. Bewahre und
liebe sie wie deinen Augapfel; und du, Mädchen,
sey eine fromme Ehgattin, eine gute Mutter, wie

du

du immer eine gute fromme Tochter warst; und so segne euch der allmächtige Gott!"

Danischmenden rollte aus jedem Aug eine Thräne über die Backen. Er konnte sich nicht länger ruhig halten. Auch der Kalender schien nicht ganz unempfindlich zu bleiben. Aber er hatte nun einmal die traurige Gewohnheit, ein bloßer Zuschauer zu seyn. — Schleichen wir uns wieder fort, sagte er leise zu Danischmenden: wir würden die guten Leute nur stören.

Nur stören? — rief Danischmende; du kennest diese guten Leute nicht! Sie wissen nichts von der falschen Schaam, die frommen Ueberwallungen der Natur und des Herzens vor fremden Blicken zu verbergen. — "Guten Morgen, redlicher Alter, deine Hand! Guten Morgen, Nachbarin! Das ist ein schöner Tag, an dem Eltern ihre Kinder glücklich machen! — Nicht wahr, guter alter Vater, du fühlst dich beym Anblick dieser jungen Leutchen um dreyßig Jahre verjüngt? — Sie werden die Freude eurer alten Tage seyn; ihr werdet in ihren Kindern wieder aufleben!" — (Das Mädchen erröthete bis an die Ohrläpchen und verbarg sich hinter ihren Bräutigam) — "Seht doch die kleine Heuchlerin, die uns nicht sehen lassen will wie glücklich sie ist! Aber zu ihrer Strafe werd' ich bey ihrer Hochzeit seyn, und Perisade soll die Braut in die Kammer führen helfen!"

Die guten Leute dankten Danischmenden in ihrer ehrlichen kunstlosen Herzenssprache; und, nachdem er eine Weile freundlich um alle ihre kleinen Angelegenheiten sich erkundigt hatte, schied er von ihnen, von der ganzen Familie bis an die Grenze ihres Eigenthums begleitet. Die jüngern Kinder brachten ihm Grasblumen, hiengen sich das eine an seine Hand, das andre an seinen Rockzipfel. Alte und Junge liebten ihn als ob er zu ihnen gehörte.

w.

Die Fortsetzung folgt.

IV.

Reise
des Herrn von M** nach China.

Fortsetzung von S. 144. des Febr.

Dritter Brief.
An seinen Bruder den Herrn von M**s.

* * *

Am Bord des Griffon
den 1 Jul. 1774.

Ich habe dir nicht von Kantong aus geschrieben, liebster M**s, weil ich in Isle de France Briefe von dir zu finden glaubte, mit deren Beantwortung ich mir die Langeweile der See erträglich zu machen glaubte. Aber es waren keine da. Sollet ihr mich denn ganz vergessen haben? Ein Brief von meiner Schwester, acht Tage nach unsrer Abreise geschrieben, ist Alles, was ich bekommen habe, obgleich unterdessen wohl mehr als zwanzig Schiffe ankommen sind. Dir, mein Bruder, vergebe ich dieß Stillschweigen weniger, als jemand andern, weil du, im Schoose unsrer Familie so gut als ich entfernt, lebhafter fühlen mußt, wie kostbar uns auch die kleinsten Nachrichten daher sind. Zum Ersatz dieser, wahren oder scheinbaren, Ungerechtigkeit, die du an mir begehest, fordere ich unverzüglich, daß du mir Nachricht von deiner jetzigen Lage gebest. Möchte sie doch so glücklich seyn, als du verdienest, und ich dir wünsche! Außerdem kannst du mich noch gar sehr verbinden, wenn du mir, in so fern es deine Geschäfte erlauben, ein Bild von der gegenwärtigen Lage unsers Europa, und den wichtigsten Vorfällen, welche sich in den 18 Monaten, seitdem ich es verlassen, zugetragen haben, machst. Zum Dank dafür, will ich dir etwas von meiner Reise erzählen,

und

und dir das wenige Umständliche von Indien liefern, wovon ich mir bey meinem kurzen Aufenthalte in deffen Inseln habe Kenntniffe schaffen können. Du wirst freylich allenthalben die Feder eines Soldaten erkennen.

Alle Umstände meiner Reise bis Malac, und die Nachrichten von Isle de France, wirst du vielleicht schon aus dem Briefe an unsre Schwester kennen. Wenigstens verweise ich dich dahin. Zu Malac, welches aus den Händen der Portugiesen in die Hände der Holländer übergieng, haben die lezteren die Hauptniederlage ihres Handels von Queda, Achens, und andern Inseln dieser Meerenge. Es wird von einer ziemlich festen, aber schlecht bewachten Citadelle bedeckt. Die Besatzung davon sind funfzig Mann, meistens französische Deserteurs, die der Gouverneur allzeit bey Ankunft fremder Schiffe anziehen und unter Gewehr treten läßt, um Fremden einen blauen Dunst mit seiner Garnison zu machen. Mohren, Malayen, und Chineser in verschiedene Quartiere der Stadt vertheilt, machen mehr als drey Viertel der Einwohner aus, welche blos vom Handel hier leben. Man tauscht ihre Land-Waaren gegen unsre Weine, Brandtweine, alt Eisen und sonderlich Piasters ein. Wir wohnten hier einem großen Fest, welches ein Bal endigte, bey. Der Gouverneur gab es bey Gelegenheit der Geburt eines

Sohnes

Sohnes vom Statthalter. Dieser Ort ist sehr reich. Zwey gut ausgerüstete Fregatten wären vielleicht zu Kriegszeiten hinreichend, ihn wegzunehmen, oder vielmehr eine sehr beträchtliche Ranzion davon zu ziehen, da dieser Platz eigentlich sonst niemanden, als den Besitzern der Moluktischen Inseln, etwas nutzt.

Nach dreytägiger Ruhe verließen wir Malac, und kamen mit einem beständig günstigen Westwinde bald nach Macao. Einen einzigen starken Windstos hatten wir auszuhalten, der zum Glück nicht lange dauerte. Nur ein Jahr zuvor hatte ein solcher kleiner Wirbelwind, den man hier Tiphon nennt, einen Holländer und mehr als 3000 Chineser Barquen zu Grunde gerichtet.

Macao ist eine kleine portugiesische Stadt, aber so angenehm, als ich eine in Europa kenne. Sechstausend sich so nennende portugiesische Metifen, so bettlerisch und stolz wie Hidalgos, bringen ihr Leben hier in Müßiggang und Schwelgen zu. Gedruckt von den Chinesern, welche ihnen die ausschließende Freyheit, ein Etablissement in ihrem Lande zu haben, sehr theuer verkauffen; · rachtet von andern Europäern, weil die chinesische Regierung sie zwingt, ihr Winterläger hier zu halten, findet man, höchstens noch an ihren Aberglauben, in ihnen die Nachkommen

men jener berühmten Eroberer Asiens. Ihr ganzes Gebiethe schränkt sich, so zu sagen, auf ihre Stadtmauern und eine kleine auf einer Anhöhe gelegene Fortresse ein; wohin jedoch alle Jahre ein chinesischer Abgeordneter kommt, feyerlichst Besitz davon zu nehmen, und seine Gerichtsbarkeit zu bestätigen. Heuer wurde ein armer englischer Bedienter das Opfer dieser blutigen Prahlerey der Chineser. Weder seine erwiesene Unschuld, noch die Vorstellungen der Portugiesen konnten ihm das Leben retten. Die Furcht, aus einem ihnen so einträglichen Platze vertrieben zu werden, oder den Zugang von Lebensmitteln zu verlieren, zwang sie, diesen Unglücklichen den chinesischen Richtern auszuliefern, die sich ein rechtes Herzenslüstgen draus machen, einen Europäer zu erdrosseln.

Wir nahmen hier einen chinesischen Piloten, der uns den Ta, oder gelben Fluß, hinauf bis nach Wampu bringen sollte, wo die europäischen Schiffe ihre Ladung erwarten müssen. Zwey Nachen mit Mandarinen vom Zolle kamen hier an unser Schiff, und verließen es die ganze Zeit über, als es im Flusse lag, nicht. Sie sind da, um die Einfuhr fremder Waaren, und sonderlich des Opiums, als welches streng verboten ist, zu verhindern. Wir fuhren ohngefähr 33 Meilen den Fluß hinauf, durch lauter Reißfelder mit Städten und
Flecken

Flecken angebauet, wo man aber den Fremden nicht erlaubt auszusteigen.

Bey unsrer Ankunft vor Wampu empfiengen wir von allen Schiffen, an der Zahl dreyßig, die auf der Rheede lagen, den Gruß. Die Schiffe so vieler Nationen, mit ihren Flaggen und Wimpeln geziert, machen eins der schönsten Schauspiele. Den Tag darauf, als wir angelangt waren, kam der Hupu, oder Oberaufseher der Provinz Fokun-Quang, ein Mandarin der ersten Klasse, zu uns an Bord. Sein Gefolg bestund aus zwanzig Schampans, mit Fähnchen in den Händen, welches seine Schreiber und Musikanten waren. Acht Gerichtsdiener mit Bambusröhren, Ketten und Geißeln bewaffnet, die allezeit vor ihm hergehen, stellten sich zu beyden Seiten des Schiffes, und nun ergieng auf seinen Befehl unsere Taxe, nach welcher wir 25000 Franken, unsers Geldes, für das Ankerrecht zahlen, und dem Herrn Hupu noch außerdem ein Geschenk machen mußten. Eine höchst ungerechte Schinderey, der sich indessen doch die Europäer, welche sie zur Gewohnheit haben werden lassen, unterwerfen müssen. Für diese theure Ceremonie erhält man nun die Erlaubniß zu handeln. Wir giengen noch am nemlichen Tage in Canots nach Kangtong ab, welches nur drey Meilen von Wampu liegt. Ich hatte meine Uniform abgelegt.

Kein Ort, glaube ich, kann einem richtigere Begriffe von der Thätigkeit eines handelnden Volkes machen, als der Anblick dieser Stadt, die man als den ersten Handelsplatz in der Welt betrachten kann. Ich war ganz starr von Erstaunen beym Anblick von mehr als 1000 großen Jonquen oder chinesischen Schiffen, welche mitten in der Stadt lagen. Mehr als 12000 Schampans, die zum Laden gebraucht werden, stehen längs dem Strande hin, und sind in gewisse Straßen vertheilt, die ihre eignen Magistratspersonen und Viertelsmeister haben. Da sieht man in schön gemahlten Schiffchen eine Menge öffentlichfeile Dirnen, die den Vorbeygehenden zulächeln, und ihnen Betel nebst ihren Diensten anbieten; in andern Köche und Speisen, u. s. w.

Der Auswurf des Pöbels fiel uns mit einer Menge Schimpfwörter an. Fankoi, Koitse, Coilo (Fremde Hunde, Hundsfütter, Hurensöhne) flogen uns scharenweise an den Hals, und dann folgte ein Platz- und Hagelregen von Wasser und Steinen aus ihren Nachen über uns. Mitten durch diese Staupe, die man verdauen und wieder ausstehen muß so oft man die Rheede durchfährt, arbeiteten wir uns bis zum Quartier der Europäer, durch, welches jenseit des Flusses, am andern Ende der Stadt liegt. Die Hans, oder Nationen-Häuser, welche Europäisch und im auserlesensten Geschmacke gebauet sind,

sind, liegen längshin am Strande und unterscheiden sich durch ihre Flaggen. Nur die Franzosen, Engländer, Dänen, Schweden, und Holländer haben hier ihre Hans. Die Portugiesen und Spanier nehmen ihre Ladungen im Hafen zu Macao ein.

Als wir aus unserm Canot ausstiegen, umringte uns eine Menge Volk, welches unter dem Vorwand einem zu helfen, und das Reisegeräthe zu tragen, die Neuankommenden zu bestehlen sucht. Aller meiner Vorsicht ungeachtet mußte ich doch die Dienstfertigkeit dieser Pursche mit mehr als einem Dutzend Schnupftüchern bezahlen; aber einige herzhafte Stockschläge befreyen einen sogleich von diesen Schurken.

Noch am nemlichen Tage kamen alle große Chinesische Kaufleute und bothen uns, in einem elenden Portugiesisch, ihre Waaren an. Den Tag darauf fiengen wir an, unsern Porcellan Handel zu machen, weil dies, nach der Ordnung, allzeit die unterste Lage der Schiffsladung macht. Nach diesem Geschäffte, womit wir bald zu Stande waren, folgten die vom Thee, der größte und fast einzige Gegenstand des Handels mit diesem Lande. Es scheint unglaublich, welch eine Menge die Europäer davon aus dem Lande führen. Ich selbst würde es bezweifeln, wenn ich nicht alle Lieferungen, so unser Schiff

davon

davon erhielt, genau berechnet hätte. Diese betrugen an Thee Bohee, welches die schlechtere Sorte ist, 500000 Pfund, und an grünem und feinem Thee, eben so viel. Dreyßig Schiffe bringen also jährlich Dreyßig Millionen Pfund, dieses kostbaren Krautes nach Europa. Nun kann man die Consumtion, welche Europa, und sonderlich die Englischen Colonien davon machen, nach folgender Vertheilung leicht übersehen.

Auch nur eine Million Pfund davon auf ein Schiff gerechnet — obgleich die nordischen oft 15000 Pf. mehr laden — ist es doch erwiesen, daß schon $\frac{2}{3}$ einer solchen Ladung für das, was Frankreich verbraucht, hinreichen: Das Uebrige davon geht durch Schleichhandel nach England oder Holland. Vier Holländische Schiffe versorgen damit Holland, die Niederlande, unsre nördlichen Provinzen, und diejenigen Theile von Teutschland wo diese Mode eingerissen ist. Zwey Dänische, und zwey Schwedische Schiffe vergifften damit den Norden. Rechne nun das, was zwanzig Englische Schiffe, und die Contrebande von unserm Verkauff in Orient davon herausziehen, so kommt doch immer die Summe, höchst mäßig berechnet, auf funfzehn bis achtzehn Millionen Pfund. Dies scheint ganz unglaublich, wenn man es mit der Consumtion, die Frankreich davon macht, vergleicht, als wo der Geschmack daran nicht sehr Mode ist. Der

Der Mangel des Fonds und der Mißcredit der englischen Compagnie, nöthigten sie im Jahr 1773 ihren China Handel nur auf 8 Schiffe einzuschränken und auch diese nur mäßig zu beladen. Dies machte eine höchst angenehme Revolution für die andern Nationen, welche ihren Einkauff jetzt um einen weit besseren Preiß machen konnten; und wenn uns gleich von der einen Seite, die sechs von Privatpersonen ausgerüsteten Schiffe, statt deren sonst die Compagnie nur zwey schickte, eine nachtheilige Concurrenz bey dem Debit in Orient drohen, so haben wir doch auf der andern Seite wieder die große Hoffnung, daß die Engländer nie wieder so stark in diesem Handel werden sollen.

Der Rest der Ladungen besteht aus ganz gutem Thee, der aber doch die Güte des Ceylonschen nicht hat, aus roher und verarbeiteter Seide, Nanguins, Queksilber, gemahlten Papieren, Lack, und Tutenagne, einer Art Mittelmetal zwischen Kupfer und Zinn. Diese verschiedene Artickel machen ohngefähr ein Kapital von einer Million für ein Schiff. Da man diesen Handel meistens in Piastern machen muß, so kann man wenigstens den Tribut, den Europa jährlich den Chinesern für die Wuth, laues Wasser zu trinken, bezahlt, auf fünf und zwanzig Millionen rechnen.

Die

Die Verbindungen, in welche ich durch den Handel mit den berühmtesten Chinesischen Kaufleuten kommen bin, haben mir die hohe Idee, welche ich mir zuvor von der Vortreflichkeit dieser Nation gemacht hatte, erstaunend verkleinert. Es scheint vielleicht eine Art von Ungerechtigkeit zu seyn, eine ganze große Nation nach den Bürgern einer Stadt richten zu wollen; den die Betrügereyen, der Diebstahl, das Mißtrauen, und die schändlichsten Handlungen, davon wir fast täglich entweder Zeugen oder selbst die Opfer waren, sind mehr Laster einiger einzelnen Glieder als herrschender Charakter der Nation. Aber ist es nicht auffallend, daß der Handel, dessen Grundstein doch bey allen polizierten Nationen Ehrlichkeit, Treue und Glaube ist, nur in China von Leuten geführt wird, die die verschrienesten Sitten und Aufführung haben? Rühmt uns die Vortrefflichkeit ihrer Moral wie ihr wollt; ich versichre euch, sie ist nichts als Geschwätz. Ich schmeichle mir sie auch ein wenig zu kennen; aus Gewohnheit und Etikette setzen sie immer Ceremonie an die Stelle der Pflichten.

Kien-Long, der jetzige Kaiser dieses großen Reichs, ist mir von allen Chinesern, die ich darüber gesprochen habe, als ein Ungeheuer abgebildet worden. Seine Verachtung aller Gesetze, seine ausstudierte Grausamkeit, die ihn täglich neue Martern

und

und Todesstrafen erfinden läßt, sein niedrer und stinkender Geitz, haben ihn zum Gegenstande des öffentlichsten Hasses und Fluchs gemacht. Die ältesten Chineser sehen auch mit Unwillen die ersten Stellen, Ansehen und Reichthümer in den Händen Tartarisirter Chineser.

Während unsers Aufenthaltes waren wir beynahe Zeugen einer großen Revolte, welche in einer abendlichen Provinz von Fokien, dreyßig Meilen von Kantong entstund. Diese Völker sind Abkömmlinge der alten Chineser, welche die Tartarn nicht haben zwingen können sich die Haare rundum abscheeren zu lassen. Sie bewohnen Gebürge, von welchen sie wie ein Strohm die benachbarten Provinzen überschwemmen und verheeren. Der Tsomtu, Statthalter der Provinz Fokien und General der Tartarn, schiffte sich im Oktober zu Kantong ein, und gieng an der Spitze von 30000 Mann hin die Rebellen zu bekriegen; welche aber, nur 6000 Mann stark, seine ganze Armee ruinirten. Dieser Feldzug, der nur drey Wochen dauerte, und von welchem er nur 1200 Mann zurückbrachte, erwarb ihm demungeachtet die größten Lobsprüche und Glückwünsche von allen Soldaten zu Kantong. Sie stellten sich bey seiner Zurückkunft auf den Damm in Schlachtordnung, machten drey Hauffen, einen die Lanzenträger, einen die Bogenschützen, und einen die
Mousque=

Musquetiers, und sobald die Galeere des Generals mit ihrer Flagge und Fähnlein erschien, fielen sie sämmtlich auf ihre Knie, und schlugen sich an die Stirn, die Officiers aber hielten in eben der Stellung kleine rothe Papiere über den Kopf; welches ihr Glükwunsch war.

Du forderst in deinem letzten Briefe einige Erläuterungen über den Getraidehandel dieses Landes von mir. Von den Chinesern selbst, die ich darüber fragte, habe ich nicht das Geringste erfahren; aber so viel ich aus der ungeheuern Menge Jonquen, die ihnen Reis aus Tunquing und Cochin-China zubringen, schließen kann, so bauen die mittäglichen Provinzen von China selbst so wenig Getraide, daß sie, an statt ihren Ueberfluß auszuführen, vielmehr einen Theil ihrer Lebensmittel von ihren Nachbarn holen müßen. Und selbst diese Zuflucht schützt sie oft nicht für Hungersnoth, welche in diesen Ländern etwas sehr gewöhnliches ist.

Die Engländer — welche auf keine Weise das ausschließende Eigenthumsrecht erkennen wollen, welches sich die Holländer auf den ungeheuern Archipelagus der Moluckischen Inseln anmaßen, und wovon sie so viel nur immer möglich andre Nationen entfernen, — erhielten dies Jahr eine Palle (ein kleines Schiff von Indischer Bauart) mit Pfeffer und andern Spezereyen

jerepen geladen, aus der Insel Borneo. Ihre rückgehende Ladung bestund aus nichts als Backsteinen und andern Materialien zur Anlage einer Fortresse auf der Insel Jolo, zwischen Borneo und Mindanao. Die Faktoren der hiesigen holländischen Comptoirs sahen nicht ohne innere Unruhe diese Vorbereitungen eines Etablissement, welches ihrer ausschließenden Handlung das Gegengewicht halten, und leicht ihrer Herrschaft über diese Inseln einen Stoß geben kann, deren genauere Kenntniß sie noch immer, durch ihre Sorgfalt die Karten davon geheim zu halten, andern Nationen zu entziehen gewußt haben.

Es wäre zu wünschen, daß dies Beyspiel unsrer Nebenbuhler Frankreich die Augen über die ungerechten Ansprüche dieser ausschließenden Republikaner öffnete, und es vermöchte sich auch einen Zugang zu den reichen Produkten dieser Länder zu öffnen. Die königliche Marine, welche in diesen Gewässern auf die Schiffe der ostindischen Compagnie folgte, ist geschickt genug, solche vortheilhafte Etablissements zu gründen und zu beschützen. Der Abscheu, mit welchem man in diesem Theile Asiens die Herrschaft der Republik betrachtet, würde uns so sehr als die Macht unserer Waffen dienen, die französische Flagge daselbst einzuführen und furchtbar zu machen.

T. M. März 1775.

Als wir unsre bestimmte Ladung fast ganz eingenommen hatten, beschleunigte ein schreckliches Complot, dessen ohngefähre Entdeckung, am 8ten Jänner dieses Jahres, unser Schiff noch rettete, unsere Abreise. Die Zollbedienten, welche sich längs des Ufers hin unter den Schampans befinden, wollten sich die Nachläßigkeit, mit welcher man das Schiff bewachte, zu Nutze machen, und des Nachts stehlen. Sie hatten bemerkt, daß die Kammer im Hintertheile des Schiffs, worinn sich die kostbarsten Waaren befanden, nur blinde Schießlöcher hatte, die innwendig mit Stricken verwahrt waren. Sie bohrten also ein Loch hinein, steckten einen Wachsstock durch, und brannten die Stricke ab, welche die Klappe hielten. Das Geräusch von dieser, als sie ins Wasser fiel, weckte unsern Sekond-Capitaine auf, der sehr erschrack, als er den Rauch im Schiffe sahe. Das Feuer, welches sich durch das Tauwerk schon an verschiedene Theile des Schiffs verbreitet hatte, wurde augenblicklich gelöscht, und man fand alles Werkzeug, dessen sich die Herren Chineser zu ihrem Unternehmen bedient hatten. Die Flucht der Schampans, welche ihr Projekt vereitelt sahen, entdeckte sogleich die Urheber dieses Bubenstückes, aber aller unserer Klagen zu Kantong ungeachtet erhielten wir nicht einen Strich von Gnugthuung an diesen Hunden, welche den Tag drauf mit der größten Unverschämtheit wieder an Bord kamen. Wenige Tage nach unserer Ankunft

kunft verbrannte ein englisches Schiff mit seiner ganzen Ladung, und sezte alle Schiffe auf der Rheede in die größte Gefahr. Ich zweifle nicht einen Augenblick, daß dies auch ein Werk dieser Buben gewesen sey, welche sich bey dem Bewußtseyn ihrer Ungestraftheit, alle nur mögliche Ausschweifungen gegen die Europäer erlauben.

Den 15ten Jänner waren wir mit unsern Geschäften fertig, giengen vom Löwenthurm ab, wo das Schiff seine lezte Ladung genommen hatte, und Tages darauf stachen wir in See. Mit vierzehen Tage frischen Wind kamen wir an den Sund, zwischen Sumatra und Java, und fanden da zehen Schiffe verschiedener Nationen, davon die meisten drey Wochen vor uns ausgelaufen waren, und aus Mangel des Windes noch hier lagen. Wir bedienten uns der dauernden Windstille, um Holz und Wasser auf Summatra einzunehmen.

Die Küsten dieses reichen Landes sind beynahe ganz unbewohnt, und Wüsteneyen, wo wir oft Büffel von Tigern unter schrecklichen Brüllen jagen sahen. Einige wilde und nach Landesart bewaffnete Malayen kamen ans Ufer, und verhandelten uns Fische und Flügelwerk für Nägel und altes Eisen, welches sie den Piastern vorziehen.

Ein kleiner Landwind setzte noch am nemlichen Tage alle Schiffe in Thätigkeit. Ihre Bewegungen unter Seegel machten mir ohngefähr einen Begriff von den Anblick einer Flotte. Auf der Höhe der Cocos Inseln trennten wir uns. Acht Schiffe giengen nach dem Vorgebürge der guten Hoffnung, und wir mit noch zwey andern Französischen nach Isle de France; wo wir auch den 25 März ankamen.

Die Furcht für der schrecklichen Art Stürme, die im Monat März hier so gewöhnlich ist, machte, daß wir unsre Geschäfte hier aufs schnellste besorgten. Unser Schiff, welches nur einige Ballen auszuladen, und frisches Wasser einzunehmen hatte, war auch würklich in 4 Tagen damit fertig. Ich brachte diese in Freude zu, unsern geliebten M**be wiedergefunden zu haben, dessen schmeichelhaffte Lage, die er sich hier verschafft hat, unser Glück vollkommen sichert.

Während meines Aufenthalts in China, war der, durch seine Entdeckung der Sudländer so bekannte Herr von K**n, mit einem Schiffe von 74 Kanonen und einer Fregatte nach Isle de France gekommen, die Leute einzunehmen, welche man zu einer neuen Colonie in Süd-Frankreich bestimmt hatte. Zu gleicher Zeit traf auch der Baron von Beniowski, der durch seine sonderbare Reise von Kamt-
schatka

...a nach Macao in Zeitungen so berühmte Ungar, ...einer Ungarischen Mannschaft daselbst ein, um ...adagascar, in der Bay Anton=Gil ein Etab... zu errichten. Vielleicht ist dir es angenehm ...fahren, was man hier zu Lande, wo man diese ... näher sieht, und ihren wahren Werth richtiger ...rtheilt, von ihnen und ihren Unternehmungen ...

Als Herr von K**n aus den Südländern zurückkam, machte der geheimnisvolle Schleyer, den er über seine Entdeckungen breitete, und das Verboth an seine Matrosen, bey Todesstrafe nichts von dem zu sagen was sie gesehen — ein ganz überflüßiges Verboth, auf seiner Seite aber eine feine List, sein ganzes Betragen mit Wunderbaren zu verbrämen — daß man Anfangs ihn und seine Expedition mit Christoph Colomb verglich. Die Ankunft des Dickbauchs aber, den er bey Erblickung des Landes verlassen hatte, schmelzte diese Riesenideen schon ziemlich zusammen. Man erfuhr nemlich durch dieses Schiff, daß Herr von K**n dies noch ganz in Nebel eingehüllte unbekannte Land nur von seinen Masten erblickt, und, stolz auf seine Entdeckung, seine Schaluppe, die er doch ausgesetzt hatte die Lage und Beschaffenheit dieser Küste zu untersuchen, verlassen habe: daß diese armen Verlassenen, nachdem sie lange mit einem sehr ungestümen Meere gekämpft,

kämpft, endlich von dem Dickbauch entdeckt und aufgenommen wurden, der sie nach Jsle de France brachte, indessen Herr von K**n, ohne seinen Gefährten den Dickbauch zu erwarten, dem er doch auf einer gewissen Höhe das Rendezvous bestimmt hatte, mit vollen Seegeln nach Frankreich eilte, seine Entdeckung als wahr und von Umständen bestätigt, anzukündigen. Der Hof, durch seine übertriebenen und befranzten Erzählungen überrascht, verwilligte ihm ein Schiff von 74 Kanonen und eine Fregatte, um seine Entdeckungen zu krönen, und Besitz davon zu nehmen. Er kam also den 30sten August 1773 zurück nach Jsle de France, nachdem er einen Sturm ausgestanden, der seine Maste ein wenig beschädigt hatte. Böse Leute versicherten, dieser Zufall sey ihm eben nicht unangenehm gewesen; denn die vier Wochen, welche ohngefähr die Ausbesserung des Schiffes erforderte, habe er recht wohl angewandt seine Ladung gegen gute blaue Hemden zu vertauschen, die sich dann ganz vortrefflich bey den Spaniern, am Rio de la Plata, wieder absetzen lassen, als wo ihn leicht ein abermals gebrochner Mast, ein Leck, oder sonst was, nöthigen könne, ans Land zu gehen. Sein ganzes Betragen auf Jsle de France, setzten sie hinzu, habe gezeigt, daß er bey der ganzen Expedition mehr den Zweck, sein Glück zu machen, als die Ehre, der Stiffter einer neuen Kolonie zu werden, vor Augen gehabt habe.

habe. Er gieng zu Anfang des Oktober von da wieder ab, von seiner Fregatte und einer Jagd von *** Luis begleitet, welche die neuen französischen Colonisten, meistens Uebelthäter und Leute von schlimmen Sitten, für die Südländer an Bord hatte.

Eben so wenig Gnade hat Herr von Beniows: ky, mit seinen Ungarn, vor diesen strengen Censo: ren gefunden. Sie finden es sehr sonderbar, daß man im südlichen Theile von Madagascar das Fort Dauphin, welches mit so vielen Kosten angelegt worden, so ganz verlassen, und statt dessen die Bay Anton=Gil, den ungesundesten Ort der ganzen Insel, der wegen seiner bösen Luft nur das Grab der Franzosen hieß, itzt bekriege. Sie prophezey: hen, daß diese schöne Expedition dem Handel mit den Schwarzen vollends das Garaus machen werde, der ohnedies schon schwierig genug worden sey, seit: dem die königlichen Schiffe sie die Piaster kennen ge: lehrt hätten.

Wäre es nicht nützlicher die Sechellen anzubau: en, die jetzt fünf bis sechs Franzosen überlaßen sind, welche an der Spitze von ohngefähr funfzehn Schwar: zen, ihr Leben in Müßiggange zubringen, aus dem sie nicht eher erwachen, als um sich einmal mit einander herumzuschlagen? Die Küsten haben Ueberfluß an Fischen und an Land und See=Schildkröten, und ge= ben

ben den Schiffen, welche seit 3 oder 4 Jahren diesen Weg genommen haben, einen so sichern als bequemen Ruheplatz. Die Insel Pralin eine von den Sechelen, liefert den See-Coco; den die Naturkenner immer für ein See-Product gehalten hatten. Die Indianer, welche ihn als eine Art von Gegengift brauchen, bezahlten die, so das Meer an den Maldivischen Inseln auswarf, bis zu 200 Rupien. Jezt da seine Vermehrung den Werth davon geschwächt hat, bezahlt man sie doch noch mit 12 Rupien. Ein grosser, weiter, und für allen Winden sichrer Hafen, zeigt den königlichen Schiffen eine Zuflucht, die um so viel kostbarer ist, da die Orkane den Port-Luis immer gefährlicher zu machen anfangen. Hier könnten sie also in der sichersten Freystatt unsere Handlung und unsre Etablissemens in Indien decken, und auf einen Wink erscheinen, wo Gefahr ist. Der vortrefflichste, tragbarste und mit Flüssen durchwässerte Boden, könnte statt unnützen Unkrauts, die besten Spezereyen tragen, um die wir hernach nicht mehr die Holländer beneiden müßten. Wir haben in Belle-Isle Acadier, eine arbeitsame Nation, und die ihrem Hang für Frankreich durch den Vorzug gezeigt hat, den sie der Französischen Regierung vor der Englischen gab, da sie ihre Besitzungen in Acadien verließ. Es würde nicht schwer seyn ein funfzig Familien dieser wackern Leute dahin zu bringen, und sie auf ein Jahr mit Lebensmitteln, Hacken, Spaten und einigen Schwarzen zu versehen, die der König von seiner Heerde in Isle de France nehmen könnte. Hätte man, bey ihrer Thätigkeit weiter nicht für ihren Unterhalt zu sorgen. Ich bin versichert in weniger als zehen Jahren würde man eine blühende Kolonie sehen, die vollkommen im Stande seyn würde im Nothfalls die Isle de France mit Lebensmitteln zu versehen, welche so oft, durch die verheerenden Orkane, schrecklichen Hungersgefahren ausgesetzt wird. Ich habe es einem Fähndrich der königlichen Schiffe, der mein Reisegefährte auf dem Brisson ist, aufgetragen dem Hrn. von B** es die Vortheile dieses Etablißements in einem Memoire vorzutragen, und ich schmeichle mir, daß dieser Minister, dessen Uebereilungen bey dem allen immer gute Absichten verrathen, diesen Entwurf billigen wird, dessen Ausführung so wenig kostend, als sein Erfolg vortheilhaft seyn kann.

C.

Vermuthlich weißt du schon aus Zeitungen von der Ausrüstung zwoer Englischen Fregatten, die auf Entdeckungen in den Südländern ausgelauffen sind? Jede führte ein kleines Fahrzeug in Stücken bey sich, welches nur zusammengesetzt werden darf; hatte auch doppelten Stab, doppelte Equipage, Astronomen, Chymisten, allerhand Geräthe, Saamen von Korn und Gartengewächsen, kurz, Alles was nöthig ist, sich wo anzubauen, und hinreichende Kenntniß von der Lage und Beschaffenheit des Landes einzuziehen; unter andern eine Menge Handwerker und Musikanten, um ihre Gesellschaft aufzumuntern. Sie sagten am Cap, wo sie eben vor Anker lagen, sie hofften in zwey Jahren die ganze Reise um die Welt, und so viele Entdeckungen als nur möglich, gemacht zu haben. Beyde Fregatten dürfen sich, unter welchem Vorwand es auch sey, nie von einander entfernen.

Der traurige Tod des Hrn. von Marion, den die Wilden von Neu-Seeland ermordet und wahrscheinlicherweise gespeißet haben, hat die Hitze der Entdeckungsfahrer in Isle de France sehr abgekühlt. Man sprach indeßen doch von einer Ausrüstung, die wahre Länge des Cap de la Circasion zu bestimmen, welches zwey Schiffe der Compagnie im Jahr 1754 entdeckten.

Am ersten April verließen wir Isle de France und paßierten innerhalb 22 Tagen das Vorgebürge der guten Hoffnung, dem wir auf eine Meile weit nahe kamen. Ich beklagte es unendlich so nahe bey einer so prächtigen Colonie vorbey zu segeln und nicht hin zu kommen. Wir legten drauf bey der Insel Ascension an, welche, ob sie gleich weder Waßer noch Baum, noch Kraut hat, doch den aus Indien zurückkommenden Schiffen sehr angenehm ist, denn die Schildkröten, welche man da fängt, sichern die Gesundheit der

Equi-

Equipage gar sehr. Wir nahmen ihrer dreißig, welche auch gerade dreyßig Tage für unsern Tisch und die Matrosen zureichten. Sie sind von der Größe eines kleinen Ochsen, und um sie zu erhalten, darf man sie nur des Tages zweymal mit Seewaßer begießen. Man fängt sie des Nachts, wenn sie ans Land gehen, um ihre Eyer in den Sand zu legen. Die man nehmen will, legt man nur auf den Rücken, und wenn man sie einmal in dieser Lage hat, können sie nicht mehr davon. Der Dauphin, der acht Tage vor uns hier landete, hatte ihrer Hundert geladen.

Wir fanden hier ein kleines englisches Fahrzeug aus Neu-York, welches Schleichhandel trieb, und die aus China und Indien zurückkommenden Schiffe erwartete, um von ihnen Waaren dieser Länder um einen weit vortheilhafteren Preis zu erhandeln, als man sie in England kauft, wo der Staat schon beträchtliche Abgaben darauf gelegt hat. Ich machte mit ihm einen Handel von 10000 Thalern, und zwar so vortheilhaft, als ich nur immer verlangen konnte. Ich hätte das ganze Fahrzeug beladen können, wenn nicht meine Waaren eben zu unterst im Raume gelegen hätten. Hier fand ich, wie gute Dienste mir das wenige Englisch that, welches ich noch so schlimm genug krächze.

Vor

Vor vier Tagen haben wir die Azorischen Inseln zurückgelegt, und seitdem haben wir einen gewaltigen Westwind, der uns gerade und in wenig Tagen nach L'Orient (*) treiben wird. Die Luft ist dabey so kalt, daß ich, unter einerley Breite mit Paris, mich so warm anziehen muß, als wär es die größte Kälte.

Die Menge Schiffe, welche wir immer sehen, verkündigt uns, daß wir landnahe sind, und bald gläub' ich werden wir Ankergrund finden. Ich will diese schrecklich lange Epistel an dich zu Lande schließen. Vergiß nicht mir deine Addresse zu geben, weil ich dir eine Kleinigkeit zu schicken habe, die dir vielleicht dadurch ein angenehmes Geschenk wird, weil sie von einem Bruder kömmt, der dich aufrichtig liebt. Adieu, liebster M**s! Möchte uns doch das gute Wetter, welches wir auf unsrer ganzen Reise hatten, auch glücklich in den Hafen bringen. Wir erblicken kein englisches Schiff, welches uns nicht gleich die Furcht in einen Corsaren verwandelt, der kömmt und uns die Früchte unsers zweyjährigen Schweißes rauben will. Und in der That, so ängstlich wie wir sind, könnte schon eine Fregatte von 20 Kanonen rein Spiel mit uns machen.

Den

(*) Eine kleine Stadt in Bretagne, mit einem berühmten Hafen, aus und nach welchem die vormalige Französisch Ostindische Compagnie ihren Handel trieb.

Den 8 Julius.

Wir sehen Land, liebster Bruder, und haben den Piloten am Bord. So viel ich die Nachrichten verstehe, die er uns in seinem Rothwelsch, so gut und schlimm er kann, giebt, sehe ich, daß ich mich in der Hoffnung eines glücklichen Verkaufs meiner Waaren nicht getäuscht habe. Man fertigt eben ein Boot aus Land ab, und ich kann dich kaum noch umarmen. Morgen werden wir in den Hafen einlaufen. Leb wohl, liebster Bruder, ich empfehle mich deinem Herzen. Deine Briefe schickest du mir nach L'Orient.

B—ch.

V.
Theatralische Neuigkeiten.

Fortsetzung von S. 187, des Febr.

Die Thaten der Schriftsteller mögen nun auf die Bemühungen der Schauspieler folgen. — Auch hier will ich keinen Rang beobachten, sondern ihre Arbeiten nennen, wie sie mir zuerst in die Hände fallen. — Zu Göttingen erschien Der Chineser, oder die Gerechtigkeit des Schicksals, eine Tragödie in Alexandrinern. Der Verfasser hat dieselbe Geschichte gewählt, welche

welche bey Voltairens Orphelin de la Chine zum
Grunde liegt, nur daß er die chinesische Erzählung bis
ans Ende verfolgt, den Waysen seinen wahren
und die Grausamkeit seines Pflegevaters erfahren,
den Tod seiner Familie rächen läßt. — Die Verse sind
ungefähr wie diese:

> Ja, sollt' ich heute mich auch noch im Grabe wissen,
> Wird nur mein Feind zugleich mit mir herabgerissen!

Auf Charakter und charakteristische Züge hat sich der
Verfasser gar nicht befleißiget. — Zu Münster ist eine Operette in einem Akte, Die Wilddiebe, gedruckt.
Wie gewöhnlich, sind die Gesänge das Beste, und ich
erinnere mich, ein Lied davon in einem Almanache
gelesen zu haben. Ein Herr von Treuheim sucht in
verkleideter Gestalt ein gewisses Gretchen auf die Probe zu stellen, ob es ihn auch in diesem schlechten Aufzuge liebe, und sie hält die Probe aus, weiter läßt sich
von dem Plane nichts sagen. — Die Ariadne des
Herrn Brandes, deren ich oben gedachte, muß ich
nun etwas näher beschreiben. Durchgehends ist er
darinnen den Fußtapfen des Herrn von Gerstenberg
gefolgt, außer daß er, um nicht ein Mono — sondern
ein Duodrama zu machen, die Rolle des fliehenden und
mit sich streitenden Theseus hinzugefügt hat. Wenn
der prosaische Dialog, in welchen hier die Verse des
Herrn von Gerstenberg aufgelöst worden, gleich hier
und da ins Deklamatorische fällt, so bleibt er doch von

übertriebenen Bildern frey. Dadurch, daß Theseus kein Undankbarer ist, sondern Ariadnen verläßt, um ihr Leben gegen die Wuth der auf Naxos gelandeten Griechen in Sicherheit zu setzen, scheint er zwar um etwas weniger schwarz; allein in das Mitleid mit Ariadnen mischt sich das unangenehme Gefühl, welches die Unglücksfälle begleitet, die aus Misverständniß entspringen.

Arnauds Erzählungen haben schon manchen theatralischen Schiffbruch veranlaßt; das unnatürliche schauderhafte, und die pretiöse Sprache, die darinnen herrscht, sind neue Schwierigkeiten außer denen, die jeder erfährt, der einen Roman in ein Schauspiel verwandeln will. Sie zu übersteigen, reichten die Kräfte des Herrn Zehnmark nicht hin, welcher aus der Erzählung Salvini und Adelson ein Trauerspiel gezogen hat. Salvini soll seinem Charakter nach ein Philosoph seyn; was für platte Dinge sagt er, wenn er bey dem Verfasser (S. 35.) philosophirt! Nicht einmal für die Vertheilung des Interesse durch die verschiedenen Akte hat er gesorgt. — Salvini und Adelson erinnert mich an eine ganz neue Euphemie, welche zu Leipzig erschienen ist. Dieser Verfasser hat aber gar nicht, wie der Titel zu muthmaßen Gelegenheit giebt, an Arnaud gedacht, sondern sich seinen Roman selbst gesponnen, eine unglückliche Geliebte und einen schwarzen Bösewicht (von gemeinem Schlage) geschaffen,

fen, ist auf den Stelzen der Deklamation einher gegangen. — Wie kann man ihn anders nennen, als einen rohen Anfänger? —

Die natürliche Tochter, ein rührendes Lustspiel, zu Münster gedruckt, ist auch ganz Roman, und an sich ein ziemlich leidlicher Roman. In Diderots natürlichem Sohne kann doch den, der sie versteht, die Philosophie über die Ehre unterhalten; hier aber ist kein Character entwickelt, und die Sprache durchgängig matt. Die Zunge des Verfassers scheint zu schwer, um lebhaften Affect auszudrucken. Man sehe nur z. E. den Monolog S. 22. Uebrigens, ein Wirth, ein Teutschfranzose, ein harter Alter, ein weinendes und ein lustiges Mädchen, eine schwermüthige Mutter, das sind ohngefähr die Hauptpersonen. — Wie ungleich interessanter als alle große Stücke in diesem Geschmack ist der Edelknabe von Hrn. Engel; der schönste Pendant zu seinem dankbaren Sohne! Wie einen ganz andern Effect macht die Sprache der Natur und der Empfindung, die in diesem kleinen Stücke herrscht, als der unzeitige Aufwand von Witz und die neumodische Affectation schwülstiger Gedanken und Ausdrücke in manchem andern neuen Schauspiele! —

Die Merope von Voltairen ward schon ehedem häufig auf unsern Bühnen gespielt, aber in einer unleidlichen Uebersetzung. Jezt hat Hr. Gotter dieses
Trauer-

Trauerſpiel nicht allein mit Feuer überſezt, ſondern auch, durch Leßings merkwürdige Zergliederung deſſelben veranlaßt, es mit wichtigen Verbeſſerungen bereichert. Gotters Merope, Weißens Mariane, Müllers Semiramis, Löwens Mahomed, wäre nun ein guter Anfang zu einem deutſchen Voltairiſchen Theater!

Der Freyherr von Gebler hat mit ſeinen beyden Schauſpielen, welche am allgemeinſten gefallen, in einer neuen Auflage derſelben wichtige Veränderungen vorgenommen. Die Verbeſſerungen in der Klementine gehen hauptſächlich dahin, einige Unwahrſcheinlichkeiten zu heben, und den Ton gleicher zu machen. Im Miniſter ſind nun die Audienzſcenen des Poeten und des Projectanten weggelaſſen, und die Scenen des Poeten, des Kaufmanns und des jungen Frauenzimmers mit der Haupthandlung verbunden worden.

Warum die Entrepriſe zu Wien Schriftſteller, wie die Herren Rautenſtrauch und Weidmann, auf die nemliche Art engagirt hat, wie das italiäniſche Theater zu Paris den Goldoni, läßt ſich nicht wohl erklären, da es an beſſern Arbeitern für das Theater daſelbſt nicht gebricht. — Ich rechne dahin nicht einen Herrn Koppner mit ſeinen mißrathenen Ueberſetzungen des Weſtindiers, der Horazier, und des Unbekannten, ſondern vornemlich Herrn Stephani den jüngern, welcher doch wenigſtens in einzelnen Scenen

T. M. März 1775.   S   Wahr-

Wahrheit und Natur hat, und vielleicht noch mehr leisten könnte, wenn er auf die Komposition des Ganzen und auf den Ausdruck mehr Fleiß verwendete. Allein dies gestattet ihm seine Vielschreiberey nicht. Er hat im abgewichenen Jahre vier Schauspiele geliefert, wovon der Merkur schon zwey genannt hat. Die neuesten sind der Spleen und der entlarvte Philosoph. Das erstere hat ein vielleicht für die Kräfte des Herrn Stephani zu schweres Thema, eine neue Schilderung der Misanthropen. Einige wenige rührende Situationen sind nicht gut ausgeführt. Uebrigens ist der Stoff aus einem Proverbe dramatique der Franzosen, und das doppelte Ersäufen aus dem Fabricant zu London des Falbaire entlehnt. Das andere, welches sich auf eine sehr gemeine Idee gründet, will in der Ausführung noch weniger bedeuten.

Milton und Elmire, ein Singspiel in einem Aufzug, welches zu Frankfurt am Mayn erschienen, ist die Geschichte des Erast, nur daß hier Fischer auftreten, daß der Verfasser die Sprache der Empfindung nicht zu reden weiß, und Verse, wie diese, macht:

> Drum sey vergnügt, was dir auf Erden
> Vom Schicksal wird zu Theile werden. —

Ein gewisser Seipp, Schauspieler bey der Wahrischen Gesellschaft in Ungarn, hat eine ganze Menge elender Schauspiele geschrieben, unter denen ich nur, um der aufferordentlichen Frechheit willen, einen **König Lear** nach Schakspear bemerke.

Der **Orbispictus** und die **Reisenden** sind zwey Hamburger Lustspiele, deren Verfasser weder Mutterwitz noch Schulwitz, und nicht ein Fünkchen komischer Laune besitzt.

Wichtiger ist ein anderes Hamburger Product **Diego und Leonore**, ein Trauerspiel; zwar keines von denen Stücken, welche allgewaltig mit sich hinreissen, aber, gegen die ehemaligen Arbeiten des Herrn Bock gehalten, sein Meisterstück. Die Character sind wahrer, der Plan ordentlicher, die Sprache natürlicher. (*) Er hat es den beyden Dem. Ackermann gewidmet, und ohne Zweifel muß die Vorstellung desselben (vornemlich durch eine gute Leonore) die Würkung unendlich erhöhen. Rühmen muß ich es von dem Verfasser, daß er sich in vielen Dingen über alte Gewohnheiten der dramatischen Schriftsteller hinweggesezt hat; so läßt er z. E. seine Hauptpersonen, welche Gift nehmen, nicht auf der Bühne sterben; aber so hätte er immer

(*) Ich kenne die ehmaligen Schauspiele dieses Autors nicht. Aber wenn dies Lob, das seinem Diego hier gegeben wird, Grund hat, so müssen seine ehmaligen dramatischen Geschöpfe eine seltsame Sprache gesprochen haben.

d. H.

immer auch von der wunderbaren Etiquette abweichen
mögen, mit einer Schlußsentenz zu parentiren. Hier
lautet die Moral so: Unselige Schwärmerey, du hast
so viel Schlachtopfer als Laster und Bosheit; schön
mit Blumen geschmückt sind deine Opfer, aber dennoch
bluten sie. Der Monolog, S. 88. dünkt mir eine
der stärksten, feierlichsten, rührendsten Scenen des
Stücks.

Der Westindier scheint das non plus vltra des
Herrn Cumberland zu seyn; weder die Brüder,
noch der Liebhaber nach der Mode, (oder wie der
Uebersetzer, Herr Rost, es genennet hat, Miß Obre
oder die gerettete Unschuld) kommen ihm gleich.
Vornemlich ist das leztere eines der ernsthaften Intri=
guenstücke, wie sie die Kelly's, die Kenrick's, die
Colmanns, die Goldsmith seit einigen Jahren so
häufig geschrieben haben; viel Gewirre und wenig In=
teresse, viel Personen und wenig wahre Charactere. —
Hier ist der einzige Character des ehrlichen Schotten
mit Fleiß bearbeitet, der übrigens in England wegen
des NationalInteresse noch mehr gefallen muß, als
bey uns. Herr Müller in Wien suchte Lokalzüge in
das Stück zu bringen, und dennoch hat es nicht ge=
fallen wollen. — Der Kavalier und die Dame, und
der Schmeichler sind zwey Stücke von Goldoni, wel=
che zu Wien und Leipzig schon lange und oft mit Bey=
fall gespielt worden. Man hatte auch bereits andere

gedruckte

gedruckte Uebersetzungen davon, ehe sie jezt im zehenden Theile des Saalischen Goldoni erschienen. Das Kömische Theater, ein Lustspiel, das in demselben Theile zu finden, dient nur zur Geschichte von Goldonis Arbeiten und vom dramatischen Geschmack der Italiäner.

Die Fortsetzung folgt.

VI.
Neue Bücher.

1. J. G. Sulzers allgemeine Theorie der schönen Künste. gr. 4. Leipz. 1774.

Nun steht es also vollendet da, das philosophische Ehrendenkmal unserer Nation. Wir haben izt unsern Nachbarn ein Werk entgegen zustellen, das auch um so viel besser und vollständiger ist, je später wir ihnen den Vorzug streitig machen konnten. Aber sollten nun nicht alle unsere Phidiasse zur Ehre des teutschen philosophischen Geistes mit vereinigten Kräften dasselbe immer mehr zu vervollkommnen suchen? Bey so grossen unstreitigen Vorzügen, die es besitzt, sind doch (der einsichtsvolle Sulzer würde es selbst gestehen) noch viele Lücken, Mängel und Fehler auszubessern übrig. Strengere Wahl der Artickel, immer mehrere Belehrung über das Wie die Sache zu machen, und, was uns vorzüglich angenehm gewesen wäre, mehr Geschichte, Erklärung der Entstehungsart mancher Artickel aus der Geschichte, und Bezeichnung der verschiedeschiedenen Schattirungen, die nach und nach ein solcher Begriff bey verschiedenen Völkern bekommt, mehr Litteratur und Verweisung auf Bücher, wo weitere gute Nachrichten zu finden sind. Da dies Werk ein **Werk der ganzen Nation** werden soll, **Führer für den Künstler** von der Zeit an, da er sich vom blos mechanischen seiner Kunst losgearbeitet hat, **Grundlage für den Philosophen**, auf die er weiter fortbauen soll, **Handbuch für jeden Gelehrten**; — so wären hie und da weitere Ausführungen zu wünschen, Entwickelung der Ideenkeime, weil sonst zu viel auf das Nachdenken der Leser gerechnet wird, und auch der scharfsinnigste nicht immer den glücklichen Einfall hat, diese Idee auf die fruchtbarste Weise zu entwickeln. Vielleicht diente es auch zur allgemeinen Nutzbarkeit des Werks, wenn die Artickel für die schönen Wissenschaften besonders abgedruckt würden. Wir erkennen wohl, wieviel dadurch im Ganzen verlohren gienge, weil doch auch für den blos eigentlichen Gelehrten die Artickel von den schönen Künsten, wär's auch oft nur zu Abstrahirung heuristischer Kunstgriffe, fast unentbehrlich sind. Aber mancher glaubt sich, wenn er das Buch bey Seite legt, dadurch entschuldigt, daß so vieles blos für den Musikus brauchbares darinn enthalten sey. Es wäre doch etwas gewonnen, wenn man solchen Leuten den Unterricht nicht entzöge, der in den blos philosophischen Artickeln enthalten ist.

2. **Heinrich Home Versuche über die Geschichte des Menschen.** 2 Theile. 8. 1774.

Wer seinem teutschen Nationalstolz Nahrung geben will, vergleiche besonders mit dem zweyten Theil dieses Buchs den zweyten Band von Jerusalems Betrachtungen und Meiners Einleitung in die Religionslehren der Egypter. Hier ist alles voll Hypothesen, die wohl vielleicht sinnreich seyn mögen, aber nirgends historische Wahrheit. Manche werden sich wundern, daß zwanzigjährige Beobachtungen eines Home (so lang beschäftigte er sich mit diesen Versuchen) keine wichtigere Aufschlüsse geben: und daß die Neigung zu gewissen philosophischen Hypothesen während einer so langen Untersuchung nicht geschwächt worden. Für die Nation des Verf. sind vielleicht auch jene politische Digreßionen wichtig, die, wenn man das Buch als ein Ganzes betrachtet, Auswüchse genannt zu werden verdienen: Der Ueberseßer aber hätte sich wohl schwerlich von dem Dank seiner Landsleute etwas entzogen, wenn er sie weggelassen hätte. Die oft sinnreich gewählte Beyspiele sind in manchen Kapiteln das Beste, und würden für einen künftigen Geschichtschreiber der Menschheit eine vortrefliche Rüstkammer seyn, wenn sie immer durch Anführung der Quellen bestätigt wären. Aber eben dieser Mangel nimmt dem Buche beynahe alle Brauchbarkeit.

3. **Anmerkungen und Zweifel über die gewohnten Lehrsätze vom Wesen der menschlichen und thierischen Seele.** 8. Riga, 1774.

Ein sehr feiner und geschickter Zweifler: kein französischer Achseln-Zucker, sondern ein Mann, der Grund giebt und nach Grund fragt. Seine Absicht war den Entscheidungsstolz der Metaphysiker zu demüthigen, die mit ihren Gründen a priori so unüberwindlich thun; deswegen bleibt er auch immer bey der sichern Quelle der Naturgeschichte. Durch das ganze Buch herrscht auch in Ansehung des Stils ein anmuthig philosophischer Ton, der, ohne zu gefallen zu suchen, aller Leser Aufmerksamkeit mit sich dahin reißt.

4. **Versuch über die Religionsgeschichte der ältesten Völker, besonders der Egypter,** von Chr. Meiners, Prof. der Philos. Gött. 1774. 8.

Eine seltene Erscheinung in unsern Tagen, wo alles von Genie braußt, und wo man sich die Mühe, ohne welche klaßische Gelehrsamkeit nicht erworben wird, lieber durch willkührliche Raisonnements erspart. Ein heller lichtvoller Blick durch alle die tausend Wortsprüche hindurch, welche von allen Seiten her in die Egyptische Religionslehren gebracht worden sind, ausgesuchte klassische Gelehrsamkeit, genaue Beobachtung der Gesetze einer historischen Untersuchung, charakterisiren diese vortrefliche Schrift. Sie ist zwar nicht in der Absicht geschrieben um Herders älteste Urkunden des Menschengeschlechts zu widerlegen, dann der größte Theil war schon abgedruckt, da leztere dem Verf. bekannt worden: aber sie sezt den Herderischen Hypothesen unauflösliche Zweifel entgegen. Jeder Freund der Litteratur wird die Fortsetzung mit Verlangen erwarten.

5. **Karl Mastaliers Gedichte nebst Oden aus dem Horaz.** Wien, in der von Ghelischen Buchhandlung. 1774. 8.

Eine auf feines Papier schön abgedruckte Sammlung der meistens schon bekannter Gedichte eines belobten österreichischen Dichters. Sie besingen größtentheils die Tugenden Marien Theresiens und Joseph des Zweyten, athmen die Liebe, wovon das Herz guter Unterthanen für wohlthätige Fürsten überfließt, und sind in sofern für jeden teutschen Biedermann interessant. Den Oden aus dem Horaz fehlt noch etwas mehr als die lezte Feile. Was sind z. B. das für Verse (S. 147.)

> Wenn der treulose Vater nur
> Nicht den Wechselgenoß Gastfreund und Miterben
> Noch betrög, den Unwürdigen Erben reicher zu sehn ꝛc.

In dem Wechselgesang auf Gellerts Tod ist eine Stelle, die ich nicht ungerügt lassen kann. Der Dichter und seine Muse sind verlegen, was sie mit Gellerts Cyther, die unnachahmlich klang, machen wollen. Der Dichter weiß endlich keinen beßfern Rath als sie dort wo Orpheus Leyer glänzt, aufzuhängen, und giebt diesen Grund dafür an:

> In dem gestirnten Raum
> Blitzet leider! noch keine Teutsche.

Es war eine Zeit, wo ein teutscher Versemann seine Geliebte, oder eine Braut auf die er ein Hochzeitcarmen machte, gar stattlich zu loben vermeynte, wenn er versicherte, daß Venus und die Grazien, und Flora und Hebe und Galathea nur lumpichte Dirnen gegen sie seyn. Das hatte denn am Ende auch nicht viel zu bedeuten; denn niemand wurde dadurch weder beleidigt noch in Irrthum geführt. Aber wenn Hr. M. so gerade heraus sagt: Teutschland habe vor Gellerten keinen vortreflichen Dichter gehabt: (denn dies will doch der poetische flosculus sagen?) so sündigt er gegen den Ruhm unsrer Nation und gegen die Wahrheit. Ich will itzt nichts von so vielen Dichtern des vorigen und itzigen Jahrhunderts vor 1740 erwähnen, die, wenigstens zu ihrer Zeit, glänzten, und worunter gewiß verschiedene sind, die mehr Talente und Kentnisse und innern Gehalt, kurz, mehr eignes Licht hatten als mancher, der sie itzt verachtet, und sich wer weiß wie viel dünkt, weil er, gleich einem kleinen Möndchen, etliche von der Sonne, in deren Wirbel er sich mitherumdreht, entlehnte Stralen, matt genug, von sich wirft. Ich verspare diese Materie auf eine andre Gelegenheit. Aber Opiz, und Caniz, und vor allen, der geistvolle, liebenswürdige Hagedorn, waren die etwan keine teutschen Dichter? Verdienen ihre Cithern weniger im gestirnten Raum zu glänzen als irgend eine

Either in der Welt? Freylich hört man den Namen unsers Hagedorns izt schon wenig mehr unter uns nennen; was sollte man auch vor allen den Fliegen, Horniſſen, Grillen, Fröſchen und Unken des teutſchen Parnaſſes, die um unsre Ohren herumlärmen, hören können? Aber die werden endlich ausgeſumßt, aus-gegrillt, ausgequäkt und ausgeuhuht haben; und die Nachwelt — wenn ſie ſelbſt keine Dichter mehr haben wird — wird über die Werke derer, die es einſt waren, eben ſo richtig und unpartheyiſch urtheilen, wie ehmals die Griechen und Römer, und izt die Italiä-ner und Franzoſen, über die Dichter ihrer goldnen Zeiten. Dann wird man nicht mehr Schriftſteller von ganz ungleicher Art neben einander ſtellen, um den einen zu verachten, weil er nicht der Andre iſt; man wird keinen auf Unkoſten der übrigen erheben; die Au-gen vor niemands Vorzüge verſchlieſſen, und niemands Mängel und Flecken für Schönheiten ausrufen. In-deſſen ſollten ſich gleichwohl die Iztlebenden hüten, in dergleichen Ueberwallungen des Herzens, wie diejenige worinn Herr M. ſeine Ode auf Gellerts Tod ſchrieb, nichts zu ſingen, was ſo offenbar ungerecht iſt gegen die Verdienſte unſrer Vorgänger (ohne die wir ge-wiß noch weniger wären als ſie) und was die Aus-länder, die mit unſrer Sprache und neueſter Litteratur täglich bekannter werden, in den Vorurtheilen, und irrigen Vorſtellungen, die ſie ſich aus Unwiſſenheit von unſrer Litteratur gemacht haben, und noch immer machen, beſtärken müßte.

M.

6. **Freuden des jungen Werthers. Leiden und Freuden Werthers des Mannes.** Voran und zulezt ein Geſpräch zwiſchen Hans und Mar-tin. Berlin, bey F. Nicolai. 8. 60 Seiten.

Das

Das nemliche Publikum, welches die Leiden des jungen Werthers mit einem Enthusiasmus gelesen hatte, wovon die Wenigsten sich selbst die wahre Ursache hätten angeben können, hat auch diese irriger Weise von einigen so benahmsete Parodie mit großer Begierde, und — diejenigen ausgenommen, welche nichts, was von. Hrn. N*** kömmt, gut finden — mit Vergnügen und Beyfall gelesen. Man muß sehr wider den Verfasser eingenommen seyn, um seine wahre Absicht bey dieser kleinen Broschüre zu mißkennen. Diese kann eben so wenig gewesen seyn, die Leiden des jungen Werthers lächerlich zu machen, als einen Anti-Werthern aufzustellen, der, als Werk des Genies und der Kunst betrachtet, jenem den Vorzug streitig mache. Hr. N*** hat — wenn sich nicht alle, die ganz unpartheyisch von der Sache urtheilen, betrogen haben — dem Publikum bloß ein kleines Digestivpülverchen eingeben wollen, um den Folgen der Unverdaulichkeit vorzukommen, welche sich manche junge Hansen und Hansinnen durch allzugieriges Verschlingen der Werke des Hrn. G** zugezogen haben möchten; — eine Vorsorge, wofür ihm, wie ich von allen Orten (G** ausgenommen) höre, viele vernünftige Leute Dank wissen, und die am Ende, wofern sie auch überflüssig gewesen wäre, doch nicht viel schaden kann. Das Werklein des Hrn. N*** ist also vielmehr eine Satyre auf eine gewisse Art von Lesern, als auf das mit Recht allgemein bewunderte Werk des Hrn. G**. Indessen ist nicht zu läugnen, daß hier und da, besonders in den Leiden und Freuden Werthers des Mannes, und hauptsächlich in dem kleinen Abentheuer zwischen ihm und dem Kerl, der ein Genie war, auch den Wundermännern, die seit kurzem den Genie in Beschlag genommen haben, einige, wo nicht für sie selbst, doch für die Leser, ganz heilsame Wahrheiten gesagt werden. Diese lezten Blätter der N***.

schen

schen Broschüre, von S. 53. bis zum Schluß, sind es eigentlich, was darinn am allgemeinsten gefallen hat; und man kann nicht in Abrede seyn, daß es ein Wort geredet zu rechter Zeit ist. Mit unter läuft dann wohl auch, nach Hrn. N*** Art, ein wenig Persiflage; aber dies ist man von ihm gewohnt, und Hr G** der sich gegen andre alles erlaubt, kann sich über die Folgen einer Ungebundenheit, die er durch sein Beyspiel rechtfertigt, am wenigsten beschweren.

Sollte man zu B** oder wo es sonst seyn mag, abermal übel finden, daß ich von dieser Broschüre des Hrn. N*** nach meinem eignen und andrer unpartheyischer Leute Gefühl und Urtheil gesprochen habe, so muß ich mir's gefallen lassen. Hr. N** ist nie mein Freund gewesen; in seiner Bibliothek bin ich fast immer schief angeklozt, oft muthwillig mißhandelt, und nicht ein einzigmal (das ich wüßte) durchaus unpartheyisch beurtheilt worden. Ich habe mich nie was darum bekümmert. Wer mich fähig glaubt, ihm oder irgend einem andern Journalisten zu hofieren, und seine Gunst oder Nachsicht zu erschmeicheln, der kennt weder meine Art zu denken, noch den Charakter meines Herzens; wiewohl es meine Schuld nicht ist, wenn man beydes nicht kennen will. Aber ich bin der Richtigkeit der Grundsätze, nach welchen ich handle, zu gewiß, um mich jemals durch Privatbeleidigungen des Mannes hindern zu lassen, gegen den Schriftsteller gerecht zu seyn; oder anders zu urtheilen, als ich denke, aus Furcht, dieser oder jener möchte mir schlechte Absichten schuld geben. Im übrigen ist es traurig genug, daß ein Autor, welcher Andern, ohne Personalrücksichten, Gerechtigkeit wiederfahren läßt, eine so ungewöhnliche Erscheinung ist, daß Leute, die den Unterschied nicht wissen, sie für unnatürlich halten. *w.*

7. Min-

7. **Minnegeſang auf Graf Ludwig von Oettingen.** Wallerſtein 1775. 2 Bogen in 8.

Es iſt ein kleines Loblied des jungen Mißners auf einen alten Grafen von Oettingen, welches Hr. Hofrath Lang aus der Maneßiſchen Sammlung ausgehoben, und mit einem kleinen Kommentar verſehen hat. Anſtatt meinem gelehrten Landsmann über dieſe litterariſche Kleinigkeit ein ſchaales Compliment zu machen, wünſchte ich Ihn aufmuntern zu können, daß er ſeine Nebenſtunden auf einen Kommentar über die ſämtlichen oder wenigſten über die auserleſenſten Minnegeſänge wenden möchte, in welchem er die darinn zerſtreute Züge der Denkart, der Sitten und der Lebensart unſrer Vorfahren im 12ten und 13ten Jahrhundert ſammelte, und in Ein Gemählde brächte; die Sprache aus andern ältern und jüngern teutſchen Denkmälern, und aus der noch heutiges Tages üblichen Schwäbiſchen gemeinen Sprache erläuterte, und noch mehr anders thäte, was einem guten Commentator Ehre bringt, wenn man's auch nicht ſchlechterdings von ihm fodern kann. Was aber die Ueberſetzung der Minnegeſänge betrifft, wollt' ich rathen, ſie nicht wörtlich zu machen; denn dadurch verliehren ſie augenſcheinlich allen Reiz; ſondern ſich allenfalls lieber um einen Gehülfen umzuſehn, den Apollo mit einer Pfeiffe belehnt hätte, um die warmen, kräftigen, naiven Lieder unſrer guten alten Schwaben in ähnlicher Versart und in dem wahren Minneſängers Ton, welchen Vater Gleim ſo ſchön zu treffen gewußt hat, den heutigen Teutſchen vorzupfeiffen.

W.

8. D.

8. D. Anton Friedrich Büschings, Grundriß einer Geschichte der Philosophie und einiger wichtiger Lehrsätze derselben. Berlin, bey Bosse, 1772 und 1774. in 2 Octavbänden, die in fortlauffenden Zahlen 966 Seiten betragen.

Freylich kein Grundriß nach Herderischem Ideal; aber bey einem Buche dessen Absicht bloß auf Jünglingsunterricht in Gymnasien geht, ist man zufrieden, wenn er seine Vorgänger in einigen wesentlichen Stücken übertroffen hat; und dieß kan man von dem gegenwärtigen mit Grunde rühmen. Eine bessere Auswahl des Nöthigen und Brauchbaren, verständige Anführung claßischer Beweisstellen, die in den Ursprachen beygedruckt sind, und bedeutende Winke zu weiterer Ausführung für den Leser, geben ihm einen pro tempore) hinlänglichen Vorzug. Uebrigens ist Hr. D. Büsching selbst bescheiden genug zu glauben, daß er nicht durchgehends glücklich in Beurtheilung der Philosophen und ihrer Verdienste gewesen. Sehr starke Beweise hievon sind, wenn er S. 47 vom Aristipp sagt: "er könne ganz füglich aus der Reihe der Philosophen ausgestrichen werden," und von Diogenes, von Sinope, er werde vom Laerz und andern als ein wahrer Eulenspiegel beschrieben, und man könne ihn unmöglich für einen Weisen halten. — Der zweyte Athenienssche Sokrates, Demonax, und Arrianus, und Dion Chrysostomus und andre, urtheilten gerade das Gegentheil von ihm. — Urtheilen, ohne gewiß zu wissen, ob man richtig urtheilt, (denn was hat das Glück damit zu thun?) ist eine bedenkliche Sache, wenn es gleich nur alte Griechen betrift die sich nicht mehr wehren können; und einem Manne von Verdiensten und Ansehen ist so etwas weniger zu übersehen, als dem gemeinen Mann im Gelehrtenstaat; zumal da es so leicht war sich von Heumann, Brucker, und andern, eines bessern belehren zu lassen. — Von der Schreibart dieses Buchs ist am besten — gar nichts zu sagen. Unsre Gelehrten sind in diesem Stücke noch großen Theils Tristram Schandys Mutter ähnlich, welche sich nie darum bekümmerte, wie eine Sache gethan wurde, wenn sie nur gethan wurde.

h.

Innhalt
des ersten Vierteljahres.

Jänner.

I. Das Urtheil des Midas. Ein komisches
   Singspiel.   S. 1.
II. Geschichte des Philosophen Danischmende. 20.
III. Reise des Hrn. von M** nach China.
   Erster Brief. An seine Schwester.   66.
IV. Miscellanien, von W.
   1. Rechtfertigung eines schönen Worts des Pompejus. 84.
   2. Zufällige Gedanken über das Verhältniß des
      Angenehmen zum Nützlichen.   85.
   3. Ueber etwas das Plato gesagt haben soll, und
      nicht gesagt hat.   92.
V. Neue Bücher.   95.

Februar.

I. Geschichte des Philosophen Danischmende.
   Fortsetzung.   97.
II. Reise des Herrn von M** nach China.
   Fortsetzung.
   Zweeter Brief. An die Mutter seines Freundes
   M**be.   124.
III. Briefe über Italien.
   Erster Brief.   144.

IV. Mis-

IV. Miscellanien.
    4. Fortgesetzte Betrachtung über die Verwandschaft des Schönen und Nützlichen.   156.
    5. Ueber eine Stelle im Amadis de Gaule.   164.
    6. Ueber die Kunst aufzuhören.   170.
    7. Die sterbende Polyxena des Euripides.   172
    8. Ein characteristischer Zug der griech. Nationalart. 175.
V. Theatralische Neuigkeiten   176.
VI. Neue Bücher.   188.

März.

I. Der Mönch und die Nonne auf dem Mittelstein.
    Erster Gesang.   193.
II. Kleine Gedichte.   206.
III. Geschichte des Philosophen Danischmende.
    Fortsetzung.   211.
IV. Reise des Hrn. von M** nach China.
    Fortsetzung.
    Dritter Brief. An seinen Bruder.   244.
V. Theatralische Neuigkeiten.   269.
VI. Neue Bücher.   277.

Bemerkte Druckfehler.

S. 96. Z. 18. leset: Der Ton.
S. 143. Z. 2. l. Seele statt Seeie.
S. 164. Z. 5. von unten l. stieß statt stoß.
S. 174. Z. 8. von unten l. vollkommnen.
S. 191. Z. 3. von unten l. zwey.

Der Teutsche Merkur

vom

Jahr 1775.

Zweytes Vierteljahr.

Weimar.

Der Teutsche Merkur.

April 1775.

I.
Der Mönch und die Nonne.

Fortsetzung von S. 205. des März.

Zweeter Gesang.

Nun, da ihr die verliebten Seelen
So unaussprechlich elend seht,
Daß Satan selbst sie baß zu quälen,
(So gut er auch die Kunst versteht,)
Nicht möglich fände; sagt, was können
Wir eilends für sie thun? — Sie brennen;
Ihr lezter Augenblick ist nah.
O! ist denn zwischen Erd und Himmel
Kein Engel sie zu retten da?
Und käm' er auf Sanct Görgens Schimmel
Geritten — Sey's! Der Fall ist da,
Wo nur ein Gott ex machina

Uns helfen kann. Sey's um ein Wunder!
Noth geht an'n Mann; wir sinken unter!

Nun höret also was geschah:
Ein Schutzgeist — nicht ex machina,
(Denn jeder Mensch hat seinen eignen,
Sagt Hermas, der es wissen muß, (*)
Und Dichter werden's ihm nicht läugnen.)
Ihr guter weisser Genius
Demnach — Doch, richtiger zu sagen,
Sind's ihrer zween, die diesesmal
Zwoo arme Seelen aus der Quaal
Zu retten, sich ins Mittel schlagen.

Ein Genius kann, wie ihr wißt,
Viel thun, das uns unmöglich ist;
Kann Wetter machen, donnern, blitzen,
In einem Wink ein Weltchen baun,

Und

───────────────

(*) Hermas war einer von den Schülern der Apostel. Man hat unter seinem Nahmen ein Büchlein, der Hirt betitelt, worinn ein Engel redend eingeführt wird, der ihm unter andern berichtet, daß jeder Mensch einen guten und einen bösen Engel auf seinen eignen Leib habe. Auf dies wird hier angespielt.

Und Träume, lieblich anzuschaun,
Aus bunten Morgenwolken schnitzen.

Ein Traum — spricht Clärchens Genius
Zu Sixtens — denkst du nicht dies brächte
Die Sach' am bäldesten zum Schluß?
Versuchen wirs die nächsten Nächte!

Sie senden also, mit Bedacht,
Straks in der ersten Osternacht,
Früh eh' die Glock aus ihren Nestern
Die Brüder aufweckt und die Schwestern,
Zween Träume, die so gleich sich sahn,
Als Zwillingsbrüder je sich glichen;
Der eine schleicht, in Wohlgerüchen
Verhüllt, zu Bruder Sixt hinan,
Der andre schmiegt sich minniglichen
An Schwester Clärchens Busen an.

Auf einmal stellt der Traum sich ihnen
Gleich einem jungen Eng'lein dar,
Schön wie die Liebe, hell und klar;
Von Amaranten und Schasminen

Durchwebt ein Kranz sein goldnes Haar;
Zween Sterne seine Aeuglein schienen,
Und seine Wängelein Rubinen;
Doch deckt ein dreyfach Flügelpaar
Mit tausend Regenbogen-Farben
Sein zartes Leiblein ganz und gar.

Die beyden armen Seelen starben
Vor Freuden fast ob dem Gesicht,
Es tritt zu ihnen hin und spricht:
Ich bin der Schutzgeist frommer Liebe,
Und euer Leiden rühret mich;
Es wäre Jammer sicherlich,
Wofern es unvergolten bliebe.
Hört an! Dort hinter jenem Hayn
Erhebt sich zwischen öden Bergen
Der kahle schrofe Mittelstein;
Scheint recht dazu gemacht zu seyn,
Zwoo fromme Täubchen zu verbergen.
Ein' feste Burg war's hiebevor,
Noch ragen stattliche Ruinen,
Aus wilden Bäschen hoch empor,
Die sollen euch zur Zuflucht dienen!

Dort

Dort fliehet hin, dort sollt ihr ruhn;
Das Uebrige wird die Liebe thun.

Drey Nächte nach einander träumen
Die Liebenden den gleichen Traum.
Er heißt sie eilen und nicht säumen;
Und ihren Zweifeln keinen Raum
Zu lassen, reicht das Englein ihnen
Sein weißes Händchen unersucht,
Zum Unterpfand, auf ihrer Flucht
Mit sicherem Geleit zu dienen.

„O lieber süsser Wonnetraum
Ruft Sixt, und springt von seinem Schragen
Lusttaumelnd auf; — Du bist kein Schaum!
O! ich gehorche, schöner Traum,
Du sollst es mir nicht zweymal sagen!„
Und gleichwohl, da er nach und nach
Sich kühler mit sich selbst besprach,
Erhoben sich Bedenklichkeiten;
Er wankte noch sogar beym zweyten;
Doch auch den dritten zu bestreiten —
Bewahre Gott! — und müßt' er sich

Durch zwanzig Ritter-Görgens-Drachen
Den Weg zu seinem Nönnchen machen,
Er ist entschlossen festiglich!

Mit Clärchen, von Gewissen zärter,
Und schüchterner, wie billig, als
Ein junger feur'ger Wagehals,
Mit Clärchen gieng es ungleich härter;
Wiewohl den Traum, so schön er war,
Mit seinem krausen gelben Haar
Und seinen Regenbogen-Schwingen
Sich wieder aus dem Sinn zu bringen
Ihr schlechterdings unmöglich war.
"Allein, solch einen Schritt zu wagen!
Sie, eine Gottgeweyhte, fliehn
Aus seinen Mauern! Und wohin?
Dir, heil'ge Schaam, o dir entsagen,
Um einem Jüngling nachzuziehn?
Entsetzlich! Nein! Sie kann's nicht wagen!
Und doch — wie könnt' es Sünde seyn,
So, wie Sie liebt, zu lieben? — Nein,
Es kann nicht! Lieben nicht die Engel
Im Himmel auch? — Ihr Herz ist rein,
Rein, wie am unberührten Stengel

Die

Die Lilie deren Busen eben
Dem Sonnenstral sich aufgethan.
Was ist denn tadelhaft daran
Entfernt vom eiteln Weltgetümmel
Für ihren Sixt und für den Himmel
Die wenig Tage hinzuleben,
Die ihr der nahe Tod noch leiht?
Aus seinen Armen hinzuschweben
Ins Reich der Unvergänglichkeit?
„O Sixt, an deiner Brust zu sterben,
„Von deinen Thränen noch erquickt,
„Von dir mein Auge zugedrückt —
„Wie, machte dies mich ungeschickt
„Des Paradieses Kranz zu erben?
„Und doch! — o Gott, was ist denn dies
„Das mich beklemmt? Warum dies Schauern?
„Was ruft mir? Welche Hand ist dies
„Die mich ergreift, — in diesen Mauern
„Zurück mich hält? — Ach! zu gewiß
„Sie warnt mich! Unglückſel'ge, fliehe,
„Die Hölle öffnet gegen dich
„Den düstern Flammenschlund, — ich glühe!
„O alle Engel, rettet mich!„

So ungestům schlug Well auf Welle
In Clårchens Brust; sie treibt umher
In einem wilden Zweifel=Meer,
Entfliehn ist Tod, und bleiben Hölle!
Sie kämpft, das gute Seelchen! ach,
Sie kämpft aus allen ihren Kräften,
Doch ihre Kräfte waren schwach;
Sixt zog mit dreymal stärkern Kräften
Ihr liebend Herz dem seinen nach.
Und hieß sie nicht ihr Engel wandern?
Ihr Engel? — Nun, der Himmel weißt
Ob's auch der Weisse war! Ein Geist
Vertauscht sich leicht mit einen andern;
Zumal der Schwarze (wie bekannt)
Gern unsern bösen Lüsten schmeichelt,
Und oft im schönsten Lichtgewand
Den guten heilgen Engel heuchelt.

Doch, wie ihm sey, dies ist gewiß,
Die guten Klosterkinder zogen,
Nachdem sie was ihr Herz sie hieß
Mit ihrer Pflicht lang abgewogen,
Wohin der schöne Traum sie wies.

Und

Und wurden sie von ihm belogen,
So werfe Jedes, das sich nie
In Fällen dieser Art betrogen,
Getrost den ersten Stein auf sie.

Zu großem Labsal unsrer Frommen
Ist nun die vierte Nacht gekommen.
In Beyde haucht ihr Genius
Zugleich den nemlichen Entschluß.
Wie sie aus ihrer Claus entkommen,
Darüber mag wie's ihm gefällt
Sich jedes mit sich selbst vertragen.
Was läßt sich nicht mit Amorn wagen
Dem größten Zaubrer in der Welt?
Zudem war's in den Ostertagen,
Und Schwesterchen und Brüder lagen
Nach tausend überstandnen Plagen
Mit Gottes Gaben wohlgefüllt
In Schlaf und Weindunst eingehüllt.

Viel Glücks! die Vögel sind dem Bauer
Entwischt! Rings um ist alles still;
Erstiegen ist die Garten-Mauer,

Der

Der Hahn kann krähen wenn er will.
Auf ungebahnten Pfaden keuchen
Die Pilgrime der Liebe fort,
Hoch schlägt ihr Herz, den sichern Port
Noch vor der Sonne zu erreichen.
Sie wallen führerlos daher,
Von Osten sie, von Westen er,
Nicht ohne Angst und schwehre Zweifel,
Ob nicht vielleicht ihr Feind, der Teufel,
Sie durch ein falsches Traumgesicht
Belogen? — Gott, denkt Schwester Cläre,
Wenn ich nun hingekommen wäre,
Und fänd ihn nicht! Und fänd ihn nicht!
O alle Heilige und Seelen,
Erbarmt euch eurer armen Magd!
Mein Gott! ich glaubte nicht zu fehlen
Thät' ich was Engel mir gesagt.
O gute Geister, tragt Erbarmen,
Nie hätt' ich's aus mir selbst gewagt!

Indem, noch fern von seinen Armen,
So bitterlich sein Clärchen klagt,
Hat Sixt mit herzlichem Vergnügen.

Den

Den hohen Berg bereits erstiegen
Das Ende seiner schwehren Pein.
Da steht er, zieht mit langen Zügen
Die Luft der Freyheit wieder ein.
Nachdem er lang ein Afterwesen
Das die Natur nicht kennt gewesen,
Welch eine Wollust, Mensch zu seyn!

O Clärchen, ruft er, diese Wonne
Mit dir getheilt! — und schaut umher
Nach seiner herzgeliebten Nonne;
Erblickt sie nirgends! — weg ist Wonne,
Er steht allein, rings um ihn her
Ist Erd und Himmel wonneleer!

Nun färbt der erste Stral der Sonne
Des Berges Stirne. Unruhvoll
Steigt Sixt herab, den Weg zu wallen
Auf dem sein Nönnchen kommen soll.
Er ruft ihr laut; die Felsen hallen
Den Ruf zurücke, Clärchen schallt
Vervielfacht durch den Fichtenwald,
Erwachte Nachtigallen feyren

Des

Des Tages Sieg: doch von der theuren
Geliebten Stimme und Gestalt
Ist nichts zu hören noch zu sehen.
Schon will ihm Sinn und Muth vergehen,
Als ihm, indem er Thal und Höhen
Wie ein verrückter Mensch durchschweift,
Auf einmal hinter dichten Hecken
Mit einem Schrey von süssem Schrecken
Sein Clärchen in die Arme läuft.

Verlangt nicht daß ich ihr Entzücken
Beschreiben soll. Natur, Natur
'S ist dein Triumph! — Wer sie erfuhr
Schwazt nicht von solchen Augenblicken.
Ich seh, ich seh sie, Brust an Brust,
Entseelt von grenzenloser Lust
Die Augen starr gen Himmel heben;
Er hat sich aufgethan, sie schweben
In seinem Wonneglanz daher,
Nichts sterblichs ist an ihnen mehr,
Sie schweben auf ins ew'ge Leben.

Glück-

Glückselige, in euerm Wahn,
(Wofern Empfindung Wahn zu nennen
Erlaubt ist) labet euch daran,
So lagn es Lieb und Schicksal gönnen!
Es ist ein Traum, ein Augenblick!
Ihr habt ihn wohl verdienen müssen,
Und werdet für ein kurzes Glück
Zu bald nur und zu lange büßen!

w.

II.
Briefe
über das italienische Gedicht, Ricciardetto, an Herrn H. J.

Erster Brief.

Nach einem traurigen Monate hab' ich heute, mein Bester, einmal wieder einen glücklichen Tag, und ich hoffe, daß meine Gesundheit, wenn ich so heiter fortlebe, schon morgen wieder hergestellt seyn wird; denn bey mir geht alles schnell zu.

Als ich erwachte, flammte die Morgenröthe in mich; und die meisten Sonnenstrahlenfarben derselben, die ich diesen ganzen Winter noch nie so schön gesehen, füllten mein Wesen durch und durch mit Andacht und Freude. Indem ich im seligen Ge*** des Lichtes da liege, schlägt es auf einer Glocke ein Viertel, und sogleich hernach auf einer andern. Der Glockenton ist mir sonst zuwider, aber diese zween Töne machten eine so reine Quinte, als jemals Tartini, Benda, oder Lolli auf ihren Geigen gestimmt haben. Ich sprang auf, und war Jubel und Hymne. Darauf mischte sich Elegie darein, daß ich in der Festung saß, und nicht auf einen Olympischen Kampf lauerte, und endlich würd' ich in meine Schwermuth wieder versunken seyn, wenn nicht ein Klopfen an die Thür den Lauf meiner Empfindungen gehemmt hätte.

Ich erhielt ein Paquet von der Post, den so lange gewünschten Ricciardetto di Nicolo Fortiguerra in drey niedlichen französischen Bänden, von b*** Herzliche Freude darüber. Ich betrachte gle*** sein Bildniß. Ein Gesicht, durchaus S*** Güte, sanfte Schärfe, Genie, und in*** Laune. Kein Zug war darinn von den *** Gesichtern, welche die Dinge der Welt *** und Verachtung, ohne antheilnehmendes Gefühl im Herzen, blos mit den Augen des Verstandes betrachten. Ich liebte den Mann. Es mußte Gutes von ihm gekommen seyn.   Ich

Ich fieng sogleich an, die Nachricht zu lesen, die dem Gedichte vorsteht, und was ich las, gefiel mir. Es enthält dreyßig Gesänge, und der Dichter hatte davon bey seinem Leben nur Fragmente seinen Freunden mitgetheilet. Sie flogen durch die schönen Städte des schönen Italiens und entzückten. Nichts desto weniger beharrte er bey seinem Entschluß, es nie, so lang' er lebe, öffentlich herauszugeben, und erst nach seinem Tode wurd' es gedruckt. Der edle Mann liebte vermuthlich die Freude, Gesang und Saytenspiel in der Stille, und wollte darinn von Lärm und Bellen auf Gassen und Straßen nicht sich stören lassen. Das Vergnügen seiner Freunde machte seinem Herzen ein süsser Gefühl, als die Bewunderung von Menschen, die er nicht kannte.

Dieser Nachricht folgt ein Brief des Dichters, von welchem ich nur wenige Zeilen lesen, weil ich ████████████████████████████ wurde. ████████████████████████ bis alle mei- ████████████████████████████ ███████████████████.

████ ein ████ Gedicht zu lesen, muß ████████ seyn, daß mich nichts stören. ████████████ unterhalt' ich mich mit meinen ████████████ ernacht, ████████ in ██ Stadt lebe; und ████ mmer, leg' ich mich unter

T. M. April 1775.   B   eine

eine Eiche, und liege so still da, so still, daß ich die herumirrenden schüchternen Rehe zu zweifeln bewege, ob ich wohl auch einer ihrer Verfolger sey, oder ein Waldgewächs. Und nur von diesen meinen lieben Freunden laß ich darinn gerne mich stören; ihre Unschuld hat mich oft entzückt. O heilige Poesie! nach Liebe und Freundschaft, nach Wald und Thal und Strom und Sturm und Donnerwetter, beseelst du am meisten mein Leben. Welch Vergnügen! mit schönen jungen Mädchen auf einer Zauberinsel durch den Frühling zu taumeln; welch ein Muth in Arm und Herz und Fuß, wenn die Heroen meiner Dichter kämpfen, die Ritter des Ariosto Lanzen brechen! welch ein Feuerwallen des höchsten Lebens in mir und außer mir! wenn er einen Meeressturm beschreibt; und ich nun das Buch hinlege, und mehr bin: nicht mehr an ihn denke — auf einem Berge, sehe, wie die Orkane, die ersten Söhne des ███, zur Kurzweil der Natur, mit dem alten t███ Meere spielen, und es so erzürnen, daß es ███ dert tausend weite Rachen eröffnet, und ███ und alles verschlingt, was ihm dazwischen ███ und vor Wuth wieder ausspeyt — Die ███ Schiffe im Abgrund verschwinden, und ███ höher als Gebürge geworfen, herunter███ an seinen Felsenzähnen zerschmettert werden: und plötzlich der Boden unter mir wankt, und ich krachen höre, und sehe, daß der Mutter Rhea vor Freude

die

die Nase blutet; oder, für die unglücklichen Sicilia-
ner, alle Gluthwogen der Hölle vom Aetna herab
sich über sie wälzen — und dann in Wonnegefühlen
meine Seele ganz göttlich ins Weltall zerfließt, die
lichten Feuerkugeln und deren Töchter durchdringt,
und darinn lebt und fühlt, als in ihrem eignen Leibe, und das höchste Werk von Schöpfung findet:
immerwährenden Krieg und immerwährendes Leben,
groß und schön, und verzehrendwiederneuerschaffend,
Blüthe, Reife und Abfallen, und Keim und Saamen und Pflanze und Gewächs überall vermischt und
vereinigt, und ewige Ordnung — o dann mein
Freund! erst dann ist der Mensch ein Ebenbild Gottes, erkennt ihn, lebt und webt in ihm, dem Einzigen, aus dem alles Wesen und alle Bildung kömmt;
von dessen Größe und allwirkender stiller Stärke die
guten Geschöpfe, die seinen Nahmen am öftersten nen-

mein Kloster; ich habe noch ei-
  iben, und die Post wird bald ge-
    Sie sich des Lebens in Ihrem
        erzenslust.   den 6 Febr.
1775.

Zweeter Brief.

Herzlichen Dank für Ihren Brief. Angenehme Nachrichten, erfreuliche Neuigkeiten! das giebt Stoff zu hundert und hundert Lustbarkeiten, wenn wir künftigen Sommer durch unsre romantische Gegenden in Wäldern und Thälern umherziehen. Sie haben Recht; das Leben in den Gelehrtenrepubliken nähert sich noch am meisten dem goldnen Stande der Natur. Wer da Geist und Herz und Stärke hat, vermag. Von den andern heißt es:

> Du schwimmst in der Zeiten Raum,
> Wie auf Strömen leichter Schaum.

Wir fahren auf dem Strome der Zeit durch die Natur in Nachen, Gondeln, Galeeren und großen Schiffen. Die Steuermänner der letztern sind die großen Genien; die Ruderer, Könige, Priester und Gelehrten; die Fracht, Nationen; die Winde, die in die Seegel zuweilen blasen, Politik, Religion und Hunger. Die angenehmste Fahrt ist, in einer lustigen Gondel, bey Gesang und Saitenspiel, so leicht als möglich, darüber wegzustreichen. Und so trägt uns denn alle der Strom der Zeit in das unbegreifliche, unermeßliche, unergründliche Meer von Ewigkeit.

Vergangene Nacht hab' ich im Ricciardetto gelesen, und viel gelesen, einen ganzen Band durch.

In

In meinem nächsten Brief theil' ich Ihnen etwas davon mit, das Ihnen viel Vergnügen machen wird. Vorher muß ich Ihnen meine Empfindungen sagen, die ich bey dem Vorbericht des Dichters gehabt habe.

Er enthält, in Form eines Briefs an einen guten Freund, die Geschichte der Entstehung des Gedichts, eine Erzählung, voll der witzigsten Laune, von einem zufälliger Weise entstandenen Gespräch mit einem Litterator über das epische Gedicht, und eine leichte Apologie des Orlando Furioso und seines Ricciardetto, von dem ich Ihnen mein Urtheil sagen werde, so bald ich ihn ganz gelesen habe. Eine Unterhaltung mit einigen jungen Genieen über die Schwierigkeit, gute Stanzen zu machen, reizte ihn, den ersten Gesang von seinem Gedichte die darauf folgende Nacht anzufangen, und den andern Tag zu vollenden. Nach der Abendmahlzeit las er denselben diesen jungen Geistern vor, und er wurde mit außerordentlichem Vergnügen angehört. Dieser glückliche Erfolg feuerte ihn an, mehrere Gesänge zu machen, und die Zeit, die andere in gefährlichen Spielen oder unnützen Gesellschaften zubringen, der Poesie zu widmen; und in dem Laufe von wenig Jahren kam er, obgleich immer von wichtigen Geschäften unterbrochen, mit dem Ganzen zu Stande.

Dieß

Dieß erzählt er dem Litterator, der das Gedicht auf seinem Tische fand, als ob der Dichter einer seiner Freunde sey, und daß er ihn dazu aufgemuntert habe.

Dieser erboßt sich ungemein über seinen Leichtsinn, und ruft: „Wißt ihr nicht, daß das epische Gedicht die größte, schönste und bewundernswürdigste Gattung der Dichtkunst, das edelste und vollkommenste Werk des menschlichen Geistes ist? und daß die Erhabenheit der erstaunlichsten Genieen kaum hinreicht, alles das hervor zubringen, was ein Heldendichter nöthig hat? Die Schwierigkeit allein, einen Verstand zu finden, eine Phantasie, ein Blut sowol von Kälte und Wärme gemischt, das ist, von Ungestüm und Gesetztheit, verursachen die Seltenheit dieses Charakters, dieses glücklichen Temperamentes, welches den guten Dichter macht. Ueberhaupt gehört dazu, um ein gutes Gedicht hervorzubringen, eine so feine Unterscheidungskraft, eine so vollständige Kenntniß der Sprache, in der man schreibt, ein so anhaltendes Studium, ein so tiefes Nachforschen, eine ungeheure Ausbreitung von Fähigkeit — daß Jahrhunderte kaum ein Genie hervorbringen, das Geschicklichkeit genug habe, ein gutes Gedicht verfertigen. Es ist ein Unternehmen voll Unmöglichkeiten, und erfordert so viel Kühnheit, daß es keinem in Sinn kommen kann, ohn' ihn zu erschrecken

und

und ein Grauen einzujagen. Und ihr sagt mir, daß dies ein episches Gedicht sey? daß es in wenig Jahren gemacht worden? und bloß zum Vergnügen? und von Zeit zu Zeit? Wie arme Schneider von gestohlnen Lappen sich ein Kleid zusammenflicken?" —

Hier wirft er vor Wuth Dintefaß und Sandbüchse vom Tische herab, und dem armen Dichter wird angst und bange. —

"Dazu gehört ein Sinn, der gänzlich über die Grenzen des gewöhnlichen schweife, und ein Geist, der mehr Himmlisches als Irrdisches habe, damit er die Leidenschaften erregen, und dies Entzücken der Bewunderung hervorbringen könne, was man von der wahren Poesie erwartet. Und das ist noch nicht alles! der Dichter muß zween Entzwecke erreichen muß Vergnügen erwecken und Nutzen bringen. Und *** erschreckliche Berge in die Höhe, *** schlecht gelingt, und wo *** Mangel an Verstand, *** schon eben großpoll Schaam bis an die ***

*** also, Vergnügen zu erwecken, *** der Leidenschaften, weil diese Bewegung *** ste Sache für die Seele ist,
die

die sich an der Veränderung der Gegenstände weidet, um die Unermeßlichkeit ihrer Begierden zu stillen; und um diese leichter zu erhalten, bedient sich der Geist des Sylbenmaaßes und der Harmonie zu neuen Erfindungen, und der lebhaftesten Ausdrücke, und erlaubt der Einbildungskraft die völligste Freyheit. Alles, was er sagt, sagt er schön und lieblich, und bildet alles nach dem, was in der Natur den guten Göttern am angenehmsten ist; und je häufiger dies in einem Gedichte sich befindet, desto mehr Vergnügen muß auch daraus entstehen. Kurz; er ist, was das Vergnügen betrift, groß in seinen Ideen, erhaben in seinen Ausdrücken, kühn in seinen Gedanken, und voll Leidenschaft in seinen Bewegungen, und bemüht sich, in jedem Stücke zu gefallen, voll Schönheiten, Grazien, Blumen, und Reizen. Und dies Vergnügen muß um so höher geschätzt werden, wenn der Dichter die Tugend, die immer bey dem ersten Blick etwas strenger und rauher *****, ausserordentlich angenehm *********** ******* wesentlicher Vorzug der Dichtkunst vor *** Künsten, die, ohn' an ********** ***** ganze Sorge auf Sitten *** ****** Und dies erlangt er leicht durch die ******* verschiedener Beyspiele der größ*** ****** der ungeheuresten Laster, und ****** die Menschen zu Liebe *** ******** zu Haß und Flucht der *******

Doch

Doch, ich schreibe immer so fort, was der Litterator dem Dichter sagt, als ob ich sein Kanzellist wäre! Vergeben Sie mir, daß ich die Bequemlichkeit zu sehr liebe, um den Brief anders zu schreiben; zumahl da der Litterator bisher — wie ein Buch gesprochen hat. — Nun aber kömmt er auf das Wunderbare und die Griechen, und nennt den Orlando furioso des guten Meister Lodovico ein verwirrtes Zusammengerafft von närrischen und ungeheuren Phantaseyen eines Rasenden, und kann nicht begreifen, wie er in ganz Italien, Frankreich, und Spanien so sehr bewundert worden, noch immer bewundert und mit Entzücken gelesen werde; erhebt das befreyte Italien des Trissino bis in Himmel, und sagt so jämmerliche Dinge, daß der Dichter mit ihm wie mit einem gelehrten Hündlein spielt. Er giebt ihm alles zu, was er über die epische Poesie gesagt hat, und beweist ihm sodann, daß der wüthende Roland ein göttliches Gedicht sey, daß die *************** an den Tischen *************, und jede gute *************** eben so die Seeleute, ***, Handwerksweiber, und Gelehrten; *************** Niemand seines regelmäßigen *************** thue; und vertheidigt *************** are des Ariosto mit dem Wun *************** Alles, was er ihm antwortet, ist so sch*** und so witzig gesagt, daß der

alte

alte Genius des Witzes zu Ferney ihn als sein Ebenbild dafür hätte umarmen können. Ueber Regelmäßigkeit und Ordnung will er sich mit keinem Literator einlassen. Er beschließt die Apologie des Ariosto und seine eigne mit der bekannten Fabel der Nachtigall und den Guckguck, die den Esel ihrem Schiedsrichter erwählten. Man hört sie dem Munde der griechischen Aspasia. Sonder war es immer von der Nachtigall, den Esel zum Schiedrichter anzunehmen; allein sie ist ein guter naiver Vogel, der jedem Geschöpfe Vergnügen machen möchte.

Der Schluß ist: „die Fabel, mein schöner Herr, bedeutet, daß ich nach der Sentenz des vierfüßigen Richters alles Unrecht habe, und ihr alles Recht habt; und wie ich mich nicht quäle, den Proceß verloren zu haben, so bitte ich euch über Sieg die Galle auch nicht kurz Wißmuth, die ihr immer erregt, und wüthend gemacht hat das Werk meiner Hände, hab' es gemacht, Fetzenweise, nachdem es mir fallen hat, und ich bin immer die Kreuz und sowohl an die Regeln

... hin meine Absicht gerichtet, kein Ungeheuer her=
... zubringen; das ist: keinen Leib mit fünf oder
... Köpfen, sondern nur einem Kopfe; und eben
... den andern Theilen, damit alles werde, wie
... bey einem wohlgemachten Körper seyn muß.
Uebrigens hab' ich keinen Entzweck gehabt, als zu
... allen, und hauptsächlich mir; und dann denen,
die es vielleicht einmal lesen werden. Denn die
Menschen, wenn sie wahrhaftig von der Last
der Arbeit, oder von Unglück, oder öffentlichen
Sorgen abgemattet sind, wollen sich erfreuen;
und wie die Mutter Natur, gleichsam mit der
Hand, alle Geschöpfe zu dieser Art von Speise
lockt, die denselben am dienlichsten ist, so suchen
auch wir in der Niedergeschlagenheit des Geistes
Trost und Erquickung; und finden kein beque=
mer und wirksameres Mittel, auf einmahl uns
wieder aufzurichten, als ein angenehmes Ge=
... ich mit diesem meinen Werklein
... menschenfreund=
... ich euch, daß
... für nichts achten
ihr, ... die andern, die euch glei=
... sagen könnt; ... ihr ein so närrisches
... theil über den berühmtesten und
... den wir haben, gefallt habt.
... ich stille. Ihm
... Kamm ..., und er gieng, ohne mir
etwas zu sagen, von dannen.

Riccis

Ricciardetto und dieser Vorbericht haben mir die ganze Nacht den Kopf eingenommen, und ich habe Herz und Sinn und Seele so voll, daß ich nothwendig ein wenig Luft machen muß. Zu Ihnen wend' ich mich in allen meinen Anliegen immer am liebsten. Jezt reißt mich mein Geist durch Labyrinthe von Dornen und Klippen, voll Schlangen und Gespenster, zur hohen Wahrheit, um weit und breit die Gestalten der Dinge in reinem Lichte zu betrachten. Rufen Sie mir zu, wenn Sie sehen, daß ich mich verirre, oder in Gefahr gerathe, Arm und Bein zu brechen.

Kunst, Ordnung, Regelmäßigkeit? Ich entsinne mich nicht, etwas bey den Aristarchen hierüber gelesen zu haben, daß dem jungen Genie seinen Wissensdurst darnach stillen könnte. Ich müßte der größte Heavtontimorumenos seyn, der jemals seit Vater Adams Zeiten gelebt hat, wenn ich mir die seelige Mühe geben wollte, die Commenta*** Horaz noch einmal zu lesen. Eins sagt's dem andern nach bis ins tausendste Glied. B*** jeden guten Menschen vor einer Biblioth*** chen Todtengerippen!

Ordnung, Regelmäßigkeit, Einh*** im Ganzen und Richtigkeit der Zeichn*** dem Werke seyn, sonst ist es Ungeheuer: ***

mer ist nicht Winter, die Beine eines Mädchens kein Fischschwanz, und ein Dreyeck kein Quadrat.

Kunst. Bey diesem Worte weiß ich nichts anders zu denken, als Codex der Naturgesetze für Genien. Wer war der Sterbliche, welcher sich getraute, sie zu sammlen, und in ein System zu bringen? Aristoteles, Horaz und Boileau. Und hat ihnen die Natur selbst unmittelbar den Inhalt dieser Gesetze gesagt? Sie haben denselben aus dem Lebenswandel des Homer, Sophokles, Menander, und so weiter, ihrer getreuesten Unterthanen abgesehen, und das Mangelnde, nach bestem Wissen und Gewissen, hinzugefügt — Es gehört aber das eifrigste Studium dazu, deren Sinn völlig und richtig zu fassen; oft haben sie Hauptgesetze nur mit den Anfangsworten angeführt, und man muß Tag und Nacht die Cujaze, Lauterbache und Leyser, die dieselben zu erklären, und zu ☒☒☒☒ gesucht, und die Glossen verschiedener Zeiten mit unermüdetem Fleiße durchforschen. Um den ☒☒☒ eines großen Schriftstellers zu erhalten, muß man ferner zunächst die Statuten und Prozeßordnung des Landes, in welchem man schreibt, wohl inne haben, und die Art und Weise der Ober- und Untergerichte, das Recht zu handhaben. Einige haben ☒☒ durch allein, ohn' alles Genie, zu einem ansehnlichen Posten empor geschwungen. Man kann hierbey einem jungen Menschen keinen beßern Rath

geben

geben, als sich durch allerley Gefälligkeiten in die Gunst eines berühmten Sachwalters einzuschleichen, um den so genannten Schlendrian bey ihm wegzubekommen. Wer diesem allen sich nicht unterwerfen will, dem folgt die Strafe auf dem Fuße nach, die Verachtung, und das Pfeifen der Leser, Zuhörer, und Zuschauer; er wird noch dazu, als ein Beleidiger der Majestät, von den litterarischen Scharfrichtern im Bildniß aufgehenkt. Und dieß ehrwürdige Gericht erstreckt sich nicht allein über die Lebendigen, sondern auch die Todten. —

Armer Ariost! unglücklicher Schakespear! Vielleicht ist es möglich, daß die Herrn, Fehler für Gehorsam, nnd Gehorsam für Fehler angesehn, und, nach den schwachen Kräften der Menschheit, ein wenig geirrt haben!

Sie wissen, mein Freund, daß die Bücher über die Dichtkunst von Aristoteles, Horaz, und Boileau unter meine liebsten kritischen Schriften gehören; allein jedes Genie ist frey gebohren, und wird diesen Gesetzbüchern, so oft sie seinem Gefühl widersprechen, eben so wenig Gehorsam leisten, als die Schweizer und Venezianer ihre Mädchen und junge Popen, nach den Gesetzen des großen Lykurg ins Wasser werfen; und dann kann ein Tartar mit einer jungen Georgianerin im Taumel der Liebe ein Alexander zeugen, ohne sich

sich im mindesten nach den Vorschriften des geistlichen Rechts, Verlöbniß und Ehe betreffend, gerichtet zu haben. Elendes Genie! das den Willen der Natur erst aus den Commentatoren des Aristoteles lernen muß. Es ist schon gefährlich, Genieen den Rath zu geben, zu hören, was sie sagen; denn man kann einen Correggio dadurch zum Copisten machen.

Studiert den Homer! studiert den Ariosto! den Sophokles und Shakespear; den Moliere und Goldoni; den Pindar und Horaz; Tibull und Petrarca; die Gemählde des jugendlichen geflügelten schönen Genius Raphael und des starken Rubens; den Apollo, den Fechter, und die Mediceische Venus; den Durante, Pergolesi, Jomelli, und Hasse — und fühlt ihr dabey das allgegenwärtige Feuer der Gottheit in eurem Busen nicht in heftigen Wallungen alle Lebensgeister anschwellen, und zeigt sich dann der Schöpfungsgeist euren Blicken nicht — nun, dann gehabt euch wohl! Arbeitet nach Sentenzen, so lang ihr Lust und Belieben habt.

Das ist das erste Kapitel der Dogmatik für junge Genieen, die in der Natur unter Menschen aufgewachsen sind. Das andere könnte ohngefehr folgendes Inhaltes seyn.

Das

Das Genie stellt die Gegenstände in der Natur, deren Oberfläche und Wesen, und die Gefühle im Menschen und dessen Handlungen, oder seine eignen dar, entweder: schön und häßlich, groß und klein, stark und schwach, gut und bös, und natürlich und gekünstelt — wie sie sind, oder: die Flecken aus ihrer Schönheit gewischt, die Häßlichkeit alles Schönen beraubt, und die Mängel an ihrer Vollkommenheit ausgefüllt, oder: zu Idealen und Karikaturen erhöht. Man findet diese drey Arten von Darstellung oft in dem nämlichen Werke vereinigt.

Ideale und Karikaturen gehören zum Wunderbaren und sind nicht in der Natur. Was der Volksglaube in sich begreift, gehört nicht unter die Ideale. Dieses Wort bedeutet dichterische Idee, Geschöpf Phantasie von der höchsten Vollkommenheit einer Sache; und nach diesem Begriffe sind die Götter und Heroen der Griechen, die Schwarzkünstler des Ariosto, und die Hexen des Shak*** Dingen der Natur zu rechnen, die *** Darstellung fähig sind.

Die Gestalt und die wesentlichen *** dener Formen von Darstellung könn*** Weise beschrieben werden; hing*** der Zusammensetzung selbst wenig m*** wie das Kind im Mutterleib entsteht. ***

kann, nach den Rechten der griechischen Freyheit, seiner Darstellung eine Form geben, die ihm dem Wesen derselben am angemessensten zu seyn scheint, und eine ganz neue dazu erfinden. Gleicht dieselbe einem schönen Geschöpfe voll Leben, und macht ein vollkomnes Ganzes aus, so werden ihm die Menschen, deren Herzen nach dem Willen der guten Mutter Natur fühlen, den Beyfall nicht versagen, den man der Neuheit schuldig ist. Zu den wesentlichen Eigenschaften des Genies gehört Feuerkraft des Gefühls, die Dinge mit ihren Eigenheiten in ihrer Wahrheit zu fassen, wie Seele zu durchdringen, und Darstellungsvermögen, oder Schöpfungsgeist. Die Zusammensetzung des Ganzen, und die Hervorbringung des Wunderbaren und idealischer Wesen ist bey Meisterstücken immer ein Werk des letztern, und nie Schuh über den Leisten eines Litterators.

Welcher Art von Darstellung gebührt der Vorzug?

Sonder Streit derjenigen, welche den Menschen lebendiger macht; da das Privatinteresse einzelner Secten von Lesern dem allgemeinen Wohle nachstehen muß. Die Natur, wie sie wirklich ist, hat immer mehr Gefühl im Menschen gemacht, als wie sie seyn könnte; und er empfindet sie folglich auch

T. M. April 1775.   C   immer

immer stärker wieder, als vollkommen gedachte, oder idealische Natur.

Was ist die schönste Rede des **Cyrus** gegen den Ausruf des **Altvaters Nestor**, wenn er den zurückkehrenwollenden Griechen Muth einspricht: „Als wir in die Schiffe stiegen, Troja zu zerstören, blitzte zur Rechten Zevs der allgewaltige. Ich bin versichert, keiner sieht seine Heymath wieder, ohne bey einer Trojanischen Frau geschlafen und den Raub der Helena gerochen zu haben. „

Was ist das heiligste Liebessonett des Petrarca, was eine französische Liebesscene, gegen die Beschreibung voll Grazie und entzückendschöner griechischer Dichtung der Liebe des Paris von göttlicher Gestalt zur Helena, dem schönen Weibe, das den unsterblichen Göttinnen an Reizen gleicht! Wenn er in der Gefahr, von ihrem ersten Gemahle, dem breitschultrichten Menelaus, in einem begonnenen Zweykampf, getödtet zu werden, sie noch einmal umarmen möchte, ihm den Sieg überläßt, sich davon begiebt, der Schlacht entläuft, in das blumendüftende Zimmer der Liebe seines Palastes schlüpft, und, bevor er das schöne Weib, nach dem von beyden Heeren feyerlich beschwornen Vertrage, wiederhergeben muß, der süssen, sanftwiderstrebenden, von der hohen Venus begünstigten Umarmung mit ihm pflegt, und

die

die Liebe stärker in seinem Herzen lodert, als damals, da er es bey der Entführung auf der Insel Kranae zum erstenmal in ungestörter Gewalt hatte?

Was ist Diomedes, der, ein allmächtig daherrauschender vom Regen des Zevs angeschwollner Strom, alles im Schlachtfeld wegreißt, und den Stärksten das kalte Eisen durch die weißen Zähne stößt — wie ein Löwe unter Rindern dem Stiere den Nacken bricht — und mit ungeheuren Steinen denen auf Wagen Knochen und Rüstung zerschmettert, dessen Feuermuthes Allgewalt Apollo mit guten Worten kaum zu bändigen vermag — was ist Diosmed, was Ajax gegen einen Gefährten des pius Aeneas!

Aber der höchste Adel des jugendlichen Stolzes in hÿchster griechischer Schönheit, der vaticanische Apollo! der Götterentzückende Liebreiz der Mediceischen Venus, der einem das Herz aus dem Busen hebt! die Stärke in den Hüften und der Brust des Torso des Herkules, vor der ein Mann stiller wird, und ihn ein Bewunderungsschauer von Furcht ergreift! Der Xenophontische Cyrus: der Platonische Sokrates: Agathon: Charmides: Grandison: Musarion: Clarissa: Emilia Galotti: die neue Heloise!

Diese

Diese Art von Darstellung gehört in Tempel und Schulen, wo man Himmel in die Phantasie und Heiligkeit ins Herz sich empfinden, und alle seine Lebenskräfte erhöhen soll. Jedes Genie, das Meisterwerk darinn macht, ist ein Vater des Vaterlandes, und verdient Ruhm und Unsterblichkeit. Wir verehren ihn auch als Vater, beten seine Engel an, schmachten traurig nach einem höhern Zustande von Vollkommenheit, und bestreben uns, ihnen gleich zu werden, da sie uns armen Sündern noch zu heilig sind, um sie als unsre Brüder und Mädchen lieben zu dürfen.

Wir leben nicht mehr in der Natur, der größte Theil des feinern Publikums lebt in Pallästen und Kutschen. Eine getreue Darstellung der Personen desselben ist nützlich und heilsam, und macht denen, die sich selbst darein finden, und denen, die dieselben kennen, herzliches Vergnügen und große Freude. Es wird dazu ein so scharfer Blick, so viel Witz und Laune, so viel Spitzfündigkeit des Geistes, so viel stoische Philosophie, und so zartes Gefühl, eine so ungeheure Menge von Sitten und Kenntnissen erfodert, daß selbst die blinden Greise, Homer und Ossian, dem Ingenu, dem Candide, der Prinzeßin von Babylon, dem Hamilton und Crebillon, dem neuen Amadis und den komischen Erzählungen, dem la Fontaine, und dem Mädchen von Orleans Beyfall

fall und Bewunderung nicht versagen würden. Lächerlich wär' es, den Herrn von Voltaire zu verdammen, daß er in den Zeiten, und dem Lande, wo er lebte, statt seiner Henriade keine Iliade, und statt seiner Zayre keinen König Lear geschrieben hätte. — Welche Forderung! Doch ist es nicht lächerlich, zu untersuchen, ob man keine bessern Gedichte machen könne, ob wir keine bessern haben; ob die Iliade vor der Henriade, das Zeitalter des Homer, Ossian, und Shakespear vor dem unsrigen den Vorzug verdient, und aus welchen ein Genie Stoff zu Darstellungen für seine Menschen nehmen müßte, um sie zur wahrhaftigen Glückseeligkeit des Menschen zurückzuführen?

Was ist ein homerisches Schlachtgetümmel, wo Männer und Männer, Götter und Götter, und Götter und Männer in ihrer Stärke mit einander kämpfen, Erd' und Himmel in hochlebendem Krieg ist, gegen unsre künstlichen Bataillen mit dem völligsten Donnerwetter der Kanonen und Bomben — Hektor und Agamemnon, Achill gegen einen Prinz Soubise, der durch das Fernglas guckt! Was sind die phantasierten Maschinerien des französischen Dichters gegen die ehrliche, naive, altkönigliche Familie der Götter — unsere prächtigsten Gastereyen gegen die frommen frohen Opferschmäuse der Helden, und die Nektartafel des Olympus; was ist

C 3   aller

aller unser Witz gegen die kraftvolle Stärke — all'
unsre gepußte verschönerte Schönheit gegen die
Wahrheit, schöne Natur, und geschmückte Bildung
des guten Homer! Was der Prunk unsers Jahrhunderts, wo kaum aus einem Paar Ritzen die Natur
noch hervor schimmert, und alles von oben bis unten hinaus bekleidet und verziert, und der Geist gefangen ist, wie ein Sklave in den Silberminen von
Porosi, gegen dessen Zeitalter! Wie kleineckicht muß
ein Genie schleiffen, um etwas daraus den feinen
Augen unsrer Fürstenthümer zeigen zu dürfen, das
mit es dieselben nicht blind mache, und des Gesichts dahin auf immer beraube! Wir flattern in
französischen Zaubernetzen herum, und meynen, es
seyen Gärten und Bäder und Gebäude der Gemahlin des Perikles; und ist dies Glückseligkeit
für Menschen? —

Vergeben Sie mir diesen lyrischen Ausguß! sonst
hätten Sie mich nicht wiedergesehen. Mein Herz
war in großer Gefahr. „Ein wenig minder ge-
streng! — hör' ich Stimmen — Wir leben immer
nur den gegenwärtigen Augenblick, und können
eben so wenig vor den Olympiaden, als eine Mi-
nute vorher oder nachher leben; so sehr sind wir
Sklaven des Schicksals, so unwiderstehlich hält uns
an sich und zieht uns die Donau-Zeit mit sich
fort. Das menschliche Geschlecht rückt immer weiter

ter seiner hohen Bestimmung, der allgemeinen Glück=
seligkeit entgegen, und es ist möglich, daß wir itzt,
wie die Kinder Israel auf ihrer Reise nach dem ge=
lobten Lande, in einer wundervollen Wüsteney uns
befinden. Indessen ist es doch aber auch kein all=
zuglücklicher Zustand, Tag und Nacht die Herkules=
keule neben sich liegen haben zu müssen, und Spieß
und Bogen, und des sichren Besitzes seines Weibes
und seiner Töchter nie versichert seyn zu können. Und
dann thut es einem doch auch wohl, wenn man
ohne Furcht und Schrecken die Nacht sanft in einem
weichen Bette verschläft; ob ich gleich nicht bestrei=
ten will, daß in einem mit Räubern angefüllten
Lande der Schlaf ungleich sanfter und süsser seyn
könne. Ferner kann das Schöne der alten Zeiten
mit dem Schönen der Neuern vereinigt werden.
Haben wir die Einfalt der Sitten, den guten Glau=
ben, die Unschuld, die Wahrheit ihrer Menschen
nicht so gediegen mehr, so haben wir dagegen Witz
und Laune, augenblicklich zärtliches Herz, Behendig=
keit des Geistes, einen Leichtsinn, der uns nie lange
unglücklich seyn läßt; und es giebt entzückende
Schriften, wenn das Feuer eines Genies diese he=
roen Metalle zu Korinthischem Erzte schmelzt,
und nach den Regeln der eingeführten Kunst zu des
Lesers Heil und Freude verarbeitet. Leben wir,
wie wir leben, so gut und glücklich, als wir können.

C 4   Ich

Ich müßt' ein Buch schreiben, um auf alles dieß zu antworten. Seelig sind die Todten! denn sie dürfen nicht mehr leben; sagten die französischen Dragoner. Ich find' es selbst sehr heilsam, daß man die Löwen wegfängt und in hölzerne Gitter sperrt. Es ist aber doch auch immer eine unangenehme Empfindung, selbst für die Schwachen, die Schwachen an Geist und Herz über die Starken triumphieren zu sehen.

Ich habe nun meine Lust an der schönen Unordnung der Natur, mein Herz weidet sich darinn, und ich find' in ihr die einzigen Quellen, aus denen alle edle begeisternde Wonne rinnt, und find' in ihr und den Meisterstücken der Genieen allein die ächten Regeln der Kunst, die das Herz ergreifen und die Phantasie bezaubern lehrt; überlasse den himmlischen Geistern des Sokrates und Plato und ihrer Brüder, dieser schönen Unordnung, diesen Quellen Gottes, aus denen alles Leben und alle Glückseligkeit strömt, fruchtbarmachend und niederreißend, ohne welche endlich alles nothwendig, abgeschmackt und todt werden muß — das Schädliche zu benehmen; und mag von den Staatssystemen, wo Freyheit des Menschen ein sinnloses Wort ist, und mag von der scholastischen Regelmäßigkeit und Ordnung nichts hören und sehen, weil ich davon überzeugt bin, daß jene eine weit belebendere Ordnung in sich enthält, als alle

die

die künstlichen Alleen von beschnittenen Bäumen, und wenn sie auch in den richtigsten mathematischen Verhältnissen, wie preußische Regimenter, da stünden. Wahr ist's, es ergötzt Auge und Herz, wenn man in deren Schatten tritt, und, wie durch einen Tubus der Natur, hindurch sieht; ebenfalls wird man auch froh, wenn man in einen prächtigen Saal, von vielen Kronleuchtern mit Wachslichtern erhellt, mit einer schönen Maske am Arm, sich begiebt; man empfindet ein leichtes einfaches Vergnügen dabey, einen hellen Raum in der Seele — allein die Fülle der Wonne nicht, die ich damals empfand, als ich in den thüringischen Wäldern, an einem Brunnenquell im Nußgesträuch zwischen Eichen- und Buchengebürgen im grünen Thal, mein schönes junges gutes Mädchen in Armen hatte, der aufgehende Mond und der Abendstern, und Sirius und Orion und das Siebengestirn und die Bären hell am Himmel leuchteten, mein Mädchen sang, die Nachtigallen leise schlugen, die Blätter der Zweige lispelten, und der kleine Bach hinab sich ergoß, und die kühle Sommernacht als Form der Liebe um uns lag, und unsre Seelen in eins von Entzücken zusammenflossen. Eben 7 Febr. 1775.

h.

III.
Geschichte
des
Philosophen Danischmende.

Fortsetzung von S. 244.
des März.

Sechzehntes Kapitel.
Worinn Danischmende seinem Herzen Luft zu machen anfängt.

„Nun, Freund Kalender, was sagst du zu diesem Auftritt? Fühlst du dich noch aufgelegt, so übel von der menschlichen Natur zu denken?„

Ich muß gestehen, antwortete der Kalender, was wir da gesehen haben, macht kein gleichgültiges Gemählde. — Eine feine junge Dirne, bey allen Nymfen des Paradieses! — So lächerlich es in meinen Jahren seyn mag, ich hatte ein paar Augenblicke, wo ich alle meine Philosophie und meinen Kalenderrock oben drein darum gegeben hätte, an des jungen Burschen Platz zu seyn, — seine Jugend und seine Nerven mit einbedungen, versteht sich!

Den

Den Dolch von einem Blick hättet ihr sehen sollen, womit Danischmende bey diesen Worten den alten Kalender durchbohrte!

Indessen, (fuhr dieser ganz gelassen fort, ohne sich irre machen zu lassen, was beweißt dieser einzelne Fall, und zwanzig solcher einzelnen Fälle gegen meine Theorie, die durch die ganze Geschichte des Menschengeschlechtes seit Jahrtausenden bestätiget wird?

„Daß du, nach dem was wir gesehen haben, eine solche Frage thun kannst, Kalender, beweißt — Halt! ich bin noch zu warm — laß uns von etwas anderm reden! — Findest du nicht auch, daß ich wohlgethan habe, mir die Thäler von Demal zum Aufenthalt zu wählen? Hast du jemals einen schönern, fruchtbarern, besser angebauten Winkel auf dem Erdboden gesehen?„

Es ist ein wahres Paradies, Danischmende. Mich wundert nur, wie man euch so ruhig im Besitz desselben läßt; — und was mich noch mehr wundert, in der ganzen Gegend weder Fakir noch Bonze!

„Worüber du dich hingegen nicht verwundern wirst, ist, daß wir bey so bewandten Umständen die glücklichsten Leute von der Welt sind. Nichts von

Sul-

Sultanen, Wessirn, Statthaltern, Kadis, Schatzmeistern, Zöllnern, Fakirn und Bonzen zu wissen, ist ein Glück, das nur dem kleinsten Theil der Menschen zu Theil werden kann. Wir haben es unsrer Lage und der Unscheinbarkeit unsers Glücks zu danken; denn Ueberfluß am Unentbehrlichen macht unsern ganzen Reichthum aus. Dies ist nicht genug, um die Habsucht gegen uns zu reitzen; und außerdem sondern uns fast von allen Seiten hohe Gebürge von der übrigen Welt. Dem ungeachtet bezahlen wir dem Sultan von Kischmir (*), um mehrerer Sicherheit willen, einen festgesezten Tribut an Produkten unsers Landes, ungefehr wie gewisse Indianische Völker den bösen Geistern opfern, um von ihnen nicht geplagt zu werden.„

Immer noch glücklich genug, sagte der Kalender, wenn man durch einen entbehrlichen Theil seines Eigenthums die Sicherheit des übrigen erkaufen kann.

„Diese Sicherheit ist der große Punkt, versezte Danischmende. — Glaube mir, Bruder, in allen unsern Deklamationen gegen die Unvollkommenheiten und Gebrechen der menschlichen Natur ist kein

Gran

(*) Kischmir (oder Kaschemire) hatte damals noch seine eignen Fürsten; seither war es eine Provinz des grossen Moguls.

Gran Menschenverstand. Unterdrückung, und ihre Töchter, Ueppigkeit auf Seiten der Unterdrücker, Dürftigkeit und Elend auf Seiten der Unterdrückten, sind die wahren Quellen des menschlichen Verderbens. Die Menschen würden besser werden, so bald man ihnen erlaubte, glücklicher zu seyn; und sie würden es seyn, so bald nicht einige auf Unkosten der übrigen glücklicher seyn wollten, als es Menschen zukömmt. Ich habe dir eine Familie gezeigt, die in der Einfalt der Natur, bey einer beschäftigten Lebensart, von Mangel und Ueberfluß gleich weit entfernt, durch Gesundheit, frohen Muth und gegenseitige Liebe glücklich ist. In allen unsern Hütten triffst du solche Bewohner an. Niemals hat Kummer und Gram und Verzweiflung die Quellen der Empfindung in ihrem Herzen vergiftet; ihnen nach der erschöpfenden Arbeit des Tages den Schlaf geraubt, um sie mit trostlosen Aussichten in künftiges Elend zu quälen. Mäßige Arbeit, gesunde Nahrung und ein fröliches Herz erhält den Mann und sein Weib gesund, verlängert ihre Jugend, unterhält ihre Kräfte; sie zeugen gesunde, wohlgestalte, fröliche Kinder; ungeängstigt durch die Sorge, woher sie Brod für solche nehmen wollen, erschrecken sie nicht, wenn sich ihre Zahl vermehrt; ihre Kinder sind ihr Reichthum, ihre Wonne; sie verdoppeln ihre Arbeit mit Lust, weil sie für ihre Kinder arbeiten. Und wie sollten Eltern, die ihr größtes Glück in ih-

ren

ren Kindern finden, nicht von ihren Kindern wieder
geliebt werden? Wie sollten Geschwister, die, ge-
meinschaftlich auf dem Schoos der Liebe erzogen,
vom zartesten Alter gewohnt sind, die Zuneigung des
Vaters und der Mutter zu theilen, wie sollten sie
einander nicht lieben? Und wie sollte eine durch die
mächtigen Bande der Natur und der Liebe in Eine
Gruppe zusammengeschlungene und von Einem
Herzen belebte Familie in den vorausgesezten Umständen, nicht gut, nicht glücklich seyn?

„Aber setzen wir eben diese Familie in ein Land
der Unterdrückung; wie plötzlich wird diese ganze
Scene von häuslichem Glücke verschwinden! In ihrer Hütte werden alle Sinnen durch das vollstän-
digste Elend beleidigt. Ueberall Dürftigkeit, Ungemach und Blöße! Die Körper der Eltern von übermäßiger Arbeit, von kärglicher, ungesunder Nahrung, von Mangel an Ruhe, Erquickung und Vergnügen gedrückt, abgewelkt und ausgemergelt; —
die Kinder, elende, ungestalte, kränkelnde Mißge-
schöpfe, Kinder der Verzweiflung vielmehr als der
Liebe, die der Hitze, dem Regen, dem Frost nichts
als Nacktheit oder modernde Lumpen entgegen zu
setzen haben, den Eltern zur Last und zum Kummer
leben, und, durch langsamen Hunger verzehrt, einander jeden Bissen neidisch in den Rachen zählen —
Ich kann das abscheuliche Gemählde nicht vollenden,
wiewohl

wiewohl ich besorge, daß die Originale dazu allenthalben, wo es Sultanen und Rajahs giebt, häufig anzutreffen sind. — Wie sollt' es nun möglich seyn, daß so elende Geschöpfe gut seyn, gut werden, oder gut bleiben könnten? Wie sollt' es zugehen, wenn dies Elend sie nicht vielmehr mißvergnügt, düster, undankbar, gleichgültig gegen fremde Noth, neidisch und schadenfroh, niederträchtig, betrügerisch, diebisch, raubbegierig und zu jedem Verbrechen, wobey etwas zu gewinnen ist, bereitwillig machen sollte?

„Und nun komme mir Philosoph, Derwisch oder Kalender und deklamire gegen die menschliche Natur! Gegen die großen und kleinen Sultanen reißt die Mäuler auf, wenn's ja deklamirt seyn muß; die sind die ersten Ursachen alles Uebels in der Welt!„

Siebenzehntes Kapitel.

Geschichte der Sultanschaft.

„Der Mensch, Freund Kalender, der zuerst den Gedanken hatte, und ihn mit Hülfe andrer bösen Buben ausführte, den schändlichen Gedanken, gute harmlose Geschöpfe, seine Brüder, zu Sclaven zu machen, damit er — während daß sie für ihn arbeiteten — die Früchte ihres Schweisses essen und

und bey ihren Töchtern liegen könnte, — dieser Mensch war der erste Sultan.

Die bösen Buben, die ihm geholfen hatten, seine Brüder zu Sclaven zu machen, wollten's, wie natürlich ist, nicht umsonst gethan haben. Er mußte ihnen ihren Antheil von dem geraubten Gute geben.

Sie bekamen also Knechte und Mägde, Ochsen und Esel, liegende und fahrende Haabe, und wurden soviel ihrer waren, soviel kleine Sultanen, die von der Arbeit ihrer Sclaven lebten und deren Töchter beschliefen.

Nun, laß sehen was aus diesem ersten Anfang entspringen mußte.

Die kleinen Sultanen wünschten — größer zu seyn, und kamen alle Augenblicken, dem großen Sultan — wiewohl dieser anfangs selbst verhältnißweise klein war — vorzustellen: wie hier gegen Abend ein Land wäre, das von Milch und Honig überflöße; dort gegen Morgen ein Anderes, wo Getraide, Baumwolle und Seide für die halbe Welt gebauet würde; gegen Mitternacht ein drittes, wo man die Zobel und schwarzen Füchse mit den Händen fange; gegen Mittag ein Viertes, wo man vor Gold und Silber, Perlen und Diamanten, Ele-

phanten

phanten und Schildkröten, Affen und Pfauen, sich kaum regen könne. „Die Welt gehört dem, der stark genug ist, sie zu ergreiffen und mit ihr davon zu lauffen, sagten sie. Es braucht weiter nichts als mit gewaffneter Hand in diese Länder einzuziehen und sie in Besitz zu nehmen.

Der erste Sultan ließ sich den Vorschlag gefallen, und machte sich auf, mit Hülfe seiner Vasallen, der kleinern Sultanen, wo möglich den ganzen Erdboden in Besiz zu nehmen. Widersezte man sich ihm, so schlug er den Leuten Arme und Beine entzwey, mordete und raubte, sengte und brennte, bis sich die armen Tröpfe entweder unterwarfen, oder niemand übrig war, der sich widersetzen konnte. Auf diese Weise raubte er sich nach und nach ein hübsches rundes Reich zusammen, welches er in größere und kleinere Provinzen abtheilte, und die kleinen Sultanen zu Statthaltern darüber sezte.

Nun baute sich der große Sultan ein ungeheures Haus, bevölkerte es mit schönen Weibern und häßlichen Verschnittnen; ließ einen goldnen oder vergoldeten Thron, zwanzig Stufen hoch, aufrichten, auf den er sich sezte, wenn ihm die Lust ankam, sich von seinen Sclaven anbeten zu lassen, legte schöne Gärten und Gartensäle an, kaufte sich Sänger und Sängerinnen, Tänzer und Gaukler, Köche und Aerzte,

T. M. April 1775.   D   ließ

ließ sich elastische Sopha's polstern, faullenzte, gähnte, schwur, daß man ihm Langeweile mache; aß, trank, schlief, pflegte seines Leibes, schäkerte mit seinen Affen, Weibern und Hofnarren; überließ sich allen seinen Launen, besoff sich, bespie sich, u. s. w. schlug Köpfe ab, verschenkte Provinzen, verlohr die eine, gewann die andre, — und gab, sobald er seinen eignen Wanst angefüllt hatte, allen seinen glücklichen Unterthanen die Erlaubniß, seinethalben zu Mittag zu essen, wenn sie was zu essen hätten.

Die kleinen Sultanen, seine Vasallen oder Statthalter, ahmten in allem diesem seinem Beyspiel nach.

Der Sohn der Favorit-Sultanin folgte seinem großen Vater in der Sultanschaft und in allen seinen großen Thaten. Er fieng damit an, daß er, um der Welt einen Vorschmack von der Glückseligkeit seiner Zeiten zu geben, allen seinen Brüdern mit schönen seidenen Stricken die Hälse zuschnüren, und den reichsten Omrahs und Statthaltern, die er gerne geerbt hätte, unter dem Vorwand daß er ihr Gesicht nicht leiden könne, die Köpfe abschneiden ließ. Da er von Jugend an im Serail unter Weibern und Verschnittnen in der Kunst zu essen, zu trinken, zu gähnen, lange Weile zu haben, mit Affen und schönen Mädchen zu spielen, und andern einem Sultan anständigen Künsten und Wissenschaf-

ten

ten wohl erzogen worden war, so bracht' er es nach dem Antritt seiner Regierung in wenig Jahren darinn so weit, als man es, — in Erwägung daß ein Sultan am Ende doch kein Elephant, kein Vielfraß, kein Waldesel, kein Maulwurf, sondern nur ein Mensch ist — mit Anstrengung aller seiner Kräfte, und mit Hülfe der Köche, Apotheker, Cantharden und Opiaten, in solchen Dingen nur immer bringen kann.

Die kleinern Sultanen, — indessen daß ihr gebietender Herr im Innern des Serails so edeln Beschäftigungen oblag — thaten alles was sie wollten, raubten die Provinzen aus, oder fielen ab und machten sich unabhängig. Dies lief zwar niemals ohne Rauffen und Blutvergießen ab; aber da diejenigen, die ihre Haare und ihr Blut dazu hergeben mußten, nur gemeine Leute waren, so glaubten die Sultanen daß es nichts zu bedeuten habe. Die Provinzen entvölkerten sich zwar dadurch; aber was die Herren an Menschen verlohren, daß gewannen sie ja wieder an Land; und überdies verließen sie sich auf die Fruchtbarkeit der Morgenländischen Weiber.

Nach und nach und in der That nur gar zu schnell breitete sich diese schöne Verfassung über die Hälfte von Asien aus; alles war — Sultan oder Sclave;

Sclave; und da die kleinern Sultanen selbst, gern oder ungern Sclaven der größern seyn mußten; so hielten sie sich dafür an allen denen schadlos, die kleiner als sie selbst waren. Des Sclavens Sclave hatte dann wieder seine Sclaven, an denen er sich erhohlte so gut er konnte, u. s. f. Aber wehe der lezten Klasse von Sclaven, die der Raub aller übrigen war, und weil sie nichts unter sich sah, sich an niemand erhohlen konnte!

Hier und da in der Welt erhoben sich zwar kleine Freystaaten, deren glückliche Bürger die Rechte der Menschheit — Freyheit und Eigenthum — durch Gesetze, und die Gesetze durch Institute und Sitten befestigten. Da der Genie und der unternehmende Geist — in so fern er nur die öffentliche Ruhe ungestört ließ — in diesen Staaten mit allen Segeln fahren konnte; so vervollkomneten sich die Bewohner derselben zusehends. Alle Fähigkeiten der menschlichen Natur wurden entwickelt; Künste und Philosophie stiegen von einer Stufe zur andern, reinigten, verschönerten, veredelten die Natur, und brachten Menschen hervor, die in Vergleichung mit den Sclaven oder Wilden des übrigen Erdbodens, Götter schienen.

Aber die Sultanen konnten nicht zugeben, daß Freyheit, Vernunft und Tugend, diese ewigen unversöhnsöhnlichen Feinde der Unterdrückung und der Sultanschaft, öffentliche Tempel und Schuzörter haben sollten. Sobald sie das Daseyn derselben erfuhren, wandten sie alles an, solche von der Erde zu vertilgen; und da sie mit aller ihrer Gewalt nichts gegen sie ausrichten konnten, versuchten sie es mit besserm Erfolg durch List. Sie schickten ihnen Gold und Köche und Tänzerinnen, stekten sie mit dem Geschmack an Pracht und Ueppigkeit an, entnervten sie durch Wollüste, und hatten nun wenig Mühe, die ausgearteten Söhne jener Väter, die nichts als ihre Tugend unüberwindlich gemacht hatte, zu überwältigen und ins Joch zu spannen.

Ein einziger dieser Freystaaten sank unter seiner eigenen Größe ein, und wurde zulezt, wie billig, das Opfer eben des Sultanischen Geistes, womit er etliche Jahrhunderte lang kleinere Republiken verschlungen und die Hälfte des Erdbodens beunruhiget hatte.

Die Sultanen behielten also endlich die Oberhand, und überließen sich nun desto ruhiger der einzigen Art von Thätigkeit deren sie fähig waren, allen Ausschweiffungen einer viehischen Sinnlichkeit. Stolz ohne Gefühl für Ehre und Nachruhm, wollüstig ohne Geschmack, grausam aus Feigheit, von niemand geliebt, von Eifersucht und allgemeinem

Mißtrauen verzehrt, waren sie, bey allem Anschein von Größe und Herrlichkeit, selbst die elendesten unter allen, deren Elend ihr Werk war. So gewiß ist es, daß keine Sicherheit für den ist, der sie andern raubt, und daß niemand glücklich seyn kann, der für fremdes Glück oder Unglück fühllos ist.

Verschwörungen, Aufruhr und ein tragisches Ende waren das gewöhnlichste Loos dieser Tyrannen, die im Rausch ihres Uebermuths für Götter gehalten seyn wollten, und von Menschen foderten, was der Gott der Götter selbst, der den Menschen mit aufgerichteten Angesicht erschaffen hat, nicht von seinem Geschöpfe fodert, sich vor ihnen wie Gewürme im Staube zu wälzen. — Aber die unglücklichen Völker gewannen nichts bey diesen gewaltsamen Veränderungen. Der Nachfolger ungebessert durch das Beyspiel seines Vorfahrens, macht' es gemeiniglich noch ärger, und beschleunigte seinen eignen Untergang durch die Mittel wodurch er dem Schicksal seines Vorgängers zu entgehen suchte. Oft gab man sich, um von Einem Tyrannen befreyt zu werden, zehn andre, und befand sich dann gerade zehnmal schlimmer als bey dem einzigen. Alle Drangsale und Abscheulichkeiten der Anarchie stürzten über die preißgegebenen Provinzen her, und ihr Zustand würde endlich so grenzenlos elend, daß sie, um sich in einen erträglichern zu setzen, kein ander

Mittel

Mittel sahen, als freywillig wieder in die Fesseln zurückzukehren, wovon sie sich hatten befreyen wollen.„

W.

Die Fortsetzung folgt.

IV.
Die Königskrönung. (*)

Drama in einem Aufzuge.

Von einem Advokaten des Parlaments von Bretagne.

Redeunt Saturnia regna.
Virgil.

Personen.

Der König.	Bekannte Minister und Magistratspersonen.
Die Königin.	Gefolg der Königin.
Heinrich IV.	Allegorische und pantomimische Figuren.
Prinzen von Geblüt.	Volk.

(*) Dieses kleine Drama ist eine zu merkwürdige Neuigkeit, als daß die Uebersetzung desselben unsern Lesern nicht will-

Erste Scene.

Das Theater zeigt einen prächtig verzierten Saal; auf einer Tafel, die mit einem himmelblau sammtnen mit goldnen Lilien durchwürkten Teppich behangen ist, liegt eine Krone. Rund herum im Saale stehen die allegorischen Figuren mit ihren Attributen. Der König betrachtet nachdenkend die Krone.

König.

Geburt giebt sie, aber sie gebührt nur der Tugend! Was hab' ich gethan sie zu verdienen? —

Das Volk (hinter der Scene.)

Es lebe der König!

König.

willkommen seyn sollte. Es hat, wie leicht zu erachten, großes Aufsehen in Paris gemacht, und ist, so viel ich weiß, noch nicht gedruckt. Es wurde den 25 Jänner zu Rennes öffentlich aufgeführt. Das Schauspielhaus war voll; die Kühnheit des Einfalls, die Stärke der Ausführung, und die Anspielungen, die keinem Zuschauer unverständlich seyn konnten, verschaften dem Stücke den lautesten Beyfall. Es sollte den folgenden Tag wieder aufgeführt werden; aber dies unterblieb vermög eines höhern Befehls. Immer gehört dies kleine Drama unter die Phänomenen der Zeiten Ludwig XVI. die man im Siecle de Louis XIV. nicht einmal für möglich gehalten hätte.

w.

König.

Wie rührt mich dieß Freudengeschrey! O, wenn werd' ich sagen können, es sey Belohnung meiner Wohlthaten? Sieh' Ludwig, welche Hoffnungen man sich schon von deiner Regierung macht! Soll dieß gute Volk hintergangen werden? — Bist du nur ein gewöhnlicher König, so wird bald ein abscheuliches Schweigen auf dieß Freudengeschrey folgen; es wird nur deinem Nachfolger wieder tönen, und dein itzt so geliebter Name wird vergessen seyn. Man denkt nicht mehr an eine schöne Morgenröthe beym Untergang der Sonne, wenn sie uns den Tag über ihre wohlthätigen Strahlen nicht hat fühlen lassen.

Das Volk.

Es lebe der König!

König.

O meine Kinder! Noch bin ich nichts als euer König; aber ich will mehr seyn — euer Vater will ich seyn. — Höchstes Wesen, so unendlich gütig als mächtig, du, dessen Bild ich hier auf Erden seyn soll, siehe die Empfindungen, die mich beseelen, und erhöre die Wünsche meines Herzens; das Glück des mir anvertrauten Volks ist deines gnädigen Blicks nicht unwerth. Aber was nutzt es mir, selbst gut seyn, wenn die, so mich umgeben, böse sind? Sind nicht die reinsten Absichten noch Verführungen unterworfen? und hat man nicht unter den besten Königen oft tugendhafte Bürger in Ketten seufzen, und beynahe Opfer der Tyranney werden sehen? —

Der Luxus,

ein reich gekleideter Coloß, als die erste allegorische Person, zieht die Augen des Königs auf sich. Er steht neben einem überaus glänzenden Throne, dessen Stufen eine Gruppe unglücklicher mit Lumpen behangener Unterthanen sind, die ihre verzweiflungsvollen Blicke auf den Thron werfen.

König.

Wer ist dieser Coloß? Seine Stirn ist der Sitz der Unverschämtheit, und Laster mahlt sich in seinen Blicken? Soll dieß Gespenst mir so nahe stehen? (Der Coloß zeigt ihm den Thron, einladend, ihn zu besteigen.) Aber, ich will doch den Thron näher schauen, den es mir zeigt! — Wie reich! Wie prächtig! Der Glanz, der ihn bestralt, blendet mir die Augen. Cröſus! selbst der deinige konnte nicht glänzender seyn. (Der König wirft einen Blick auf den Fuß des Thrones.) Himmel, was seh' ich! — Welch einen Zauber sollte ein so rührender Anblick nicht auflösen! Armes, unglückliches Volk! Dahin bringt dich Schwelgerey deiner Könige? Nur, indem sie dich zertreten, können sie den Thron besteigen, den ihnen falsche Größe baut? (Der König nimmt verschiedene Edikte, die ihm der Coloß reicht.) Wie? Noch mehr Auflagen? (Er zerreißt sie und wirft sie dem Coloß ins Gesicht.) Fort, geldgieriges Ungeheuer! Fort, und bring der Hölle deine verfluchten Geschenke! Weit entfernt, meinem Volke neue Abgaben aufzubürden, wünscht ich lieber ihm alle abnehmen zu können.

Die Schmeicheley. (zwote alleg. Person.)

Ein Hofmann, in der demüthigsten Stellung zeigt dem Könige den Platz, den man ihm im Olymp bestimmte.

König.

Was will der kriechende Pygmäe von mir? (Spottend) In der That, die Sache ist wichtig! Sie betrifft nichts geringeres als einen Platz neben Jupiter, den ich haben soll! (Unwillig) Unverschämter! Schmeichelt man Königen so? (Der König nimmt den Schmeichler, und läßt ihn eine Pirouette machen, wodurch ein Unglücklicher, mit einer Bittschrift in der Hand, sichtbar wird, den er bisher versteckt hatte. Der König hebt den Unglücklichen auf, und nimmt gütig seine Bittschrift.) Der Grausame! Mich unter die Götter zu setzen, aus Furcht, daß ich Mensch sey! (Traurig.) Sehe ich denn nichts als Laster um mich her? Tugenden, o wenn werdet ihr erscheinen?

Ein Fantom ohne Nahmen.

(dritte alleg. Person.)

Eine schwarze Figur, in der rechten Hand ein Schwerd, theilt mit der Linken einer Menge Blinden kleine hölzerne

hölzerne Waagen aus, in welchen Stückchen Brod liegen. Zu Füßen der Figur liegt die wahre Waage der Gerechtigkeit neben dem Gesetzbuche.

König.

Wen meynt dieß schwarze Gespenst, das sich mit den Attributen der Gerechtigkeit geschmückt hat? (Indem sich diese Figur nähert, dem Könige das Schwerd zu reichen, tritt sie auf das Gesetzbuch. Der König reißt es lebhaft unter ihren Füßen hervor, und macht diese Figur wanken.) Wie? Elender! du trittst mit Füssen, was selbst Königen Ehrfurcht einflößen sollte? Durch diese Gesetze will ich regieren, und nicht durch Schrecken. (Der König schlägt der Figur auf die Faust, und ihr das Schwerd aus der Hand.) Entfliehe Verräther! Dieß heilige Pfand, Schutz der Könige und Sicherheit der Bürger, soll in treuere Hände kommen, die es besser halten können! (Er wirft einen Blick auf die Blinden.) Sind dieß deine Diener? (Er theilt den Blinden das Brod aus, zerbricht ihnen aber die Waagen.) Geht! Blinde können mir nicht dienen; aber ich beklage sie, und gebe ihnen Brod.

Falscher Ruhm. (vierte alleg. Person.)

Der Sieg hält in einer Hand einen Lorberkranz, und zeigt mit der andern auf Kronen und Scepter, die mit Ketten gebunden zu seinen Füßen liegen.

König.

König.

Nein, nimmer soll sich dieser Lorberkranz um mein Haupt schlingen, wenn man Ketten geben muß, ihn zu verdienen. Ich habe schon zu viel Unterthanen unter meiner Herrschaft, wenn nur ein einziger Unglücklicher darunter ist. Ich beneide Alexandern seinen Ruhm nicht. Es giebt keine Siege, die das Blut werth wären, welches sie fließen machen. (Lebhaft.) Aber wenn ich für mein Vaterland fechten, mich für das Wohl meiner geliebten Franzosen hingeben muß, o dann soll Athen sich nicht rühmen, allein einen Codrus gehabt zu haben.

Wolluſt. (fünfte alleg. Perſon.)

Geführt von einem alten Sklaven, und mit Myrten gekrönt, erscheint sie unter der verführerischsten Gestalt. In den Händen trägt sie Ketten mit Blumen umwunden.

König.

Welch eine junge Schönheit! Warum wirft sie ihre Blicke auf mich? — Vielleicht wieder eine Schlinge für meine Jugend? — Nein! — so schöne Züge kann das Laster nicht haben. Vermuthlich ist es nur eine Gnade, um die sie mich bitten will. — Wohlan! wag es, dich einer Frau zu nähern! — Und doch ist mir ihr Führer noch verdächtig. — Wär es — Aber würde sie sich dann mit so viel

Beschei-

Bescheidenheit ankündigen? Würde man an ihr die schamhafte Schüchternheit finden, die ihrem Geschlecht so vielen Reiz giebt? Sie erröthet? O um desto schöner wird sie! Schaamröthe ist die Schminke der Tugend. — Mir, mir hat sie dieß Blumen-Band zugedacht? Dieß Geschenk ist so einfach, so unschuldig als Sie. (Sie reicht es ihm.) Mit Vergnügen nehme ich die Blumen, die du mir bringst — Himmel! es sind Ketten! Ketten, die nur deine Sklaven tragen müssen. (Er wirft sie dem alten Sklaven um den Hals, der gefesselt vor ihm niederfällt.) Ich sehe den schrecklichen Plan, von dem Verworfensten der Menschen für mich geschmiedet. — Fort Ungeziefer! und vergifte nicht die Luft, die ich athme.

Despotismus. (letzte alleg. Person.)

Ein geharnischter Mann, einen Helm auf dem Kopfe, in der Hand einen eisernen Scepter, zeigt dem Könige einen sehr hohen eisernen Thron, aber mit so schmalem Grunde, daß er kaum stehet. Die Füsse des Thrones sind von Holz, an welchen eine Gruppe Elender nagt, ihn umzustürzen.

König.

Dieß ist ein schrecklicher Thron! Nicht für mich! (Der König rührt ihn an, und er wackelt.) Wahrhaftig man muß Tyrann seyn, um es zu wagen, ihn zu besteigen. (Auf die Gruppe sehend.) Welcher König kann
diesen

diesen Anblick sehen, und noch Lust haben, nach dem Scepter des Despotismus zu greifen? — (Der geharnischte Mann weicht zurück.) Du kömmst mir nur zuvor, aber ich weiß dir Dank für deine Flucht! Es ist ein stummes Opfer, das er meiner Tugend bringt. Mein Herz ist nicht geneigt, diese verhaßten Grundsätze anzunehmen. Er sieht, daß ich über ein freyes Volk und keine Sklaven regieren will.

(Man hört einen Donnerschlag. Alles verschwindet, und das Theater verwandelt sich in den Tempel des Ruhms. Die Zeit mit ihrer Sense bewaffnet macht den Thürhüther.

Zwoote Scene.

Der König. Heinrich der Große.

Heinrich.

(Kömmt aus dem Tempel des Ruhms.)

Gott Lob, die Franzosen haben wieder einen König!

König.

(Für sich.) Was hör' ich! — Was seh' ich! — Seele und Herz sind mir ganz dieses Helden voll! Sollten mich meine Sinnen in solch einem Grade täuschen können? Aber — er ist's — er ist's, ich irre mich nicht. (Zu Heinrich.) Schutzgeist der Nation,

tion, du, dessen blosser Nahme den Herzen der Franzosen der süsseste Eindruck von Glück ist; o Heinrich! welches glückliche Wunder bringt dich hieher zurück?

Heinrich.

Deine Tugenden! — O mein Sohn, was hast du für Siege erfochten! die Ungeheuer des Herkules waren leichter zu überwinden, als diese, welche du besiegt hast. Ja, so hätte ich auch wollen anfangen, wenn ich mein Reich nicht erst hätte erobern müssen.

König.

Liegt in meiner Seele ein Funke des göttlichen Feuers, davon die deine brannte, so gab ihn mir das Verlangen dir zu gleichen. Aber, ach! wie weit bin ich noch von dem Muster, das ich mir vorzustellen wagte!

Heinrich.

Du wirst es selbst übertreffen; und mit Freuden seh' ich dies. Dein Herz, eben so gut als das meinige, wird nicht so schwach seyn. Voll des Gegenstandes, den der Himmel zu deinem Glücke schuf, wirst du weiser und glücklicher seyn als ich.

König.

König.

Wenn die Valois und Medicis derjenigen geglichen hätten, die jetzt auf ihrem Throne sitzt, niemals würde man Heinrichen auf fremden Altären haben opfern sehen.

Heinrich.

An andern Schwachheiten entschuldigen, die man sich selbst nicht erlaubt haben würde, dies ist Helden-Tugend. Empfange die Krone mein Sohn; die deinige verdient sie. (Er reicht ihm die Krone vom Tische.)

König.

(Sie empfangend.) Wirst du mich sie tragen lehren?

Heinrich.

Deine Weisheit kommt meinem Unterrichte zuvor. So lange du das Wohl deines Volkes für dein eigenes hältst, ist dir mein Rath überflüßig; und wenn du aufhörtest, davon überzeugt zu seyn, wär er dir unnütz. Lebe wohl, Sohn!

König.

Du verläßest mich izt, da ich deiner am meisten bedarf? O leite mich in der Wahl der Weisen, die ich mir zu Gehülfen meiner Arbeiten wählen soll. Hilf mir einen Sully finden.

Heinrich.

Bald wirst du diejenigen kennen lernen, die sich deinem Throne nahen dürfen, und die ihn umgeben sollen. — Aber, ich sehe, der Tempel des Andenkens öffnet sich; ich muß dich verlassen.

König.

O, daß ich dir nicht folgen kann!

Heinrich.

Es ist der Aufenthalt großer Männer, und wird auch dereinst der Deinige seyn, geliebter Sohn! Aber nie vergiß, daß nur jener Alte, die Zeit, dich hinein führen kann.

Die Thore des Tempels schließen sich. Man hört einen stärkern Donner als zuvor. Das Theater ändert sich und zeigt ein Palast, und im Grunde einen Thron mit allen Zeichen der Königs-Würde verziert.

Dritte Scene.

Der König. Prinzen von Geblüt.

(Die Prinzen gehen etliche Schritte auf den König zu und stehen still.)

König.

Kommt, Prinzen meines Bluts, kommt! Mein Reich sey das eurige. Mir zur Seiten sollt ihr mir zu

Wällen

Wällen gegen Schmeicheley und Verblendung dienen. Euer Leben ist der beste Spiegel für Könige; ich will ihn immer vor Augen haben, und wie süß wird es mir seyn, in den eurigen, das Glück meines Volks zu lesen. Penthievres! Das Wohl der Bretons hängt von eurer und einer Prinzeßin, die meinen Hof ziert, Gegenwart ab. Gehet hin und theilet ihre Opfer unter Euch. Möchten sie doch, indem sie Euch sehen, ihre Leiden bis auf die geringste Spur vergeßen. Eure Abwesenheit trennt mich von einem geliebten Prinzen, und der Königin entzieht sie eine Freundin. Aber welches Opfer für das Wohl unsrer Unterthanen kann uns zu groß seyn!

Lezte Scene.

König. Königin. Prinzen von Geblüt. Gefolg der Königin. Bekannte Minister und Magistratspersonen. Volk.

(Die Minister und Magistratspersonen erscheinen an der Spitze des Volks, welches Palmen in den Händen hat.)

König.

Ich forderte einen Sully, und der Himmel schickt mir einen. Tretet näher, Freunde meines Volks; ihr seyd auch die meinigen.

(Minister, Magistratspersonen und Volk treten näher. Die Königin mit ihrem Gefolge neben dem Throne.)

König.

(Zur ersten Magistratsperson.) Edler Vertheidiger der Gesetze, Ihr, die Ihr Aemter, Glück und Freyheit für sie aufgeopfert, es giebt keine zu hohe Stelle für Eure Talente, aber wenigstens eine Eurer Standhaftigkeit und Unerschrockenheit werth. Tretet an die Spitze der Magistratur, die man entweyhen wollte. Sie sey Euch ihren neuen Glanz schuldig, und die Gefährten Eures Unglücks kehren aus ihrer Verbannung zurück! Mein Volk hat lange und genug durch ihre Abwesenheit gelitten, und ich gewähre ihre Zurückrufung der Nation und meinem eignen Herzen.

Erste Magistratsperson.

Ich bewundere den Plan den Eure Weisheit entworfen hat. Wie ruhmvoll ist es nicht einem Minister, das Glück seiner Mitbürger zu sichern, indem er die Zwecke seines Königs unterstützt. (Während dieser Antwort nimmt der König eine Palme aus der Hand Eines vom Volke.

König.

(Zur 2ten Mag. Person.) Und Ihr, unerschrockner Alter, der Ihr der bestürzten Nation zu beweißen gedachtet, daß man zu tugendhaft seyn könne, nehmt diesen Zweig aus den Händen Euers Königs. Er würde

würde Euch um den Triumph beneiden, der Euch erwartet, wenn er nicht das Glück hätte, etwas dazu beyzutragen. (Zu Allen.) Ihr könnet mir folgen. Leute wie Ihr, können nie dem Throne zu nahe seyn. Aber siehe da, was für Gegenstände umringen ihn schon! Es ist der glänzende Zug der Tugenden, das Gefolg der Königin. (Er nähert sich ihr.) Kommen Sie, kommen Sie, Madame; genießen Sie Ihr Werk, den Anblick eines Volks, welches sich mit Freuden der Hoffnung überläßt, die ihm meine Regierung giebt. Ich kann die Freude, von der es hingerissen wird, nicht besser rechtfertigen, als wenn ich die Wohlthätigkeit mir zur Seite auf den Thron setze. (Er reicht der Königin die Hand, und sie besteigen zusammen den Thron.)

Königin.

Das Glück dieses Volks ist Ihr Werk allein. Aber als das Ihrige, betrifft es auch mich, und wird mir alles seyn.

Volk.

Es lebe der König! Es lebe der König!

König.

Es lebe mein Volk! Es lebe mein Volk! Kann ich es nur glücklich verlaßen, so sey meine Laufbahn kurz oder lang, immer werd' ich lange genug gelebt haben!

V.
Unterredungen
zwischen
W** und dem Pfarrer zu ***

An den Leser.

Ich hoffe meinen Freunden durch Mittheilung meiner Unterredungen mit dem Pfarrer zu *** einiges Vergnügen zu machen, zumal da sie größtentheils Materien betreffen, worüber viele Leser meiner Schriften schon lang' Erläuterungen von mir gewünscht haben. Zwar sind nicht alle die mich lesen auch meine Freunde; aber, da dies wohl meistens nur aus zufälligen Ursachen herrührt, so trage ich nicht das mindeste Bedenken, dem Publikum das nehmliche Vertrauen zu zeigen, wodurch ich den ehrlichen Pfarrer zu *** zu meinem Freunde gemacht habe.

Diese Erläuterungen werden, wie ich mir schmeichle, auch nebenher die Würkung thun, daß diejenigen, so meine Friedfertigkeit und anscheinende Gefühllosigkeit — bey vielen zeitherigen, zum Theil höchstniederträchtigen Angriffen von Leuten mit und ohne Nahmen — übel ausgedeutet haben, mich künftig von allen weitern Schutzreden, und vornemlich von allen Hostilitäten gegen Homunculos und Latrunculos, welche sich

gern

gern einen Nahmen auf meine Unkosten machen möchten, frey und ledig zu sprechen die Billigkeit haben werden.

Das einzige, was ich mir von den Lesern ausbitte, ist, Ihr Endurtheil über diese Unterredungen zwischen mir und dem Pfarrer zu *** so lange zurückzuhalten, bis Sie Alles gelesen haben, was wir einander zu sagen hatten. Denn, da man unmöglich alles auf einmal sagen kann, und die Materien (in die wir unvermerkt tiefer hineinkamen, als es vielleicht anfangs einer von uns beyden im Sinne hatte) zu verwickelt waren, um in einem oder zween Abenden hinlänglich aus einander gesetzt zu werden: So veranlaßte dieß den ehrlichen Pfarrer, mir mehrere Besuche zu machen, in denen wir jedesmal, wiewohl nicht immer den kürzesten Weg, da fortgiengen, wo wir das leztemal stehen geblieben waren, bis wir, nachdem wir einander alles gesagt, was uns auf dem Herzen lag, natürlicher Weise, — nichts zu sagen hatten.

W.

Erste Unterredung.

Dieser Tagen, da ich allein in meinem Studierzimmer beschäftigt war, hörte ich etwas so leise an der Thüre pochen und kratzen — denn es war so etwas zwischen beyden — daß ich, ohne darauf acht zu haben, in meiner Arbeit fortfuhr, bis nach einer kleinen

Weile die Thüre langsam Zoll für Zoll, dergestalt, daß sie ungefehr drey bis vier Secunden brauchte, um die Breite eines Daumens zurückzulegen, aufgieng, und weil diese langsame Bewegung mit einigem Knarren verbunden war, mich veranlaßte umzuschauen, und wahrzunehmen, daß alle diese Bewegungen von einer menschlichen Figur herrührten, welche, dem Ansehen nach, nicht ohne Zweifel und Furcht einer günstigen Aufnahme, hereinzukommen strebte.

Es verstrichen noch einige Sekunden, bis es endlich so weit gediehen war, daß der Mann — denn ein Mann war es, und wie man sehen wird, ein beßrer Mann, als man nach diesen Anscheinungen hätte vermuthen sollen — den Kopf vorwärts und den Leib auf die Seite gedreht, wie einer, der sich durch eine enge Oefnung hindurchwinden muß, (wiewohl die Thüre weit genug für ### war) — bis es ihm, sage ich, gelang, sich so weit hereinzuarbeiten, daß ich sehen konnte, wen ich vor mir hatte.

Es war ein ältlicher Mann, von mittlerer Größe, etwas hager; trug einen altmodisch zugeschnittenen grauen Rock mit schwarzen Knöpfen, eine schwarze Tuchweste, wohlgeschonte aber doch an den Knieen etwas abgestoßne schwarze Plüschhosen, wollene Strümpfe von der nehmlichen Farbe, und (was aus seinem Anzug ein vollständiges Ganzes machte,) eine dicke

Perüke

Perüke von weißen Ziegenhaaren, die durch Länge der Zeit eine dem verwelkten Bux nahkommende Farbe angenommen hatten. In der Hand hielt er ein kurzes dickes spanisches Rohr mit einem schlechten Fayances-Knopf, und unterm Arm einen großen Hut, der so abgegriffen und verschlissen war, daß sein Herr selbst beschämt schien, ihm noch längere Dienste zuzumuthen.

Dieses unscheinbaren Aufzugs ungeachtet hatte der Mann etwas in seiner Gesichtsbildung und Miene, das mich für ihn einnahm; und überdieß schien er zu einem Orden zu gehören, dessen Bestimmung in meinen Augen so ehrwürdig ist, daß ich dem geringsten Mitglied desselben (in so fern er kein Bonze ist) mit eben so viel Ehrerbietung zu begegnen pflege, als ob er Erzbischof zu York oder Kardinal-Vicarius wäre.

Der gute Mann machte viel Umstände und Entschuldigungen. — „Ich besorge — Sie sind beschäftigt, wie ich sehe — Verzeihen Sie mir — ich komme wohl zur ungelegnen Zeit, u. s. w."

Ein Mann, wie Sie, kömmt immer zur gelegnen Zeit, sagte ich, indem ich ihn ersuchte Platz zu nehmen.

Er schien dies — wiewohl es würklich kein Kompliment war — für etwas noch schlimmers zu halten.

Seine Verwirrung verrieth das seltsame Vorurtheil, womit er zu mir gekommen war.

Ich betrachtete ihn einen Augenblick mit einer Aufmerksamkeit, die durch einen Ausdruck von Wohlwollen und Bescheidenheit gemildert war, — oder mein Gesicht müßte meinem Herzen, ohne meine Schuld, Unrecht gethan haben.

Mein Unbekannter nahm, wie ich vermuthe, diesen Blick für eine Frage auf. — Ich bin der Pfarrer zu ***, sagte er, und habe mir schon lange gewünscht Sie persönlich kennen zu lernen.

Ich konnte mich bey den Worten — ich bin der Pfarrer zu *** — nicht enthalten, einen Blick auf seinen abgetragenen grauen Rock, auf seine Plüschhosen und wollenen Strümpfe, und auf seinen alten abgegriffenen Hut zu werfen. Ich glaube gar, daß ich seufzte.

In der That stellten sich mir in diesem nehmlichen Augenblick eine so große Menge ernster und trauriger Vorstellungen dar; — Die Bestimmung und Würde des geistlichen Standes, im Gegensatz mit der verachteten und unterdrückten Lage der sogenannten niedern Klerisey in den meisten christlichen Staaten; — die nachtheiligen Folgen, die dieser Kontrast theils auf den

Charak-

Charakter der Geistlichen selbst, theils auf ihren sittlichen Einfluß und die würkliche Erzielung des Endzwecks ihres Berufs hat; — die Sorglosigkeit der meisten Großen über einen so wichtigen Gegenstand; — die Unmöglichkeit, oder, was aufs nehmliche hinausläuft, die unendlichen Schwierigkeiten, diesem Uebel allenthalben abzuhelfen, wenn auch manche Obrigkeiten den Willen hätten, die Sachen auf einen bessern Fuß zu setzen: Alles dieß mit allen seinen Ursachen, Umständen und Folgen auf einmal anschauend gedacht, — und gerade in diesem Augenblick, dem guten Pfarrer zu ***, seiner gelben Perüke, seinen Plüschhosen, und seinem abgenutzten Hute gegenüber, gedacht, — betrübte meine Seele, und machte mich wider Willen ein paar Minuten sprachlos.

Der wackere Mann schien verlegen zu seyn, wie er das Gespräch anfangen wollte. Er sah aus wie ein Mann, der viel auf dem Herzen hat, und nicht weiß, wie er sich dessen erledigen soll. Er warf die Augen bald auf die eine, bald auf die andre Seite des Zimmers, verwunderte sich — armer Mann! — über den schönen Band meiner Bücher, und fixierte sich endlich auf etlichen Büsten, die ihm gegen über stunden.

„Sokrates, nicht wahr?„ — fragte er mit einer Mine, als ob es ihm gefiele dieses Bild bey mir

mir anzutreffen. „Es war ein vortreflicher Mann (sagte er, nachdem er den Kopf eine Weile betrachtet hatte) Wiewohl man's ihm nicht ansieht.„

Nein, gewiß nicht, versetze ich ein wenig hastig. Sehen Sie hier — dies sind die Baisers von Do=rat, nach den Basiis des Johannes Secundus, in einem schönen englischen Bande, auf das feinste Pappier gedruckt, mit einer Menge reizender Vignet-ten, — ein Buch kann nicht besser gekleidet und her=ausgeputzt werden — und doch ist dies Buch seinem Innern nach vielleicht nicht einmal — einen Kuß werth. — Und sehen Sie hier den Katechismus fürs Landvolk, ein klein Büchlein, auf schlecht Pappier gedruckt, in Pappe gebunden, das nach sei-nem wahren Gehalt mehr Gold werth ist, als der Ver-fasser und sein Buch zusammengenommen schwehr sind.

Der Pfarrer sah mich an, als ob er die Bestät-tigung dessen was ich gesagt hatte, in meinen Augen lesen wollte.

Ich. Sie kennen doch Schlossers Katechismus, Herr Pfarrer?

Der Pfarrer. Ganz gewiß; ich hab' ihn mehr als einmal gelesen, und viel Gutes daraus gelernt. Ich empfehl' es allenthalben wo ich bekannt bin. Was
auch

auch manche Leute dagegen sagen; es ist ein gutes lehrreiches Buch, wiewohl eben nicht alles darinn steht, was in einen Katechismus fürs Landvolk gehört.

Ich. Wer wollte auch ein gutes Buch deswegen verwerfen, weil nicht Alles darinn steht? Allenfalls hätte Herr Schlosser seinem vortreflichen Büchlein, um der schwachen Brüder willen, einen andern Titel geben mögen.

Das denk' ich auch; sagte der Pfarrer.

Er blätterte etliche Augenblicke in den Baisers, die er noch in der Hand hatte, schüttelte ein paarmal den Kopf, und legte es wieder hin. — Sokrates war kein Freund von Küssen, sagte er, indem er die Büste des Weisen von neuem betrachtete.

Ich. Sie erinnern Sich, wie ich höre, der Stelle, wo er den jungen Xenophon bestraft (*), weil er zu leichtsinnig über die Gefahr eines Kusses wegschlüpfte.

Der Pfarrer. Und was meynen Sie, daß er zu manchem modernen Gedichte gesagt hätte, worinn alle Zauberey der Poesie aufgeboten wird, um die

Jugend

(*) *Memorabil. Socrat.* I. c. 3.

Jugend nach demjenigen lüstern zu machen, was Socrates der Weisheit und Tugend so gefährlich hielt?

Ich erröthete ein wenig.

Der Pfarrer. Vergeben Sie mir — ich habe wahre Hochachtung für Sie, und —

Ich. Ich wünsche von Ihnen gekannt zu seyn, eh sie mir das sagen; denn ich liebe die Komplimente nicht.

Der Pfarrer. Sie haben der Welt durch einige Ihrer Schriften so viel Gutes gethan —

Ich. Vergeben Sie mir, daß ich Sie unterbreche. Wir wollen uns in kein so weitläuftiges und kützlichtes Geschäft einlassen, als die Untersuchung der Güte oder Nützlichkeit meiner Schriften ist. Diese Untersuchung ist überhaupt bey allen Büchern schwehr; Denn das Beste kann Schaden thun, und das Schlimmste ist zu etwas gut. Aber bey den Meinigen finden sich noch besondere Schwierigkeiten. Die Geschichte meiner Seele, und die Geschichte der Gelegenheit, Art, und Weise, wie jede meiner Schriften, vom Jahr 1751 an bis izt, entstanden ist, gehört gewissermaßen unumgänglich dazu, wenn die Welt (ich rede nicht von der kleinern Zahl, die alles dies nicht

nöthig

nöthig hat) in den Stand gesezt werden soll, jede in ihrem wahren Lichte zu sehen, und von dem Gemüths-zustande, der Lage und der Absicht, worinn sie geschrieben worden, richtig und vollständig urtheilen zu können. Ich habe diese Geschichte ein einzigesmal in meinem Leben einem Manne von großen Verdiensten um die Menschheit, einem der besten Sterblichen, die je gewesen sind, am ersten Abend, den wir zusammen zubrachten, erzählt, und er ist dadurch auf ewig mein Freund worden.

Der Pfarrer. Aber warum ellen Sie nicht, diese nehmliche Geschichte der ganzen Welt zu erzählen? Sie glauben nicht — o! gewiß, Sie stellen Sich nicht vor, wie viel falsche Urtheile und Aergerniß Sie vielleicht dadurch verhindern, und wieviel Gutes Sie damit schaffen würden.

Ich. In der ersten Wärme der Empfindung war dies auch der Gedanke des würdigen Mannes von dem ich Ihnen sprach. Aber er hörte meine Gegengründe, und billigte sie. — Ich will Ihnen diese Gründe aufrichtig sagen, lieber Herr Pfarrer; und und glauben Sie mir, ich fühle in diesem Augenblick etwas, das mich zwingen würde Ihnen die Wahrheit zu sagen, wenn ich auch nicht wollte. — Ich habe nicht anhaltenden Enthusiasmus genug mich über alle die Urtheile hinwegzusetzen, denen ich mich aussetzte,

wenn

wenn ich mein eigner Biograph würde. Die Welt, in der wir leben, ertrüge einen so hohen Grad von Aufrichtigkeit nicht. Ich bin als ein Dichter bekannt. Man würde mich, selbst indem ich das schlimmste, was ich von mir zu sagen hätte, beichtete, der Kunstgriffe beschuldigen, deren sich Danae bediente, da Sie dem noch nicht entzauberten Agathon ihre Geschichte erzählte. Man würde sagen, daß ich (wie Danae) mehr die Geseze des Schönen und Anständigen als der historischen Treue zum Augenmerk genommen, und mir kein Bedenken gemacht hätte, bald einen Umstand zu verschönern, bald einen andern gar wegzulassen, je nachdem es die schönere Wirkung des Ganzen erfodert hätte. — Mit einem Worte, Herr Pfarrer, ich kann mich nicht entschließen, alles Gute von mir zu sagen, was ich sagen müßte, wenn ich so wahr und gerecht gegen mich selbst seyn wollte, als ich es gegen jeden andern Menschen zu seyn wünsche und beflissen bin.

Der Pfarrer. Indessen — da wir doch Menschen sind — und es unmöglich ist, daß wir bey einer unumschränkten Offenherzigkeit nicht auch Böses von uns zu erzählen haben sollten — sollten Sie Sich nicht vielleicht auch vor dem Terenzischen — *„Ego homuncio hoc non facerem?„* — fürchten?

Ich

Ich. Es wäre immer eine Bedenklichkeit, die — in Erwägung der schmeichlerischen unredlichen Art, womit die meisten Sterblichen über ihr eignes sittliches Verhalten zu urtheilen pflegen — auf einen Menschenfreund, der auch nur zufälliger Weise zu schaden für ein großes Unglück hält, billig Eindruck machen könnte. Aber, glauben Sie mir, Herr Pfarrer, dies ist was ich am wenigsten besorge. Meine Fehltritte sind vielleicht — so seltsam Ihnen dies auch vorkommen mag — gerade das, was freylich nicht meiner Weisheit oder Klugheit — aber gewiß meinem Herzen die meiste Ehre macht. — Aber, lassen Sie uns diese Materie abbrechen. Ich muß Ihnen Alles sagen, oder ich habe das schon zu viel gesagt.

Der Pfarrer. Ich begreiffe Sie. Aber wenigstens sollten Sie alles, was zu richtiger Beurtheilung Ihrer Schriften nöthig ist, aufsetzen, und wofern Sie ja Bedenken tragen, diesen Aufsatz bey ihrem Leben bekannt zu machen, dafür sorgen, daß er dereinst nach ihrem Tode bekannt gemacht würde.

Ich. Dies ist auch mein Vorsatz, lieber Herr Pfarrer.

Der Pfarrer. Gott gebe Ihnen Leben und Muth, ihn auszuführen! Sie wissen nicht, ich wiederhohl es, sie wissen nicht, wie viel die schiefen Urtheile, wozu Sie — (ich hoffe ohne Ihre Absicht, und wünsche daß es auch ohne Ihre Schuld geschehen seyn möge,) — Gelegenheit gegeben haben, wie viel der mannichfaltige Mißbrauch einiger ihrer Schriften, wie viel selbst das Lob, das Ihnen manche geben, Schaden thut.

Ich. Sie halten mich für unwissender, als ich bin. Glauben Sie mir, Herr Pfarrer, ich weiß nur zu viel davon, und bin sehr überzeugt, daß die Epigrammen des redlichen, die Tugend mit Enthusiasmus liebenden Jünglings Voß (*) das geringste von den Uebeln sind, wozu ich die gelegenheitliche Ursache gewesen seyn mag. Denn diesen jungen Mann entschuldige ich. Er that in seinem Eifer das nehmliche an mir, was ich vor 24 Jahren aus ähnlichem jugendlichem Eifer, an Anakreon, Ariost, Guarini, La Fontaine, und andern wackern Männern that; er glaubt, die Tugend an mir zu rächen. Lassen Sie ihn älter werden, und es wird ihn so gewiß gereuen, Epigrammen wider mich geschrieben zu haben, als es mich gereut, das Schreiben über die Bestimmung eines schönen Geistes mit so viel unbestimmten Halbwahrheiten, so unreiffen Urtheilen, und so unbilligen Ausfällen auf unschuldige Leute angefüllt zu haben; wiewohl dies alles damals ohne einen Schatten von Bosheit oder Unlauterkeit, mit einem von Liebe zum Guten und Schönen brennenden Herzen, kurz, aus keiner andern Ursache geschah, als weil die Schwärme-

(*) im Göttinger Musenalmanach 1775.

ren (wie die Liebe) blind ist, und weil ein junger unerfahrner Neuling in der Welt unmöglich ein Sokrates seyn kann.

Der Pfarrer. Ich bewundre die Offenherzigkeit, mit der Sie Ihre Fehler gestehen.

Ich. Guter Gott! wie oft werde ich Mensch dies abscheuliche Kompliment von einem andern Menschen hören müssen!

Der Pfarrer. Verzeihen Sie mir, ich nahm nur das unrechte Wort — ich liebe Sie darum, wollt' ich sagen.

Ich. Haben Sie nur Geduld, guter redlicher Mann, mein Herz sagt mir, wir werden nicht von einander scheiden, ohne einander lieb gewonnen zu haben.. Aber lassen Sie mich vollends sagen, was ich sagen wollte. Die schiefen Urtheile, die nun seit 24 Jahren über mich, in so fern ich Mensch oder Schriftsteller bin, gefällt worden sind, würden mich wenig anfechten, wenn sie bloß meine Eitelkeit beleidigten. Denn ich gestehe Ihnen, ich bin zu stolz, um viel Eitelkeit zu haben. Bloß in so fern solche Urtheile das Gute hindern, das ich zu thun wünsche, können sie mir nicht gleichgültig seyn. Aber am Ende ist doch aller Schaden, den uns reife muthwillige Jungen, die sich zu Richtern aufwerfen, oder blödsichtige alte Knaben, denen man vergeben muß, weil sie nicht wissen, was sie sagen, oder Leser, die nicht lesen können, weil sie weder em[p]pfinden, noch verstehen, noch unterscheiden können: ich sage, aller Schaden, den solche Leute einem [guten] Werke thun können, ist eine Wunde, die sich von selbst heilt. Das Publikum kehrt sich wenig daran, wenn hier und da ein X. oder Y. in einem Journale [sich die] Mine giebt, als ob er von allen seinen Zeit[genossen] bevollmächtiget sey, in ihrem Nahmen und in ihrer Seele zu urtheilen; und wenn es sich auch [zuweilen] von einem gern seyn wollenden Demagogen über[schwatzen] oder — um das rechte Wort zu brauchen, w[iewohl es] nicht edel ist — übertölpeln läßt: so [geschieht es] doch nur auf kurze Zeit, und der Taumel geh[t wieder] schnell genug vorüber. Dies ist es also [nicht, was] mich am meisten bekümmert. Aber der sittlich[e Miß]brauch, welchen Leser von verdorbnem Herz[en von] meinen Schrif[ten m]achen, und der Schaden, [den sie] durch Mißverstand, oder, wenn sie Perso[nen auf] welche sie nicht geschrieben sind, in die H[änder fal]ken, anrichten können — Dieser Mißbrau[ch, dieser] Schade verwundet mein Herz, und hat mir [oft] den ungeduldigen Wunsch ausgepreßt, [daß ich] ein Holzhacker, Sackträger, oder alles andre, [was ein] ehrlicher Mann seyn kann, geworden seyn möchte, [als] ein Dichter und ein Schriftsteller für die [Welt]. deßen hat doch die Gewißheit, daß ich selbst [in allen] Theilen und Gegenden Teutschlandes [so gute] Personen von den vorzüglichsten Eigenschaften [kenne,]

sie

stes und Herzens kenne, die mich gerade so lesen, wie ich wünsche, und den Gebrauch davon machen, der meiner Absicht antwortet — Diese Gewisheit, und die wahrscheinliche Vermuthung, daß es deren noch viele giebt, die ich nicht kenne, hat, wenigstens in heitern Stunden, so viel Tröstendes für mich, daß ich unverwerft wieder den angenehmen herzerhöhenden Täuschungen Raum gebe, ohne welche schwerlich jemals ein Biedermann Schriftsteller geworden wäre. Und so kömmt es denn, daß ich gewöhnlicher Weise, zwischen diesen beyden äußersten Punkten, mich in einer ganz erträglichen Zufriedenheit mit mir selbst fortbewege, und von dem süßen Wiegenliedchen, Alles ist gut, eingelullt, mein Haupt so sanft auf mein Küssen lege, als irgend ein Autor in der Christenheit.

Der Pfarrer. Es ist eine ausgemachte Wahrheit daß der Mißbrauch, den unverständige oder übelgesinnte Leute von einer Sache machen, weder den Werth der Sache vermindert; noch dem Urheber derselben zur Last gelegt werden kann. Werden nicht die Werke Gottes selbst täglich und augenblicklich von Unzählichen gemißbraucht? Ich denke, nachdem der Allweise und Allmächtige nichts machen konnte, das von halbvernünftigen Geschöpfen, wie wir Menschen sind, nicht in Mißbrauch gezogen werten könnte, darf man kühnlich behaupten, es sey schlechterdings unmöglich etwas so Gutes hervorzubringen, das nicht

auf

auf die eine oder andre Weise zum Werkzeug oder zur Veranlassung oder wenigstens zum Vorwande von vielem Bösen gemacht werden könne. Weder menschliche noch göttliche Weisheit kann verhindern, daß die Wahrheit, wenn sie in schiefe Köpfe fällt, oder in einem falschen Lichte gesehen wird, nicht verfälscht, die unschuldigste Rede oder Handlung von Unverstand, Uebereilung oder bösem Willen nicht übel ausgedeutet, und die Tugend selbst nicht verdächtig oder wohl gar zum Verbrechen gemacht werde. Das Verzeichnis aller derer, die auf irgend eine Weise unschuldig an Seele oder Leib gemartert worden sind, würde einen größern Raum einnehmen als alle Bücher in der Vaticanischen Bibliothek. Kein Vernünftiger zweifelt an diesen Wahrheiten. —

Ich. Nur unterläßt man alle Augenblicke, die Anwendung davon zu machen, wenn der Fall sie anzuwenden kommt; und so legt man z. E. dieser so allgemein erkannten Wahrheiten ungeachtet, einem Schriftsteller — wenigstens so lang er lebt, und man ihm also durch Vorwürfe und Schmälerung seines Ruhmes schaden kann, — jedes vorgebliche Aergernis zur Last, das gewisse Leute, in deren Umständen, Erziehung, Kopf, Herzen, oder Sitten der wahre Grund, warum sie geärgert worden, liegt, ohne seine mindeste Schuld an seinen Schriften nehmen.

Der Pfarrer. Ohne seine mindeste Schuld, sagten Sie. Vortreflich! dies ist der Punkt, auf den alles lediglich ankömmt. — Ich kann es nicht von meinem Herzen erhalten, zu glauben, daß es so boßhafte Menschen gebe, die einem Schriftsteller den Mißbrauch seiner Werke bloß darum zum Vorwurf machen sollten, weil sie ihn gern um die Hochachtung seiner Zeitgenossen bringen möchten —

Ich.

Ich. Ich konnt' es auch lange nicht von meinem Herzen erhalten, zu glauben, daß es boshafte Menschen gebe. Aber eine Erfahrung von vielen Jahren hat mich anders belehrt, mein lieber Herr Pfarrer. Das Geschlecht der Söhne Belials steht noch in voller Blüte.

Der Pfarrer. Indessen werden Sie doch nicht in Abrede seyn, daß die Schriftsteller zuweilen selbst Schuld daran haben, wenn schwache Seelen sich an ihnen ärgern, oder wenn zum Bösen ohnehin geneigte Leute noch schlimmer durch sie werden.

Ich. Ich gestehe Ihnen dies ohne Schwierigkeit. Nur erlauben Sie mir hinzuzusetzen, Herr Pfarrer, daß es Schriftstellern von einer gewissen Classe — oder um deutlicher zu reden — Moral-Philosophen, Naturforschern, Dichtern, Satyrikern, launenhaften Schriftstellern und überhaupt allen die über die menschlichen Angelegenheiten frey von der Brust wegreden, — eben so unmöglich ist, zu verhindern, daß schwache Seelen sich nie an ihnen ärgern, als es dem weisesten Regenten unmöglich ist, zu verhindern, daß seine Staatsverwaltung nicht immer von einer Menge kurzsichtiger Seelen in und außer seinem Lande getadelt werde.

Der Pfarrer. Hierinn, glaube ich, haben sie Recht.

Ich. Schwache Seelen, lieber Herr Pfarrer, sind kranke Seelen. Was kann die rothe Farbe dafür, daß sie einem kranken Auge weh thut?

Der Pfarrer. Ich merke, wo Sie hinauswollen.

Ich. Nirgendwohin, als wohin uns der gerade Weg führen wird. Ich denke, was die schwachen

Brüder betrift, die sich oft sehr zur Unzeit und an den unschuldigsten Dingen ärgern, darüber sind wir einig. Es käme viel auf die Herren Ihres Ordens an, wenn die Anzahl dieser Leute kleiner werden sollte. Aber, wer andern den Staaren stechen soll, muß selbst sehen. Was für klägliche Moralisten, was für Wiegenkinder in der Natur - und Menschenkenntnis, sind die Meisten unter denen, die uns öffentlich lehren sollen, was recht, und gut und schön und löblich sey, daß wir ihm, nach Sanct Pauls Ermahnung nachdenken — wie ohne Zweifel seine Meynung war — nachtrachten können? (*) Lieber Gott! was für Sokratesse! und ein Sokrates soll und muß doch wohl aufs wenigste jeder Lehrer seyn, der geringste wie der Vornehmste, oder wie soll er uns lehren können?

Der Pfarrer zuckte die Achseln.

Ich. Verzeihen Sie mir diesen kleinen Ausfall. Er soll mich nicht von dem abführen was ich sagen wollte. Sie erwähnten vorhin, die Schriftsteller hätten zuweilen selbst die Schuld, wenn zum Bösen ohnehin geneigte Leute oft schlimmer durch sie würden. — Aber, mein bester Herr Pfarrer, nennen Sie mir das Ding, wodurch ein zum Bösen ohnehin geneigter Mensch nicht schlimmer werden kann?

Der Pfarrer hatte die angestrengte Mine eines Menschen, der sich auf etwas besinnt und es nicht finden kann. — Die Sache kann freylich aus mehr als einem Gesichtspunct angesehen werden, sagte er endlich.

Ich. Dies erfuhr ich selbst, da leztbin bey einer Dame von vorzüglicher Einsicht die Unterredung auf diese Materie fiel. Die Frau sagte darüber etwas, das mir so außerordentlich klar und entscheidend vorkam,

daß

(*) Philipp. IV. 8.

daß ich dadurch frappiert (*) wurde. Ein Gedicht, eine Erzählung, kurz ein Werk von einer gewissen Gattung (Sie errathen leicht, Herr Pfarrer, daß von der erotischen und komischen Gattung die Rede war) kann, sagte sie, einem Leser in die Hände fallen, dem es vielleicht in tausend andern Augenblicken unschädlich gewesen wäre: aber gerade in dem Augenblicke, da er es liest, befindet er sich unglücklicher Weise in einer Leibes und Gemüthsverfassung, daß ein einziges reizendes Bild mehr, oder ein einziger Grad um den der Verfasser seine ohnehin entzündete Einbildungskraft erhöht, hinlänglich ist, die beßre Seele zu überwältigen, und den Menschen zu einer unsittlichen Handlung, die er nicht verübt hätte, wenn er dies Gedicht, diese Erzählung nicht gelesen, hinzureissen. Ein Glas Wasser, sezte Sie hinzu, kann so voll seyn, daß ein einziger Tropfen, der noch hinzugegossen wird, hinlänglich ist, es überlauffen zu machen. — Wie ists möglich, daß ich einen so simpeln Gedanken in meinem Leben nie gehabt habe, rief ich? Hätt' ich ihn gehabt, da ich die komischen Erzählungen drucken lassen wollte, sie wären auf der Stelle ins Feuer geworfen worden.

Der Pfarrer. Sagten Sie das würklich?

Ich. Würklich, oder doch so etwas das sehr deutlich verstehen gab, daß dies mein Gedanke war.

Der Pfarrer. Das Bild vom vollen Glase Wassers spielte Ihnen einen kleinen Streich, wie ich sehe. Wenn ihre Eigenliebe harthäutiger wäre als sie zu seyn scheint, hätten sie leicht eine Ausflucht finden kön-

(*) Der Verfasser dieses Aufsatzes bittet sich von den Meistern der teutschen Sprache ein gutes alt oder neu teutsches Wort aus, welches genau den Begriff des französischen Wortes etre frappé de quelque chose bezeichne. Er wird es mit Dank annehmen.

können. Ein Mensch, der sich in einem so gefährlichen Gemüthsstande befindet, daß es nur noch einen kleinen Stoß braucht, um ihn zu Begehung einer Lasterthat zu treiben, — ist freylich sehr zu bedauren: aber Schriftsteller können auf solche Menschen keine Rücksicht nehmen. Denn man könnte 1000 gegen 1 setzen, daß in diesem nemlichen Augenblick irgend ein andrer kleiner Zug, oder Druck, oder Stoß, unter der unendlichen Menge von Zügen, Drücken und Stößen, womit alle Dinge in der Welt in aufhörlicher Würkung und Gegenwürkung auf einander loßarbeiten, gerade die nehmliche Würkung hervorgebracht haben würde.— Diesem ungeachtet denke ich doch, die Vorstellung, daß es so leicht ist, durch Schriften, die in Jedermanns Hände kommen, diesem oder jenem Schaden an seinem Kopfe oder Herzen zu thun, sollten die Schriftsteller ein wenig behutsamer machen als viele, und — verzeihen Sie mir — als vielleicht Sie selbst gewesen sind.

Ich. So denk ich izt auch. Aber damals, da ich die komischen Erzählungen und den Idris machte, hatte ich die Welt von der ich gelesen seyn wollte, und die solche Werke ohne Schaden lesen kann, so lebhaft vor den Augen, daß ich nicht daran dachte, daß diese Gedichte auch vorwitzigen Knaben und glühenden Jünglingen (glühende Mädchen giebt es nicht, denn an denen die es sind ist schon nichts mehr zu verderben) in die Hände fallen, jene lüstern machen und bey diesen Oel ins Feuer gießen würden. Und sagen Sie selbst, Herr Pfarrer — Sie scheinen ein Mann von Einsicht zu seyn, (*) an den man eine
solche

(*) Diese Parenthese hätte ich hier besser weggelassen; das Kompliment hilft dem Pfarrer zu nichts, er mag es verdienen oder nicht; aber es sieht doch immer wie eine Bestechung aus, und könnte auch bey dem ehrlichsten Manne wider seinen Willen die Würkung einer Bestechung haben.

solche Frage thun kann — was würde aus einem Schriftsteller meiner Art werden, wenn er sich durch die Vorstellungen der Mißdeutungen und des verkehrten Gebrauchs, dem seine Werke ausgesezt sind, ängstlich machen lassen wollte? Es ist eine armselige, niederschlagende, dem Genie alle seine Federn ausrupfende Leidenschaft um die Aengstlichkeit. Es ist unmöglich, daß ein Mann, er sey Dichter, oder Philosoph, oder Arzt, oder Maler, oder Feldherr, oder was Sie wollen, — wenn er bey jedem neuen Gedanken, bey jedem Feder- oder Pinselzug, bey jedem Recept, das er verschreibt, bey jeder Ordre, die er giebt, u. s. w. von dem Gedanken beunruhigt würde: wird dies nicht bey irgend jemand eine falsche Würkung thun? — Werd' ich nicht um den zehnten Theil einer Haarbreite über die Schönheitslinie hinausfahren? — Wird dies dem Kranken nicht zu warm oder zu kalt machen? — Wird sich nicht vielleicht in diesem Augenblick ein Umstand ereignen, der mein Concept verrückt? — es ist unmöglich, sag' ich, daß einem solchen Mann eine Zeile, ein Pinselstrich, eine Kur, oder irgend eine schöne That gelinge!

Der Pfarrer. Ich fühle, daß ein Mann wie Sie so denken muß, und ich bin weit entfernt, die Behutsamkeit, die ich allen Männern wie Sie anrathen möchte, bis zur Aengstlichkeit getrieben zu wünschen.—

Ich. Dies ist gut zum sagen, lieber Herr Pfarrer, aber in der Ausübung so leicht nicht, als Sie vielleicht denken. In den glücklichen Augenblicken des Genies und der Laune würde Behutsamkeit die nehmliche Würkung thun, die bey gewöhnlichen Menschen Aengstlichkeit thut. — Ueberdies sagen Sie mir ums Himmels willen, wozu alle mögliche Behutsamkeit eines Schriftstellers am Ende helfen soll? — Ueberlegen Sie nur einen Augenblick den Zustand der Welt.

Kön-

Können Sie im Ernste glauben, daß durch ein paar
neue scherzhafte Erzählungen oder erotische Gemählde (*) etwas an ihr verdorben werden könne?
Haben wir nicht eine unendliche Menge von alten und
neuen Werken dieser Art, die in jedermanns Händen
und wovon die ärgerlichsten schon 200 Jahre lang
gar claßisch sind. — Gleichen nicht die Wohnungen
der meisten Personen von Stand und Vermögen in
großen Städten von Europa dem Hause des Hip-
im Agathon? — Nehmen Sie doch die Baiser
einmal in die Hand, und sehen Sie diese Vignetten
an! Was sagen Sie zu den Stellungen und Lagen der
Nymphe Thais, deren Triumphe in diesen Gedichten
besungen werden? Und gleichwohl steht dies Buch in
den Bücherschränken einer Menge von Damen vom
ersten Rang, und von unbescholtnem Rufe. Und
warum sollt' es nicht darinn stehen, da unter Personen
von einem gewissen Stande vielleicht wenige sind, die
nicht mit eignen Augen gesehen haben sollten, was
Therese la Philosophe für ein Buch ist (**), wiewohl
es mit den Sitten noch nicht so weit gekommen ist, daß
man's öffentlich gestünde: Doch gesezt auch, ich irre
mich hierinn, wie viele Personen unter denen, die man
zur großen und feinen Welt rechnet, (junge unverhei-
rathete Töchter ausgenommen) sind wohl, die Boca-
zens Decameron, den Ariost, die Contes de La
Fontaine, den Sopha, den Ecumoire, den An-
gola, und eine Menge andrer Werke von dieser Klasse
nicht gelesen haben? Und was meynen Sie, daß die
komischen Erzählungen, oder gewisse Stellen des
Joris an der Einbildungskraft aller dieser Personen
schlimmer machen könnten?

Der

(*) Ich bitte erotische Gemählde nicht mit asotischen zu
 verwechseln.

(**) Dies mag wohl verschiedene Einschränkungen leiden;
 wenigstens wird die izige Generation immer decenter.

Der Pfarrer. Sie nennen mir da Bücher, die ich nur durch ihren bösen Ruf kenne. Aber, mein bester Herr W** — wenn dem so ist wie Sie sagen, in was für einer Zeit leben wir!

Ich. In der Zeit, die immer gewesen ist, lieber Herr Pfarrer. Sie haben doch die Heiligen Väter gelesen? War es etwan besser zu den Zeiten eines Chrysostomus, Ambrosius, Augustinus? Ihre Homilien und die Geschichte beweisen, daß es um ein großes Theil ärger war. Die guten Sitten circuliren in der Welt herum, wie alles andre. Izt sehen wir sie in den Kolonien von Nordamerica. Es ist ein labender Anblick für den Menschenfreund, ein tugendhaftes Volk zu sehen! — Hundert Tausende, von Einem durch sie alle hinströmenden Geiste belebt, die mit hohem Muthe, standhaft und unerschütterlich, die unverkerbaren Rechte der Menschheit behaupten; ein Volk, wo alle einzelne Glieder in die Wette eifern, ihre Privatvortheile dem Gemeinen Besten aufzuopfern; wo Alte und Junge, Männer und Weiber, denken und handeln, wie die besten Helden und Heldinnen im Plutarch! — Aber könnten wir in hundert Jahren wiederkommen, und uns nach den Sitten dieses nehmlichen Volkes umsehen, das izt vor den Augen des menschlichen Geschlechtes eine so große Rolle spielt, — wie unkennbar würden wir sie finden! — Oeffentliche, bürgerliche und häusliche Tugend macht ein Volk frey, unternehmend, arbeitsam, wirthschaftlich. Ist die Lage nur einigermaßen günstig, so muß es nothwendig durch diese Eigenschaften reich und mächtig werden. Aber so bald es einen gewissen Grad von Macht und Reichthum überstiegen hat, helfen weder menschliche noch göttliche Anstalten mehr, der Ueppigkeit den Zugang zu verwehren. Die Sitten verderben sich. Das reiche und mächtige Volk sinkt von Stuffe zu Stuffe

Stuffe wieder herab; und jede Stuffe seines Falles wird die Stuffe der Erhebung eines andern Volkes, das durch Tugend steigt, um künftig wieder durch Ueppigkeit und Uebermuth zu sinken. — In diesem ewigen Cirkel dreht sich die Menschheit herum, und im Ganzen bleibt die Welt immer, was sie war.

Der Pfarrer. Ich liebe die Wärme des Herzens, die Sie zu dieser Digreßion hinriß, und beklage das Menschengeschlecht, wenn es (wie ich befürchte) so ist, wie Sie sagen; wiewohl sich manches dagegen einwenden ließe. Aber lassen Sie uns zu dem Punkte zurückkehren, von dem wir auf die Seite gekommen sind. — Erlauben Sie mir eine Frage (sagte der gute Pfarrer mit einem gewissen herzlichen Ton, indem er seinen Stuhl ein wenig näher zum meinigen rückte,) — Mein Herz liebt das Ihrige, ich kann Sie durch meine Freymüthigkeit nicht beleidigen — und zudem sind wir ja allein.

Ich. Dieser Umstand macht nichts zur Sache. — Die ganze Welt könnte uns zuhören; ich würde darum weder Ihnen noch mir selbst weniger Freyheit zugestehen, als izt, da wir allein sind. Ein einzelner rechtschafner Mann ist mir so ehrwürdig, als eine Landsgemeine. Aber was wollten Sie mich fragen?

Der Pfarrer. Es ist mehr eine Frage an Ihr Herz, oder (wie wir Geistliche zu reden pflegen) an Ihr Gewissen, als an Ihre Vernunft; denn der leztern fehlt es, wie Sie wissen, nie an Gründen, wenn sie etwas behaupten will, woran der Eigenliebe gelegen ist. — Ich gebe Ihnen gerne zu, daß der Verfasser eines nützlichen Werkes sich wegen des zufälligen Schadens, den dieser oder jener, wider seine Absicht, dadurch nehmen könnte, zu beruhigen alle Ursache hat.

Aber

Aber wenn Werke der Einbildungskraft so beschaffen sind, daß sie auf der einen Seite, auch im glücklichsten Falle, (ich meyne, wenn sie von Personen gelesen werden, denen sie nichts schaden können) wenig oder nichts nützen, hingegen einer Menge Menschen, für die sie nicht geschrieben sind, denen sie aber täglich in die Hände fallen können, fast nothwendig schaden müssen — sagen Sie mir, mein bester Herr W., wie kann ein Menschenfreund den Gedanken ertragen, der Verfasser solcher Werke zu seyn? — und (wenn ich anders noch näher an Ihr Herz dringen darf) wie ists möglich, daß ein Menschenfreund jemals den Gedanken hat fassen können, solche Werke zu schreiben?

Ich, nach einer kleinen Pause. Sollten Sie es vorhin überhört haben, wie ich Ihnen sagte, daß die bloße Möglichkeit, durch einige scherzhafte Gedichte (wiewohl sie nur einen kleinen Theil meiner Schriften ausmachen) zur Verschlimmerung irgend einer menschlichen Seele vielleicht Gelegenheit gegeben zu haben, mir, so oft sie sich mir darstellt, höchst schmerzhaft sey? — Ich sagte Ihnen aber auch, was mir diesen Gedanken erträglich mache; und in der That, was nicht zu ändern ist, muß man ertragen lernen; oder wissen Sie ein ander Mittel? — Ich habe also die erste ihrer Fragen schon voraus beantwortet. Auf die andre könnte ich Sie bitten, einen Augenblick zu bedenken, daß Sie ein Mensch sind, und mit einem Menschen reden. Irren und fehlen — es sind schlimme Gebrechen, lieber Herr Pfarrer! — aber wer kann sich davon freysprechen? Ich kann gefehlt haben, da ich den Gedanken faßte so ein Gedicht zu machen, wie Endymion oder Juno und Ganymed ist; aber dies bin ich gewiß, daß ich damals, da ich vor 11 oder 12 Jahren einige Erhohlungsstunden mit deren Verfertigung zubrachte, weder die Absicht noch die Besorgnis hatte, jemanden dadurch schädlich zu seyn.

Indem

Indem ich dies sagte, trat meine älteste Tochter in das Zimmer, um mir etwas ins Ohr zu sagen. Der Pfarrer betrachtete sie mit großer Aufmerksamkeit, und drückte sein Vergnügen über ihre Bildung, und einen gewissen Widerschein einer heitern schönen Seele, der ihm in einem Gesichte von 6 bis 7 Jahren ungewöhnlich schien, mit der naiven Gutherzigkeit aus, die ihm vermuthlich das Herz unserer Leser, eben so wie mir, schon gewonnen haben wird. Als das Mädchen wieder weggegangen war, machte sie einige Minuten den Gegenstand unsers Gespräches aus. — Sie müssen sich sehr glücklich fühlen, so oft sie dies Kind ansehen, sagte der gute Pfarrer. Sehr glücklich, war meine Antwort; und werd' es noch mehr seyn, wenn ich lebe, um die Hoffnungen erfüllt zu sehen, die ich mir von ihrem Herzen, von ihren Fähigkeiten, und von meiner Art sie zu erziehen mache.

Werden Sie, sagte der Pfarrer lächelnd, ihr auch den Ibris und die komischen Erzählungen zu lesen geben?

Meine Antwort, und den Verfolg unsres Gespräches, welches uns zu einer genauern Erörterung verschiedener nicht unerheblicher Materien führte, muß ich, wegen Mangel des Raumes, auf eines der nächsten Stücke versparen.

Der Teutsche Merkur.

May 1775.

I.
Die goldnen Sprüche des Pythagoras.

Zuerst, die Götter sollst anbeten, und verehren,
  Wie's dich die Weisesten, und die Gesetze lehren!
Sollst ehren jeden Eid, und brechen keinen nicht,
Den eine Hand beschlägt, den eine Zunge spricht.

Die Helden, welche dich empor gehoben haben
Zu höherer Vernunft, durch ihre Geistesgaben,
Sollst halten ewiger und großer Ehren werth;
Wird einst ein Weiser seyn, wer diese Helden ehrt!

Den Geistern, die umher in allen Lüften schweben
Unsichtlich, denen sollst dich so zu sehen geben

Daß sie sich deiner freun; Dem Bösen wenden sie
Die Augen weg, und sehn des Guten Harmonie.

Dein Vater liebte dich, und deine Mutter? Lohne,
Du Sohn, du Tochter, sie mit einer Ehrencrone!

Lieb' alle Menschen, sey nicht Eines Lebens Feind;
Den, welcher Tugend übt, den bitte: Sey mein Freund!

Wirf deinen schärfsten Blick auf deines Freundes Thaten
Willst Thaten thun? laß dir des Freundes Weisheit
rathen!

Verliere deinen Freund um keinen kleinen Zwist,
Wenn aber sein Vergehn mehr als nur Fehler ist,
Wenn seinem Herzen Gift an hellem Tag entschlüpfte;
So reiß das Band entzwey, das dich an ihn ver-
knüpfte!

Bey der Nothwendigkeit wohnt nahebey die Macht;
Das wisse! Nöthig ist: zu haben immer Acht
Auf jede Leidenschaft; Um sie zu überwinden,
Mußt du, zu rechter Zeit, das rechte Mittel finden.

Des

Des Zorns, der Schwelgerey, der Trägheit schäme dich
In deinem Haus mit dir allein, und öffentlich!

Sieh deinen eignen Werth! Setz deinen hohen Adel
In Weisheit, und in Furcht vor deinen eignen Tadel!

Was redest, und was thust, das sey gerecht, und das
Sey dir schon jung gewohnt, daß ohne Grund und Maaß
Nichts thust! Thu aber bald! das Erste, was wir wissen,
Ist, daß wir Menschen sind, und alle sterben müssen!

All' unser Haab' und Gut in Gebers Händen steht,
Und wie's erworben wird, also verloren geht!

Die Götter geben dir, o Mensch, dein Menschenleben;
Wenn sie der Lasten viel dir auch zu tragen geben,
Trag, was du tragen kannst, und mache dir es leicht;
Geduld hilft jedem fort, der an dem Stabe schleicht!

Meinst: Schicksal habe nicht des Frommen Schmerz
vergessen!
Des Uebels Maaß das ward dem Bösen vollgemessen!

Bey allen Dingen sieh, was Gut ist, und was Schlecht;
Erhelle den Begriff von Unrecht und von Recht!
Beyfalle nicht geschwind, tritt langsam in Gedanken,
Und prüfe! Prüfe scharf, und ohne dich zu zanken,
Sag' alle Meinung an; wenn aber ins Gesicht
Dir einer Zänker wird, und Wahrem widerspricht,
Bewaffne mit Geduld dein Herz, und ohne feige
Dem rohen Mann zu seyn, sey ruhig, weiche, schweige!

Kein Mensch verführe dich zu einer bösen That!
Thu Nichts, und rede Nichts, als das was Nutzen hat!

Sey dir geheimer Rath bey jedem Unternehmen!
Wirst seltner führohin dich einer Thorheit schämen.

Der ist ein schlechter Mann, der immer seinen Mund
Zum Reden offen hat, und immer ohne Grund!

Der ist ein edler Mann, der seines Thuns sich freuet,
Und Vieles that, und dem von Allem Nichts gereuet!

Fehlt dir's an Wissenschaft von dem, und dem? Sey still!
Und was ein weiser Mann dich lehren kann und will,

Das

Das lerne! Sanfter wird dein Bach des Lebens fließen,
Wirst Kenner werden, wirst empfinden, wirst genießen
Das, was Gesundheit dir verstatten mag; gesund.
Muß Leib, muß Seele seyn, muß immerhin gesund
Erhalten werden! —— Nicht am Horn des Ueberflusses
Sitzt der gesunde Mann, der Maaße des Genusses
Zu halten weiß; sitzt da, bey seinem Wein und Brod;
Trinkt mäßig, ißt sich satt, mehr nicht! und rosenroth
Sind seine Wangen, scharf sein Geistesblick zu sehen
Was Schön, und Nöthig ist zu seinem Wohlergehen!

Bey deiner Lebensart sey große Reinlichkeit
Das erste Grundgesetz; das andre: Was den Neid
Nur irgend reitzen kann bedachtsam zu vermeiden;
Das dritte: Mäßigung in allen deinen Freuden!

Bist reich, bist redsam? willst verschwenden Geld
         und Wort?
Hast deinen Willen, doch bedenke Zeit und Ort!
Und scheue nur die Art des Albernen und Thoren,
Mit Wort und Gelde geht das Schöne leicht verlohren,
Und auch das Ehrliche! Bist kein Verschwender? Sey
Zugleich ein großer Feind der kleinen Filzerey,

Die, bis den letzten Tag des Lebens, zum Erwerben
Auf Erden ist, und nur geboren, reich zu sterben!

Geh! wo du gehen kannst, die goldne Mittelstraß',
Und alle Dinge miß mit ihrem rechten Maaß'!

Zum Schädlichen laß nie die Sinnen, die Gedanken,
Den Willen, den Geschmack, den Leib, die Füsse wanken!
Halt Seele, halte Leib in gutem Gleichgewicht,
Und etwas nicht zuvor Erwognes thue nicht!

Die Augen schliesse nie zum Schlaf, als bis die Frage
Geschehen ist: was hast an diesem ganzen Tage
Gethan? Hast etwa was vergessen? was versäumt?
Der Schläfer schläft nicht gut, der seine Sünden
                          träumt.

Ist Böses wohl geschehn? Ist Gutes unterblieben?
Die Götter können dich, du selbst kannst dich nicht lieben!
Sag's deinem Herzen, schilt auf jeden bösen Trieb,
Thu dieses Gute heut, das gestern unterblieb!
Hast Gutes wohl gethan, hast Böses wohl vermieden?
Sag's deinem Genius, und sey mit dir zufrieden!

                                      Wolff

Wollst aber nicht zu früh auf deinen Lorbeern ruhn;
Dein Lebens Vorsatz sey: Viel denken und viel thun!
Der Unverdroß'ne nur, der raschen Schritt der Jugend
Zum Guten that, gelangt im Alter zu der Tugend
Die göttlich ist — O Mensch bey ihrer Göttlichkeit,
Bey dem, der ihrer sich als seiner Tochter freut,
Zu ihr gelangen ist nicht leicht, ich schwör', ich schwöre,
Dem Jüngling und dem Mann: daß viel dazu ge-
höre!

Leg' an die Meisterhand an das vollkommne Werk!
Bitt' aber flehentlich die Götter erst um Stärk',
Erquickung, frohen Muth, und Weisheit, weg zu wenden
Was dir entgegen steht, es herrlich zu vollenden!

Wird deine Bitte dir gewähret, dann, o dann
Strahlt Licht in deinen Geist, warst Jüngling, wirst
ein Mann,
Warst lang' an Seel und Leib ein Kranker, bist genesen,
Siehst der Unsterblichen Geschäfte, siehst das Wesen
Der Erdenkinder, siehst jedweden Dinges Stand,
Beschaffenheit und Werth, siehst das verborgne Band,
Das sie zusammen hält, siehst deutlich die Natur

Sich selbst in Allem gleich, und überall die Spur
Auf der sie geht und wirkt nach ewigen Gesetzen,
Siehst die Gerechtigkeit, nach welchen die zu schätzen
Von allen Weisen sind, die etwas tiefer spähn,
Im Zufall keinen Grund, und Gott in Allem sehn!
Siehst was verschlossen war, in Erd und Himmel, offen;
Siehst alles heiter, wirst nichts wünschen und nichts
 hoffen,
Was du nicht hoffen kannst, siehst, daß die Menschen sich
Selbst elend machen, selbst sich leben jämmerlich,
Weil sie, Betrunkene vergänglicher Vergnügen,
Die ewigen nicht sehn, die ihnen nahe liegen.

Ach! wie so wenige, die von der herben Pein
Des kurzen Irrdischen sich wissen zu befreyn!

Die armen Menschen! die so taub, so ganz verblendet
Ihr Leben leben, wie verloren, wie geschändet,
Verworfen, hingerollt, als wie ein schwerer Ball
Vom Berge, welcher eilt zu seinem plumpen Fall.
Sie sehn, sie hören nicht, sie schweifen hin und wieder,
Sie kriechen, steigen hoch, unwissend, stürzen nieder;
Sind Freunde dieses Kriegs, der, schädlich, böser Art,

Mit

Mit ihnen auf die Welt zugleich geboren ward;
Der, von der Wieg' ans Grab, sie überall begleitet,
Sie treibt, und ohne daß sie's merken, sie bestreitet;
Ihm weichen sollten sie, sie sollten ihm entfliehn,
Anstatt, daß sie sich selbst in seine Schlinge ziehn!

O du, der Menschen Gott und Vater, dürftest ihnen
Nur zeigen diesen Geist, den bösen, dem sie dienen,
Aufschrecken würden sie, du würdest sie befreyn
Von allem Uebel ganz, sie würden selig seyn;
Gabst aber ihnen ja Verstand und freyen Willen,
Gesetze der Natur zu kränken, zu erfüllen!
Deswegen, in der Wahl des Unrechts, und des Rechts,
Dastehender, du Mensch, bist göttlichen Geschlechts!
Auf, reisse dich empor zu hohen Seelen-Sorgen!
Die heilige Natur, enthüllend was verborgen
In ihrem Innersten nur blöden Augen ist,
Läßt desto mehr dich sehn, je williger du bist!
Wirst ihr Vertrauter, wirst ihr Liebling, endlich fallen
In ihrem weiten Reich von allen Dingen, allen
Die Schleyer weg, du siehst mit aufgeklärtem Blick
In ihre Werkstatt, siehst was Unglück ist, und Glück,
Siehst alle Wesenheit der Himmel, und der Erden,

Befreyest deinen Geist von irrdischen Beschwerden,
Ziehst immer mehr ihn ab von sinnlicher Begier,
Und hoch von oben her die Weisheit kommt zu dir,
Begleitet dich, du wirst, dem Sterblichen entnommen,
Ein Bürger in der Stadt der Weisen, und der Frommen.

Gleim.

II.
Geschichte des Philosophen Danischmende.

Fortsetzung von S. 55. des April.

Achtzehntes Kapitel.
Schuzrede für die Menschheit.

„Und nun, mein guter Kalender, nachdem wir diesen abscheulichen Auszug der Geschichte der Sultanschaft durchloffen haben, können wir uns noch wundern, wie die Menschen, — die wir im Genuß der Freyheit, und in einem Wohlstande der die Frucht ihrer Arbeit und Begnügsamkeit ist, gut, liebenswürdig und glücklich sehen, — durch Unterdrü drückung und Elend so übel zugerichtet werden, daß man Mühe hat, an dem zerkrazten, verstümmelten, zerdrückten Rumpfe die Spuren seiner ursprünglichen Form zu erkennen?

„Du machtest ihnen einen Vorwurf daraus, daß sie so wenig Vernunft haben. Sieh und fühle nun die ganze Unbilligkeit dieses Vorwurfs!

„Als sie in die Welt kamen, waren sie Kinder. Sie mußten lange wachsen, viel Erfahrungen sammeln, lange beobachten und vergleichen, sich alle Augenblicke irren, und erst durch die schädlichen Folgen ihres Irthums gewahr werden, daß sie auf dem unrechten Wege seyen, — bis es möglich war, Vernunft zu haben; zumal da die Sorge für die nothwendigsten Bedürfnisse ihnen nicht erlaubte, schnelle Schritte zu machen. Indessen rückten sie doch vorwärts, lernten die Natur benutzen, erfanden Künste, bauten und pflanzten, verschaften sich Bequemlichkeiten, lebten glücklich in große Familien vertheilt, und wurden ihres Daseyns froh.

„Aber was geschah? Der erste, der den verruchten Gedanken hatte, lieber ein Herr unter Sclaven als ein Mensch unter Menschen zu seyn, zerstörte nicht nur auf einmal das Werk der Natur, sondern stieß auch so schwere Riegel vor den Kerker in den er sie sperrte,

sperrte, daß ihr alle Möglichkeit sich loßzumachen und ihren bestimmten Lauf fortzusetzen, benommen war. Was half ihr nun jenes angebohrne mechanische Streben zum Fortschreiten und Emporsteigen, das die menschliche Gattung so wesentlich von allen Thierischen unterscheidet? Ein Sclave, eben darum weil er nicht empor streben darf, hört endlich auf Mensch zu seyn, und wird zum bloßen Thier erniedrigt. Empört sich auch zuweilen die Vernunft in ihm, so hält der Sultan Stock und Gaisel, Strick, Schwerdt und Pfahl bereit, ihn dafür zu bestrafen. Denn wo ein Sultan den Meister spielt, ist Denken ein Verbrechen. Aber die Tyrannen haben schon dafür gesorgt, daß die unnatürlichsten Verbrechen weniger selten sind als dies. Wie könnt' ein von knechtischer Arbeit zu Boden gedrückter Sclave, über dessen Rücken stets die Gaisel schwebt, Zeit oder Muth zum Denken gewinnen? Und könnt' er auch, wozu hälf es ihm, als sein Elend zu vergrößern, da er seine Gedanken und Anschläge niemanden mittheilen darf? Was vermag ein einzelner Mensch?

„Es ist wahr, unter so vielen Millionen Sclaven, giebt es Tausende, die als kleinere Sultanen, als Gehülfen der Unterdrückung, als Günstlinge, oder als nothwendige Werkzeuge der Üppigkeit, auf die eine oder andre Weise ihr Glück machen, und zu Ansehen, Macht und Reichthümern gelangen. Aber dieses Glück

Glück ist vielleicht nur ein Augenblick; man muß ihn eilends haschen, genießen, hinunter schlingen; das Gegenwärtige ist Alles, wo keine Sicherheit für die Zukunft ist. Die Furcht thut also bey den Grossen und Reichen die nehmliche Würkung wie bey dem niedrigsten Sclaven. Dieser kann nicht Denken wenn er auch wollte, jene wollen nicht wenn sie auch könnten.

„Du siehst, Freund Kalender, wie unbillig es ist den Menschen, unter solchen Umständen, den Mangel an Vernunft vorzurücken. — Sollt' es mit dem Mangel an Tugend nicht gleiche Bewandnis haben? Ich bitte dich, was hat die Tugend mit Sultanen und Sclaven zu thun? (*) Nenne mir, außer der Geduld, — die in gewissen Fällen keine Tugend ist — eine einzige, die in den Augen eines Sultans nicht

Ver-

(*) Danischmend muß wohl nichts von Epiktet, dem weisen und tugendhaften Epiktet, der ein Sclave war, gehört haben?   Bucephalus.

Unter einer Welt voll Sclaven war nur Ein Epiktet; auch war er kein Sclave mehr, als er den Stoischen Mantel umlegte. Ein Zusammenfluß besonderer Umstände, welche sehr selten zusammen treffen, macht zuweilen Ausnahmen; aber Ausnahmen verändern nichts im ordentlichen Lauf der Sachen.

Verbrechen wäre, (*) eine einzige, die er dulden könnte, ohne seine Sultanschaft in Gefahr zu setzen? Aber er kann von dieser Seite ruhig seyn. Sclaven sind keiner Tugend fähig. Tugend ist Muth, immer nach den ewigen Gesetzen der Vernunft zu handeln, und Sclaven haben weder Muth noch Vernunft.

„Die Sultanen, die Sultanen! — Gott verzeihe ihnen alles Unrecht das sie der Menschheit angethan haben; Ich kanns nicht! — Indessen sind sie weder die einzigen noch die thätigsten Urheber der Uebel, die uns zu Boden drücken.

Neunzehntes Kapitel.
Ein Intermezzo von drey Fakirn.

Wenn Danischmende einmal ins Feuer kam, so war kein ander Mittel, als ihn fortbrennen zu lassen, bis die brennbare Materie völlig aufgezehrt war.

Der

(*) In den Augen des Sultan Domitians zu Rom war es ein großes Verbrechen, daß Epiktet nicht nur selbst tugendhaft war, sondern auch andre Leute dazu machen wollte. Er ließ also den gefährlichen Mann des Landes verweisen; und wenn man die Sache recht bedenkt, so findet man noch Ursache, die Gelindigkeit des Sultans zu bewundern. Algernon Sidney.

Der Kalender, der diesen Zug im Charakter seines neuen Freundes entdeckt hatte, und entschlossen war, sich ihm so gefällig zu machen als er nur immer könnte, ließ ihn also, da er ihn so wohl bey Athem sah, ungestört fortreden, und hörte ihm mit aller Aufmerksamkeit zu, die ein Mann, der nun einmal im Gang ist allein zu sprechen, nur immer verlangen kann. Danischmende war eben im Begriff sich mit seiner gewöhnlichen Freymüthigkeit über die lezte Periode seines mit dem vorgehenden Kapitel abgebrochnen Discurses zu erklären: als sie, beym Eintritt in den Vorhof seiner Wohnung drey Fakirn (*) erblickten, die von einem seiner Hausgenossen Almosen verlangt hatten, und ihm dagegen ein kleines Bild mit fünf gekrönten Köpfen und vier Armen überreichten, welches ihn, wie sie versicherten, vor Kopf und Zahnweh, Gicht, Zipperlein, und allen bösen Geistern bewahren würde, wofern er es jedesmal am siebenten Tage nach dem Neumond morgens vor Sonnen Aufgang in fliessenden Wasser baden, und etliche schwehre Wörter, die sie ihm auf einem Zettel geschrieben gaben, siebenmal dazu hermurmeln würde. Die Fakirn zogen sich demüthiglich zurück, sobald sie den vermuthlichen Herrn des Hauses gewahr wurden.

Da

(*) Allgemeiner Name der herumschweifenden Muhammedanischen und Heidnischen Mönche in Indien, nach Berniers Bericht.

Da haben wirs, — rief Danischmende mit einem schmerzlichen Seufzer. Nun gute Nacht, Natur, Unschuld und Glückseligkeit, die ihr seit Jahrhunderten in diesen der Welt unbekannten Thälern herrschtet! Denn noch hatte weder Fakir noch Bonze den Weg zu uns gefunden. — Aber, wie konnt' ich auch hoffen, daß es immer so seyn würde? Die Herren haben zu feine Nasen! Sie haben ausgespürt, daß gut bey uns leben ist, daß wir hübsche Weiber haben, daß wir gute einfältige Leute, Leute von der besten Hofnung, sind. Nun, da sie uns einmal aufgetrieben haben, Freund Kalender, werden sie, verlaß dich drauf, nicht von uns ablassen, bis sie uns durch und durch so jämmerlich bebonzt und befakirt haben, daß an Seel und Leib nichts gesundes mehr an uns seyn wird.

Man muß ihnen den Weg wieder hinaus weisen, sagte der Kalender.

„Wie soll das möglich seyn? kann ich Gewalt brauchen? Und wenn ich könnte, bin ich dazu berechtigt? Soll ich die Einwohner unsers Thales zusammenberuffen, ihnen eine Gefahr vorstellen, von der sie keinen Begriff haben, sie in Allarm setzen, den Mann gegen sein Weib, die Kinder gegen ihre Eltern, die Nachbarn gegen ihre Nachbarn aufwiegeln? Du solltest doch diese Schlauköpfe mit ihrer schein-

heiligen

heiligen Mine kennen! Sie laſſen ſich nicht ſo leicht
abtreiben. — Und geſezt, es gelänge mir, dieſe
erſten, die vielleicht nur von ungefehr zu uns verirrt ſind, abzutreiben; werden ſie ſich nicht an den
Braminen der Sultanin Nurmahal wenden, und
mit ſiebenmal ärgern als ſie ſind wiederkommen,
um Beſiz von unſerm ganzen Ländchen zu nehmen?
Beſſer, man läßt ſie ihres Weges gehn, und erwartet was daraus werden mag. Die Leute ſcheinen
noch jung zu ſeyn; vielleicht kann man noch Menſchen aus ihnen machen.„

Daß Daniſchmende von ſeiner Ahnung nicht betrogen worden, zeigte ſich ſchon am dritten Tage.
Es war eine Art von Feſt, an dem die Einwohner
von aller Arbeit auszuruhen, und auf verſchiedenen
dazu beſtimmten Plätzen ſich mit Tänzen und ländlichen Spielen zu ergötzen pflegten. Daniſchmende
und der Kalender bemerkten ſogleich, daß unter den
Weibern ihres Dorfes wenige waren, die nicht einen zierlich in Muſſelin eingewickelten Lingam (*).

am

(*) Der Lingam oder Lingum, wovon hier die Rede iſt, iſt
eine Art von Amulet, welchem eine gewiſſe Secte der
Banians abgöttiſche Ehre erweiſet. Sie tragen es
am Halſe oder Arm, und ſind ſtark beglaubt, vermit-
telſt deſſelben unfehlbar in den Kailaſſam, d. i. in das
Paradies des Gottes Rutren oder Schiwen (welcher

der

T. M. May 1775. H

am Halse bammeln hatten und sich auf diesen neuen Putz viel zu Gute zu thun schienen.

Siehst du, sagte Danischmende zu seinem Freunde, würken die drey Fakirn, die wir gestern in meinem Hofe fanden? — Meine einzige Hofnung ist noch, daß der Lingam, eh drey oder vier Tage in die Welt gekommen sind, irgend etwas anstellen wird, das uns Gelegenheit geben mag, den Betrügern die Maske abzuziehen.

Es währte nicht lange, so fanden sich unsre drey Fakirn ein, begleitet von einem Einwohner und seiner Frau, die eine von den schönsten in der ganzen Gegend war, und (wie leicht zu erachten) mit einem ansehnlichen Lingam prangte. Die Fakirn, so neu ihre Bekanntschaft mit diesen guten Leutchen war, thaten schon so vertraut mit ihnen, als ob sie von jeher da gewesen wären. Sie sahen eine Weile den Tänzen der jungen Mädchen zu, und, um zur allgemeinen Ergötzung das ihrige auch beyzutragen, melde-

der eigentliche Stifter des Lingams ist) einzugeben. Was für eine Figur dieser Lingam habe, mögen sich diejenigen, die es noch nicht wissen oder nicht errathen, lieber von La Croze, oder den Malabarischen Missionarien oder sonst einem Schriftsteller, dem nichts übel genommen wird, sagen lassen.

d. H.

melbeten sie der Versamlung, daß sie einen von den Tänzen tanzen wollten, womit der Gott Rutren (*) die Weiber der Braminen belustiget habe (**), als ihn, — nach Vollendung der langen Buße, zu welcher er von den übrigen Göttern verurtheilt worden, weil er seinem Bruder Brama einen seiner fünf Köpfe abgezwickt, — die Lust angekommen, mit besagten Braminen Weibern, in Gestalt eines Bettlers, Kurzweil zu treiben.

Die Fakirn tanzten also den Tanz Rutrens, an welchem Danischmende nicht halb so viel Belieben fand als die guten Landleute, sonderlich die jungen Weiber, die, mit weit aufgesperrten nichts besorgenden Augen, an der Geschmeidigkeit und Stärke der Fremblinge ihre Freude sahen.

H 2   Als

(*) Herr Dow nennt ihn Rudder oder Schiba.
(**) S. *Essay historique sur l'Inde* p. 191. wo diese und die hernach folgende Geschichte vom Ursprung des Elephantenkopfs, womit die Banians den Puleier oder Vinayaguen vorstellen, nebst mehr andern gleich erbaulichen Fragmenten der Ostindischen Mythologie zu lesen sind.   d. H.

Ich könnte noch eine ganze Seite voll Reisebeschreibungen, Kompilationen und andre historische Werke citiren wo alle diese Herrlichkeiten auch zu lesen sind.
Murzuflus.

Als die Fakirn fertig waren, sezten sie sich unter die Einwohner ins Gras, und erzählten den Weibern tausend schöne wunderbare Historien von Bramas fünf Köpfen, und von Wistnus neun Verwandlungen, und wasgestalten die schöne Parasvadi, Rutrens Gemahlin, da sie sich einstens in Abwesenheit ihres Mannes in einem schönen Feen-Brunnen gebadet, plötzlich von dem Gelüsten überfallen worden, ein Kind zu haben, und wie sie mit ihrer Hand in ihrem Busen gefahren, und wie aus dem Schweiß, der ihr davon an der Hand sitzen geblieben, plözlich ein wunderschöner Junge entstanden, dem sie den Namen Vinayaguen gegeben, und wie Rutren bey seiner Wiederkunft über diese wundervolle Geburt Argwohn geschöpft, und dem armen Vinayaguen — sonst auch Puleier genannt — den Kopf abgeschnitten, aber gleich darauf sichs wieder gereuen lassen, und den abgerißnen Kopf wieder habe ansetzen wollen, weil solcher aber nirgends mehr zu finden gewesen, eilends einem jungen Elephanten den Kopf abgeschlagen, und den Elephantenkopf so geschickt auf Puleiers Rumpf gesezt, daß dieser straks wieder zu leben angefangen, und von Stund an sich des Elephantenkopfs so gut bedient, als ob es immer sein eigner gewesen; und wie Rutren ihn darauf für seinen Sohn erkannt, und ihm auferlegt habe, sich nicht zu vermählen, bis er eine Frau gefunden, die so schön sey als seine Mut-

ter;

ter, und wie Puleier nun auf allen Landstraßen steht, und mit seinem Elephantenkopf nach Osten und Westen, Süden und Norden guckt, um zu sehen ob nicht endlich ein Mädchen daher kommen werde, die so schön wie Parasvadi sey. — — Und die enthaltnen Weiblein vergaßen Tanzen und Spielen, Essen und Trinken über den schönen Historien, und zweifelten nun keinen Augenblick mehr, daß die drey Fremdlinge etwas mehr als gemeine Sterbliche, und der Lingam, den sie austheilten, der herrlichste aller Talismanen sey.

Danischmende fand noch nicht rathsam ihnen seine Meynung von der Sache zu sagen: aber da er mit dem Kalender nach Hause gieng, hatte er einen Anfall von seinem Kosmopolitischen Fieber, worinn er den Magiern, Druiden, Bramen, Lamen, Derwischen, Fakirn, Gogüis, Marabuts, Talapoins und Pafaus, kurz allen Arten und Gattungen von Bonzen, schwarzen und weissen, blauen und grünen, rothen und gelben, eine Lobrede hielt, wovon ihnen auf dem ganzen Erdenrund die Ohren hätten klingen sollen; eine Lobrede, worinn alle ihre Verdienste um das menschliche Geschlecht, — ihr Eifer die Welt mit Aberglauben, abgeschmackten Mährlein und Lingams anzufüllen, ihr tödlicher Haß gegen Vernunft und Tugend, ihre Heucheley, ihre Hoffart, ihre Unersättlichkeit, ihre Geschicklichkeit, Erbschaften und Vermächtmächtnisse zu erschleichen, ihre unbändige Begierde zum herrschen, ihr Verfolgungsgeist, ihre Rachsucht, ihre Giftmischerey, ihre Unwissenheit, Gefräßigkeit, Völlerey und Unzucht, mit einem Wort, alle ihre Tugenden, in einem so blendenden Licht hervorstachen, daß man Nerven haben mußte wie der Kalender, um nicht gänzlich davon zu Boden geschlagen zu werden.

Ein zweyter Auszug aus der Geschichte der Menschheit (rief Danischmende, da er mit seiner Lobrede fertig war) der uns — beynahe wieder mit den Sultanen aussöhnen könnte!

W.

Die Fortsetzung folgt.

III.
Briefe
über Italien.

Zweeter Brief.

Von der Cicisbeatura der Italiener.

In der Vorrede der geographischen Beschreibung des Großherzogthums Toskana, die neulich in teutscher Sprache erschienen ist, haben Sie, liebster Freund

Freund, einige Nachricht von der in Toskana üblichen Cicisbeatura gefunden, und weil Sie daraus sahen, daß in diesem Lande die verehligten Damen eine sehr freye Lebensart führen, so wünschen Sie nicht nur die eigentliche Beschaffenheit davon zu wissen, sondern auch, wie sich die verschriene Eifersucht der Italiener damit vertragen könne. Ich mache mir ein Vergnügen daraus, beyde Fragen zu beantworten, weil ich dadurch Gelegenheit bekomme, vieles zu sagen, was Sie mit dem Character der Italienischen Nation bekannter machen wird.

Ein Cicisbeo ist derjenige, der, aus Freundschaft, sichs zur Pflicht auferlegt hat, eine verehligte Dame bey jeder öffentlichen Gelegenheit zu begleiten, und zu bedienen. Im Spazierengehen und Fahren, in Gesellschaften, im Theater, auf dem Landgute, ist der Cicisbeo der beständige Begleiter, Gehülfe, und Rathgeber seiner Dame. Weil er es für eine Pflicht hält, derselben alle die Dienstleistungen zu erweisen, die zu einer wohlanständigen Beförderung ihrer Gemächlichkeit und Ergözungen etwas beytragen kann, so ist er ihr das, was ein Maitre des Plaisirs den Fürsten zu seyn pflegt. Je geschickter er ist, neue Plane von Belustigungen und Zeitvertreiben zu erfinden und auszuführen, desto fähiger ist er dieses Amtes, destomehr gefällt er seiner Gebieterin, und desto mehr Ehre macht er ihr. Der Ehegatte und

der

der Cicisbeo bieten sich einander die Hand, ihre Dame glücklich zu machen, der erste durch den Standesmäßigen Unterhalt, der zweite durch allerley anständige Ergötzungen, die ihr das Leben vergnügt und angenehm machen. Man kann dieses als einen wohl ausgesonnenen Kunstgrif ansehen, dem Verdruß und Eckel, der aus dem nie unterbrochenen Umgange der Eheleute entstehen kann, vorzukommen, und ihn aus dem Wege zu räumen. Ein Mann der den größten Theil des Tages mit eines andern Frau zubringt, muß nothwendiger Weise viele Unvollkommenheiten an ihr wahrnehmen, die theils ihr ganz eigen, theils seiner Ehegattin gemein sind. Er vergleicht beyder Damen Mängel untereinander, und findet die Fehler der fremden Dame viel häßlicher, als jene seiner Ehegattin, weil er die erstere durch den beständigen Umgang mehr empfindet. Wenn er nun noch die Wirkungen eines ausschweifenden Eigensinns fühlen muß, wenn er gezwungen wird, seine Dame in unangenehme Gesellschaften zu begleiten, oder andere verdrießliche Dinge zu dulden, so sehnt er sich gewißlich nach der Gesellschaft seiner Ehegattin mehr, als er sonst thun würde, wenn er mit einer anderen keinen Umgang pflegte.

Es ist keine Gefahr, daß die Dienstbeflissenheit und der vertrauliche Umgang des Cicisbeo durch den Ehegatten der Dame unterbrochen werde, denn

dieser

dieser steht entweder zur nemlichen Zeit in ebendemselben Amte bey einer andern Dame, oder er läßt sich im Zimmer seiner Frau gar nicht sehen, und wenn er etwa nicht umhin kann, so klopft er erst an die Thüre, beschleunigt seine Geschäfte, macht ein groß Compliment, und ziehet wieder ab.

Der Cicisbeo wird meistentheils von der Dame selbst erwählt. Man würde des Mannes spotten, der seiner Frau einen Cicisbeo nach seinem Gefallen aufdringen wollte. Es würde alsdenn der Dame ergehen, wie wenn einem artigen Mönch, der ausgehen will, sein Herr Pater Prior einen Gesellen mitgiebt, dem er todtfeind ist, weil er etwa ein Spion, oder ein Heuchler, oder ein ungeschliffener Mensch ist. Die Gesellschaft würde alsdenn zu einer unerträglichen Quaal werden. Es geschiehet manchesmal, daß der Cicisbeo im Heyrathscontracte bestimmt wird, wann nemlich die Dame etwas widriges von ihrem zukünftigen Gemahl befürchtet. Die Fremden von großem Ansehen und Reichthum werden durch Unterhändler angeworben. Da Milord C. zu Florenz ankam, wurden ihm die Portraits verschiedener Damen zugeschickt, um eine davon zu wählen.

Es geschieht auch, daß eine Dame zwey Cicisbei zur nemlichen Zeit hat. Denn wenn ein Fremder dazu kommt, welcher sich nur auf einige Zeit im Lande aufhält, so macht sich der gewöhnliche Cicisbeo eine Ehre daraus, ihn zum Amtsgenossen zu haben, und wechselt nach desselben und der Dame Belieben in seinen Amtsverrichtungen mit ihm ab. Da Milord C. die Marchesa C. zu seiner Cicisbea wählte, war der Herr Canonicus D. ihr Cicisbeo. In den ersten Jahren waren diese Herren so eifrig in der Bedienung ihrer Dame, daß sie wider die Gewohnheit des Landes sogar den Charfreytag nicht davon ausnahmen. Man machte deswegen ein satyrisches Sonnet auf sie, welches unter andern sagte, daß auf den Charfreytag eine Dame, ein Canonicus und ein Protestant das Miserere in einem Garten mit einander gesungen hätten.

Aber wie? werden Sie sagen, läßt es denn die geistliche Obrigkeit zu, daß ein Canonicus einen so vertraulichen und fast beständigen Umgang mit einer Dame pflege, und zwar in einem Lande, wo die Quelle der Kirchengesetze ist? In unserm Lande würde eine solche Lebensart höchst ärgerlich seyn, und von der Obrigkeit scharf geahndet werden. — Ich kann sie aber, bester Freund, versichern, daß die Italiener an der Cicisbeatura der Geistlichen sich gar nicht ärgern, und daß es weder der geistlichen noch der weltlichen Obrigkeit einfällt, dieselbe zu verbieten. Und warum sollte dieses geschehen? Was
ist

ist denn Böses an einer ehrbaren Dame, weswegen
der Geistliche ihren Umgang vermeiden solle? Und
wenn nichts Böses darunter verborgen ist, so wüßte
ich auch nichts sträfliches darinn zu finden, ausgenommen daß ein Geistlicher auf nützlichere Dinge die
Zeit verwenden sollte. Allein hiervon ist die Frage
nicht, denn sonst würden auch die Teutschen eine gewisse Gattung von Geistlichen bestrafen, welche den
ganzen Tag von einem Hause ins andere herumstrei-
chen, und das andächtige Frauenzimmer besuchen,
mit welchem sie nicht allezeit den Rosenkranz beten.

Der Umgang mit den Damen in Italien geschieht
meistentheils öffentlich, und ich habe gute Ursachen
zu glauben, daß die Geistlichen in der Zeit, wo sie
sich ohne Zeugen mit den Damen unterhalten, eben
so wenig Uebels thun, als die weltlichen Cicisbei.
Hätte ich keine andere Ursache es zu glauben, als
diese, daß sie keine Profeßion von Heiligkeit machen,
und nur für ehrliche Männer paßiren wollen, so wäre mir dieser Beweis hinreichend, nichts Arges von
ihnen zu denken.

Es sind aber noch andere wichtige Ursachen vorhanden, die mir nicht zulassen, die Cicisbeatura der
Italiener zu verdammen. Sie hat schlechterdings
nichts Böses in sich. Ihr Endzweck ist ehrbar, und
es kann gar wohl seyn, daß auf Seiten der Dame

und

und das Cicisbeo weiter keine strafbare Absichten herrschen. Die Welschen haben ein sehr lebhaftes, sanftes und zärtliches Gefühl. Was auf eine sanfte Art ihre Sinnen reizt, das schätzen sie hoch. Daher kommt es, daß keine europäische Nation das Schauspiel, die Musik, und alle Arten von Gaukelwerk so sehr liebt, als die Welschen. Ihre lebhafte Einbildungskraft entdekt in einer jeden Tändeley so viel Schönes und Reizendes, daß es andern Nationen schwer zu begreifen ist, wie sie sich oft viele Jahre damit beschäftigen können. Petrarca besang Jahr lang die schöne Gestalt und die schöne Seele seiner Laura; Ariosto brachte zehn Jahre an einem Gewebe von Ritter- und Feenmährchen zu, und keine Nation kann so viele romantische Gedichte aufzeigen, als die Welsche. Dieses rührt von dem feinern Gewebe ihrer Nerven her, welche nach dem sanften Clima ihres Landes so gebildet sind, daß auch der geringste Gegenstand eine angenehme Empfindung darinn verursachen kann. Daß so beschaffene Menschen viele Jahre lang, wie Kinder mit Puppen, mit einander tändeln können, ohne etwas anders dabey zu genießen, als das Vergnügen einer sanften und zärtlichen Freundschaft, das läßt sich gar leicht begreifen. Der Umgang mit dem schönen Geschlecht hat an sich selbst viel Reizendes für Mannsleute von sanftem Gefühle. Aus vielen Ursachen kann derselbe auch sehr interessant werden. An der Seite einer

ner schönen, reichen und ansehnlichen Dame in den
vornehmsten Gesellschaften, im Theater, auf öffentlichen Spatziergängen mit prächtiger Equipage erscheinen, mit einer Dame umgehen, aus deren Munde honigsüsse Beredtsamkeit strömet, deren ganzes
Betragen von Bescheidenheit, Anmuth und sanfter
Lebhaftigkeit veredelt wird, ist für die ehrgeitzigen,
wißbegierigen und hypochondrischen Italiener kein
gleichgültiger Gegenstand, so wie auch einer wohl-
denkenden und ehrliebenden Dame sehr viel daran
gelegen ist, von Männern begleitet zu seyn, die durch
Adel, Ehrenämter, Gelehrtheit, Witz und Geschicklichkeit sich vor Andern hervorthun.

In Ansehung der Fremden bringt die Cicisbeatura einen sehr beträchtlichen Nutzen. Durch den
Umgang der Italienischen Damen lernen sie in kurzer
Zeit nicht nur die Sprache, sondern auch das Schöne
und Feine derselben, sie legen die steifen und rohen
Manieren, die den Nordländern eigen sind, ab,
machen sich mit den Gewohnheiten und Sitten des
Landes bekannt, lernen den Adel, und die Personen,
die entweder durch Geschicklichkeit, oder Ehrenämter
den Vorzug im Lande haben, kennen, und weil sie in
den vornehmsten Häusern einen freyen Zutritt erlan-
gen, haben sie Gelegenheit derselben Bildergallerien,
Archive, Antiquitäten- und Naturalien-Cabinetter
zu sehen. Ein fremder Edelmann, der sich zu Flo-
ren-

renz aufhielte, ohne sich einer gewißen Dame beyzugesellen, würde in den Gesellschaften meistens eine stumme Person vorstellen, weil die Cavaliers und Damen sich zu einander halten, und um den Fremden sich nicht viel bekümmern. Wenn der Fremde darauf bedacht ist, daß er keine Spielerin und keine arme Dame wähle, und sich derselben zu nützlichen Absichten bediene, so wird die Cicisbeatura für ihn das beste Mittel seyn, ohne viele Unkosten und in kurzer Zeit dasjenige zu profitiren, was er sich zum Ziel seiner Reise vorgesezt hat. Den Nutzen des Umganges mit den Florentinischen Damen siehet man offenbar in den Englischen Lords. Nichts ist roher und ungeschliffener, als ein junger Engländer, wann er von Hause kommt. Befindet er sich aber nur ein Jahr unter der Anführung einer Florentinischen Dame, so wird er artig und liebenswürdig. Weil er aus dem Schulzwang in ein Land versetzt wird, wo er alle Gelegenheit zu den größten Ausschweifungen findet, besonders da er mit einer reichen Goldbörse versehen ist, so ist es für ihn ein wahres Glück unter die Zucht einer vernünftigen Dame zu gerathen, die ihm keinen Zeitraum übrig läßt, mit schlechten Weibern umzugehen, wodurch er um seine Gesundheit kommen, und den Endzweck seiner Reise verfehlen könnte.

Ich bin der Meinung, daß keine allgemein sittliche Gewohnheit in einem Lande herrschen könne, die ihren Grund nicht in der politischen Verfaßung des Landes habe. Die Cicisbeatura bestätiget diesen Gedanken. Die Damen in Italien haben keinen Antheil an der Hinterlaſſenſchaft ihrer Männer, und nach dem Tode derselben kann der Erbe sie in ihr väterliches Haus mit ihrer eingebrachten Mitgift zurückschicken; wofern ihm der Vater im Testamente nicht auferlegt hat, lebenslänglichen Unterhalt seiner Mutter zu geben. Weil daher erfolget, daß die Damen keinen sichern Vortheil an der Vermehrung der Güter ihrer Ehegatten haben, so nehmen sie sich der Haushaltung gar nicht an, welche auch so eingerichtet ist, daß sie sich um dieselbe gar nicht bekümmern dürfen. Daher kommt auch, daß sie sich weder auf die Küche, noch auf andere Geschäfte der Haus- und Landwirthschaft verstehen. In den Klöstern von tändelhaften Nonnen erzogen, wissen sie sich nur mit solchen Dingen zu beschäftigen, die zu ihrem Putz gehören. Es bleibt ihnen also ein großer Zeitraum Geschäfts-leer übrig, welcher durch Gesellschaften, Komödien, Spaziergänge und tausend andere Arten die Zeit zu vertreiben, besezt werden muß.

Aus

"Aus solchen Umständen muste nothwendiger Weise die Cicisbeatura entstehen; damit die Erziehung der Kinder, das Hauswesen, die Landwirthschaft, und der Handel wohl von statten giengen, musten die Männer sich derselben auf das genaueste annehmen, und hatten keine Zeit übrig ihren müßigen Eheguttinnen mit Ergötzlichkeiten die Langeweile zu vertreiben. Daher kam es, daß sie entweder ihren jüngsten Brüdern, oder nächsten Anverwandten, oder auch Cadetten, auf deren Ehrbarkeit und frommes Betragen sie sichere Rechnung machen konnten, ihre Frauen anvertrauten, um sie sowohl zu Hause zu unterhalten, als auswärts zu begleiten. Da aber itzo der Adel aufgehört hat, Handelschaft zu treiben, und zur Verwaltung der Landgüter, zur Handhabung der Haushaltung und zur Erziehung der Söhne aber gewisse Abati (die meist Söhne ihrer Bauern sind) angenommen hat, so wird die Cicisbeatura auch von den vornehmsten Männern getrieben."

Weil aber einmal die Gewohnheit eingeführt war, daß die Damen nicht mit ihren Männern in öffentlichen Gesellschaften erschienen, so ist solche bis heutigen Tag geblieben, und ganz nothwendig worden. Eine Dame, die von ihrem Gemahl begleitet seyn wollte, müste sich schlechterdings entschliessen, den öffentlichen Gesellschaften, und dem
Theater

Theater zu entsagen. Man würde sie als eine eigensinnige, und unartige Person, ihn aber als einen eifersüchtigen und unerträglichen Mann ausschreien, und öffentlich verhöhnen; und auf der andern Seite würde es der Wohlstand nicht zulassen, daß die Dame ohne Begleitung eines Cavaliers öffentlich erschiene. Woher denn erfolget, daß, wenn die Dame sich nicht selbst einen Cicisbeo wählen will, der Ehegatte gezwungen ist, etwa einen seiner Freunde und Bekannten darum zu ersuchen.

170 In einer jeden Stadt Welschlandes hat der Adel ein gemeines Spielhaus, welches Casino de Nobili genannt wird. Hier versammelt sich täglich der Adel beyderley Geschlechts, und unterhält sich mit Spielen, und Unterredungen, und zur Carnevals Zeit halten sie hier ihre eigene Redouten. Der Wohlstand läßt es nicht zu, daß eine Dame wenigstens zu gewissen Zeiten hier nicht erscheine. Um der Gesundheit willen ist es auch nothwendig, daß sie gegen Abend vor den StadtThoren frische Luft schöpfe. Es würde auch der Dame etwas Wesentliches abgehen, wenn sie das Theater nicht besuchen könnte, welches das ganze Jahr hindurch offen stehet. Alle diese Oerter können des Wohlstandes halben ohne Kutsche nicht besucht werden. Fügt es sich nun, daß das Vermögen des Mannes nicht zu läßt, eine Kutsche für seine Ehegattin zu halten, so muß

T. M. May 1775.   J   er

er e(rlau)ben, daß Sie e(inen reichen Cicisbeo) zu wähle, der Sie mit seiner Equipage bediene. Ist das Vermögen des Cavaliers etwa in solchen Ver-fall gerathen, daß er seine Frau nicht standesmäßig in dem äußerlichen Putz erhalten kann, so muß er ebenfalls zulassen, daß seine Gemahlin von einem reichen Cicisbeo Geschenke annehme. Ist aber die Dame etwa dem Spiel ergeben, alsdenn m(ag) der Ehegatte so reich seyn, als er wolle, so giebt (er) nicht mehr und nicht weniger dazu, als b(ey)m (Hey-)raths-Contrakte für sie monatlich bestimmt ist; dann muß der Cicisbeo so wohl bey reichen (als ar-)men Damen seine Goldbörse aufthun. In (diesem) Falle wird die Cicisbeatura für den Ehem(ann ge-)fährlich. Alsdann ist der Ehemann froh, daß jemand findet, der die Ausschweifungen sein(er Ge-)mahlin mit seinem Ansehen und Reichthum (deckt,) und wenn er Ursachen hat, Untreu von sein(er Frau) zu befürchten, so muß er sich damit trösten, (daß) die Hörner, die ihm aufgesetzt werden, von (Golde) sind; und daß seine Schande mit dem prä(chtigen) Deckmantel der Gewohnheit und des Wohlst(andes) auf eine glänzende Art bedeckt wird. Weil (es) auch möglich ist, daß die reicheren Damen d(as,) das nemliche thun, wozu andere aus noth(dürftiger) Armuth, oder wegen ihrer Ausschweifun(gen ge-)zwungen werden, so darf keine der andern (etwas) vorwerfen.

Hieraus

Hieraus erfolget, daß die Cicisbeatura an sich selbst zwar nichts übels sey; daß sie aber wie alle andere gleichgültige Sachen gemißbraucht werden könne. Dieß geschiehet aber seltner als ein Fremder es sich anfänglich vorstellen kann. Es ergehet den Fremden in Beurtheilung der Italienischen verehligten Damen, wie den Italienern in Betref der teutschen Mädchen. Gleichwie diese nicht begreifen können, wie es möglich sey, daß die Mädchen in Teutschland, ohne sich in Liebeshändel zu verwickeln, einen freyen Umgang mit Mannsleuten haben können, also ist es auch jenen schwer einzusehen, wie die Cicisbeatura des verehligten Frauenzimmers in Italien ohne Verletzung der ehelichen Treu ablaufen könne. In keiner Sache habe ich deutlicher gesehen, was das Vorurtheil der Erziehung vermöge, als in Beurtheilung des freyen Umgangs der beyden Geschlechter geistlichen und weltlichen Standes in Italien. Der Italiener siehet denselben mit kaltem Blute an, und es fällt ihm nicht ein arges davon zu denken, oder zu sprechen; hingegen geräth der Nordländer in eine Art von Raserey darüber, und möchte diese Gewohnheit ausgerottet wissen. Ein Pohle, der mit mir auf Piazza Navona zu Rom in der Abenddämmerung spazieren gieng, um die Spazierfahrt des Römischen Adels und der Kardinäle zu sehen, erblickte fast in einer jeden Kutsche einen mit Purpur gekleideten Abbé bey einer jungen Dame. Anfänglich murrte

J 2 er

er darüber, darauf knirschte er mit den Zähnen, und
endlich wurf er die ärgsten Schimpfwörter in eine
der Kutschen, mit so erhöhter und gräslicher Stimme,
daß ich aus Furcht, des grösten Unglücks theilhaftig
zu werden, die Flucht ergriff, und den schwärtzen
den Pohlen seinem Schicksal allein überließ. Sein
Glück war, daß man sein Pohlnisch latein nicht verstanden hatte. Dieser pohlnische Münch machte
aber keinen Strupel daraus, sich jederzeit wie
eine Bestie zu betrinken. Die nemliche Weise habe
ich ben den frisch angekommenen teutschen Mönchen
in Italien beobachtet; daß es aber entweder Mis-
gunst, oder übereilter Eifer war, habe ich daraus
geschlossen, daß einige von denen, so am ärgsten da-
wider schimpften, nach Verlauf einiger Zeit die Cicisbeatura in eben demselben Verstande genommen
haben, in welchem sie dieselbe von Anfang
wünschten und verdammten.

Nun werden Sie, bester Freund, selbst urtheilen
können, wie es um die verschriene Eifersucht der
Italiener stehe. Sie werden ohne Zweifel schon das
Urtheil gefällt haben, daß sie nichts weniger als
Eifersüchtig gegen ihre Ehegattinnen seyn. Denn
obgleich die Cicisbeatura nichts böses in sich hat,
so ist sie doch so beschaffen, daß sie dem Charakter
der Eifersüchtigen ganz widerspricht. Weil sie aber
im grösten Theile Italiens eingeführet ist, so darf
man

man den verhaßten Charakter der Eifersucht den Italienern überhaupt nicht zuschreiben. In Ansehung ihrer Maitreffen sind sie so eifersüchtig, als je ein Kaufmann auf seine Waare seyn kann, die er mit baarem Gelde bezahlt hat. In Betref ihrer Töchter sind sie ungemein behutsam. Um die Fräulein gänzlich alles Umgangs mit Mannsleuten zu berauben, halten sie dieselben entweder zu Haus in einem abgesonderten Zimmer, wo sie nur mit dem Kammermädchen und den Mägden umgehen, oder sie stecken dieselben im zehnten Jahre in die Klöster, wo sie entweder Nonnen werden, oder nur einige Wochen vor ihrer Hochzeit wieder herausgehen. Will man dieses Eifersucht nennen, so kann ich nicht läugnen, daß die Italiener sehr eifersüchtig seyn, wie sie es auch wirklich in den ersten Monaten ihres Ehestandes sind, da sie sich entweder ganz allein, oder nur von Anverwandten begleitet, auf ihren Landgütern aufhalten. Ich glaube aber, daß sie diese erste Liebeswuth mit allen andern Europäischen Nationen gemein haben.

Genug von der Cicisbeatura und Eifersucht der Italiener. Es soll mich freuen, wenn ich Ihre Wißbegierde befriediget habe. Leben Sie wohl.

H.

———

IV.

An alle Menschenfreunde.

Ueber

das Philantropinum in Dessau.

Die Erziehung der Jugend als Wissenschaft und Kunst betrachtet, ist seit einigen Jahren beynahe unter allen Europäischen Völkern ein Gegenstand der Beobachtung und Untersuchung scharfsinniger, gelehrter und wohlgesinnter Männer gewesen, und wird, als Politisches Institut immer mehr ein vorzügliches Augenmerk der Regenten und Obrigkeiten. Man scheint sich allmählig zu überzeugen, daß es wohl wahr seyn könnte, was der gute König Tifan seinen Nachfolgern — allen guten Fürsten auf dem Erdboden — zuruft: Die Erziehung ist die erste, wichtigste, wesentlichste Angelegenheit des Staats, die wichtigste, angelegenste Sorge des Fürsten! (*)

Was ist ein Staat ohne Menschen? Was sind Menschen ohne Erziehung?

Und

(*) Gold. Spiegel IV Th. S. 199.

Und gleichwohl, wie viel besser wäre gar keine Erziehung, als eine schlechte?

Die Natur ganz allein, wenn die äußerlichen Umstände und gelegenheitlichen Ursachen ihrem Werke nur einigermaßen günstig sind, ist allvermögend genug, um gesunde, gutartige, vernünftige, und sogar große Menschen aufzustellen, ohne daß sie die Hand der Kunst dazu nöthig hätte. Freylich sind die Beyspiele, wo dies geschieht, selten.

Ein plagosus Orbilius, ein Tuakum (*), eine ganze Conföderation von Orbilen und Tuakums, welche sich zehn oder funfzehn Jahre lang recht in die Wette beeifert haben, die Anlage, womit die Natur jeden Menschen beym Eintritt ins Leben aussteuert, methodice zu Grund zu richten, befördern zuweilen, wider ihre Meynung, das große Geschäfte der Natur, und helfen den Knaben, den sie zu einem großen Mann bestimmt hat, durch eben die Mittel dazu machen, wodurch hundert andre verstümmelt, verdorben oder ganz unterdrückt werden. Aber die Beyspiele, wo dies geschieht, sind noch seltner.

(*) Sollte wohl jemand, der dies liest, eines der besten Bücher in der Welt, die Geschichte des Findlings, Tom Jones, nicht gelesen haben?

Gemeiniglich bringt die bloße Natur nur Wild-
fänge hervor; und gewöhnlich reichen etliche Orbils
und Tuakums zu, eine ganze Generation von Menschen an einem Orte zu verderben.

Aus beyden Erfahrungswahrheiten folgt unwidersprechlich: daß einer jeden politischen Gesellschaft
unendlich viel daran gelegen ist, daß ihre Jugend
wohl erzogen werde. Und da in einem so vikel-
ckelten Geschäfte, als die Erziehung ist, die höchste
Vollkommenheit, die von Menschen erreicht werden
kann, darinn besteht, alle Fehler, so viel nur immer
möglich, zu vermeiden: so ist nicht weniger klar, daß
man sich selbst vorsetzlich betrügen würde, wenn man
irgend ein Erziehungsinstitut für gut genug halten
wollte, so lang es noch mit so großen, so wesentlichen Mängeln behaftet ist, wie diejenigen sind, worüber noch immer allgemeine Klagen im größten Theil-
le des teutschen Reiches geführt werden.

Ein Erziehungsinstitut, welches von allen diesen
Mängeln und Gebrechen frey wäre, und in allen seinen Theilen übereinstimmig dahin arbeitete, junge
Menschen durch den natürlichsten, geradesten und
sichersten Weg zu ihrer künftigen Bestimmung als
Menschen und Bürger zu führen, und nicht pro
Forma, sondern in der That und Wahrheit, zu vernünftigen, guten und geschickten Menschen zu bilden;

ben; ein ſolches Inſtitut wäre alſo ein höchſtintereſ-
ſanter, der allgemeinſten Aufmerkſamkeit, Mitwürkung, Aufmunterung und Unterſtützung höchſtwürdi-
ger Gegenſtand; und ich ſehe nicht, was irgend einen rechtſchaffnen Mann abhalten ſollte, ſich die Beförderung deſſelben mit Eifer angelegen ſeyn zu laſſen, als — den Gedanken, daß die würkliche Ausführung eines ſo vortreflichen Inſtituts vielleicht
nicht möglich ſey.

Wenn aber ein Mann, der mit allen zu einem ſo
wichtigen Werke nöthigen Gaben ausgerüſtet iſt, und
daß er es ſey, der ganzen Welt durch ungleich ſtär-
kere Proben, als jemals ein ähnlicher Unternehmer
gegeben, öffentlich bewähret hat — wenn ein ſolcher
Mann auftritt, und uns im Werke ſelbſt die Möglichkeit eines ſolchen Inſtituts zeigen will: würde es
da nicht für jeden Menſchenfreund, deſſen Herz bey
einem gemeinnützlichen Gedanken höher ſchlägt, für
jeden Regenten, der ein Vater ſeines Volkes iſt, für
jeden Privatmann, der ein Hausvater iſt, und mehr
Vermögen hat, ſeinen Sohn wohl erziehen zu laſſen,
als ſelbſt wohl zu erziehen, Pflicht ſeyn, — ſtatt uns
thätig zuzuſehen, ob das Werk auch von ſtatten gehen werde, — alles mögliche beyzutragen, damit es
von ſtatten gehen könne, und je bälder je lieber zu
ſeiner Vollkommenheit gelange?

Dieß ist nun gerade der Fall, worinn wir uns dermalen mit dem Philantropinum in Deſſau befinden.

Der Nahme Baſedow ist durch vieljährige, außerordentliche und verdienſtvolle Bemühungen um gründliche Verbeſſerung des Erziehungsweſens ſchon lange in und außer Teutſchland allen Freunden der Menſchheit ehrwürdig, und bedarf meines Lobes nicht. Das nun vollendete Elementarwerk, — wenn man bedenkt, wie wenig dem Verfaſſer in dieſem Fache vorgearbeitet war, und wie ſehr ein ſolches Werk, in der möglichſten Vollkommenheit gedacht, die Kräfte eines einzelnen Mannes, ſo groß ſie immer ſeyn mögen, überſteigt, — iſt warlich ein großer und glücklicher Verſuch, und in jeder Betrachtung eines der wichtigſten und gemeinnützlichſten Werke, die in irgend einem Jahrhundert unternommen worden.

Um dieſem edlen Werke die Krone aufzuſetzen, fehlte noch, daß Baſedow nun auch durch würkliche Errichtung eines nach ſeiner Theorie gemodelten Erziehungsinſtituts die vorzügliche Nutzbarkeit ſeiner Lehrart im Werke ſelbſt zeigte. Und dies iſt es, was er würklich unternommen hat, wodurch er die Wünſche und die Erwartung aller Freunde ſeines Elementarwerkes erfüllt, und wozu er den Reſt ſei-

nes

nes dem Dienste der Menschheit gewidmeten Lebens anwenden will. Dies ist das Werk, wovon er bereits vor etlichen Monaten in einer gedruckten Schrift von acht Bogen (*) das Publicum benachrichtiget, und zu dessen Mit-Ausführung Er alle Thäter des Guten feyerlichst eingeladen hat; mit einem Worte, das Philantropinum, welches ich allen rechtschaffnen Menschenfreunden, besonders unter den Großen und Reichen, aus wahrer Ueberzeugung, daß es unser aller Aufmunterung und thätigste Unterstützung verdient, in diesen Blättern empfehlen möchte.

Bessere und dringendere Beweggründe dazu kann ich ihnen nicht vorlegen, als diejenige sind, die man in der Anrede an Staaten, Gesellschaften und Personen, welche Herr Basedow seiner vorbemeldten

---

(*) Hier ist der Titel dieser merkwürdigen Schrift: Das zu Dessau errichtete Philantropinum, eine Schule der Menschenfreundschaft und guten Kenntnisse für Lernende und junge Lehrer, Arme und Reiche; ein Fidei-Commiß des Publikums zur Vervollkommung des Erziehungswesens aller Orten nach dem Plane des Elementarwerks. Den Erforschern und Thätern des Guten unter Fürsten, menschenfreundlichen Gesellschaften und Privatpersonen empfohlen von Johann Bernhard Basedow. Leipzig 1774. Bey P. L. Crusius, und den Freunden des Verfassers.

ten Nachricht vom Philantropinum vorangeschickt hat, lesen kann. Diese Anrede enthält grosse, tiefgedachte, und mit Stärke und Feuer gesagte Wahrheiten. — Wahrheiten, die man, wiewohl sie alt sind, nicht oft und stark genug sagen kann. Vielleicht ist manchem (ich sage dies nicht ohne Grund) der neologische und zu nah ans Schwärmen grenzende Ton dieser Anrede ein wenig anstößig. Aber man bedenke, daß ein Mann, der so viele Jahre lang, in Entfernung von der Welt und allen Arten von Zerstreuungen, mit äußerster Anstrengung aller seiner Geistes und Leibeskräfte, an Verbesserung des Erziehungswesens gearbeitet, und diesen großen Gegenstand in seinem völligen Umfang, in allen seinen Beziehungen, Verknüpfungen und Folgen durchgedacht hat, und dessen ganze Seele also von der Wichtigkeit und Größe desselben voll seyn muß, unmöglich anders als mit einem Enthusiasmus davon sprechen kann, der uns andern kalten Leuten nur darum zu warm däucht, weil wir leider größtentheils zu kalt sind, wenn die Rede davon ist zu einem guten Werke Hand mit anzulegen.

Ich glaube nicht, daß irgend jemand gegen das Institut des Philantropinums selbst etwas erhebliches einzuwenden haben werde; und ich besorge nicht, daß man sagen werde: Haben wir nicht berühmte Pädagogia, Gymnasia und Schulen genug?

Wozu

Wozu eine neue? — Wer so reden könnte, müßte von Basedows Erziehungsplane und gegenwärtigem Vorhaben gar keinen Begriff haben. Es ist gar nicht darum zu thun mit andern Pädagogien zu rivalisiren, oder ihnen Abbruch zu thun. Wenn auch der Succeß des Philantropinum so groß würde, als es jeder Menschenfreund billig wünschen muß, so kann doch immer nur der kleinste Theil der Jugend, welche Erziehung bekommen soll, auf demselben erzogen werden; und dieses neue Institut kann also denen, welche schon da sind wenig oder keinen Abbruch thun. — Aber ich frage einen jeden ehrlichen Mann, der dies liest, — sind wir nicht alle auch auf Schulen, und zum Theil auf den Besten, die zu unsrer Zeit waren, erzogen worden? Und ist wohl ein Einziger unter uns, der sich nicht über mancherley Gewaltthätigkeiten zu beklagen hätte, die seiner Seele durch eine ihrer Natur oft schnur stracks entgegen lauffende Lehrart und Disciplin auf der Schule angethan worden? Wer unter uns wünschte nicht seinem Sohn besser als er selbst erzogen zu sehen? Die meisten Schulen haben eine wesentliche Verbesserung vonnöthen. Wer hat die Stirne dies zu läugnen? — Aber — hat Basedow nicht vollkommen recht, wenn er sagt:

„Man lasse das Alte sinken oder stehen; es
„folgt seiner Natur und wird nicht neu. Man
baue

„baue Neues das Alt zu werden verdiene! Ein
„ganzes Land voll Schulen plözlich zu beſſern —
„Ein ungeheures Project! Mit Verordnungen
„und Statuten iſt wenig gethan, wenn man ſie
„auch mit den großen Namen Thereſiens und
„Joſephs, Catharinens und Friedrichs beſie-
„gelt. Welcher Sterbliche kann befehlen, daß
„die Blinden ſehen, die Lahmen gehen? Jene
„bleiben blind und dieſe lahm. Was ſo fern von
„der Vollkommenheit iſt als der Menſchen mora-
„liſche und litterariſche Erziehung, das wird nicht
„durch Formulare verbeſſert. — — Langſam,
„langſam vorwärts, etwas wieder zurück, um
„auszubeugen, dann wieder mehr vorwärts!
„das wäre der einzige Weg mancher Glückſelig-
„keiten. Aber nur für die Vervollkommnung des
„Kriegsweſens denkt man auf dieſen einzigen Weg.
„Wie Friedrich, die von der Zahl unabhängige
„Kraft ſeines Heeres nicht durch eine eingebil-
„dete Allmacht oder durch ein, Werde! ſchuf,
„ſondern täglich nach weiſer Ordnung ſtärkte: ſo
„weislich, ſo langſam, ſo beſtändig werde für den
„nöthigen Krieg des Menſchengeſchlechts wider
„Unwiſſenheit, Aberglauben, Laſter und Unzufrie-
„denheit geſorgt; ſo werden die Folgen ein Wun-
„derwerk ſcheinen dem der die Mittel nicht ſah.
„Eine einzige normale Mutterſchule, ſo beob-
„achtet, ſo verpflegt, ſo ſchrittweiſe vervoll-
komnet,

„kommet, wäre anfangs genug für das weite
„Teutschland. Sie würde der Pflanzort der Leh-
„rer für alle!„

Dies ist, däucht mich, der wahre Gesichtspunct, aus dem das Basedowische Philantropinum betrachtet werden muß. Gesezt auch, daß es (wie der rechtschafne und bescheidne Unternehmer sagt) anfangs nur ein kleines unvollkommnes Modell seyn sollte,— hört' es darum auf, ein für alle Patrioten, alle Liebhaber des Guten, interessantes Werk zu seyn? Es wird täglich wachsen; zusehends sich der Vollkommenheit nähern, „wenn nur Ihr es nicht verlaßt, „Ihr mit Verstand und Güte und Vermögen „gesegnete Freunde der Menschen!„

Und warum sollten vornemlich begüterte Menschenfreunde nicht mit Freuden etwas von ihrem Ueberflusse geben, um ein Institut aufrichten zu helfen, dessen Plan unläugbar weise ist, dessen Absichten unläugbar gemeinnützlich sind, dessen Vortheil für unser Teutschland, für die Menschheit überhaupt, auch dann noch immer groß und eines so kleinen Opfers mehr als zu würdig wäre, wenn es auch, wie alle menschlichen Unternehmungen, in der Ausführung unter dem großen Ideal, das im Geiste seines Urhebers schwebt, bleiben sollte. O! Ihr Grossen, Ihr Reichen! Wie viele Tonnen Goldes werden in

Teutsch-

Teutschlands ganzem Umfang jährlich auf Zeitvertreib, auf Kinderspiel, auf eitle, thörichte, oder wenigstens höchstunnütze Ausgaben verschleudert! Danket doch dem Himmel für jede Gelegenheit, die er Euch giebt, mit einem kleinen Theil eures Goldes, welches Ihr stündlich und augenblicklich übel anzuwenden Gefahr lauffet, etwas zu thun, welches gethan zu haben Ihr Euch immer mit belohnendem Beyfall eures Herzens erinnern werdet!

Warum solltet Ihr nicht mitwürken wollen, diese Pflanzschule künftiger Menschenfreunde, künftiger Patrioten, aufgeklärter Lehrer und nützlicher Bürger in allen Ständen — die nun in diesem, auch dadurch vorzüglich merkwürdigen Jahre 1775 unter unsern Augen zu werden beginnt, durch einen großmüthigen Beytrag zu befördern?

Etwan der Gedanke, daß Basedow unter allem diesem für sich selbst arbeite? — Ich kenne den Mann nun persönlich, und wer — dem Eifer oder Privatleidenschaften die Augen nicht genommen haben — kennt ihn nicht? Er ist der redlichste Mann, des aufrichtigsten Enthusiasmus für das Beste der Menschheit voll, immer bereit sich selbst für das erkannte Wahre und Gute aufzuopfern. — Fünf noch unerzogne Kinder sind das einzige, was ihn, in Augenblicken wo die Menschheit in sich selbst zurückkehrt,

beunruhiget; und dennoch nicht so sehr beunruhiget, daß er nicht gleichwohl selbst mehr für das Philantropinum thut, als er dem reichsten Particulier in Teutschland jemals zumuthen würde. "Wisset, "Edelste, (sagt er zu den Wohlthätern des Neuen "Instituts) daß ich Erworbenes wage, ohne Assecu=
"ranz, um durch That einer von Euch zu seyn. Und "ersezt ihrs einst meinen Fünfen (davon zwey noch "nicht Vater stammeln) so sey am Anvertrauten "mein ganzer Antheil lebenslang Sorg und Arbeit.„

Ich denke, Er hat wohl Recht hinzuzusetzen: "daß "dies ein Eigennuz sey, dessen ein Rechtschaffner "sich in der Todesstunde erinnern dürfe. „

Oder sollte Euch der Gedanke zurückhalten: daß dieses Philantropinum entweder gar nicht zu Stan=
be kommen, oder doch von keiner Dauer seyn, und mit seinem Urheber ins Grab sinken werde?

Die erste Besorgniß, o Ihr Edeln, Ihr Men=
schenfreunde, kann durch euch Selbst am geschwin=
desten gehoben werden.

Das Philantropinum erfodert freylich für den Anfang zu Herstellung der nöthigen Gebäude und übriger Einrichtung, nach einem sehr gemäßigten Ueberschlage, eine Summe von etlich und zwanzig tausend

T. M. May 1775. K

tausend Thalern. — In London wäre dies eine kleine Summe, die durch Unterzeichnung in etlichen Tagen beysammen wäre. Sollten denn in ganz Teutschland nicht fünfhundert Personen leben, die eine Freude daran haben, Gutes zu thun, und sich in den Umständen befinden, mit zwanzig oder dreißig Thaler sich das angenehme Bewußtseyn zu erkaufen, die Mitstifter eines unsrer Nation und Zeit so rühmlichen Instituts zu werden?

Ein durch Geist und Herz großer Fürst — (möchte zum Wohl der Menschheit, seine Macht beyden an Größe gleich seyn!) — hat bekanntermaßen das Philantropinum in seinen Schutz genommen, und ist bereit, alles zu Beförderung desselben beyzutragen, was ein weiser Regent, seinen und seines Landes Umständen nach, nur immer thun kann. Was dieser liebenswürdige Fürst für das neuentstehende Institut schon gethan hat, was er noch ferner zu thun entschlossen ist, und versprochen hat, reicht über die Hälfte der nothwendigsten Erfordernisse des ganzen Werkes. Sollten nicht nur allein aus der Classe von Privatpersonen, die etliche Thaler ihren Ergötzungen entziehen können, so viel Edeldenkende seyn, als erfodert werden, um den Rest in kurzer Zeit zusammenzubringen? Es wäre beleidigend von unsrer Nation gedacht, dies nicht zu hoffen.

Die

Die Besorgniß, ob das Dessauische Philantropinum zu Stande kommen werde, kann also, däucht mich, keinen Menschenfreund abhalten, das Seinige beyzutragen, damit es zu Stande komme. Sollten wir uns aber vielleicht durch den Gedanken abschrecken lassen, daß es sich nicht immer auf dem nemlichen Grade der Vollkommenheit erhalten werde, zu dem ein Fürsorger, wie Basedow, mit einem Gehülfen, wie Herr Wolke, und mit Unter-Lehrern, die von solchen Männern selbst gebildet worden, es unfehlbar bringen wird? — Ohnezweifel wird das Philantropinum dem Schicksal aller menschlichen Unternehmungen nicht entgehen. Aber lassen wir uns den Gedanken an seine Sterblichkeit nicht abhalten, ihm erst das Leben zu geben. Wenn es auch nur funfzig Jahre in der ganzen Vortreflichkeit seiner ersten Einrichtung und Verfassung fortdauerte, — wäre etwan das Gute, das in diesen funfzig Jahren dadurch geschafft würde, nicht groß und wichtig genug, um als eine reichliche Frucht der kleinen Summe, die jeder Menschenfreund dazu hergegeben hätte, angesehen zu werden? — O meine Freunde, lasset uns Gutes aussäen, wo uns Gelegenheit gezeigt wird, und so viel wir nur immer können, ohne uns jemals mit Berechnung, wie viel oder wenig es Früchte tragen werde, abzugeben! Was wir zu Beförderung einer gemeinnützlichen Unternehmung beytragen, ist dem Urheber alles Guten wohlgefällig, und belohnet uns

uns mit dem wonnevollen Beyfall unsers eignen Herzens. Lassen wir uns daran genügen; was wollen wir mehr.

Aber auch eine lange Dauer des Basedowischen Philantropinums — die um so viel nicht zu übersehenden Nutzens willen, so sehr zu wünschen ist, — läßt sich von diesem Institut mit desto besserm Grunde hoffen, da es, so bald es einmal im Gang ist, sich selbst darinn erhält, und da es nicht nur eine Schule für Lehrlinge, sondern auch Seminar für künftige Lehrer ist, und also diejenigen selbst bildet, durch deren Bemühungen es, nach dem einmal festgesezten Plan und Schema, fortgesezt werden soll.

Ich sehe demnach nur eine einzige Bedenklichkeit übrig, welche vielleicht manche wohlmeynende Personen, (zumal unter denen, die sich in solchen Dingen gerne durch fremde Urtheile leiten lassen) abhalten könnte, ihre Kinder dem Philantropinum anzuvertrauen, oder auf andre Weise Beförderer desselben zu werden. Herr Basedow hat sich nehmlich seit geraumer Zeit, und ganz neuerlich durch sein Vermächtnis an die Gewissen, als einen Dissidenten von den herrschenden Religionsparteyen erklärt, und hierdurch bey vielen, welche sonst die höchste Achtung für ihn und für seine Verdienste ums Erziehungswesen hegten, ein Mißtrauen gegen
sich

sich erregt, das seinem neuen Institut nicht günstig ist. Mir kömmt es nicht zu, mich zwischen ihm und den Theologen der herrschenden Kirchen, zwischen ihrer Dogmatik und seinem Gewissen, zum Richter aufzuwerfen. Aber dies bin ich berechtigt zu sagen, und zu behaupten, daß Basedow, der Vorsteher oder (wie er dieses Amt genennt wissen will) der Fürsorger des Philantropinums und Basedow der dissidentische Christ, zween ganz verschiedene Personen sind, und daß es dem Publicum, in Absicht dieses Instituts, völlig gleichgültig seyn kann, ob er, für seine Person, ein Catholik, oder Lutheraner, oder ein Christ ist, der kein ander Formular seines Glaubens erkennen will als die Schriften der Evangelisten und Apostel. Er hat mit dem Philantropinum bloß in so fern zu thun, als er ein Meister in der Erziehungswissenschaft ist. Zudem verspricht er aufs feyerlichste, seine besondern Religionsmeynungen weder den Lehrern noch Lehrlingen des Philantropinums beybringen zu wollen; er verlangt keine Proselyten zu machen; und da ihn die Welt als einen redlichen Mann kennt, so verdient er daß man seiner Versicherung traue.

Das Philantropinum selbst ist, seiner Natur, Absicht und ganzen Einrichtung nach, für alle christliche Religions-Verwandte bestimmt; und eben darum kann auf selbigem blos die natürliche Religion,

gion, oder dasjenige, worinn alle christliche Gemeinen mit einander überein kommen, ein Gegenstand des öffentlichen Unterrichts seyn. Es ist eine Schule der Menschenfreundschaft und nützlicher Kenntnisse. Diejenigen, welche darinn erzogen werden, sollen alle Menschen lieben und dulden, und dadurch das große Gebot Jesu Christi ausüben lernen, dessen Ausübung er zum wesentlichen Unterscheidungszeichen der Christen gemacht hat. Welcher Mensch, welcher Christ, welcher gute teutsche Patriot, kann einem solchen Institut seinen Beyfall versagen, und nicht vielmehr der Vorsehung danken, daß er den von allen Redlichen lange gewünschten Zeitpunct erlebt hat, wo die wesentlichste aller menschlichen Eigenschaften, die Tugend aller Tugenden, allgemeine Güte und Menschenfreundschaft, zum Hauptwerk auf einem öffentlichen Erziehungs-Institut gemacht werden soll? Indessen ist bey dem Philantropinum schon dafür gesorgt (und der Name des verehrenswürdigen Fürsten, unter dessen unmittelbaren Schutz es steht, kann einem jeden für die Wahrheit dessen, was in dieser Absicht öffentlich versprochen worden ist, Gewähr leisten!) daß sowohl catholische als evangelischlutherische oder reformirte Religions-Verwandte, die auf das Philantropinum zur Erziehung geschickt werden, nicht nur Gelegenheit, ihren Gottesdienst, nach Vorschrift ihrer Religion, zu üben, sondern auch gründlichen Unterricht

terricht in derselben von orthodoxen Lehrern ihrer eignen Kirche, erhalten sollen. Mir däucht dies alles sollte hinlänglich seyn, Menschenfreunde und wohlgesinnte Eltern, von welcher Kirche sie seyn mögen, über diesen Punct völlig zu beruhigen.

Ich gesteh es freymüthig und öffentlich, daß ich selbst einer von denen bin, welche wünschen, daß Herr Basedow, ohne Verletzung seines Gewissens, seine besondern Religionsüberzeugungen für sich selbst hätte behalten können. Aber da wünschen nichts hilft, so denke ich, wir Andern, denen es blos um Beförderung des Guten, ohne Partheylichkeit für oder wider gewisse Personen, zu thun ist, müssen uns durch solche Nebendinge nicht abhalten lassen, ein Institut zu befördern, welches, seiner Absicht, seinem Plan, und seiner ganzen Einrichtung nach, unter die nützlichsten und edelsten gehört, die jemals von Menschen unternommen worden sind.

W.

V.

Miscellanien.

I.

Unterthänige Zweifel gegen das classische Ansehen des Hrn. A. Dow, in seiner Nachricht von den Fakirn.

Ich wünschte wohl von Jemand, der in der Wissenschaft des Möglichen weiter gekommen als ich, unterrichtet zu werden, ob es, natürlicher Weise, möglich sey —

„daß ein Mann seinen Arm in einem fort so lange,
„in die Höhe halte, bis er ganz steiff wird, und
„sein ganzes übriges Leben hindurch in die
„Stellung bleibt?„ — und wie hoch wohl der besagte Mann mit seinem steif emporstehenden Arm sein ganzes übriges Leben bringen würde?

Ingleichen, ob es möglich sey

„daß ein Mensch seine Fäuste so feste zusammen
„drücke bis ihm die Nägel in die flache Hand ein-
„wachsen, und auf der obern Hand wieder heraus-
„kommen?

Item:

„ob einer dadurch, daß er sein Gesicht immer über
„die

"die Schulter dreht, es endlich so weit bringen
"könne, daß sein Kopf mit dem Gesichte rückwärts
"stehen bleibe?"

Herr Alexander Dow, Oberstlieutenant in Diensten der Englischen Ostindischen Compagnie, versichert uns sehr ernsthaft, (*) daß die Hindostanischen Fakirn die Leute seyn, die alles dies möglich machen können. Er sagt uns zwar nicht, daß er diese Fakirischen Zeichen und Wunder mit eignen Augen gesehen und mit gebührender philosophischer Hartgläubigkeit beobachtet habe; allein, da er sich viele Jahre lang in Hindostan aufgehalten, und in den wichtigsten Kapiteln seines Buches als ein Mann von vielem Verstand erscheint, so läßt die positive Art wie er sich über die Würklichkeit derselben ausdrückt, nicht anders denken, als daß er seine Nachrichten von den Fakirn für historische Wahrheit angenommen wissen wolle.

Ich hege alle schuldige Achtung für Herrn Alexander Dow und sein Buch; glaube auch herzlich gerne, daß sich im Himmel und auf Erden viel Dinge zutragen, wovon sich meine Schulmeister und meine Großmütter nichts träumen ließen, und finde mich einem jeden

───────────────

(*) In seiner 1773 zu Leipzig übersetzten Abhandlung zur Erläuterung der Geschichte, Religion und Staatsverfassung von Hindostan. S. 19.

jeden, der mir neue Begriffe giebt, sehr dafür verbunden: aber bey allem dem läßt man sich doch nicht gerne was weiß machen. Ich habe immer gehört, wenn ein Ding nicht möglich sey, so könne man sich sicher darauf verlassen, es sey auch nicht würklich, wenn gleich eine Wolke von Zeugen versicherte, das unmögliche Ding gesehen, gehört, berochen, gekostet und betastet zu haben. Wofern also, wider wünschen und hoffen, die Wunderdinge, die uns der Herr Oberstlieutenant Dow von den Fakirn erzählt, etwan gar nicht möglich seyn sollten, so lebe ich der Hoffnung es werde mir und andern biderben Lesern von niemand zum Argen ausgedeutet werden, wenn wir — dem Herrn Dow und seinem Buche, auch dessen Uebersetzer und Verleger unbeschadet — von der Sache glauben was wir — können.

In der That ist es auch mit dem besten Willen von der Welt, (den wir andern ungereißten Leute mitbringen, wenn wir uns hinsetzen die Erzählungen solcher großer Wanderer zu lesen) nicht allemal möglich, über unsre Vernunft so völlig Meister zu werden, als es die Herren Wanderer oft zu wünschen Ursache haben. Es giebt gewisse Dinge, die man einem Erzähler nicht glauben kann, und wenn er uns auch, wie dorten Lucian, bey den Grazien, den Göttinnen der Gefälligkeit, beschwüre, ihm unsern Glauben nicht zu versagen.

Eine

Eine kleine Vorsichtigkeits-Maxime, die besagter Lucian den Geschichtschreibern empfiehlt, (*) ist keinem unentbehrlicher, als dem, der als Augenzeuge auftritt, um uns Nachrichten von weit entfernten und wenig bekannten Völkern mitzutheilen. „Wenn (sagt er) dem Geschichtschreiber auch zuweilen ein Mährlein in seinen Weg läuft, so mag er's immer erzählen, nur nicht als ob er wolle, daß wir's ihm glauben, sondern es dahin gestellt seyn lassend, so daß jeder die Freyheit behält, davon zu glauben was ihm gut däucht."

Von einem Schriftsteller, dessen Werk (wie der teutsche Vorbericht sagt) ein classisches Ansehen in der Geschichte bekommen soll, kann man eine solche Behutsamkeit um so mehr fodern, da es unstreitig gar nicht vonnöthen ist, daß die Anzahl der classischen Unwahrheiten, so wie sie auf der einen Seite täglich abnimmt, auf der andern täglich wieder mit Neuen recrutiert werde.

Man kann freylich mit eben so gutem Grunde fragen, was ist unmöglich, als Pilatus fragte, was ist Wahrheit. Aber gleichwohl sollte ein Mann bedenken, daß ein großer Unterschied ist, ob er von jemand erzählt: er habe sich auf einem Seil auf den Kopf gestellt; oder, er habe, nachdem man ihm den Kopf abgeschla-

---

(*) In der Abhandlung, wie die Historie zu schreiben sey.

geschlagen, seinen Kopf, wie die H. Regula zu Zürich, unter den Arm genommen und sey frisch auf und davon gegangen.

2.
Einige Anmerkungen über Hrn. Dows Nachrichten von der Religion der Braminen.

So apokryphisch obige Nachrichten des Hrn. Dow von den Fakirn seyn mögen, (wiewohl sie im Grunde wenig mehr sagen, als was andre ältere Wandersmänner auch schon erzählt haben) so sind sie doch nicht das einzige, weswegen ich eben nicht so gar eilfertig seyn möchte, seinem Buche ein klaßisches Ansehen einzuräumen. Der zuversichtliche Ton, womit er uns bereden will, daß wir von den Mißionarien und Reisebeschreibern übel betrogen würden, wenn sie uns die Religion der Hindous als wahren Götzendienst, und die Theologie der Braminen als einen verworrenen Klumpen abgeschmackter Mährchen und kindischer Allegorien vorstellen, scheint mir wenigstens eben so verdächtig, und macht eine Warnung, seinem Vorgeben nicht ohne die schärffte Prüfung Glauben beyzumessen, um so nöthiger, je mehr er sich durch eine Behauptung, welche die Ehre der Menschheit zu retten scheint, eines günstigen Vorurtheils bey seinen Lesern versichert.

„Wir

„Wir halten es, sagt Hr. Dow (*) für einen
„ausdrücklichen Irrthum, der aus der Eitelkeit der
„Anhänger besonderer Religionsſyſteme entſtund, daß
„jemals zu einer Zeit oder in einem Lande die menſch-
„liche Vernunft ſo verdorben geweſen ſey, daß ſie das
„Werk der Hände, anſtatt des Schöpfers des Gan-
„zen, angebetet habe. Aufmerkſame Forſcher des
„menſchlichen Gemüths werden finden, daß der ge-
„ſunde Menſchenverſtand in den Sachen der Religion
„unter allen Nationen ziemlich gleich getheilt iſt.
„Die Offenbarung und Philoſophie haben zwar
„(wie man bekennen muß) einige von den abergläubi-
„ſchen Auswüchſen und Ungereimtheiten abgeſchnitten,
„welche natürlicher weiſe in ſchwachen Gemüthern in
„einer ſo geheimnißvollen Materie entſtehen: allein es
„iſt gar ſehr zu zweifeln, ob der Mangel an
„dieſen nothwendigen Verbeſſerern der Reli-
„gion (**) jemals eine Nation in grobe Abgöt-
„terey gezogen habe, wie viele unwiſſende Eiferer
„vorgegeben haben.„

Wenn Hr. Dow mit dieſer Stelle ſonſt nichts
hätte ſagen wollen, als dies: Es ſey niemalen keinem
Menditen eingefallen ſeinen heiligen Bock, keinem
Peluſier ſeine Meerzwiebel, keinem Negern ſeinen

Fe-

(*) S. 57.
(**) Nemlich, Offenbarung und Philoſophie.

Fetisch, und keinem Einwohner diesseits oder jenseits des Ganges irgend einen von seinen dreißig Millionen Göttern für die erste ewige Grundursache aller Dinge zu halten; — so hätte Hr. Dow freylich etwas gesagt, dessen Gegentheil noch keinem Menschen zu behaupten eingefallen ist: Aber dann hätte er eben so wohl gethan es ungesagt zu lassen. Denn wem ist unbekannt, daß die Abgötterey, womit, größtentheils durch Schuld der Priesterschaft, von uralten Zeiten her, der größte Theil des menschlichen Geschlechts angesteckt war und noch ist, nicht in der Läugnung einer ersten geheimnisvollen Grundursache, sondern in dem was der Graf von Schaftesbury Dämonismus nennt, in abgöttischer Verehrung einer Menge vorgeblicher Untergottheiten, Schutzgeister, guter und böser Dämonen, und in dem Aberglauben, den man mit den Bildern dieser Götter, oder auch mit den Namen und Symbolen der ersten Grundursache treibt, bestehe? Nichts ist gewisser und (so viel ich weiß) unter den Gelehrten ausgemachter, als daß unter allen gut oder übel polizierten Völkern, von den Egyptiern bis zu den Japanern, kein einziges gewesen, dessen Priester oder Gelehrte nicht eine geheime Theologie gehabt hätten, in welcher das Daseyn einer ersten Grundursach angenommen und von den mancherley Ausflüßen derselben sowohl, als von den Mitteln wieder in sie zurück zu fliessen, von Göttern und Geistern, Himmeln und Welten, Seelenwanderungen, Periodischer Vernichtung

tung und Wiedererschaffung der Dinge, u. ſ. w. viel erhabnes, fanatiſches, nonſenſicaliſches Zeug geſchwazt worden wäre. Es iſt alſo weder etwas ſonderbares noch unbekanntes, daß die Beda's und Schaſters, oder die heiligen Bücher der Braminen von dergleichen Metaphyſiſch=Allegoriſch=Phantaſtiſchen Plunder voll ſind, und Herr Dow hat uns darüber nichts weſentliches geſagt, was die Malabariſchen Miſſionarien, La Croze, Mignot, und andre nicht ſchon lange geſagt, und zum Theil weit beſſer auseinander geſezt hätten.

Das Syſtem des Ausfluſſes aller Dinge aus Gott liegt allen morgenländiſchen Religionen (die jüdiſche ausgenommen) zum Grunde; aber da kein ander Syſtem dem Dämonismus und Fanatismus beförderlicher, noch in jeder Betrachtung geſchickter iſt, die Herrſchaft betrügeriſcher Prieſter über die unterdrückte Vernunft abergläubiſcher Layen feſter zu gründen, ſo hat die Religion wenig dadurch gewonnen.

Was hilft es alſo, um die allgemeine auf die Evidenz der unläugbarſten Zeugniſſe gegründete Meynung von dem höchſt abgeſchmackten Götzendienſte der Oſtindianer zu vernichten, wenn uns Hr. Dow ſehr ernſthaft verſichert, „daß die Braminen, wider die Vor„ſtellungen, die man ſich von ihnen in Europa bilde, „unveränderlich die Einheit, Ewigkeit, Allwiſſenheit
„und

„ und Allmacht Gottes glaubten; und daß die Viel-
„ götterey, deren man sie beschuldige, nichts mehr als
„ eine symbolische Verehrung der göttlichen Eigenschaf-
„ ten, und alle die unzähligen Götter, die in Indien un-
„ ter unzähligen Namen verehrt werden, nichts als ver-
„ schiedene Benennungen der Eigenschaften, (richtiger,
„ der Ausflüsse und Modificationen) der ewigen Grund-
„ ursache seyn?„ — Wird die Theosophie der Braminen dadurch besser? Ist der größte Theil unter ihnen darum weniger unwissend oder fanatisch? Werden
die zahllosen Völkerschaaren um den Ganges darum
weniger auf die kläglichste Weise von ihnen betrogen?
wimmelt Indien darum weniger von Pagoden, ungeheuren Götzenbildern, Amuleten und Lingams, Wahr-
sagerey und Zeichendeuterey? Und verdienen die Braminen weniger den Vorwurf, daß sie schnöde Diener
des Aberglaubens und eines der Gottheit höchst un-
würdigen Dienstes sind, weil sie von den Thorheiten
selbst nichts glauben, in welchen sie, um ihres Ge-
winns willen, die übrigen Layen gefangen halten?

Man kann die Priester aller abergläubischen oder
Dämonistischen Religionen in drey Gattungen ein-
theilen, die man um ihrer äußerlichen Gleichförmigkeit
willen nicht mit einander verwechseln muß.

Die erste, und vielleicht die zahlreichste, ist
aus solchen, die, weil sie selbst betrogen sind, den

Namen

Namen der Betrüger nicht verdienen. Es sind Blinde, die andern Blinden den Weg weisen; blöde, unerleuchtete Köpfe, die sich nie haben einfallen lassen, zu zweifeln, ob der Unsinn, den sie lehren, auch wohl — Unsinn seyn könnte; kurz, die selbst so unwissend und abergläubisch sind als der Pöbel, den sie, treulich und ohne Gefährde, in seinem wohlhergebrachten Aberglauben unterhalten.

Die andre Gattung besteht aus Schlauköpfen, für welche die Religion weder eine Angelegenheit des Verstandes noch des Herzens, sondern bloß eine einträgliche Profeßion ist, durch die man, mit wenig Mühe, und allenfalls ohne die mindesten Verdienste, sich die größten Vortheile der politischen Gesellschaft, Ansehen, Einfluß, Reichthümer und Wollüste verschaffen kann. Diese Herren wissen sehr wohl, was an alle dem Gaukelwerk ist, womit sie das unwissende, verblendete Volk bethören; sie lachen heimlich selbst über die feyerliche Rolle die sie dabey spielen, denken aber: die Welt will betrogen seyn, und wird betrogen werden, ob wir oder andre diejenigen sind, die dabey gewinnen; eben so mehr sind wir auch dabey.

Die dritte Gattung endlich (so klein an der Zahl sie auch seyn mag) sind ehrliche Leute, die zwar gegen Vernünftige kein Geheimnis daraus machen, daß sie das Ungereimte und Widersinnische ihres vulgaren Re-

T. M. May 1775.   L   ligions-

ligions-Systems so gut als irgend ein Mensch fühlen, aber keine Möglichkeit vor sich sehen, es zu ändern, und da sie nun einmal, es sey nun durch die Geburt (wie die Braminen,) oder durch den Zusammenhang der Dinge genöthigt sind, sich zu einem Orden zu bekennen, dessen Mißbräuche und verkehrtes Betragen sie höchlich mißbilligen, keinen andern Weg, in erträglichen Frieden mit sich selbst zu leben, sehen, als sich der Weisheit und Tugend aufrichtig zu befleißigen. Diese redlichen Priester (und es giebt deren ganz gewiß am Ganges so gut als an irgend einem andern Fluß in der Welt) halten sich mit Verwerfung aller offenbaren und gereimten Erfindungen des Betrugs und Fanatismus, blos an die einfachsten Grundsätze der ältesten und gemeinsten Religion, und, da es nicht in ihrer Macht steht, die albernen Mährchen, womit die Schädel des Volks und ihrer Collegen angefüllt sind, zu vernichten, so bemühen sie sich, solchen wenigstens durch allegorische Deutungen einen erträglichen Sinn zu geben.

Es scheint Herr Dow hat während seines langen Aufenthalts in Indien einige Braminen von dieser lezten Gattung — dergleichen man sonderlich zu Benares häuffiger findet als anderswo — kennen gelernt, und es ist sehr rühmlich, daß er diesen wackern Männern — die man nicht unbillig die Philosophen unter den Braminen nennen kann — Gerechtigkeit wiederfahren läßt. Aber um ihrentwillen eine so gün-

stige

stige Meynung von dem Religionssystem der Bramen überhaupt zu fassen, und diejenige blinde Eiferer zu schelten, welche für etwas nicht zweifelhaftes halten, daß der Mangel der christlichen Offenbarung und einer gesunden Philosophie die Indianer in sehr grobe Abgötterey gezogen habe, dies war nun wohl zuviel.

Herr Dow meynt, es wäre eben so lächerlich, wenn man „von den ungelehrten Stämmen den wah„ren Zustand der Religion und Philosophie der In„dianer erwarten wollte, als es an einem Muhamme„daner in London lächerlich seyn würde, wenn er sich „über die geheimnisvollen Lehren des christlichen Glau„bens auf die Nachrichten eines Büttels oder Ge„richtsdieners verlassen wollte.„ — Aber er verstellt durch diese Wendung den wahren statum controuersiae gar sehr. Fürs erste muß die Religion mit der Philosophie nie vermengt werden, wie Herr Dow immer thut. Mann kann ihm zugeben, „daß einige Meynungen, die in dem Vedam oder Bedang vorgetragen werden nicht unphilosophisch sind.„ Dies gilt von der Theosophie aller Völker und wird von niemand geläugnet. Aber die Rede ist vom Zustande der Religion in Indien, und dieser muß weder nach den Begriffen etlicher aufgeklärtern Braminen, noch nach den Nachrichten eines Büttels oder Gerichtsdieners, wohl aber nach der würklichen Beschaffenheit des Glaubens und Gottesdienstes bey den ungelehrten

Stäm-

Stämmen und bey dem grösten Theil der Braminen-Caste selbst beurtheilt werden. Denn wenn etwas lächerlich ist, so wär' es das, wenn jemand von der Religion eines Volkes nach der Religion etlicher Philosophen desselben, oder von dessen Sitten nach den Sitten der besten Gesellschaft, oder von dessen Regierung nach den Lobsprüchen gedungner Apologisten und Panegyristen urtheilen wollte.

Was hilft es dem Indianer, der sich in einer dumpfichten Pagode vor dem Bilde des Brimha oder Brama hinwirft, der in Gestalt eines Kindes, das auf einer Wasserblume sizt und einen Zehen im Munde hat, abgebildet ist; daß die Braminen (wie uns Hr. Dow versichert) sich unter diesem Brimha eine allegorische Vorstellung denken, die wenig gescheidter ist als was der indianische Laye dabey denkt? Brimha, sagen sie, bedeutet die Weisheit Gottes, und er wird hier als ein Kind vorgestellt, um dadurch eine gewisse Periode anzudeuten, wo die Weisheit und die Absichten Gottes wie in ihrem Kindeszustande erscheinen werden. Er schwimmt auf einer Wasserblume, oder einem Blatte derselben, um die Unbeständigkeit der Dinge, welche zu der Zeit seyn wird, anzuzeigen. Er saugt an seiner Zehe, um uns zu erkennen zu geben, daß die unendliche Weisheit von sich selbst bestehe; und die Stellung, welche der sitzende Brimha dadurch bekömmt, daß er an seiner Zehe saugt, ist

ein

ein Sinnbild des endlosen Zirkels der Ewigkeit. — Wahrlich! eine herrliche Methode Philosophie und Religion vorzutragen! Die vollkommenste, die man nur erdenken kann, wenn die Absicht ist, ein Volk zu verwirren, in ewiger Kindheit zu erhalten, und in einen Irrgarten von Aberglauben und Phantasterey zu führen, aus dem es sich nie wieder soll herausfinden können!

Was für köstliche Schätze von Theologie, Metaphysik, Politik, Moral, Physik, Chymie und Alchymie könnte man nicht durch eine Deutung in diesem Geschmacke aus den Mährchen meiner Mutter Gans, aus Lucians wahren Geschichten, aus der Historie vom König Laurin dem Gezwerg und seinem Rosengartten, kurz aus allem was je albernes gedichtet worden ist, herausziehen?

Doch Herr Dow erkennt selbst, daß die vorgeblichen Allegorien, womit die heiligen Bücher der Braminen angefüllt sind, „die große Quelle seyen, wodurch die Religion des gemeinen Volks in Indien verderbt worden„ und am Schlusse der zweyten Abhandlung, Verzeichnis der Götter bey den Indiern betitelt, gestehe er — was freylich als eine offenkundige Thatsache unmöglich geläugnet werden konnte „daß die „Betrügerey der Priester in Indien nicht weniger als „in andern Gegenden und zu allen Zeiten beschäftiget

„gewesen sey, von der Neigung der Menschen zum „Aberglauben Vortheil zu ziehen.„ — Nur hätte er bedenken sollen, daß auf diesen Umstand bey der Frage, in welchem Zustande ist die Religion der Indianer? alles ankömmt. Die Metaphysik der Braminen macht's nicht aus, und kann um so weniger zu ihrem Behuf angeführt werden, da sie aus derselben ein Geheimnis machen, in welches keinem Sterblichen der nicht von ihrer Caste ist hineinzusehen erlaubt wird. Priester, welche aus dem Wenigen was an ihrer Theologie wahr ist, dem Volk ein Geheimnis machen, hingegen nichts angelegners haben, als dasselbe in seinen irrigen, abgöttischen und abergläubischen Begriffen, Einbildungen und Gebräuchen zu erhalten, verdienen keinen bessern Namen als Götzendiener.

Ueberhaupt muß man, um von dem Zustande der Religion in einem Lande richtig zu urtheilen, die Religion und das sittliche Verhalten des Volkes, und der größern Anzahl der Geistlichkeit — zum Maaßstabe nehmen. Sind die Geistlichen was sie seyn sollen, aufgeklärt, weise und gut, geben sie dem Volk von Gott und von des Menschen Bestimmung, Pflichten, wahrem Vortheil und künftigen Erwartungen, gesunden Unterricht, bilden sie es dadurch, und noch mehr durch ihr Beyspiel, zu einer vernünftigen Art zu denken und einem tugendhaften Leben; so müssen die Früchte davon nothwendig in die Augen fallen; und dann kann man

mit

mit Wahrheit sagen, daß der Zustand der Religion unter diesem Volke glücklich sey.

Uebrigens würde sehr wider meine Absicht lauffen, wenn jemand von dieser meiner Betrachtung Anlaß nehmen wollte, überhaupt nachtheilig von dem Buche des Hrn. Dow, welches viel lesenswürdiges und zum Theil wichtiges enthält, zu urtheilen. Man muß auch nicht vergessen, daß der Verfasser ein Officier ist, von dem nicht gefodert werden kann, daß er aus dem Theile der Gelehrsamkeit, der über die Religionen der verschiedenen Völker das nöthige Licht verbreitet, ein besonderes Studium gemacht habe; und daß er vermuthlich weit entfernt war von der Philosophie der Braminen zu wissen, was den Gelehrten in Europa schon lange bekannt ist, als er von seinem Freunde, dem edlen und gelehrten Braminen (dessen er im Eingang seiner Schrift gedenkt) vernahm, daß die Braminen ihre Metaphysik und Theosophie hätten, so gut als ihre alten Vorfahren die Gymnosophisten, die Schüler des Zoroasters, die Priester zu Memphis, die Lehrjünger des Orpheus und Eumolpus, die Druiden, und alle andre Priester in der Welt.

Woher, nach der Edda (*), die guten und schlechten Skalden oder Barden kommen?

„Die Götter im Asgard (in der Götterburg) hatten einsmals lange Weile. Da fiel ihnen ein, sie wollten mit einander einen Menschen machen. Der neue Mensch erhielt den Namen Kwaser, und hatte so viel Verstand, daß man ihm keine Frage vorlegen konnte, auf die er nicht sogleich eine befriedigende Antwort gehabt hätte. Er zog auf der ganzen Erde umher, die Menschen Weisheit zu lehren, und sein Ruhm wurde fast sehr groß. Das verdroß gewisse neidische Leute; flugs bestellten sie zween Zwerge, die ihn verrätherischer Weise ermordeten. Die Zwerge faßten sein Blut in ein Gefäß auf, vermischtens mit Honig, und machten ein Getränke daraus, das alle und jede, die davon trinken, zu Dichtern macht. Wie nun die Götter ihren Sohn Kwaser nicht mehr sahen, fragten sie bey den Zwergen nach, wo er geblieben wäre. Die Zwerge, um sich

so

(*) Daß diese Edda ein von Snorro Sturlefon, einem edlen Isländer, im 13ten Jahrhundert verfertigter Auszug aus einer noch ältern Edda ist, und hauptsächlich die Mythologie der alten Normannen oder Scandinavier enthält, ist wohl unsern meisten Lesern aus Mallets Monumens de la Mythologie des Celtes (woraus dieses Fragment genommen ist) oder anderswoher bekannt.

so gut sie konnten aus dem Handel zu ziehen, antworteten: Kwaser wäre an seiner eignen Weisheit erstickt, weil Niemand im Stande gewesen, ihm oft genug durch gescheidte Fragen Luft zu verschaffen. Damit mußten sich die Götter einsweilen beruhigen. Einige Zeit darauf zogen sich die Zwerge den Unwillen des Riesen Suttung zu, und kamen dadurch in so große Noth, daß sie endlich ihrem Leibe keinen andern Rath wußten, als dem Riesen das herrliche Getränke, das sie aus Kwasers Blute bereitet hatten, für ihre Befreyung anzubieten. Der Riese ließ sichs gefallen, empfieng das Gefäße mit besagtem Getränke, und gab's seiner Tochter Gunlöde in Verwahrung.

Die Götter, welche Wind von der Sache bekommen hatten, wünschten sehr diesen Schatz in ihre Gewalt zu bekommen; es war aber keine so leichte Sache denn die Riesin Gunlöde wohnte mitten in einem Felsen, der ringsum ohne Oeffnung war. Die Frage war, wie man da hineinkommen sollte. Vater Odin nahm es auf sich, das Abentheuer zu bestehen. Er zog aus und kam auf eine große Wiese, wo er neun Taglöhner sah, die im Mähen begriffen waren. Odin fand ein Mittel die Bursche auf eine listige Art dahin zu bringen, daß sie einander mit ihren eignen Sicheln in Stücke zerschnitten. Nun veränderte Vater Odin seine Gestalt, nahm den Namen Bolwerk an, und kam zu dem Riesen Bauge, Suttungs Bruder, den

er sehr betrübt über den Tod seiner neun Mäder antraf. Bolwerk sagte ihm, er wolle ihre Stelle vertreten, und mit aller ihrer Arbeit in kurzer Zeit fertig
werden, wenn Bauge seinen Bruder Guttung *****
hin vermögen wollte, ihn nur einen einzigen Sch***
von seiner Poeten-Latwerge thun zu lassen. Sie ***-
ben des Handels eins; Bolwerk mähte ***********
Sommer durch, aber wie der Winter kam, wo****
seinen Lohn haben. Bauge versprach sein *******
thun; sie giengen mit einander hin zu *********
aber dieser erklärte ihnen rundheraus, daß sie ****
Tropfen von seinem Nektar zu kosten kriegen ******
mußten also unverrichteter Dingen abziehen, ** **
war guter Rath theuer. Wenn du mir helfen willst, *****
der verkappte Bolwerk zu Baugen, so w** *********
durch List erhalten, was wir nicht erbitten ******
Sogleich bracht' er einen Bohrer hervor, **** *****
Bauge ein Loch in den Felsen bohrte, ** *** ****
verwahrt ward. Bolwerk kroch *** ****** ***
Wurms zum Loch hinein; aber kaum *** ****
Höle, so nahm er seine eigne Gestalt ****** *** ****
diesem wußt' er sich bey Gunlöden so ***************
chelu, daß sie ihm endlich verstattete drey *********
Wundertranke zu thun, der ihrer Huth **** **********
Aber wie Odin einmal angesetzt hatte, **** ********
tig, daß mit dem dritten Zug das *** *********
ausgeleert war. Alsbald nahm er die ********
Adlers an, und flog was es konnte, ** *** ********

rück,

rücke, um den Schatz, den er in seinem Magen trug, je
bälder je lieber in Sicherheit zu bringen. Aber
Suttung, der ein Zauberer war, hatte den Possen
gemerkt, eilte ihm, ebenfalls in Adlersgestalt, nach,
und erreichte ihn schier, da er nicht mehr weit von
der Pforte des Asgards war. Die Götter, welche
merkten, daß Odin, wegen der Schwere des bey
sich tragenden Getränks nicht schnell genug fliegen
könnte, um dem nachjagenden Suttung zu entrinnen,
setzten ihm flugs soviel Gefäße unter als sie in der Eile
finden konnten. Odin fand diese Vorsicht so wenig
überflüßig, daß er augenblicklich den ganzen Vorrath
den er im Leibe hatte von sich gab, und damit alle Gefäße anfüllte. Große Freude unter den Göttern! Aber
wie man die Sache näher besah, wurde man gewahr,
daß er nur einen Theil der Mixtur, rein und unverdor-
ben, durch den Schnabel von sich gegeben hatte.
Die wenigen damit angefüllten Gefäße wurden sogleich
aufgehoben; und aus diesen erlaubt Odin, aber selten,
den Barden zu trinken, die er mit dem wahren Dichter-
geist erfüllen will. Eine weit größere Portion hatte
der göttliche Adler, mit einem guten Theile ungleichar-
tiger Materie versezt, durch eine andre Oefnung,
von sich gegeben. Die damit angefüllten Gefäße, gab
er den Dichterlingen und Leyermännern preiß. Die
Presse war stark um die Gefäße her, und ist es noch;
daher (sagt die Edda) die abscheuliche Menge von
elenden Versemachern und elenden Versen! In Erwäg-

ung

ung der Quelle, aus der sie geflossen sind, können sie nicht besser seyn!

Man muß gestehen, wenn das Klima der alten Scandinavier kalt war, so war es gewiß ihre Imagination nicht! Was sind alle Mährchen der Griechischen Poeten gegen dieses? — Uebrigens ist die Solution des Problems höchst glücklich, wie man sieht. Sie ist der Sache so angemessen, daß man sich, däucht mich, völlig dabey beruhigen kann, ohne jemals eine Bessere zu suchen.

4.
Etwas von der Goldmacherey des Demokritus von Abdera.

Es gehört bekannter maßen unter die Vorrechte der Gelehrten, daß sie nicht nur über alles was sie wissen und verstehen, sondern auch über alles was sie nicht wissen und nicht verstehen, reden und schreiben dürfen was ihnen beliebt, und soviel ihnen beliebt. Das Papier nimmt alles an; und die Ehrerbietung der Ungelehrten vor gedrukten Büchern ist viel zu groß, als daß die Gelehrten, sobald sie mit einer gewissen zuversichtlichen Mine über Sachen dogmatisieren, wovon sie nicht ein Jot mehr wissen als der Unwissendste unter ihren Lesern, Gefahr lauffen sollten, so leicht entdekt und für ihren Muthwillen bestraft zu werden.

Ich

Ich, meines Orts, habe mir zwar schon lange zum Gesetz gemacht, mich des besagten Vorrechts so wenig als möglich zu bedienen; indessen finde ich doch, daß man es nicht allezeit vermeiden kann, und ich sehe mich würklich in der Nothwendigkeit etwas über die Alchymie des Demokritus zu sagen, wiewohl ich heilig versichern kann, daß ich davon nicht ein Wort mehr weiß, als der gelehrte Ungenannte (*), der mich dazu nöthiget. Der ganze Unterschied zwischen dem Ungenannten und meiner Wenigkeit (was nemlich diesen Punct betrift) besteht darinn, daß ich mir meiner Unwissenheit in dieser Sache wohl bewust bin; und daß er hingegen sehr viel davon zu wissen glaubt.

Ich hatte die Freyheit genommen in der Geschichte der Abderiten den berühmten Arzt Olaus Borrichius eines Abderitismus zu beschuldigen, weil er behauptet, daß Demokritus den Stein der Weisen gehabt habe, und weil er zum Beweis dessen sich auf des Demokritus Buch vom Steine (**) beruffen.

Dies nimmt nun der Ungenannte sehr übel, und giebt mir wegen dieser Uebereilung in einer Note zu seinen

(*) Verfasser des Artikels Demokritus, im Magazin für Aerzte und dessen Ersten Stücke.

(**) Ich hatte gesetzt, von Steinen und Metallen, und dies war allerdings unrichtig; eine Stelle im Petron hatte mich dazu verführt.

seinem Text (S. 15. des 1sten St. des Magaz. für
Aerzte) einen tüchtigen Verweis. Er macht mir eine
Sünde daraus, daß ich den ehrlichen und in seiner
Art würklich grossen Mann Borrichius einen
Abderiten gescholten; Er, der auf der nemlichen Seite,
den gewiß eben so ehrlichen und in mehr als Einer Art
wenigstens eben so grossen Mann Hermann Conring
und mit ihm alle Gelehrte, welche den Zosimus und
Synesius erst ins vierte Jahrhundert nach Christi
Geburt setzen, Abderiten schilt. Die Gründe warum
die Gelehrten dies thun, sind sehr triftig. Hingegen
kann nichts Abderitischers seyn als die Gründe warum
Borrichius glaubt, daß des Demokritus Buch $\pi\varepsilon\rho\iota$
$\tau\eta\varsigma$ $\lambda\iota\theta\upsilon$ vom Stein der Weisen gehandelt habe.
(vid. seine Sapientia Hermetis etc. a. Conringii
Animadvers. vindicata p. 69.)

Ich bekenne hier öffentlich vor der ganzen Welt
daß ich, — da es unmöglich ist, daß ich omnia scibilia
selbst gelesen und selbst untersucht habe — in dem wenigen was ich von der Philosophie, Magie und Alchymie des Demokritus gesagt, theils lediglich meinem
eignem Menschenverstand, theils den Urtheilen notorisch
grosser Gelehrten, als Salmasius, Conring, le Clerc,
Bayle, Fabricius, Heumann, Brucker u. a. gefolgt
bin. Und was meinen Unglauben an die Goldmacher-
kunst des Demokritus betrift, ein Verbrechen, dessen
Schuld ich beynahe mit allen Gelehrten in Europa
theile

theile, so dächt' ich, es wäre wenigstens billig gewesen, daß der Ungenannte in Erwägung gezogen hätte, daß (aus sehr vielen Gründen, die Ihm selbst so bekannt seyn müssen als mir) die Präsumtion, daß Demokritus den Stein der Weisen nicht gehabt habe, so lange die stärkere ist, bis mit unumstößlichen Beweisen dargethan ist, daß er ihn gehabt habe. Was hilft alle das gelehrte Gewäsche des großen Borrichius und des Ungenannten, von Büchern die entweder nicht existieren, oder noch im Manuscript in der Vaticanischen und Kön. französischen Bibliothek verborgen liegen, und von deren Inhalt, Aechtheit oder Unächtheit, Glaubwürdigkeit in Historischen und Richtigkeit in Physicalischen und Chemischen Dingen, die gelehrte Welt noch nicht urtheilen kann? Von dem unter dem Namen Physica et Mystica noch vorhanden seyn sollenden Fragment der χειροκμητων des Demokritus urtheilt der größte Kenner dessen was in Griechischer Sprache ächt oder unächt ist, Salmasius, daß sie untergeschoben, und eine Geburt des schlechtesten Alters der Griechischen Litteratur sey. Der angebliche Commentar des Synesius über dies unächte Buch ist den Gelehrten, meines Wissens, nur dem Namen nach bekannt. Man hat bisher keinen andern Synesius gekannt, als den Bischof dieses Namens zu Ptolemais, der im vierten Jahrhundert nach Christi Geburt gelebt; und der Zosimus, dessen Werke die gelehrte Welt kennt, ist ein Geschichtschreiber des fünften Jahrhunderts. Die Alchymis chymisten, Synesius und Zosimus, deren Schriften Borrichius im Manuscript gesehen hat, sind, selbst nach der Meynung dieses Polyhistors, ganz andere Personen, haben viel früher existiert, und sind, wie der Ungenannte versichert, noch ungleich älter als Borrichius selbst glaubt. Es mag seyn; aber noch sind es lauter Unbekannte. Was kann nun wunderlicher seyn, als die Gelehrten so, wie der Ungenannte thut, auszuhunzen, daß sie, auf das Zeugnis eines Commentar, den sie nie gesehen haben, über ein Buch das nicht existirt, nicht straks überzeugt sind, daß Demokritus Gold gemacht habe? Wozu hat der Ungenannte vonnöthen, seine ganze Abhandlung durch, so jämmerlich auf Alle Gelehrte zu schimpfen, welche bessere Beweise als solche verlangen, um zu glauben was unglaublich ist? Wir werden uns alle willig der Wahrheit zu Füßen legen, sobald Er in seiner versprochnen Geschichte der ältern Chemie die Sache in die gehörige Evidenz gesezt haben wird. Nur wird Er selbst billig finden, daß wir uns bessere Gründe ausbitten, als diejenige, womit Borrichius — vor dessen Gelehrtheit, Belesenheit und Collectaneen ich übrigens allen ersinnlichen Respect habe — beweist, daß Joseph in seiner Nachricht von den Säulen Seths Glauben verdiene; daß die Egyptischen Priester Gold gemacht haben; daß die noch vorhandene Smaragdne Tafel dem Egyptischen Hermes füglich zugeschrieben werden könne; daß die Galanterie des Mars und der Venus im Homer

(Otrsi.

(Odyſſ. VIII.) ein concubitus myſticus ſey, wodurch Homer alchymiſtiſche Geheimniſſe, die er in Egypten gelernt, habe andeuten wollen; daß die unermeßlichen Reichthümer der alten Egyptiſchen Könige ſich nicht begreiffen ließen, wenn man nicht annehme, daß ſie Gold hätten machen können; daß der Sänger Jopas an der Tafel der Königin Dido, den alchymiſtiſchen Proceß vorgeſungen habe, weil Virgil ſagt, er habe errantemque lunam, ſolisque labores geſungen, und zwanzig andre Sächelchen von dieſem Schlage, die der ehrliche Mann, wenn er über ſeiner Alchymie ſeine Logik nicht ganz vergeſſen hätte, gewiß ungeſchrieben gelaſſen haben würde.

w.

VI.
Neue Bücher.

1. **Romanzen der Teutſchen, mit einigen Anmerkungen über die Romanze, Leipzig, bey Hertel, 1774. 12 Bogen, 8.**

Der Sammler nennt ſeine vorausgeſezte Abhandlung nur Anmerkungen, vielleicht weil er weder Philoſoph gnug war, um eine Theorie einer noch untheoriſirten Gattung zu entwerfen, noch Kenner der Geſchichte, um ihre Genealogie genau gnug zu beſchreiben. Anſtatt blos an den Begriffen der Abentheuerlichen, Poſſierlichen, und Drolligten zu hängen, würde er die Natur der vermiſchten Dichtungsart der lyriſchen Er-

T. M. May 1775.   M   zäh-

zählung erörtert, würde er gezeigt haben, daß sie, wie alle Erzählungen, naiv, scherzhaft, ernsthaft, rührend, schauderhaft seyn, daß sie im Scherzhaften alle Arten des Komischen vom Feinern an bis zum Burlesken annehmen, daß sie sich aller Ingredienzien der Laune, der Parodie, des Heroischkomischen ꝛc. bedienen, daß sie bald travestiren, bald den Character des alten Volksliedes, oder des Vaudevills annehmen, daß sie vom Kostume den Namen Ritter = Schäfer = Götterromanze bekommen könne. Er würde jede Zweige besonders geprüft, und insbesondere das Abentheuerliche besser, als er gethan, (wenn auch nur nach Sulzern) untersucht haben. Was die Geschichte betrift, so hätte er dargethan, daß im Ursprung der Poesie alle Erzählungen lyrisch waren, hätte etwas von der Ballade gesagt, hätte die romantische Epopee (z. E. von Spenser und die provenzalische Poesie erläutert, oder wenigstens auf Sprengels Hurd vertröstet; hätte die Ursach geprüft, warum die komische Poesie sich bey den Alten nur aufs Theater eingeschränkt, oder vielmehr vom Verlust ihrer Jamben geredet, hätte von der Eintheilung der Spanischen Romanze in die lyrische, zärtliche und burleske gehandelt, hätte vom Gebrauch der Romanze in der Operette gesprochen, u. s. w. — Die Sammlung selbst besteht nur aus sechs und vierzig Romanzen — Michaelis Travestirung der Aenelde, Bürgers Herr Bacchus ist ein braver Mann, Gotters Olinbart und dergleichen haben wir ungern vermißt. Aus Weißens Operetten sind nur drey entlehnt. Die übrigen Verfasser sind Gleim (der Erfinder) Weißer (der Verfasser der Mietauer Romanzen) Schiller, Löwen, Michaelis (nur eine aus seinen Operetten) Kronegk, Denis, Hölty, und (die vom Riesen und vom Zwerg von) Lichtwer. S. 18 und S. 109 haben Herrn Müller, die S. Herrn Gotter, die S. 160 Herrn Hölty und die h7 nicht Herrn Bode, sondern Herrn Claudius zum Verfasser.

2. Beytrag zu der alleraͤlteſten und natuͤrlichen Hiſtorie von Heſſen, oder Beſchreibung des Habichtwaldes und verſchiedener andern niederheßiſchen alten Vulkane in der Nachbarſchaft von Kaſſel, von R. E. Raſpe ꝛc. Nebſt einer Kupferpl. Kaſſel 1774. 5 Bog. in gr. 8vo.

Viel nuͤtzliches auf ſehr wenigen Bogen zuſammengedraͤngt, von einem Gelehrten, der ſeinem Gegenſtand, wovon er ſchrieb, gewachſen, und uͤber die aͤlteſte Naturgeſchichte von Heſſen Licht zu verbreiten faͤhig war. Erſt eine Beſchreibung des Kaſſeliſchen Thales, des Habichtwaldes und Duͤrenberges, ihres innern Baues, ihrer Stein- und Erdarten; hernach viel wichtiges von Entſtehung der prismatiſchen Wacken und Baſalte, von den ſchwarzen Wacken und Laven, vom Tarresſtein, Tufſtein, Puzzolane ꝛc. ihren Eigenſchaften und Gebrauch. Kurz, mehr Unterrichtendes, als man in ſo wenig Bogen erwartet haͤtte. Das Kupfer zeigt die vulkaniſche Oefnung bey Frankenhauſen in Niederheſſen.

3. *Vermium terreſtrium et fluuiatilium ſeu animalium infuſororum, helminticorum et teſtaceorum, non marinorum ſuccincta hiſtoria, auctore Ottone Friderico Müller, Regi Daniae a Conſiliis Iuſtitiae etc. Vol. I. II.* Hauniae et Lipſiae 1773 et 74. gr. 4.

Unſer Vergnuͤgen iſt unausſprechlich, wenn wir einmal einen Beobachtungsgeiſt auftreten ſehen, der, mit allen Faͤhigkeiten eines großen Genies ausgeruͤſtet, ein in der Naturgeſchichte noch ziemlich unbearbeitetes Fach, mit ſo ruͤhmlichem Eifer, ſo gluͤcklichem Fortgang und ohne Ruͤckſicht auf die daran zu verwendenden Koſten,

Geduld und Mühe, so gründlich als unser Verf. der jetzige Herr Etatsrath Müller in Kopenhagen, mit seinen erlangten Einsichten aufhellet. In diesem ganzen Werke, das die bloßen und mit Schalen bedeckten Würmer in einer systematischen Ordnung mit ungemeiner Genauigkeit beschreibet, ist alles auf Autopsie, alles auf eigene wiederholte und bestätigte Beobachtungen gebauet. Mehr als man von einem einzelnen Gelehrten erwarten oder fordern konnte, ist in selbigem geleistet. Man wird uns dies desto sicherer glauben, wenn wir versichern, daß der Verf. der schon aus wichtigen physikalischen Werken als ein glücklicher Beobachter bekannt ist, in Gesellschaft etlicher Maler und Kupferstecher, die er auf eigene Kosten mit sich nahm, große Reisen gethan, um der Natur auf ihren verborgensten Fußtritten aufmerksam nachzugehen, und bis in das Innere ihrer geheimen Werkstätte zu folgen. Mit scharf gewafneten Augen hat er sie belauren gesucht, wo bloße menschliche Augen nicht hinreichend waren, bis an die unsichtbaren Meisterstücke derselben zu reichen. Alles was er gesehn beschreibt er deutlich, richtig und mit der Genauigkeit eines geübten Weltweisen. Er las anderer dahin einschlagende Schriften, mehr, um sie zu beurtheilen oder an einigen zu verbessern, als um seine Nachrichten daraus zu schöpfen. Alles ist Original — und noch — wenn wir offenherzig reden sollen, fehlt dem klassischen Werk noch einen Fehler, der es unbrauchbar machen könnte. Wir sind überzeugt der Verf. werde demselben allmählich sicher abhelfen, ein Werk, das in der Helminthologie ein so Licht aufstecken kann, mit nöthigen Kupfern. Dadurch kann es zu dem einzigen und besten seiner Art gemacht werden.

4. Systematische Einleitung in die Natur ihren eigenthümlichen physikalischen

mischen

mischen Gründen hergeleitete Forstwissenschaft, von D. Joh. Gottlieb Gleditsch ꝛc. ꝛc. 1 Band. Berlin, 1774. 1 Alph. 22 B. gr. 8.

Glücklicher Zufall! daß eine bisher so verworrene, so vielen Vorurtheilen und offenbaren Vernachläßigungen ausgesetzte, dem Staat aber dennoch so vortheilhafte Wissenschaft, endlich einen so großen Botaniker, als Herr Prof. Gleditsch ist, gereizt, aus derselben ein System zu bilden, welches das Gepräge der größten Ordnung und Zuverläßigkeit hat. Wie viel hat man sich nicht in diesem gemeinnützigen Fache von einem Manne zu versprechen, dessen vorzüglichstes Geschäfte seit mehr als dreyßig Jahren in lauter dem Staate nützlichen Beobachtungen, Versuchen und Unterweisungen bestanden, und welcher noch izo in dem Alter eines angehenden Greises mit dem Feuer der lebhaftesten Jahre lehret, untersuchet, prüfet und schreibet. Ein Buch, wie dieses, bedarf zu seiner Empfehlung nichts weiter, als die Anzeige seines Daseyns. Wir könnten sonst wohl zur Bestätigung unseres Urtheils noch anführen, wie der König von Preussen durch sein Finanz-Kriegs- und Domainen-Direktorium den berühmten Verfasser nicht nur durch eine ansehnliche Prämie belohnen, sondern auch dieses Buch, wegen seiner vorzüglichen Nutzbarkeit an alle Kriegs- und Domainenkammern, besonders den Forstbedienten, durch ein Cirkular bekannt machen und sie zu dessen fleissigem Gebrauch ermahnen lassen. Den 2ten Band, nebst vollständigem Register über alle darinn abgehandelte Materien, haben wir in bevorstehender Ostermesse zu erwarten. Der Verf. hat in diesem Werke sein Augenmerk nicht etwa blos auf die Bäume, auf deren einzelne Theile, Kenntniß und Nutzung derselben, sondern zugleich auf alle in Forsten befindliche besondere Gewächse von Schwämmen, Flechten, Moosen, Farrenkräutern, Gräsern und andern schädlichen Pflanzen, so gar auf die Erdlagen, Thiere, Inſekten u.ſ.w. gerichtet und nichts übergangen, was zu einer vollſtändigen ſyſtematiſchen Forſtwiſſenſchaft gehöret.

5. Hrn von Büffons allgemeine Naturgeſchichte. Eine freye mit Anmerkungen vermehrte Ueberſetzung. 6 und 7 Theil. Berlin, bey Joach. Pauli 1774. 21 und 18 Bogen in 8.

Mit dieſen beyden Bänden iſt die Ueberſetzung eines klaſſiſchen Werks beſchloſſen, die durch die Bemühungen des unermüdeten Hn. D. Martini manchen Vorzug vor dem Originale hat, die mit gleich ſchönen und mehrern Abbildungen verſehen, mit ſehr nützlichen Anmerkungen und Hinweiſungen zu weiter ausgeführten Nachrichten bereichert und durch ein weitläuftiges von Hn D. Krünitz verfertigtes Realregiſter über alle ſieben Bände zum Gebrauch noch bequemer gemacht, und doch weit wohlfeiler iſt, als das Original. Die beyden letzten Bände liefern eine noch nahrhaftere Lektüre als die vorigen, wenigſtens nahrhafter für den Philoſophen und für den Geſchichtſchreiber der Menſchheit, indem hier auf eine höchſt unterhaltende Art alle verſchiedene Gattungen der Menſchenkinder und die der Thiere hiſtoriſch beſchrieben und philoſophiſch unterſucht werden. In dem Anhange wird noch ſonſt von dem Inſtinkt der Thiere und der Inſekten gehandelt. In der Vorrede zum 7ten Band zeigt ſich der geſchickte Ueberſetzer noch einmal zu ſeinem Vortheil durch eine Denkart, die von Vorurtheil und Wahn weit entfernt iſt.

6. Vom Naturforſcher iſt in Halle noch im vorigen Jahr das 3te und 4te Stück im Gebauerſchen Verlag fertig geworden. Im 3ten ſind zwey ausgemahlte und drey ſchwarze Kupfertafeln enthalten. Unſer Urtheil über dieſes Journal überhaupt, haben wir ſchon in einigen

nigen vorhergehenden Bänden des teutschen Merkurs
gefället. Bey diesen beyden Stücken müßten wir alles,
was wir bey Lesung der erstern zum Vortheil derselben
empfanden, mit verdoppelten Nachdruck wiederhohlen.
Die Wahl und Ausführung der darinn abgehandelten
Materien ist, bis auf einzelne Weitschweifigkeiten, ohne
Tadel, in so fern wir es für unmöglich halten, daß in
einer periodischen, von vielerley Verfassern bearbeiteten
Schrift alles ohne Unterschied von gleichem Werthe seyn
könne. Wer alle vier Stücke gelesen, wird sich selbst
gestehen müssen, daß er seine Zeit sehr wohl angewen-
det habe, und wer als ein Liebhaber der Natur noch
keines davon gelesen, der mag es bey sich selbst verant-
worten, daß er sich die angenehmste und lehrreichste Unterhaltung selbst entzogen. Wir sehen im Voraus, daß
durch die eifrigen Bestrebungen des Hrn. Walch und seiner gelehrten Freunde dieses Journal Teutschland immer
mehr Ehre bringen, den Naturforschern aber sich unentbehrlich machen werde.

7. Von dem Hrn. Pastor Götze in Quedlinburg,
welcher mit den großen Verfassern der von ihm übersetzten Werke in einem genauen Briefwechsel stehet, haben wir auch nächstens eine vollständige Polypengeschich-
te, nach Anleitung der Herren Bonnet und Trem-
bley, ingleichen eine Uebersetzung der Bonnetischen
Considerations sur les corps organisés zu erwarten.

8. Von des Ritters, Herrn Karl von Linné, vollständigem Natursystem, nach Anleitung des Holländischen Houttuynischen Werks, mit einer ausführlichen
Erklärung ausgefertiget von Philipp Ludwig Sta-
tius Müller ꝛc. haben wir in voriger Messe des Vten
Theils 1sten Band aus dem Raspischen Verlag in Nürn-
berg mit 22 Kupfertafeln von Insekten erhalten. In
so fern dies Werk schon rühmlich bekannt, und in der
meisten Natur-Liebhaber Händen ist, auch von uns die

vorigen

vorigen Theile schon angezeigt worden, bedarf es hier weiter nichts, als einer Anzeige der darinn beschriebenen und abgebildeten Insekten. Auf 2 Alphab. und 2 Bogen werden in diesem Theil die drey ersten Ordnungen der Insekten 1) mit ganzen Flügeldecken (Coleoptera) 2) mit halben Flügeldecken (Hemipce...) und 3) mit bestäubten Flügeln, von den Käfern bis Ende der Nachtvögel kurz beschrieben. Jeder [Ord]nung ist eine allgemeine Einleitung zur nähern [Kennt]niß der darunter gehörigen Insekten vorgesetzt [und in] den Abbildungen der Geschlechter, so viel es m[öglich] war, die Deutlichkeit und Schönheit genau beo[bachtet] worden.

8. Neue Mannigfaltigkeiten, eine gemein[nützige] Wochenschrift, I. II Jahr, vom May [1774] bis zu Ende des Aprils 1775. Berlin, b[ey] l. verehl. Boßm. gr. 8. mit Kupf[ern.]

Im September des Jahrs 1769 [nahm eine Wo]chenschrift, wozu eine Menge Kupfer [ihren] Anfang, und wurde unter dem Titel [Mannigfal]tigkeiten vier Jahre lang mit Beyfa[ll fortgesetzt, der] 4te Jahrgang aber mit einem vollstän[digen Register] von beynahe zwölf Bogen, beschlossen[. Da sich die Le]ser und Mitarbeiter an derselben im [vorigen Jahre merk]lich vermehrt hatten, so hielt man es [für nöthig, unter dem Titel der] neuen Mannigfaltigkeiten den Leser[n eine Fortsetzung an]zubieten, die von ihnen mit eben der [Bereitwilligkeit, als] die ersten angenommen wurden. Wir [zeigen nunmehr] von bereits zwey Jahrgänge mit Kupf[ern an, und wollen] wir hauptsächlich darum anzeigen, weil [in dieser] Wochenschrift ausser vielen historisch[en und] poetischen, auch andern wissenschaft[lichen und] merkwürdigen Aufsätzen, hauptsächlich [für die Kenntniß] der Naturgeschichte gesorgt und ihnen [dadurch] der Stoff zu einer sehr nützlichen Unt[erhaltung] legt worden ist. Es arbeiten an derselben unterschiedene in der gelehrten Welt rühmlich bekannte Gelehrte, von welchen mit jedem Jahrgange einer in getreuer Abbildung dem Publikum näher bekannt gemacht wird. In den sechs ersten Jahrgängen haben wir die Bildnisse des Hn. D. Martini als Direktors dieser periodischen Schrift, 2) des Hrn. D. Schröter in Weimar, 3) des Hrn. D. Feldmann in Ruppin, 4) des Hrn. Präp. Hase in Stolpe, 5) des Hrn. Geh. Rath Hymmen in Berlin und 6) des Hrn. Past. Götze in Quedlinburg angetroffen, und kündigen die weitere Fortsetzung dieses Wochenblatts desto lieber an, jemehr wir bemerken, daß die physikalischen und litterarischen Artickel immer interessanter zu werden scheinen.

2. Von dem ungemein schönen und eben so nützlichen Werke des Erlangischen Herrn Hofraths Schreber von den Linneischen illuminirten Geschlechtern und Gattungen der Thiere, deren Geschichte zugleich kurz, aber gründlich von dem gelehrten Verfasser bearbeitet wird, haben wir nicht allein die neun Hefte der 1sten Abtheilung mit 62 illuminirten Kupferplatten und 24 Bogen Text, sondern auf den Anfang der 2ten Abtheilung, oder den 10 und 11ten Heft von Tab. 63–77 mit 3 Bogen Beschreibung erhalten. Wir finden in den bisherigen Platten dieses allgemeinen beliebten und bereits angezeigten Werks, alle Arten, 1) der vom Archiater angegebenen ungeschwänzten kurzgeschwänzten und langgeschwänzten Affen, oder der Affen, Pavianen und Merkatzen bis Tab. 37; 2) der Faulthier-Affen oder Gespensterthiere, (Lemur) bis Tab. 42; 3) der Fledermäuse bis Tab. 62.; 4) Der Faulthiere, (Bradypus) bis Tab. 65. 5) Der Ameisenfresser (Myrmecophaga) bis Tab. 68. 6) Des Schuppenthieres (Manis) Tab. 69. 70. 7) Der Panzerthiere (Dasypus)

pus) bis Tab. 76; und 8) Das Rhinoceros (Rhinoceros vnicornis) Tab. 77. aus den besten auf den Umschlägen bemerkten Schriftstellern auch nach guten Originalen sauber gemalt und lehrreich beschrieben. Die 10te und 25ste Platte ist man den Liebhabern aus guten Absichten, bis zu Erlangung guter Urstücken schuldig geblieben. Statt der 5ten etwas entstellten Platte hat man eine ganz neue, viel bessere beygelegt, wozu der Hr. Prof. Hermann in Strasburg die Zeichnung geliefert. Wegen der 31sten un-illuminirten Tafel aus dem Periver ist Herr S. der dadurch hinlänglich entschuldigt, weil von diesem Thier vielleicht nie eine richtigere Zeichnung zu schaffen seyn möchte. Man war anfänglich Willens, nach Vollendung der 1sten Abtheilung der Säugthiere, zur Abwechselung, eine Abtheilung von Vögeln, sowohl nach Originalen, als hauptsächlich aus der illuminirten Ausgabe des Daubentonschen Werks, und aus den Schriften der Petersburger und anderer Akademien zu liefern, weil aber diese Ankündigung nicht allgemeinen Beyfall gefunden zu haben scheinet, so wird man, wie auch die zwey ersten Hefte der 2ten Abtheilung beweisen, mit den Säugthieren ungehindert fortfahren, bis die Reihe im Natursystem die Vögel trift, übrigens aber alles anwenden, was zur Verschönerung und Gemeinnützigkeit dieses Werks nur immer gefordert und erwartet werden kann. Von den Beschreibungen haben wir dann genug gesagt, wenn wir versichern, daß der Verfasser keinen Fleiß sparet, sowohl durch die genaue Richtigkeit in denselben, als durch die Frucht seiner großen Belesenheit in den alten und neuen hingehörigen Schriften, dem Publikum so viel Befriedigung als möglich, zu verschaffen.

10.

10. Anfangsgründe der Metallurgie, darinn die Operationen sowol in großen als kleinen Feuer ausführlich beschrieben, auch mit deutlichen Gründen und Erläuterungen und 43 Kupfertabellen begleitet sind. In drey Theilen verfaßet, durch Joh. Andr. Kramer, 1ster Theil mit 19 Kupfertafeln und deren Erklärung, Blankenburg und Quedlinburg, bey August Reußner, 2 Aph. Duernen in Fol.

Das Gepräge der Deutlichkeit und hinlänglichen Vollständigkeit findet man durchgehends in diesem Werk, aus dem auch Kenner noch vieles lernen können, was anderwärts entweder gar nicht, oder sehr dunkel vorgetragen worden. Anfänglich war der Pränumerationspreiß für die beyden ersten Theile auf ½ Louisdor gesetzt; jetzo haben aber die häufig angebrachten Kupfer einen Nachschuß von 16 Gr. unvermeidlich veranlaßet. Wie gern wird man für ein so großes Werk, eine so kleine Summe bezahlen! Im ersten Theil ist eigentlich die Theorie und Naturgeschichte der Mineralien, die Zubereitung der Auflösungsmittel und leichte Versuche von deren Würkungen in die mineralische Körper; auch die Beschaffenheit und Anweisung zu Verfertigung der zu den Operationen erforderlichen Geräthschaften enthalten. Im zweyten hat man die Arbeiten im Kleinen oder im Probier-Feuer, mit Anmerkungen und Erläuterungen zu warten. Der dritte soll sich mit den wesentlichen Veranstaltungen zu den Hüttenoperationen und mit den besten Hüttenproceßen beschäftigen. Aus diesem kurzen Entwurf ist schon zu beurtheilen, wie sehr die eifrigsten Mineralogen und Metallurgisten Ursache haben, die baldige Vollendung dieses vorzüglichen Werkes zu wünschen.

11. Io.

II. *Io. Scheuchzeri agrostographia, siue graminum etc. historiam. Accesserunt Alb. v. Haller synonyma nuperiora, graminum 70 species, de generibus graminum epicrisis, denique plantae rhoetici itineris, anno 1709 a Io. Scheuchzero suscepti.* Tiguri, apud Orell, Gesner et socc. 1775. 4.

Nicht eine neue Auflage des bekannten Scheuchzerischen Buches, dergleichen man uns hin und wieder in öffentlichen Blättern angekündigt hatte; sondern der ganze erste Abdruck von 1719, bloß mit einem neuen Titel, und den darauf angezeigten Zusätzen. Wir brauchen also nur von diesen zu reden. Es sind deren viere: 1) Eine Vergleichung der Scheuchzerischen Grasgattungen mit den Hallerischen und Linneischen, womit derjenige, welcher ein Gras im Scheuchzer aufgesucht hat, erkennen kann, wo er es in der historia stirpium Helv. und spec. pl. oder deren Mantissa finde. Bey manchen Gattungen hat, weil sie Scheuchzern eigen sind, auf keinen von beyden verwiesen werden können. Doch dürften bey genauerer Untersuchung, vielleicht manche, wo Linne nicht angeführt ist, in seinen gedachten Werken gefunden werden. Einige sind wohl Scheuchzern nicht so ganz eigen, daß man sie nicht bey andern Botanisten finden sollte, ob sie gleich H. v. H. und L. nicht haben. z. E. das Gras p. 293 kömmt in Löflings Reise vor; die p. 187. 246. in Gerardi flora galloprouinciali. &c. 2) Siebenzig bey Scheuchzern fehlende Gräser, meistens aus der scheuchzerischen Kräutersammlung, kurz beschrieben. Darunter verschiedene sehr seltene. 3) Eine Kritik über die Linneischen Grasgeschlechte, und zwar nur über diejenige, welchen in der Schweiz Gattungen vorkommen, worunter aber auch die Phalaris vermissen. Der Hr. von H. ist mit der Linneischen Eintheilung der Gräser nicht zufrieden; aber auch mit seiner eigenen nicht vollkommen. 4) Beschreibung einiger Pflanzen, welche S. vornemlich auf einer Alpenreise nach Bündten 1709 gesammlet hat; zwar keine neuen, aber artige und brauchbare Anmerkungen darüber, welche Scheuchzers grossem Fleiß und Accuratesse zeugen. Endlich vertheidigt sich H. v. H. gegen des nunmehr verstorbenen Hrn. v. Münchhausen Zunöthigungen, im IV Bande des Hausvaters. In der Vorrede werden einige Lebensumstände des Verfassers erzählet. — Diese nebst den Zusätzen machen 13 Bogen aus.

12. *Flora Barbienſis. In uſum ſeminarii fratrum edidit Frid. Adam. Scholler.* Lipſiae, apud Weidmanni heredes et Reichium in commiſſis, 1775. med. 8. 21 Bogen.

In dem Seminarium der evangeliſch. Brüderunität zu Barby werden, beſage der Vorrede, nebſt andern Wiſſenſchaften, auch die Naturgeſchichte und Botanik gelehret. Letztere hat Hr. S. ſeit 14 Jahren vorgetragen, und zum Behuf ſeiner Vorleſungen gegenwärtiges Buch ans Licht treten laſſen. Die Pflanzen der barbyſchen Gegend werden darinn, nach Art der Leyſeriſchen halliſchen Flora, verzeichnet, und ihr mediciniſcher und öconomiſcher Nutzen kurz beygefügt. Wir billigen aber nicht, daß die Synonymen anderer Botaniſten ganz weggelaſſen worden ſind. Die Gegend um Barby beſitzt ſo viel ſeltene Gewächſe, daß ſie allerdings vor andern in Teutſchland bearbeitet zu werden verdient hat; und wir müſſen dabey die Sorgfalt und Genauigkeit des Hrn. S. das gebührende Lob wiederfahren laſſen.

13. *Ordines naturales plantarum. Commentatio botanica, auctore Io. Philippo Rüling, M. D. Inſtit. reg. hiſt. Gotting. m. ord.* Gottingae ſumt. vid. Vandenhoek 1774. 8. 7 und einen halben Bogen.

Hr. D. R. liefert in dieſen Bogen ein neues Project, die Geſchlechte der Pflanzen nach den natürlichen Vormundſchaften zu ordnen, welches den ehemaligen Prof. der Botanik in Göttingen, Hrn. Dav. Siegm. Aug. Büttner, zum Urheber hat. Es iſt angenehm, die Gedanken eines Mannes, wie Büttner war, über eine Sache, die ihn mehr als zwanzig Jahr vorzüglich beſchäftigt hat, zu erfahren. Aber der Recenſent muß offenherzig geſtehen, daß er mehr von Hrn. B. zu lernen gehoffet hätte, und daß er ſich gewundert hat, wie die Geſchlechter bisweilen ſo ſehr am unrechten Orte ſtehen, welches leicht zu erweiſen wäre, wenn wir uns hier auf Kritiken von der Art einlaſſen könnten.

14. **Chirurgiſche Wahrnehmungen** von Johann Lebrecht Schmucker, königl. preußl. erſten General-Chirurgus von der Armee, Director der chirurgiſchen mi-

Ilitarilitarischen Feld-Hospitäler und Mitglied der römisch-kaiserlichen Akademie der Naturforscher, zweyter Theil, von Verwundungen und Krankheiten der Brust, des Unterleibes und übrigen Gliedmaßen. Berlin und Stettin, bey Nicolai 1774. groß 8. 572 Seiten.

Wir wiederholen unser Urtheil, das wir im 3ten Stück des 3ten Bandes über den ersten Theil dieses Buchs gefällt haben. Auch in diesem Band ist der W. dem Plane gefolget, den er in dem ersten zum Grunde gelegt. Er erzählt die Krankengeschichte nach allen ihren Umständen, ohne sie mit Gelehrsamkeit und Raisonnement auszuschmücken. Die Beobachtungen sind funfzig. Unter diesen zeichnen sich besonders die ge aus, wo der W. krebsartige Geschwüre, oder offene Krebse an den Brüsten operiret und geheilet hat. Dem brauch des Schierlings in diesem Uebel ist der W. keineges günstig, sondern warnt vielmehr vor dem Gebrauch desselben, weil er mit schädlichen Nebenwürkungen verbunden Dann von vielen, glücklich und unglücklich abgelaufenen Operationen aller Arten von Brüchen, besonders der Wasserbrüche. Auch etwas von Steinschnitten, und geheilten Fisteln am rinäo. Nach der 43sten Beobachtung wurde eine sehr schwere Zerschmetterung beyder Schenkel glücklich geheilet. Die dieser beträchtlichen Verletzungen dauerte freylich zwey Jahre, doch kann der Geheilte gehen, tanzen und reiten. nigen beträchtlichen Bemerkungen vom tollen Hunde der Wasserscheue, wird eine kurze Geschichte dieses schen Uebels, von den ältesten Zeiten her, vorangeschickt, die Kurarten erwogen und berichtiget. Des W. Mittel Einschnitte, spanische Fliegen äusserlich gebraucht, und ßher.

14. Johann Peter Willebrands, königl. dän. w. Justiz Grundriß einer schönen Stadt, in Absicht ihrer Lage und Einrichtung zur Bequemlichkeit, zum Vergnügen, zum Anwachs und zur Erhaltung ihrer Einwohner, nach bekannten Mustern entworfen. Nebst einer Vorrede von der Würkung des Klima auf die

Gesinnung und Gesetzgebung der Völker. Erster Theil. Hamburg und Leipzig 1775. 8. S. 304. und die Vorrede LVI S.

Eine in verschiedner Betrachtung gemeinnützliche Frucht des Fleißes, der Erfahrung, der beobachtenden Reisen und des guten patriotischen Willens eines durch mehrere Schriften bekannten schätzbaren Verfassers. Die gegenwärtige nimmt sich durch die Größe des Gegenstands, die gute Anordnung der Materien, die Vollständigkeit des Detail, und die Menge guter Bemerkungen und Verbesserungsvorschläge, sehr zu ihrem Vortheil aus. Der Verfasser nimmt in diesem Grundriß einer schönen Stadt das Wort schön, in Sokratischen Sinne; Eine schöne Stadt heißt ihm also, eine Stadt, worinn alles zweckmäßig ist, und zur möglichsten Vollkommenheit des Ganzen beyträgt. Diesem sehr richtigen Begriffe zufolge, erhielt sein Buch den ganzen Umfang eines vollständigen Entwurfs der Stadt=Policey. Er hat diesen Grundriß nach bekannten Mustern entworfen: denn Hr. Willebrand begnügte sich nicht, diese fast unübersehliche Wissenschaft in den Schriften seiner Vorgänger zu studieren; er durchreißte selbst einen großen Theil von Europa, und vornemlich die meisten Theile von Teutschland, erkundigte die Beschaffenheit und die Policey der vornehmsten Städte, (unter welchen ich doch Augsburg fast in allen Rubriken, wo diese vorzüglich schöne und wohlpolizirte Reichsstadt als Muster angeführt werden konnte, vermisse (*)) bemerkte allenthalben das Gute sowohl als das Mangelhafte, und setzte sich sodann aus seinen gesammelten Anmerkungen eine Art von Ideal zusammen, ungefehr wie Zeuxis seine Helena zusammengesetzt haben soll; ein Ideal, welches eben das durch, daß es alle mögliche Vollkommenheiten einer wohlgelegnen, wohlgebauten, mit allen zweckmäßigen Erfordernissen vollständig versehenen, und aufs beste polizirten Stadt, darstellt, geschickt ist, den Regenten und Vorstehern der Städte unsers lieben teutschen Vaterlandes zugleich die Dienste eines Spiegels und eines Modells zu leisten. Wenn das ganze Teutschland (nach Büschings Bericht) über 2300 Städte enthält, so kann es diesem Buche nicht an Absatz fehlen, wenn auch in jeder von diesen Städten nur ein einziges Exemplar angeschafft würde. Wenigstens sind derer gewiß nur sehr wenige,

(*) Des Augspurgischen Rathhauses und Einlasses sind ich zwar gedacht, aber die kennt man aus Büchern, ohne sie gesehen zu haben.

nige, welche nicht Ursache und Gelegenheit genug haben sollten, von den darinn enthaltnen Grundsätzen, Bemerkungen, Vorschlägen und piis desideriis, nützlichen Gebrauch zu machen. Wir empfehlen es zu solchem Ende allen besagten 2300 grössern und kleinern teutschen Städten, und deren Vorstehern, samt und sonders, herzlich wünschend und hoffend, daß auch dieses patriotische Werk vieles beytragen möge, die Reste der alten Barbarey,

— priscae vestigia fraudis,

aus unserm Teutschlande auslöschen zu helfen, und die grosse Zahl der Abderitismen, die uns noch immer hier und da und allenthalben zu Schulden liegen, zu vermindern.

Die in der Vorrede durch das Schlußmotto, *ne voluisse sat est*, und in dem Werke selbst sich offenbarende Bescheidenheit des Verfassers macht beynah überflüssig, zu bemerken, was ihm selbst nicht entgehen wird, daß dieses Buch bey einer künftigen neuen Auflage, durch allerley Verbesserungen, unter andern auch in Absicht der etwas nachläßigen Schreibart, vieles werde gewinnen können. Wie Rom nicht in Einem Tag gebaut worden, und Teutschlands meiste Städte nicht in den nächsten zehn Jahren zu schönen Städten umgeschaffen werden dürften; so kann ein so weitgreifendes Werk nicht auf einmal zu seiner grösten Schönheit und Güte gelangen. Genug einstweilen, es, so wie es ist, unter die gemeinnützigen Bücher und von Seiten derjenigen, die davon am meisten machen können und sollen, um so mehr Aufmerksamkeit verdient, da der Verfasser (außer den Vortheilen, die er auf seinen Reisen gezogen) als ehmaliger königl. Dänischer Policeydirector zu Altona, und durch seine Verhältniß mit einem der aufgeklärtesten und edelsten Staatsmänner unsrer Zeit, dem nun verewigten Grafen von Bernstorf, volle Gelegenheit gehabt, sich zur Ausarbeitung dieses Buches (dessen Vollendung jedermann mit uns wünscht und) vorzüglich geschickt zu machen. Ueber die Materie vom Einfluß des Klima ꝛc. werd' ich meinem Lesebuche an einer andern Zeit Luft machen.

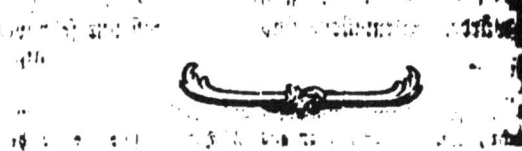

Der Teutsche Merkur.

Junius 1775.

I.
Gedichte.

Lotte
bey Werthers Grabe.

Ausgelitten hast du — ausgerungen
 Armer Jüngling, deinen Todesstreit;
Abgeblutet die Beleidigungen,
Und gebüßt für deine Zärtlichkeit!
O warum — O! daß ich dir gefallen!
Hätte nie mein Auge dich erblickt,
Hätte nimmer von den Mädchen allen
Das verlobte Mädchen dich entzückt!
Jede Freude, meiner Seelen Friede
Ist dahin, auch ohne Wiederkehr!
Ruh und Glücke sind von mir geschieden,
Und mein Albert liebt mich nun nicht mehr,
Einsam weil' ich auf der Rasenstelle,
Wo uns oft der späte Mond belauscht,
Jammernd irr' ich an der Silberquelle,
Die uns lieblich Wonne zugerauscht;
Bis zum Lager, wo ich träum' und leide,
Aengsten Schrecken meine Phantasie;
Blutig wandelst du im Sterbekleide

Mit den Waffen, die ich selbst dir lieh.
Dann erwach ich bebend — und ersticke
Noch den Seufzer, der mir schon entrann,
Bis ich weg von Alberts finstern Blicke
Mich zu deinem Grabe stehlen kann.
Heilige, mit frommen kalten Herzen,
Sehn vorüber und — verdammen dich:
Ich allein, ich fühle deine Schmerzen,
Theures Opfer, und beweine dich!
Werde weinen noch am lezten Tage,
Wenn der Richter unsre Tage wiegt,
Und nun offen auf der furchtbarn Wage
Deine Schuld und deine Liebe liegt:
Dann, wo Lotte jenen süssen Trieben
Gern begegnet, die sie hier verwarf,
Vor den Engeln Ihren Werther lieben,
Und Ihr Albert nicht mehr zürnen darf:
Dann, o! dräng ich zu des Thrones Stufen
Mich an meines Alberts Seite zu,
Rufen wird Er selbst, versöhnet rufen:
Ich vergeb Ihm: O, verschone du!
Und der Richter wird Verschonung winken;
Ruh' empfängst du nach der langen Pein,
Und in einer Myrten-Laube trinken
Wir die Seligkeit des Himmels ein.

Der frohe Bauer. (*)

So glücklich, so vergnügt als ich,
 Sind warlich nicht auf Erden
Die Reichen: Ach! ich grämte mich,
 Sollt' ich ein Reicher werden.

Gold schätzen reiche Thoren nur,
 Wer wird sie drum beneiden?
Ich schätze meine schöne Flur,
 Die! die gewährt mir Freuden!

So oft ich früh, von jener Höh,
 Befreyt von allen Sorgen,
Des Himmels Seegen übersch,
 An einem schönen Morgen;

Im Hain, bey mildem Sonnenblick
 Die Vögel höre singen —
Und unten nun im Thal, der Blick:
 Wie meine Schäfchen springen!

Wie in der ersten Morgenstund,
 Im Dörfchen alles lebet,
Und frölich, munter und gesund
 Zur Arbeit sich erhebet!

(*) Dieses schöne Lied, worinn unverdorbene Natur ihre rührenden Empfindungen in einer so naiven und zugleich so kräftigen Sprache ausdrückt, wird zu einer seltnen Erscheinung durch den Umstand, daß der Verfasser von Familie ein Engländer, ein Franzose von Geburt, und ein Holländer durch Erziehung ist.

So oft ruf ich: Mein Gott, wie gut
  Sind alle deine Werke!
Dem Reichen giebst du Geld und Gut,
  Mir giebst du Kraft und Stärke.

Und dann wird mirs so hell im Sinn,
  So hell! — ich kanns nicht sagen!
Ich eile fort, zur Arbeit hin,
  Und wollte Berge tragen.

Noch nie hat mir ein schwüler Tag
  Kraft oder Muth benommen,
Er sey so heiß er immer mag,
  Muß doch der Abend kommen.

Und kömmt er dann: o welche Lust!
  Wenn Frau und Kinder springen,
Voll Freuden sich um meine Brust,
  Um meine Kniee schlingen;

Wenn, Lieb' und Unschuld im Gesicht,
  Sich alle zu mir setzen,
Und an dem süssen Milchgericht
  Recht königlich ergötzen.

Und wenn wir dann herzinniglich
  Gott unser Danklied bringen,
Und mir so ist, als wenn um mich
  Die lieben Engel singen;

Dann fühl ich's ganz, und sag's oft laut:
  Daß glücklicher und weiser
Der ist, der seinen Acker baut,
  Als König, oder Kaiser.

v. St**rd.

Der Fuchs und der Rabe.
Nach dem la Fontaine.

Mit einem Käs' im Schnabel eilt'
Einst Meister Rab' auf einen Baum.
Zween Augenblicke kaum
Hatt' er sich da verweilt,
So kam Herr Fuchs, redt' ihn mit diesen Worten an:
„Willkommen, liebster Herr von Raben!
„Wie schön sind sie! O welcher Vogel kann
„Ein glänzender Gefieder haben!
„Stimmt mit dem Schmuck ihr Liedchen überein,
„Gewiß, ich will nicht ehrlich seyn,
„Wo sie kein Phönix sind, nicht alle Vögel schweigen.

 Wie mußte dieses Lob den Raben nicht erfreun?
Als Sänger sich zu zeigen,
Riß er den Schnabel auf. Der Käse fiel.

 Der schlaue Meister Fuchs
Hielt ihn mit allen Vieren flugs,
Und sprach: „Weil dir mein Lob gefiel,
„So sollst du mir's bezahlen;
„Umsonst wollt' ich so schön dich schwarzen Geck nicht mahlen.
„Herr Phönix! hat er dies gehört?
„So leb' er wohl! Die Lehr ist einen Käse werth."

 Der Rabe schämte sich, er sah' den Schmeichler gehn,
Und schwur, ein wenig spät: Es soll nicht mehr geschehn!

Von Ebendemselben.

Die Nacht im S** der Thal.

Du ruhst im süßen Schlummer,
  O mein geliebtes Thal!
Nur ihrer Liebe Kummer
  Klagt noch die Nachtigall.

Ein Mayenlüftchen wehet
  Vom Blütenhayne her,
Am hohen Himmel gehet
  Der Abendstern daher.

Aus lichten Silberwölkchen
  Grüßt mich der junge Mond,
Und freudig scherzt das Wölkchen
  Das in den Sümpfen wohnt.

In dünne Nebelschleyer
  Hüllt sich die Blumenflur,
Rund um mich her ist Feyer
  Der schlummernden Natur!

In diesen heilgen Stunden
  Schlag sanft mein fühlend Herz;
Vergiß die tiefen Wunden
  Und den geliebten Schmerz!

Nur wenig stille Thränen
  Weyh' ich dir, Mondennacht,
Und mein verschwiegnes Sehnen,
  Bis mir der Morgen lacht.

v. G.

An meine Blümchen.

Ihr schönen Blümchen blühet da
Für meinen Geist und mein Gesicht!
O, blühet fort, und welkt doch ja
In diesen dreyen Tagen nicht!
In diesen dreyen Tagen will
Zu meinem himmlischen Entzücken,
Begleitet von der Liebe, still
Belinde kommen, und euch pflücken.

G—m.

Gebet einer Braut
an ihrem Hochzeittage.

Leises Ahnden, süsses Wonneschrecken
Füllt die Winkel meines Herzens all'!
Amor! Amor kömmt darinn zu hecken,
Wie das Weibchen einer Nachtigall!
Kind, ich bitte, daß in deinem Ey
Etwas mehr als bloße Liebe sey!

Bloße Liebe fällt, wie Nebelsäulen,
Wann der Tag den Feuerathem haucht!
Nektar ist in ihren goldnen Pfeilen,
Aber Nektar, der sich bald verraucht.
Treue! Treue! holde Treue nur
Nährt den Rausch der liebenden Natur.

Göttin Treue, schwebe doch hernieder,
Feßle Venus flatterhaftes Kind,

Stütze mir sein fährliches Gefieder,
Wann er Flucht aus meinem Herzen sinnt.
Hölle brennt in Manneseifersucht.
O bewahre mich vor Amors Flucht!
S—d.

Der jungen
achtjährigen Prinzeßin von Preußen,
bey Ueberreichung des Halladat.

Prinzeßin, die schon manches Aber
Voll frommer Forschbegierde sprach,
Dir send' ich diesen teutschgekleideten Araber,
Den Weisen Halladat; — hör ihn und denke nach
In deiner engelschönen Seele;
Er spricht mit dir so herzvertraut
Vom Gotte, dessen Wink den hohen Berg, die Höhle,
Den Felsen und den Baum zu gleicher Zeit gebaut,
Als er die Himmel ausgebreitet.
Du wirst ihn fühlen, du verstehst
Was dieß und das und jen's bedeutet;
Du lobst den Schöpfer, wenn du unter Blumen gehst
Und in den königlichen Gärten
Die süßen Nachtigallen hörst
Mit deinen freundlichen Gefährten.
Du, Gottgeliebtes Kind, verehrst
Schon seine tiefverborgne Führung,
Machst Menschenliebe schon zu deiner liebsten Pflicht,
Und hörest ohne Busenrührung
Des Armen Kummer nicht.

Wirst du dereinst ein Königreich erhalten,
Mit einem Prinzen gut und groß,
O dann erfüllest du dein Loos!
Du wirst die Schätze so verwalten,
Wie der Gesang des Halladat,
In diesem Buche, für die Reichen
Wohlmeinentlich gelehret hat,
Der Gottheit so zu gleichen,
Wie ohngefehr dein Schattenriß
Dir gleichen würde, sanftes Wesen;
Von dir, von dir wird man gewiß
Im Jahrbuch unsrer Enkel lesen,
Daß all dein Thun und Denken treu
Der Güte Gottes ähnlich sey.

Mad. Karschin

Der erste Criticus.

Als Gott der Schöpfer fertig war
Mit Geister- und mit Körper-Schaar,
Und seine Welten ihren Tanz
Schon tanzten, seine Sonnen schon
Zwar Erden, aber keinen Thron
Beleuchteten mit ihrem Glanz,
Schon Meere braußten, Stürme tobten,
Geschöpfe schon den Schöpfer lobten,
Und Er mit Vaterblick auf alles niedersah,
Und alles, alles wäre gut,
Zu seinen Geistern sagte: — Da,
Da setzte seinen neuen Hut
Ein Engelchen zurecht auf seinem Ohr,

Und

Und schoß aus seinem Engelchor
Auf einen leeren Platz hervor,
Stand auf dem Platze, sah zu Gott hinauf,
Und sagte: „Mit Erlaubniß, wäre wohl
„Dem Pferde, welches seinen Lauf,
„Als wie der Vogel flieget, fliegen soll,
„Der Fuß so recht? Und wäre wohl
„Zu seinem Sprung und seinem Gang
„Dem Affen nicht der Schwanz zu lang?„
Was drauf erfolgte, wissen wir!
Den Affenschwanz, den Pferdefuß,
Bekam zu seiner schönen Zier
Das Engelchen, der erste Criticus!

Gleim.

Tapp, der Kunstrichter.

Der Teufel kam mit Horn und Pferdefuß,
Und fuhr in Tapp den Criticus,
Und saß darinn, und sah ihn schreiben:
Und als er nun darinnen saß,
Und die geschriebne Dummheit las,
Da wollt' er nicht darinnen bleiben.

   Ha! welche Quaalen steh ich aus!
Die aber ist nicht auszustehen,
Sprach er zu Tapp, und fuhr heraus,
Und Tapp der sah ihn vor sich stehen.

   Tapp betete; der Teufel brummte: Tropf,
Du betest dumm! Tapp war in Höllennöthen.
Der Teufel, zornig, schmiß ein Buch ihm an den Kopf;
Es waren die Antiquitäten.

Tapp betete; der Teufel sagte: Tapp!
Da steh mir starr auf dieser heißen Stelle
Zehntausend Jahr', und bitte Dummheit ab,
Und werde klüger für die Hölle.

Tapp stand; Und ach, des armen Tropfs!
Er thut, was Teufel ihm befohlen,
Und alle Sünden seines Kopfs
Sind unter seinen Füßen Kohlen.

Zehntausend Jahr, Herr Teufel? ach, halb ab!
Der Criticus, der arme Tropf, Herr Tapp,
Hat Bosheit nicht, hat Dummheit nur geschrieben!
Nichts, sagte da der Teufel, nichts halb ab!
Und kurz: es ist dabey geblieben.

Gleim.

Nänie eines Mädchens,
auf den Tod ihres Täubchens.

Mein Täubchen such ich, find es nicht —
Es ist um mich geschehn!
Noch gestern hab ich es gesehn
Beym hellen Sonnenlicht.
Aus dieser meiner hohlen Hand,
Ein Aeugelchen nach mir gewandt,
Pikt es die süßen Krümchen;
Bey diesen gelben Blümchen,
Da saß es neben mir,
Und strich mich mit dem Köpfchen —
Nun liegt das arme Tröpfchen,
Mein Täubchen, ach! im Staub — —

O kön-

O könntest du erscheinen!
Viel bittre Thränen werd ich dir,
Mein liebes Täubchen, täglich hier
Bey diesen Blümchen weinen.

Das Cameel und seine Lobredner.

Der erste Dromedar, auf dessen Rücken
Ein Enkel Ismaels nach Memphis zog,
Schien, wie natürlich, dort den ungewohnten Blicken
Ein Wanderthier. Man drängte sich, man flog
Von allen Ecken zu, das Abentheur zu sehen,
Beguckt es um und um, und fand sehr sonderbar,
Daß ein Cameel — sich selbst so ähnlich war.
Das Vieh mag leicht und hurtig gehen,
Rief einer aus — Und seinen Knochen nach
(So hört man einen andern sagen)
Muß es mehr Last als sieben Esel tragen.
Auch weicht ihm an Geduld der frömmste Esel; sprach
Ein Frohnvogt, seines Thuns ein harter Baurendrücker.
Ihr Herren, (rief ein alter Knicker)
Des Thieres beste Tugend ist
Die Nüchternheit, und daß es wenig frißt.
Ein Bucklichter, der lange still gesessen,
Trat nun hervor: He, zum Anubis (schreyt
Der kleine Mann) da sprecht ihr lang und breit,
Und habt das Beste doch vergessen.
Wie? Seht ihr denn den schönen Höcker nicht,
Der seinen edlen Rücken zieret?
Er fällt doch, dächt ich, ins Gesicht;
Man lobe mir ein Ding wie sichs gebühret!

w.

Dorilis und Agathon.
(Epithalamium.)

Daß ich, Glücklicher, heut an meines lieben
Trauten Agathon Seite, die von Amor
Auserkohrene Dorilis geschmückt mit
Hymendischen Kranze sehe, daß sie
Seh' ein jungferlich Thränchen weinen, sehe,
Wie bescheiden mit schönen Händen sie den
Theu'rwillkommenen Ring sich eintauscht, daß ich
Höre fallen von ihren Rosenlippen
Das sanfthallende Ja! — den Wunsch des Bräutgam:
Dafür, himmlische Venus, rollen heute
Dir zwoo wonnige Zähren — meine Wangen
Sind mein Altar. — Empfang, o Göttin, diese
Zwillingstöchter der Freud', ein kleines Opfer.
Mehr verwein' ich dir nicht, mehr will ich zollen,
Wenn der bittere Schmerz gebeut, wenn ferne
Stimmen mich dir entrufen, Paar, von schönen
Liebesgöttern erzogen! Ach, zu balde
Wird zerfließen mein Herz in stiller Trauer!
Denn mein lüsternes Auge soll kein Zeuge
Eurer zärtlichen Küsse seyn; mein lauschend
Ohr Euch nimmer behorchen, wenn Ihr beyde
Sanft einander die treuen Hände druckend
Sagt: Ich liebe Dich! — Nur im Geiste werd' ich
Sehn die liebenden Seelen, wie vertraulich
Sie in Maylichen Lauben Bus' an Busen,
Lipp' an Lippe den stillen Frühlingsabend
Froh benutzen mit seinen Dämmerungen;
Wie im Sommermondnächten sie mit naßen
Keuschen Blicken ihr ganz Gefühl sich sagen,

Und in often Umarmungen den göttlich-
Süßen Zauber der Liebe ganz empfinden —
Dann eilt Flora, mit ihren schönen Kindern,
Gütig eilt sie, mein Pärchen sanft zu betten.
Nun entfaltet sie junge Rosen, milde-
Lächelnd läßt sie von tausend jungen Blümchen
Ein süßduftendes Lager sproßen. — Auf den
Nahen Wipfeln ertönt von Nachtigallen
Ein bezauberndes Minnelied. Selbst Luna
Weilet neidisch am lieben Himmel. Endlich
Weckt der Morgen sie auf zu neuen Küßen —
In den Aesten der Laube seh' ich munter
Sich zwey artige Turteltäubchen schnäbeln;
Also liebeln sie sich vertraut entgegen —
O, des niedlichen Grüppchen! — Dich, dich will ich
Wie ein Geßnerscher Hirt in meinen Becher
Graben, rosenbekränzt ihn schönen Freunden
Und aufblühenden Mädchen reichen; jedem
Viel von Dorilis sagen, und wenn Muse
Einzuschläfern du nicht beginnest, frohe
Lieder singen geweyht dem schönsten Paare.

Die Thorheit des Mißvergnügens.

Nicht, was am fernen Horizonte
   Ein einsam helles Wölkchen ist,
     Wenn schwarze Nacht der Sonne Glanz verschließt,
Und nur dieß Wölkchen noch verschonte,

Ist unser Glück — Nein immer sieht der Weise,
   Wo Thoren sich die Flubr verhüllt,
     Ein paradiesisch, wonnevolles Bild;
Zu des allgütgen Vaters Preiße.

                        Schon

Schon streut der May die Silberglocken
   Und Purpurrosen auf das Thal;
     Süß tönt des kleinen Baches Schall;
Kann dies euch nicht zur Freude locken?

Nicht Philomelens Minne-Lieder?
   Nicht früher Lerchen Jubelschall?
     Die Freude nicht; tönt sie gleich überall
Aus Thälern, Wald und Bergen wieder?

Sind niemals eure Sinne trunken?
   Wallt nie von Freuden euer Herz?
     Seyd ihr, durch selbst erfundnen Schmerz
In Unempfindlichkeit versunken?

Flog nie auf säußelndem Gefieder
   Der Phantasie die Seel euch auf,
     Zu neuer Welten Sonnen Glanz hinauf,
Beym Lustgesang Seraphscher Lieder?

O! wie beklag ich euch, ihr Thoren,
   Die finster wie die Mitternacht,
     Wenn um sie her die weite Schöpfung lacht,
Mit Gram ihr eignes Herz durchbohren.

An meine Freundin.

Meiner Lieb und Sorgen werth
   Hat die Nachtigall
Meinen heißen Wunsch gewährt,
   Zaubert mir ihr Schall

Freud und Ruh ins müde Herz
 Und Erquickung ein.
Nie soll wieder Gram und Schmerz
 Dieses Herz entweihn.

Freundin, die mein Leid betrübt,
 Theile meine Lust;
Hast du je dieß Herz geliebt
 Seines Werths bewußt.

Nicht ein Nachtigallenblick,
 Deiner Augen Glanz
Schafft mir Freude, Ruh und Glück,
 Komm, genieß es ganz.

Schwebt ein dunkles Wölkchen dir
 In dem Engelsblick
Freundin, ach — dann, glaube mir,
 Dann verwelkt mein Glück.

Aber blüht Zufriedenheit
 Auf den Wangen dir,
Wird es hell um mich und weit, —
 Dann, wie wohl ist mir!

II.
Geschichte
des
Philosophen Danischmende.

Fortsetzung von S. 118.
des May.

Zwanzigstes Kapitel.
Warum es bey allem dem, noch ganz leidlich in der Welt hergeht?

Ich finde eben nicht, sagte der Kalender, daß du den Sultanen und den Bonzen mehr zur Last legst als recht ist. Alle Geschichtbücher Asiens, und vermuthlich die von der ganzen Welt, enthalten die Beweise deiner Anklagen. Die Sache ist weltkundig. Das einzige, was einen dabey in Verwunderung sezt, ist, daß es, bey so bewandten Umständen nicht noch zehnmal schlimmer um uns arme Erdenklöße steht.

„Ich denke diese Verwunderung — wie alle Verwunderungen — hört auf (antwortete Danischmende) so bald man die Ursachen erwägt, die den Würkungen der Sultanschaft und der Bonzenschaft das Gleichgewicht halten.

Fürs erste wird noch ein großer Theil des Erdbodens von Wilden und Nomaden bewohnt, die zum Theil weder von Sultanen noch Bonzen wissen, und, ungeachtet des noch kindischen Standes oder der langen Verwilderung, worinn sie leben, starke Züge der ursprünglichen Güte unsrer Natur an sich tragen, und im Genuß aller ihrer angebohrnen Rechte stehen. Die Einfälle dieser Nomaden in die Staaten der Sultanen und die dadurch von Zeit zu Zeit verursachte Weltveränderungen sind der Menschheit allemal, wenigstens eine Zeitlang, nützlich gewesen. Die Verwüstungen, so die aufs äußerste gestiegene Tyrannie und Ueppigkeit bald hier bald dort auf dem Erdboden angerichtet, sind dadurch wieder vergütet, frisches Blut und neues Leben in erstorbene Völker gegossen, und durch die Mischung des gesunden Menschenverstandes, den die Eroberer mitbrächten, mit dem Unsinn, den sie eingeführt fanden, eine Art von Gährung veranlasset worden, die wenigstens eine gänzliche Erlöschung der Vernunft verhütete."

Wenn diese Betrachtung auch richtig wäre, sagte der Kalender, so wirst du doch gestehen, daß das Gute, so diese grossen Weltveränderungen mit sich führten, sich immer gar bald wieder verlohren habe. Die Eroberer wurden Sultanen, die Bonzen gaben ihren Röcken einen andern Schnitt, theilten sich neue Secten, erfanden, um ihr altes Ansehen zu stützen, neue Betrügereyen, und die Völker befanden sich bald wieder eben so übel als zuvor.

„Leider! versezte Danischmende. Aber das Gute ist doch immer etwas positives, würksames und seiner Natur nach fortdaurendes, seine heilsamen Folgen verliehren sich nie ganz, wiewohl sie eben dadurch, daß sie in unzählige kleine Kanäle ausfließen, sich gleichsam in den Boden verkriechen, und dem Auge nach und nach unmerklich werden.

„Sodann, mein lieber Kalender, liegt eine andre, und ohneszweifel die würksamste Ursache, warum Sultanschaft und Bonzenschaft die Menschheit niemals völlig überwältigen, ihr selten oder vielleicht niemals alles das Böse thun konnten, noch thun werden, das sie an sich selbst, vermöge ihrer Natur würken müßten, wenn kein mächtiges Gegengift sie entkräftete — diese Ursache, sag ich, liegt in den **Künsten** — die wir den alten Aegyptiern, Phöniziern und Griechen — und in der **Philosophie**, die wir — Gott und der Natur zu danken haben. Der einzige Zug des großen **Alexanders** durch Asien ist in dieser Betrachtung, durch seine Folgen, so wohlthätig gewesen (*), daß man sich nicht zu verwundern

(*) Ich hatte von der Schule an immer gehört, daß dieser Alex-

wundern hat, wenn dem Andenken dieses Größten unter den Sterblichen noch etliche Jahrhunderte nach seinem Tode, sogar in Indien, öffentliche Ehrendenkmäler gewidmet waren. (*)

„Die Künste beschäftigen nicht nur eine unzählige Menge Menschen, die, ohne sie, ein Raub des Elends seyn, oder gar nicht zum Leben kommen würden; sie verhindern auch die Sultanen völlig so roh und unbändig zu werden, als sie es nothwendig werden müßten, wenn Gähnen und Fliegenfangen, Fressen und Zechen, Jagen und Morden — der Thier aber

Alexander Magnus ein abscheulicher Tyrann, ein Menschenfresser, ein Würgengel, eine Zuchtruthe in der Hand Gottes, und eine verheerende Pest des menschlichen Geschlechts gewesen sey. Beynahe sollte einen diese Betrachtung des Dähischmende auf solche Gedanken bringen. Ob sie aber auch wahr ist?

Peter Ganshaupt.

Die Geschichte gelesen, Herr Ganshaupt! mit dem Restchen Mutterwitz, das ihr aus euern Schulen davon gebracht habt, gelesen, und auf den Zusammenhang und die Folgen der Dinge acht gegeben; so werdet Ihr bald sehen, ob Alexander oder euer Schulmeister recht hat! St. Evremond.

(*) S. Philostrats Leben des Apollonius. B. II. Cap. 20. 24.

aber der Menschen, ihre einzige Belustigung wäre. Sie lernen durch die Künste edlere, oder wenigstens feinere und sanftere Vergnügungen kennen; Witz, Erfindsamkeit, Talente, werden ihnen werth; und, wie viel gewinnen wir nicht schon durch diesen einzigen Umstand über die Sultanschaft!

„Was die Philosophie betrifft, so wenig man uns davon gelassen hat, so ist doch selbst dies Wenige kostbar und wichtig für die Vortheile der Menschheit; und wenn aus unsern Schulen zu Balk, zu Samarkand, zu Benares, in fünfundzwanzig Jahren auch nur zween oder drey ächte Weltbürger mit hellem Kopf und warmem Herzen hervorgehen, die auf die eine oder andre Art zwischen den Sultanen und Bonzen unzerdrückt durchzukommen wissen: so siehst du leicht, daß ihrer dann gerade genug sind, um uns von dem Salz der Erden — welches die Weisen von jeher in ihrer Verwahrung gehabt haben — ungefehr so viel zukommen zu lassen, als wir brauchen, um nicht gänzlich zu verfaulen.

„Nehmen wir nun noch hinzu alles Gute, was das kleine aber desto würksamere Häufchen der Enthusiasten der Tugend thut, und alles Böse, was eine Menge von grossen und kleinen Sultanen, grossen und kleinen Bonzen, aus Temperament, Trägheit,

heit, Furchtsamkeit, Liebe zum Vergnügen, oder natürlicher Gutherzigkeit, nicht thut; —

„Bedenken wir, daß es selbst unter den Sultanen hie und da einen giebt, der mit einer so vortreflichen Anlage gebohren ist, daß weder Erziehung noch Beyspiele, weder Serail noch Divan, weder Höflinge noch Bonzen, alle Thätigkeit seines Geistes hemmen, alle Tugenden seines Herzens ersticken können; —

„Erwägen wir ferner, daß verschiedene Völker des Erdbodens muthig oder glücklich genug gewesen sind, ihre wesentlichsten Rechte gegen willkührliche Gewalt und Unterdruckung, mehr oder weniger, sicher zu stellen, und daß bey diesen Völkern gute Fürsten weniger selten sind, als bey uns Asiaten die sehr bösen Sultanen; —

„Ferner, daß die Vorsehung ein Belieben daran findet, von Zeit zu Zeit Privatpersonen von großem Geist und Herzen auf Thronen zu setzen, wozu sie nicht durch Geburt, sondern durch Tugend und Verdienst berufen werden; —

„Und daß es allen Bemühungen der Sultanen und ihrer Werkzeuge zu Trotz, immer noch hie und da einen kleinen Freystaat giebt, wo Fleiß, Mäßigung und kluge Einrichtung glückliche Menschen macht,

macht, und wo Weisheit und Tugend Verdienste sind; —

„Rechnen wir, Freund Kalender, alle diese Umstände zusammen, so wird es uns kein Räthsel mehr seyn, warum die menschliche Gattung — die dem ersten Anschein nach, durch Sultane und Bonzen längstens vom Erdboden vertilgt seyn sollte — im Durchschnitt genommen, sich noch immer in einem ganz leidlichen Zustand befindet.„

Leidlich genug, sagte der Kalender, sonderheitlich wenn man, wie wir, wohl gegessen und getrunken hat, an nichts Mangel leidet, von allen Sultanen so fern ist, als möglich, und von keinem Bonzen oder Derwischen weder verfolgt, noch — was oft eben so arg ist — mit seiner Freundschaft beehrt wird. Wir haben gut reden, mein lieber Danischmende!

Der verwünschte Kalender mit seinem sonderheitlich! — Was war darauf zu antworten?

Danischmende seufzte, und schwieg.

Ein

Ein und zwanzigstes Kapitel.

Eine seltsame Begebenheit. Man bittet die Leser, ernsthaft zu seyn.

Unterdessen, daß Danischmende und sein alter philosophischer Kalender, so harmlos und so vergeblich über Dinge schwazten, die sie nicht ändern konnten, waren die Fakirn und ihre Lingams nicht müßig gewesen; und die Hälfte der Bewohner dieser einst glücklichen Thäler befand sich binnen wenig Tagen mit einem desto gefährlichern Gift angesteckt, weil dessen erste Würkungen angenehm, die verderbenden Folgen hingegen einem so unerfahrnen Völkchen unmerklich waren. Die Männer ließen sich mit fünfköpfigen Bildern, und die Weiber mit Lingams begaben, welche sie, um dereinst an Rutrems Paradies Theil zu haben, nach der Vorschrift der Bonzen alle Morgen in reinem Wasser badeten, dieses Wasser sodann tranken, und den Lingam, nachdem sie ihn andächtiglich geküßt hatten, in Musselin sauber eingewickelt, an einer seidnen Schnur auf ihrem Busen trugen. Eine Närrin machte die andre; denn, außerdem daß ihnen die Fakirn Wunderdinge von Rutrems Paradiese erzählten, war so ein — ich weiß nicht was in dem Lingam, das sich besser empfinden als sagen ließ. — „Wenigstens (sagten diejenigen, die für klüger als andre angesehen seyn wollten) wenigstens sehen wir nicht, was er sollte schaden können."

Der

Der Fehler war, daß die guten Evatöchterchen nicht weiter sahen, als ihre Nase reichte.

Aber eines Morgens, als Danischmende und der alte Kalender, ihrer Gewohnheit nach, aufs Feld spazieren giengen, wurden sie von einem gräßlichen Geschrey, das aus einer benachbarten Wohnung kam, von ihrem Wege abgerufen. Sie eilten dem Orte zu, drangen hinein, und fanden — sollen wir's sagen? fanden — — — wie gerne wollten wir's verheimlichen, wenn es, ohne das folgende durch die Lücke unverständlich zu machen, geschehen könnte! — fanden — um uns so kurz als möglich aus der Sache zu ziehen — den Mann der schönen Frau, deren wir im ersten Buch Erwähnung gethan haben, schäumend vor Wuth, im Werke, einem der Fakirn, den er zappelnd und schreyend unter seinen Knieen hatte, mit einem großen Gartenmesser — seinen Lingam abzumähen. Die schöne Frau, halbnackt, mit fliegenden Haaren, und vor Angst außer sich, bestrebte sich umsonst, des Mannes Arm aufzuhalten; der Schnitt war in dem Augenblick, da Danischmende in die Kammer trat, vollbracht, und der Fakir lag ohnmächtig in seinem Blute. Kaum hatten Danischmende und der Kalender noch Zeit, den wüthenden Mann, dessen Grimm sich nun gegen seine Frau kehrte, mit aller ihrer Stärke von ihr zurückzureißen. Er schwur mit brüllender Stimme, daß er gerochen seyn wollte; aber die arme Frau rief lautweinend Himmel und Erde zu Zeugen ihrer Unschuld an.

Unterdessen hatte der Lärm das ganze Dorf um die Hütte versammelt. Die Aeltesten drangen herein; man brachte den wüthenden Ehmann ein wenig zu sich selbst, und der Kalender, der einige Kenntniß von der Wundarzney hatte, bemühte sich, das Verbluten des leidenden Fakir zu stillen, verband ihn, und rief ihn wieder ins Leben zurück.

Unterdessen führten die Aeltesten den Mann und die schöne Frau heraus vor die Hütte, unter eine Linde, um die sich das Volk in einem Kreise herumzog. Rede, sagten sie zu dem Manne, was bewog dich diese That zu thun?

„Ich war, sprach der Mann, mit der Sonnen Aufgang hinausgegangen, in meinem Garten zu arbeiten; mein Weib schlummerte noch. Nach einer Stunde komm' ich zurück, um sie mit einem Kuß aufzuwecken; denn ich liebte sie, wie ihr alle wißt. Aber — verflucht sey die Stunde! — da ich — Wuth und Entsetzen! ich kann nicht forterzählen —„

Fasse dich, sagte einer der Aeltesten, schöpfe Athem, wasche deinen Kopf und deine Arme dort in der frischen Quelle, dann komm zurück. Der Mann gehorchte.

Ich

Ich bin unschuldig, sagte die schöne Frau mit Thränen, die in großen Tropfen über ihre glühenden Wangen rollten, ich habe nichts verbrochen; der Fakir — ich hielt ihn für einen Mann, der mit Göttern umgieng — er hat mich betrogen, aber — ich bin —

Der Mann kam zurück. Rede nun, sprachen die Aeltesten.

„Indem ich die Thür öffne, seh ich — den Fakir, und — mein Weib, halbnackend auf meinem Lager — ringen, oder — Gott weiß es! ich weiß es nicht; mir wurde dunkel vor den Augen; ich hatte mein Messer in der Hand; der Fakir fuhr zurück; ich stürzte auf ihn hin, warf ihn zu Boden, that ihm wie ihr gesehen habt, — und die Ungetreue — wie könnte sie unschuldig seyn? — sie wollte mich zurückhalten!"

Menschlichkeit, Schrecken, — rief die Frau; ich glaubte, daß er ihn erwürgen wollte — wußte vor Angst nicht was ich that!

Du hast recht gethan, sagten die Aeltesten zu dem Mann. Recht gethan! recht gethan! schrie das ganze Volk.

Man

ihm Man sehe die beyden andern, und thue ihnen eben so, rieffen einige. — Die Weiber alle rissen ihre Lingams vom Halse, und warfen sie mit Unwillen weit von sich. Die Männer machten's mit ihren Fünfköpfen eben so.

Nun rede du, sagten die Aeltesten zu der schönen Frau.

„Ich bekenne, sagte sie, daß ich mich von diesem Fakir wie ein albernes Ding einnehmen ließ. Ich hörte ihn gerne Mährchen erzählen von seinen Göttern, und von Rutrems Paradies, und von den Verwandlungen des Wistnu; da war mir's ich hätt' ihm den ganzen Tag zuhören mögen, und glaubte ihm alles, was er sagte. Dies mag er wohl gemerkt haben, und sich einbilden, daß er alles mit mir machen könnte, was er wollte. Nun hatt' er mir einen Lingam gegeben, wie vielen andern auch; den trug ich am Halse wie andre, ohne recht zu wissen was es war; und da erzählt' er mir, ich weiß nicht was, von Rutrems Buße, und wie ihn die Bramen bezaubert hätten (*), und wie er allen denen

(*) Die Braminen kamen unglücklicherweise dazu, als Rutrem ihnen die Ehre that, mit ihren Weibern zu kurzweilen, und waren unhöflich genug, die furchtbare magische Ceremonie, Jekiam genannt, gegen ihn vorzuneh-

denen das Paradies geben wollte, die den Lingam
ehrten und am Halse trügen. Und gestern Abend
sagt er mir ins Ohr, er wollte mich des folgenden
Morgens besuchen, und mir weit schönere Dinge erzählen als bisher, und Dinge, die er andern nicht
sagen dürfte, weil Rutrem mehr Gefallen an mir
hätte. Dies schmeichelte, ich bekenn' es, meiner thö-
richten Eigenliebe, und da erlaubt ich ihm zu kommen, aber mein Herz dachte an nichts Arges. Und
da kam er, als ich noch schlief, und weckte mich mit
einem Kuß; und weil ich meynte, es wäre mein
Mann — denn mein Herz dachte nicht an den Fakir — so gab ich ihm den Kuß wieder. Und da wollt'
er verhindern, daß ich die Augen nicht aufschlüge,
und wollte — was ich mich schäme zu sagen; da
rafft' ich mich auf, und that einen kurzen Schrey, wie
ich sah, daß es der Fakir war. Und da bat er mich
mit aufgehabnen Händen ruhig zu seyn, und schwur
mir, daß er Rutrem sey, und daß ich reizender in
seinen

zunehmen, welche die Macht hat, demjenigen, gegen
den sie gerichtet wird, welches Glied man will vom
Leibe fallen zu machen. Rutrem wurde über den Verlust, den er durch diese Bezauberung erlitt, so wüthend,
daß er, wie ein rasender Roland, alles verwüstete
und zerstörte, was ihm vor den Wurf kam; und er be-
sänftigte sich erst wieder, bis er den Einfall hatte, den
Lingam zu einem Gegenstand religiöser Verehrung zu
machen. *Essay Histor. sur l'Inde* p. 191. 92.

seinen Augen sey, als die schöne Parasbadi, und ich weiß nicht mehr was er alles sagte, um mich zu bethören. Aber ich wickelte mich in meine Decke, und hieß ihn gehen; da gebehrdete er sich wie ein Unsinniger, und riß — die Decke weg, und ich wehrte mich mit Händen und Füßen; aber er war mir zu stark, und ich glaube wahrhaftig, daß er mich überwältigt hätte, denn ich konnte nicht schreyen (*); aber, indem wir so rangen, da kam, zu meinem Glücke, mein Mann, und ihr alle wißt was weiter geschah. Dies ist die reine Wahrheit, und ihr seht, daß

(*) Madame Anne de France, zwoote Tochter Königs Ludwigs XI. — fine femme, et deliée s'il en fut oncques, et vraye image en tout du feu Roy son Pere, sagt Brantome in der Einfalt seiner Hoffschrauzenschaft von ihr, indem er sie sehr dadurch zu loben meynt — konnte nicht leiden, wenn sich ein Frauenzimmer in dergleichen Umständen über Gewalt beklagte; und bediente sich, um die Nichtigkeit eines solchen Vorgebens begreiflich zu machen, eines Gleichnisses, welches wiewohl es vor dritthalbhundert Jahren aus dem Mund einer Fille de France gieng — in unsern Tagen vor einer so guten Gesellschaft, als das Publikum ist, sich nicht wohl nachsagen läßt, und also, wenn man einen Beruf dazu hat, im Brantome selbst (Memoir. T. VIII. p. 285) gelesen werden kann. Wir begnügen uns so viel davon zu sagen, daß Madame Anne de France eine Kennerin war, und unstreitig recht hat, die Juristen mögen einwenden was sie wollen.

Beccaria.

mir nichts begegnet ist, als was andern auch begegnen konnte. Aber mein Mann wird mir nicht glauben, daß ich unschuldig bin, und nichts verschwiegen habe; und andre werdens auch nicht glauben; und so bin ich verlohren, und kann mich nicht rechtfertigen; und kann mich selbst nicht länger ausstehen, nachdem mich die Augen und die Hände des Betrügers entheiliget haben. Verflucht sey er, und sein Gott Rutrem, und alle seine Lingams!„ — Mit diesen letzten Worten riß sie ihrem Manne sein Messer aus der Hand, und stieß sichs in die Brust.

Danischmende, der ihr (wiewohl nicht schnell genug, um die That ganz zu verhindern) den Arm zurückriß, verhinderte doch, daß die Wunde nicht tödlich wurde. Aber das Volk, da es Blut aus ihrem schönen Busen strömen sah, gerieth in Wuth. Der Mann, auf einmal überzeugt von der Unschuld seines Weibes, stellte sich an die Spitze der übrigen, und alle verlangten mit großem Ungestüm, daß die Fakirn zu den Füssen der sterbenden Unschuldigen abgeschlachtet werden sollten. Man suchte sie überall; aber die Gesellen des Verwundeten, da sie den Lerm sahen, hatten die Flucht genommen. Die Frau kann noch gerettet werden, rief Danischmende; man jage den Fliehenden nach, und wir, wir versäumen keinen Augenblick, die schöne Rezia zu retten!

Der

Der Kalender legte nun eine zweyte Probe seiner Kunst ab, mit desto größerm Eifer, da er dies für eine Gelegenheit ansah, sich um dies kleine Völkchen, und um Perisaden, deren Verwandte die schöne Retzia war, verdient zu machen.

Die Wuth des Volkes legte sich ein wenig, da man vernahm, daß die Wunde weder tödlich noch gefährlich sey. Aber die Fakirn, die Lingams und die Fünfköpfe hatten durch diese Begebenheit ihr Ansehen unwiederbringlich verlohren.

„O, des großen Dienstes, den uns die Thorheit dieses Fakirs gethan hat! — sagte Danischmende zum Kalender, da sie nach Hause giengen. Unsre Philosophie hätte sich Jahr und Tage mit seinen Lingams herumbalgen können, ohne ihnen halb so viel Schaden zu thun, als er sich selbst und ihnen in einem Augenblick gethan hat.„

Man wird vielleicht unwahrscheinlich finden, daß die Fakirn gleich in den ersten Tagen ihrer Erscheinung unter einem unbekannten Volke eine Unvorsichtigkeit von solchen Folgen begangen haben sollten. Aber erstlich waren sie noch jung;

Zweytens, nicht etwan von ihren Obern mit gemessenen Verhaltungsbefehlen abgeschickt, sondern von ungefehr in dies Land gekommen;

Drit-

Drittens, schien dies Volk ein so gutes leichtgläubiges Völkchen, und die schöne Rezia ein so lenksames Schäfchen zu seyn;

Viertens, kann ein Fakir, zumal wenn er noch jung ist, nicht so lange warten, wie andre Leute;

Fünftens scheint er selbst von der Gelegenheit — dem gefährlichsten unter allen Teufeln, die den Menschen nachstellen — überrascht worden zu seyn;

Endlich sechstens und leztens, würde wenig Böses geschehen, wenn die Leute fein bedächten, was sie thäten, und immer den goldnen Spruch vor Augen hätten: RESPICE FINEM.

Zweyundzwanzigstes Kapitel.
Entwicklung und Ende der Tragödie.

Inzwischen hatte man die beyden flüchtigen Fakirs im Gebürg erhascht, und zu einem der Aeltesten in Verwahrung gebracht. Die sämtlichen Männer in der Gegend, welche vermuthlich bey genauerer Nachfrage genug entdeckt haben mochten, um jeder wegen seiner eignen Sicherheit besorgt zu seyn, bestanden darauf, daß den beyden noch unverlezten Fakirn eben so gethan werden sollte, wie ihren Gesellen.

T. M. Junius 1775.　　P　　Danisch-

Danischmende war in keiner geringen Verlegenheit, und berieth sich mit dem alten Kalender, was zu thun sey. Die armen Schelme in den Stand ihres Gottes Nutrem zu setzen, schien noch grausamer, als ihnen das Leben auf einmal zu nehmen. Ueberdies, welche Folgen könnt' es für die ganze Republik haben, wenn einer von ihnen, so grausam beleidigt und zu gränzenloser Rache gereizt, entwischen, nach Dehli fliehen, und den Braminen der Sultanin auffodern würde, ihre Sache zur seinigen zu machen?

Das sicherste wäre gewesen, ihnen ohne Umstände die Hälse zuzuschnüren; aber war dies menschlich?

„Kann es unrecht seyn, zween oder drey betrügerische unzüchtige Buben der Sicherheit eines ganzen Volkes aufzuopfern?„ — sagte der Kalender.

Danischmends Kopf gestund, daß es nicht unrecht sey; aber in seinem Herzen war etwas, das Nein dazu sagte; und in solchen Fällen gab er allemal seinem Herzen Recht.

Die Aeltesten versammelten sich, und beriefen Danischmenden und den Kalender dazu. Das Volk schwärmte hauffenweise um die Hütte her; niemand dachte an seine Arbeit; alles war in einer Bewegung, einer Verwirrung, wovon man in dieser kleinen Republik kein Beyspiel wußte.

Daß

„Daß ich leben müßte, um ein Zeuge eines solchen Greuels zu seyn! — rief der redliche alte Mann mit den Silberhaaren, mit dem wir im 15ten Kapitel schon Bekanntschaft gemacht haben — daß ich, rief er mit einem tiefen Seufzer, diese Tage der Wuth, der Verwirrung, des Mißtrauens, der verlohrnen Unschuld erleben müßte! — Seine eigene geliebte Tochter, die holde jungfräuliche Braut — (das Herz unsrer Leser kann sie noch nicht vergessen haben) — hatte sich, in der Einfalt ihres Herzens, einen Bräutigam aufschwatzen lassen! — Die arme Seele! Sie wußte in der That nicht was es war.

„Verflucht sey die Stunde, da die Fakirn ihren Fuß in unsre Thäler sezten! rief ein Andrer von den Aeltesten: Wir werden nie wieder die Menschen werden, die wir waren!.

„Und was ist nun anzufangen? Wie sollen wir ihrer ledig werden? Wie, den Schaden heilen, den sie uns zugefügt haben?"

In diesem Augenblick nahm der Tumult vor der Hütte überhand. Man hatte neue schreckliche Entdeckungen gemacht. Die beyden Fackirn — zwoo Frauen aus einem benachbarten Dorfe — in der nehmlichen Nacht vor dem Morgen, der den blutigen Auftritt beleuchtete — Das ganze Dorf

in Aufruhr. „Wo sind sie, wo sind sie, die Schändlichen?" — Alle drey im Hause des Aeltesten —
Das ganze Volk stürzte dahin. Man zog sie heraus;
in einem Augenblick waren sie in tausend Stücke zer-
rissen! — Die Sonne verbarg sich vor dem abscheulichen Anblick. — Die schuldigen Frauen (man
hatte sie mitgeschleppt) unvermögend die Last ihrer
Schande länger zu ertragen, rissen sich wüthend von
ihren Hütern los, und stürzten sich in den benachbarten Fluß.

Die Aeltesten rauften ihre grauen Haare aus,
beschwuren das Volk, geboten Ruhe, und wurden
von niemand gehört.

Endlich fand Danischmende das rechte Mittel.
Man trage Holz herbey, rief er; man lese die Stücke
der zerrißnen Fakirn mit allen ihren Lingams und
Günstöpfen zusammen, verbrenne alles auf einem
Haufen, und wälze dann eine Spitzsäule von Stei-
nen darüber, die unsern Enkeln ein Denkmal zum
Schrecken und zur Warnung sey.

Und plötzlich lief das Volk aus einander, Holz
und Feuerbrände zu hohlen; die Gliedmaßen der
Fakirn mit ihren Kleidern und allem was ihnen zu-
gehört hatte, keinen einzigen Lingam ausgenommen,
wurden auf den Holzstoß geworfen; die Aeltesten des
Volks

Volks zündeten ihn an, und alles Volk stand im Kreise, und ergötzte sich an dem schönen Feuer.

Wie alles Asche war, thürmten sie Steine mit Sand und Erde vermischt darüber her, bis es eine hohe Spitzsäule ward. Und man nannte sie den Ja-Firhügel; und das Volk glaubte, daß die Geister der ermordeten Fakirn und der beyden Frauen, die sich selbst geopfert hatten, sich um Mitternacht auf dem Hügel sehen ließen; und wer bey Nacht dieses Weges gieng, entfernte sich von dem Hügel so weit er konnte, hüllte seinen Kopf ein, und eilte schauernd vorüber. Und der Nahme der Fakirn blieb ein Greuel in den Ohren des Volkes zu Yemal bis auf diesen Tag.

Dreyundzwanzigstes Kapitel.
Schließliche Nutzanwendung.

Die armen Fakirn, bey allem dem! Ihr Schicksal war hart! — Aber freylich war auch ihr Verbrechen groß. Die Unschuld, den Frieden, das häusliche Glück eines so guten Völkchens zu zerstöhren! Dies verdiente das Aergste, und das Aergste wiederfuhr ihnen auch. Nur schade, daß ihre Strafe, als Beyspiel betrachtet, für die Welt verlohren gieng; denn die übrigen Fakirn erfuhren nichts davon, — die Sache müßte ihnen nur durch dieses Buch verrathen

then werden; wofür wir nicht gutstehen möchten, wenn die Uebersetzer in Ostindien so flink und nothgedrungen sind wie die unsrigen.

Die Fortsetzung folgt.

III.
Briefe
über Italien.

Dritter Brief.
Vom Nahrungsstande in Italien.

Weil ich Ihnen, bester Freund, versprochen habe, Sie mit Italien bekannt zu machen, so hätte ich Ihnen vor allen Dingen die Mittel und Wege, wie die Einwohner sich nähren, beschreiben sollen. Die Nahrungsmittel haben eine gar zu genaue Verbindung mit der Bevölkerung, mit den Gesetzen, Sitten, Gebräuchen und Denkungsart eines Landes, als daß man sich von diesen einen richtigen Begriff machen könne, ohne eine vollkommene Kenntniß von jenen erlangt zu haben. Sie werden mich aber damit entschuldigen, daß ich mir gleich zu Anfang vorausbedungen habe, die Sachen so, wie sie mir in die Feder fließen, ohne allen Zwang vorzubringen. Jedoch

Jedoch da ich willens bin, in meinem vierten Briefe die Bevölkerung Italiens zu beschreiben, so zwinget mich die Sache selbst, den wahren Reichthum dieses Landes, und die Wege, wodurch ein jeder Einwohner sich desselben theilhaftig macht, das ist, den Nahrungsstand vorher zu schildern. Denn kein lebendes Geschöpfe hält sich irgend in einem Lande auf, wo es seine hinreichende Nahrung nicht findet; und die Vermehrung einer jeden Gattung stehet allezeit mit den Mitteln sich zu erhalten, in sehr engem Verhältniß.

Unter dem wahren Reichthum eines Staates verstehe ich das Produkt eigener Landesgüter, und der darauf beruhenden Künste und Gewerbschaft; welches einer demselben angemessenen Anzahl von Menschen nicht nur wirklich den gemächlichen Unterhalt giebt, sondern Sie auch vor allen besorglichen Nothfällen und Bedürfnissen schützen kann. Nach dieser Erklärung ist die kleine Republik Lucca an sich selbst reicher als die Provinz Holland, weil die Reichthümer der Holländer allda nicht zu Hause sind. In diesem Verstande läßt sich behaupten, daß Italien eins der reichsten Länder des Erdbodens sey. Das Klima, die Lage des Landes, die natürliche Fruchtbarkeit an allen zur Nothdurft und Wollust erforderlichen Dingen, sind hier eine unerschöpfliche Quelle wahrer und dauerhafter Reichthümer.

Italien liegt, wie Ihnen bekannt ist, zwischen dem 36 und 47 Grade der Breite, in der Mitte der temperirten Zone, unter einem Himmelsstriche, wo in allen Theilen der Welt die fruchtbarsten Länder liegen. Gegen Norden wird der obere Theil durch eine lange Kette von unersteiglichen Alpen, und der übrige Theil durch den Apennin vor dem rauhen und verberblichen Nordwinde geschützt. Daß dieses ein wahrer Vortheil zur Annehmlichkeit und Fruchtbarkeit des Landes sey, das kann ich aus der Erfahrung beweisen. Vor 200 Jahren, da das Pistojesische Gebürge gegen Norden mit dicken Waldungen bedeckt war, herrschte ein so großer Reichthum natürlicher Güter in dem dazwischen gelegenen, 30 welsche Meilen langen, und 8 Meilen breiten Thal, daß es 40000 Menschen ernährte, und das goldene Gebürge genannt wurde. Nachdem man aber durch Unvorsichtigkeit die Spitzen des Gebürges ihrer Buch-, Tannen- und Eichenwälder entblößt, und das Thal den Nordwinden ausgesetzt hat, so kann es nun kaum 9000 Menschen hinreichende Nahrung geben. Auch hat man überhaupt in Italien von langer Zeit her bemerket, daß die Kälte des Winters nach Maaße der zunehmenden Entblößung und Erniedrigung der Berge immermehr zunehme. Denn weil die obern Spitzen der Berge nicht mehr mit Gehölze bedeckt sind, so werden Erde und Steine, die nicht mehr durch die vielfältigen Wurzeln der Bäu-

ne

me und Pflanzen aufgehalten werden, vom zerschmolzenen Schnee und heftigen Regenwasser in die Thäler herabgerissen, wodurch diese nicht nur immermehr erhöhet, und die Berge erniedriget werden, sondern auch das Land der kalten Nordluft mehr ausgesezt wird. Man kann also nicht daran zweifeln, daß die Alpen und der Apennin sehr vieles zur natürlichen Fruchtbarkeit in Italien beytragen, besonders in Ansehung der edleren Früchte, so die Kälte nicht vertragen können.

Nachdem sich der Apennin unter der Lombardie von Westen gegen Osten fast bis ans adriatische Meer erstreckt hat, so läuft er von Norden gegen Süden, dem Rückgrate eines Menschen ähnlich, mitten durch Italien. In Ober-Italien entstehen West- und Nordwärts aus den Alpen, und Südwärts aus dem Apennin viele ansehnliche Flüße, welche die ganze Lombardie um die Wette bewässern, und durch die mitgeführten mineralischen Salze das Erdreich so fruchtbar machen, daß es ohne Düngung und mit mittelmäßiger Bearbeitung die schönsten Früchte von allerhand Art hervorbringt. Die nemliche fruchtbringende Bewässerung empfängt der übrige Theil Italiens von den Flüssen und Bächen, die von Nord, Ost und Westen aus dem Apennin entspringen. Daher fehlt es auch in dem größten Theile Italiens nicht an schiffbaren Flüssen und Kanälen, wodurch die innere Gewerbschaft befördert wird.

Ob nun gleich auf dem größten Theile der Alpen und des Apennins die Holzungen äußerst vernachläßigt worden sind, so finden sich dennoch so viele beträchtliche Waldungen theils auf den niedrigen Hügeln, theils längst dem Meere besonders auf der westlichen Seite, daß das Vorgeben eines gewissen Reisebeschreibers, Italien fehle es an Holze, allerdings ungegründet ist. Der ganze Strich Landes, der sich vom genuesischen Gebiete bis jenseits der Paludi pontine längst dem Meere hin erstreckt, ist fast ganz mit dicken Waldungen bedeckt; und der übrigen etwas höhern westlichen Küste fehlet es ebenfalls nicht an Gehölze. Mitten im Lande finden sich überall Ketten von Hügeln, die mit Kastanien- und Stein-Eichen-Wäldern prangen. In Umbrien, Abruzzo giebt es die schönsten Waldungen, und in der Mitte Apuliens, besonders in der Gegend von Minervino, finden sich so beträchtliche Eichenwälder, daß die Schweinmast eines der ansehnlichsten Produkten des Landes ausmacht. Das Gebürge, welches Piemont und Savoyen umgiebt, und durchkreuzet, besonders die sogenannte Collina, welche bey Turin anfängt, und längst dem Po sich bey 50 welsche Meilen weit erstreckt, und Monte-Brianza im Mailändischen, gleichwie auch die Hügel bey Bergamo, Brescia, Verona und Padua, sind mit dem schönsten Gehölze bedeckt; und welcher Reisende hat wohl nicht die großen Waldungen zwischen

Bononien und Florenz bewundert. Wer kann läugnen, daß nur allein das Holz, welches von den Bäumen gefällt wird, womit die Weinstöcke unterstützt sind, hinlänglich wäre, halb Italien vor der Kälte des Winters zu schützen?

Die unzähligen Hügel, welche von den großen Gebürgen durch alle Provinzen laufen, bringen den Einwohnern eine unbeschreibliche Mannichfaltigkeit von natürlichen Gütern. Neben den einträglichen Waldungen auf den obern Anhöhen, welche das schönste Holz zum Schiffbau liefern, neben dem köstlichen Wildpret, und dem wichtigen Produkt der Kastanien, wovon in Toscana ein Drittel Menschen lebt, sind die niedrigen Anhöhen mit Oelbäumen, Weinreben, Maulbeerbäumen, nützlichen Kräutern und Pflanzen, und mit zahlreichen Viehheerden bereichert.

Es ist auch nicht zu zweifeln, daß ein reicher Vorrath von Mineralien und Metallen in den Gebürgen und Hügeln Welschlandes gefunden werde. Der Reichthum von Marmor allerhand Art, und von andern brauchbaren Steinen, wodurch das Holz erspart wird, ist bekannt. Der vortrefliche Marmor von Massa Carrara, der Insul Elba, der Grafschaft Gherardesca, und sehr vieler anderen Gegenden, und die marmorne Werke der Bildhauerkunst ziehen viel
Geld

Geld aus fremden Ländern in Italien. Im päbstlichen Staate und in Toskana wird sehr viel Alaun gegraben und verfertiget, und fast in allen Provinzen wird theils aus Saltzquellen, theils aus dem Meerwasser hinreichendes Saltz zubereitet. In Toskana ist es die Quelle sehr ansehnlicher Einkünfte. In verschiedenen Gegenden werden theils noch wirklich gute Erze gegraben, theils finden sich alba Spuren von Kupfer-, Silber- und Gold-Gruben. Auf der Insul Elba, in der Gegend von Brescia, und anderswo im Venetianischen sind reiche Eisen-Gruben, die wirklich mit großem Vortheil bearbeitet werden. Die Bischöffe von Volterra, und die Pistojeser haben in den mittlern Zeiten silberne und goldene Müntzen aus ihren eigenen Metallen geschlagen. Der Großherzog von Toskana ließ vor 4 Jahren durch ungarische Bergleute eine Kupfermine öfnen, die eine ziemliche Ausbeute und große Hofnüng zu einem viel größern Gewinn gab. Allein, gleich wie moralische Ursachen die Austroknung und Verbesserung der Maremma in Toskana, und der Paluse pontine im Päbstlichen zeithero verhindert haben, so sind sie auch der Grund, warum in Italien die Bergwerke entweder gar nicht, oder nicht gehörig betrieben werden. Es fehlt den Italiänern an zulänglicher Wissenschaft, und sie misstrauen den Fürsten und den fremden Arbeitern den Gewinn, den sie etwa davon haben könten. Daraus ist, daß

in

in Toskana das Kupferbergwerk ins Stecken gerieth, weil man sowohl den fremden Bergleuten, als dem Fürsten den Gewinn beneidete. Die Edelleute, welche noch immer mit republikanischen Stolze die Oberherrschaft und überlegene Macht des Großherzogs eingeschränkt und geschwächt wissen möchten, sahen dieses Bergwerk als eine Quelle neuer Reichthümer für den Fürsten an, und weil sie mit am Ruder sitzen, so gaben sie den Verläumdungen mißgünstiger Menschen Gehör, und wußten die Handlungen und Arbeit der fremden Bergleute auf einer so verhaßten und nachtheiligen Seite dem Großherzog vorzustellen, daß er in den ersten 2 Jahren ihrer und des Bergwerks überdrüßig wurde. Eben solche Ränke sind vor 3 Jahren in Betreff einer neuen Färberey, und unter dem hochseligen Kaiser Franz, in Ansehung einer teutschen und lothringischen Colonie in der Maremma, gespielt worden. Es ist unglaublich, wie schwer es sey, daß ein Fürst bey erster Einführung neuer Künste oder anderer vortheilhaften Anstalten, die er durch Fremde aufrichten will, nicht durch nachtheilige Vorstellungen ermüdet oder abgeschreckt werde. Weil in den ersten Jahren der Vorschuß und die Ausgaben meistens größer sind, als der Gewinn, so ist es sehr leicht, falschen Vorstellungen den Schein der Wahrheit zu geben.

Was

Was den Ackerbau auf dem ebenen Lande betrift, so sind wenige Gegenden in Italien, wo solcher nicht fleißig getrieben würde. In Piemont, in der ganzen Lombardie, in Toskana und im Königreiche Neapel ist kein Handbreiter Raum von urbarer Erde, der nicht angebauet wäre. Das nemliche kann ich behaupten, vom Bononischen Gebiete, von Romagna, vom Herzogthum Urbino, von der Marca d'Ancona, von Umbrien, von den Herzogthümern Castro und Orvieto. Nur im Patrimonio di S. Pietro, in Campagna di Roma, und Sabina finden sich einige schlecht angebauete Gegenden. Nicht die so verschriene Trägheit des Landvolks; nicht das Monopolium, welches sonst die päbstliche Kammer mit dem Getreide führte, sind Schuld daran; sondern der Mangel an Bauern. Dieser entstehet theils aus dem überall eingerißenen Uebel, daß die Herrschaften zu Rom ihre Bedienten vom Lande nehmen, theils von der ungesunden Luft der Paludi Pontine, und größtentheils daher, weil die Viehweide, welche weniger Leute erfodert, in diesen Gegenden mehr als der Ackerbau einträgt, und ohne diesen bestehen kann. Denn es ist unglaublich, was für eine Menge Ochsen, junge Rinder, Kälber, Hammel, Schweine und Feder##### aus diesen Ge##### nach Rom ##### und ##### findet das Vieh in d## ##lichen Nachbarschaft des

Meers

Meers und auf den bergichten Grenzen von Abruzzo seinen Unterhalt.

Daß Italien, eine Provinz ins andere gerechnet, ordentlicher weise so viel Getreide hervorbringe, als die Einwohner nöthig haben, davon bin ich allerdings überzeugt. In der Hungersnoth von 1766 war wirklich so viel vorräthig, als hinreichend war, die Einwohner zu nähren; die Besitzer liegender Güter hielten den Vorrath zurück theils für ihre Bauern und eigene Familien, theils um den höchsten Grad der Theurung zu erwarten. Die Hungersnoth war nur unter den armen Bürgern, unter den Bauern armer Besitzer, und größtentheils unter den Miethlingen und Handlangern auf dem Lande. Diese kamen Haufenweise in die Städte, und erfüllten die Straßen und Hospitäler. So bald aber die Fürsten mit großen Unkosten fremdes Korn verschaft hatten, sah man mit Verwunderung alle Marktplätze mit einheimischem Korn angefüllt. Es war nicht nur kein Mangel mehr zu verspüren, sondern das fremde Korn blieb zum größten Schaden der Fürsten großentheils liegen. In Tuskana gieng man so weit, daß das fremde Korn als vermodert und ungesund ausgeschrien wurde, damit es keinen Käufer fände. Hätte damals der Großherzog dem Beyspiel Ferdinands aus dem Hause Medici nachgefolgt, so würde er nicht benöthigt gewesen seyn, eine halbe Million Scudi von

den

den Genuesern zu borgen, und einen so großen Verlust an dem dafür gekauften Korn zu leiden. In einer viel größern Hungers-Noth, als die von 1766 war, erschöpfte Ferdinand erstlich seinen eigenen Vorrath zum besten seiner Unterthanen, und darauf befahl er dem Adel ein gleiches zu thun. Ein jeder schützte vor, keinen übrigen Vorrath an Korn zu haben. Alsdann ergrif der Großherzog dasjenige Mittel, welches in solchen Zufällen das sicherste und schleunigste war, einem großen Theile seiner Unterthanen das Leben zu retten. Auf das erste beste Landgut schickte er einen abgeordneten Richter, mit einem unbekannten Henker und einigen verkleideten Schergen begleitet, den Kornboden zu besuchen; und da man einen reichen Vorrath von Getreide entdeckte, der beym ersten Anfragen verläugnet worden war, so wurde der Faktor ohne alle Umstände über die Hausthüre aufgeknüpft. Man hatte nicht nöthig, zu einem andern Landgute fortzuschreiten. Der Ruf dieser so strengen Gerechtigkeit verbreitete sich in wenig Stunden durchs ganze Land. Die Fattori der Besitzer eilten Haufenweise mit ihrem vorräthigen Getreide in die Städte, und erfüllten damit die Marktplätze. Ich selbst habe in dem Jahre 1766 auf den Landgütern zweyer Edelleute einen Vorrath von Oel und Weitzen gesehen, der hinreichend war, sie und ihre Bauern wohl 2 Jahre zu nähren. Nichts destoweniger würde in keinem Lande, besonders im

Päbst-

Päbstlichen, Neapolitanischen, und in Toskana einiger
Mangel gewesen seyn, wofern durch Unvorsichtigkeit
der Regierung die öffentlichen Korn-Magazine nicht
zum voraus ausgeleert worden wären.

Es hatte sich damals der Fall ereignet, der unter
die seltensten gerechnet werden muß, daß zu gleicher
Zeit in allen Ländern am mittelländischen Meer das
Getreide nicht gerathen war. Sonst ist es wegen
der vielen Häfen und Bayen, wo fast beständig mit
Korn und allerhand Getreide beladene Schiffe an-
länden, fast unmöglich, in eine solche Verlegenheit
zu gerathen. Daher kommt es, daß der König beyder Sicilien und der Pabst zulassen, daß aus den
öffentlichen Magazinen fast jährlich eine große Menge Getreide an Fremde verkauft wird, und daß in
Toskana die öffentliche Magazine ganz eingegangen
sind, und der freye Kornhandel zugelassen ist. Der
weise Graf Richecourt, der vor dem Marechal Botta
Gouverneur in Toskana war, wurde durch Erfahrung gewahr, daß man sich auf den Hafen Livorns
verlassen könnte. Durch Nachläßigkeit und Untreue
der Oberaufseher waren einsmals ohne sein Wissen
die Kornmagazine so ausgeleert, daß der Vorrath
nicht hinreichend gewesen wäre, nur acht Tage die
Einwohner der Stadt Florenz mit Brod zu versehen.
Damit das Gerüchte dieser bevorstehenden Noth
nicht unter das Volk verbreitet, und sein vortheil-

haftes Vorhaben nicht vereitelt würde, ließ er die Magazine verschließen, und alle diejenigen, denen die Sache bewußt seyn konnte, in einer Nacht in die Festung führen. — Zu gleicher Zeit schickte er einige vertraute Männer nach Livorno, mit dem Befehl, den fremden Kornhändlern einige tausend Malter Getreide zum Verkaufe um einen theuren Preis anzubieten. Da nun diese den theuren Preis verlachten, und vorgaben, sie würden ihnen um ein Drittel wohlfeiler das ihrige verkaufen, so machten sie augenblicklich den Accord mit ihnen, und in Zeit von 8 Tagen füllten sie die Magazine zu Florenz mit Korn und Weitzen an. Dieser Zufall belehrte die Toskaner, daß wo Hafen sind, man keine Kornmagazine nöthig habe, und gab dem Marechal Botta Muth, die zu öffentlichen Magazinen bestimmten Kapitalien nach Wien zu schicken, und dieselben eingehen zu lassen.

Weil der Italiänische Weitzen, das türkische Korn und die Bohnen von vorzüglicher Güte sind, so werden diese Arten von Früchten von fremden Nationen sehr gesucht und theuer bezahlt. Es kann auch von den Italiänern eine große Menge davon verkauft werden, weil der größte Theil der Bauern vom Buchweitzen (bléd noir) von Kastanien und türkischem Korn lebet.

Rechnet

Rechnet man nun noch den Ertrag der mannichfaltigen Arten von Wein, des köstlichen Baumöls, der vortreflichen Citronen und Pomeranzen, der trockenen Feigen, welche aus ganz Italien in fremde Provinzen verkauft werden, den Seidenbau, der in Piemont 6 Millionen Scudi, und in Toskana 2 Millionen einträgt, den häufigen Hanf und Toback im päbstlichen Staate, die Menge Reis in der Lombardie, die sehr einträglichen Stuttereyen im Neapolitanischen, in Piemont, und in der Maremma, die große Menge Hornviehes, besonders Büffelochsen, längst dem Meere auf der Ost- und Westseite, die köstlichen Käse in der Lombardie, den Thunn-Fisch- und Sardellenfang im toskanischen Meere ꝛc. so muß man über die Mannichfaltigkeit der natürlichen Güter Italiens erstaunen.

Die Fortsetzung folgt.

IV.
Fortsetzung
der
ersten Unterredung
zwischen W** und dem Pfarrer zu ***
(S. Seite 96. des Aprils.)

Der Leser erinnert sich, daß ich in Erzählung meiner Unterredung mit dem guten Pfarrer zu *** bey der

Frage des Pfarrers stehen blieb: "werden Sie Ihrer "Tochter auch den Joris und die komischen Erzählun- "gen zu lesen geben?"

Der gute Mann sagte dies zwar lächelnd; aber es war nicht das beleidigende Hohnlächeln eines von Eigendünkel strotzenden Seelschnabels, deßen kleines unartiges Seelchen vor boshafter Freude hüpft, weil er sich einbildet, er habe seinem Gegner eine Nuß aufzuknaken gegeben. Ich sah es deutlich in seiner ganzen ehrlichen Gesichtsbildung, daß sein Herz an kein Arges dachte. Es war das Lächeln der Gutherzigkeit, welche durch eine allzufreymüthige Frage den Freund in Verlegenheit zu setzen besorgt, und den Fehler durch ein Zeichen ihrer Unschuld und harmlosen Absicht wieder gut machen möchte.

Ich. Herr Pfarrer, Sie wissen es kömmt beym fragen viel darauf an, wer der Mann ist, der die Frage thut, und wer der Mann ist, der gefragt wird. Ich kenne manchen Clericus und Layen, dem ich auf die nemliche Frage, die Sie izt an mich gethan haben, mit stillschweigender Verachtung antworten würde. Aber Ihnen will ich antworten wie einem braven Manne; denn der sind Sie; und Sie verdienen auf jede Frage eine freundliche Antwort, gesezt auch, Sie hätten — wie diesmal — etwas gefragt, das Sie Sich sehr leicht selbst beantworten konnten. Ich sage Ihnen also:
Nein;

Nein; ich werde meinen Töchtern weder den Jbris noch die komischen Erzählungen, so wenig als die Dialogos Meretricios des Lucian oder den goldnen Esel des Apulejus zu lesen geben: Aber ich werde sie auch — mit Hülfe einer Mutter, deren bloßes Beyspiel die beste moralische Erziehung für ihre Töchter ist — so zu erziehen trachten, daß es ihnen nichts schaden soll, wenn ihnen etwan, durch irgend einen Zufall, eines der genannten Büchlein, in die Hände fallen sollte. Eine gesunde Seele gleicht, auch in diesem Stücke (wie in vielen andern) einem gesunden Leibe, der im Nothfall einen kleinen Excess aushalten, und manches ohne Gefahr zu sich nehmen, und wieder an den gehörigen Ort befördern kann, was einen entkräfteten und mit verdorbnen Säften angefüllten Körper gefährlich krank machen würde.

Der Pfarrer. Sie verdienen in ihren Kindern glücklich zu seyn —

Ich. Wenigstens ist das höchste Glück, so ich mir vom Himmel erbitte, daß er — so sehr meine Seele an den holden Geschöpfen hängt — lieber jedes von ihnen vor meinen Augen tödten, als sie den Augenblick erleben lassen wolle, wo die Unschuld ihrer Seele durch einen andern Flecken, als den eine Thräne wieder auswaschen kann, befleckt werden sollte. Wie oft hat der bloße Gedanke — wenn ich das gute

gefühlvolle Mädchen, das Sie eben itzt sahen, bey einem Anlaß, wo die schöne Empfindsamkeit ihres noch
nichts Böses ahnenden Herzens sich durch Worte oder
Handlungen äußerte, mit innigem Wohlgefallen betrachtete, — wie oft hat da der bloße Gedanke, daß
die Reinigkeit und ungefärbte Güte dieser Seele in
einer so verderbten Welt, als die, worinn wir leben,
Schaden leiden könnte, mein Herz umgekehrt und
meine Augen mit Thränen erfüllt!

Der Pfarrer. O Dichter, Dichter! was für ein
wunderbare Art von Geschöpfen seyd ihr! — Ich lese
die Aufrichtigkeit, womit Sie mir dies sagen, in ihren Augen, hör' es in dem gerührten Ton ihrer Stimme, fühl' es sympathetisch in meinem Innersten; es
kann mir gar nicht einfallen, daß Sie in diesem Augenblick ein Schauspieler wären; und wozu hätten Sie
auch vonnöthen, Komödie mit mir zu spielen? — Und
mit solchen Empfindungen, mit einer solchen Sinnesart, konnten Sie gleichwohl Gedichte machen, die Sie
vor ihren Töchtern verbergen müssen!

Der kleine Anfall von Laune, der den guten Mann
zu dieser Apostrophierung der Dichter hinriß, hat etwas so drolligtes, und überhaupt athmete in seinem
ganzen Thun und Wesen eine so unzweydeutige Wohl-
meynenheit, daß es würklich unmöglich war, ihm etwas übel zu nehmen. Ich erwiederte ihm also lächelnd:

Sie

Sie irren sich sehr, lieber Herr Pfarrer, wenn Sie denken, daß ich die komischen Erzählungen oder den Idris deswegen für verdammenswürdig halte, weil ich nicht für gut finde, daß sie von jungen Mädchen gelesen werden. Der Grund, warum ich diese Gedichte, und alle andre Bücher dieser Art, aus der sehr kleinen Büchersamlung junger unverehlichter Frauenzimmer ausschließe, ist der nehmliche, warum ich, bey aller schuldigen Ehrerbietung, die ich für die Bibel hege, nicht wollte, daß meine Tochter oder irgend eines ehrlichen Mannes Tochter das hohe Lied Salomonis oder gewisse Kapitel in den Büchern des Mose, im Buche der Richter, und im Propheten Ezechiel zum Gegenstand ihrer Meditation machen, oder nur jemals — bis sie ohne Schaden Alles lesen darf — zu Gesichte bekommen sollte. Denn wahrhaftig so lang ihr die Abentheuer des Ritters Itifall und der irrenden Prinzeßin Rahimu schädlich seyn können, werden die Galanterien der Dame Ahala und ihrer Schwester Ahaliba, — ungeachtet ihrer allegorischen Deutung — wenig zur Verschönerung ihrer Seele beytragen.

Der Pfarrer. Ich kann und will nicht glauben, daß Sie dieser Kapitel eines Buches, dessen göttliche Eingebung Sie verhoffentlich nicht läugnen, in der bösen Absicht erwähnen sollten, mit welcher der Spötter Voltaire sie bey jeder Gelegenheit zu citiren pflegt; indessen —

Ich. Lieber Herr Pastor, lassen Sie Sich, ich bitte Sie, ein für allemal sagen, daß ich gar keinen Begriff davon habe, wie man etwas mit böser Absicht reden oder thun kann. Sie können sich unmöglich einen gerabern, offenherzigern und von unlautern Absichten entferntern Sterblichen vorstellen, als der Mann ist, den Sie vor sich sehen. Wenn ich in vielen meiner Schriften mich der Ironie öfter bedient habe, als es vielleicht der itzigen Stimmung des teutschen Nationalgeistes (wofern wir anders einen haben sollten) angemessen ist: so geschah es gewiß in keiner schlimmern Absicht, als in welcher Sokrates ehmals unter den Atheniensern (die ihn größtentheils nicht besser verstunden als mich die Teutschen) das nehmliche that. Aber hier zwischen Ihnen und mir bedarf es der Ironie gar nicht, und ich verspreche Ihnen Hand in Hand, daß ich, so lange ich mit Ihnen sprechen werde, so unverstellt und geradezu sprechen will, als meine Seele mit sich selbst zu reden pflegt. Meine Absicht, da ich vorhin der schändlichen Geschichte der Ahala und Ahaliba im Ezechiel erwähnte, war gar nicht, die Methode zu mißbilligen, deren sich der Prophet bedient, um das treulose Betragen des Volkes Israel und Juda gegen den Gott seiner Väter in der abscheulichsten Gestalt darzustellen. Ueber diesen Punkt werd' ich vielleicht in der Folge Gelegenheit haben, Ihnen meine Gedanken zu sagen. Itzt wollt' ich nichts damit sagen, als was Sie, mein ehrwürdiger

Herr

Herr, gewiß nicht zu läugnen begehren werden; daß die Geschichte der Abscheulichkeiten der beyden Schwestern Ahala und Ahaliba (im 16 und 23 Kapitel Ezechiels) gewiß eben so wenig, als die Geschichte der Schwachheiten der spröden Diana und der Unverschämtheiten der Königin Juno in den komischen Erzählungen, dazu gemacht sind, von unschuldigen jungen Mädchen gelesen zu werden. Und so beweißt diese Instanz immer so viel, daß die besagten komischen Erzählungen — wiewohl aus andern Gründen viel verdammliches daran seyn mag — gewiß nicht aus diesem Grunde verwerflich sind, weil sie nicht in die Bibliothek junger Töchter gehören. Ich sagte vorhin eben so wenig, und that mir selbst damit Unrecht. Denn ich kenne eine ziemliche Anzahl vernünftiger Weiber von unzweydeutiger Tugend, welche Ihnen und der ganzen ehrbaren Welt ohne Bedenken gestehen werden, daß sie den Idris und selbst die komischen Erzählungen mehr als einmal gelesen haben, und nicht schlimmer dadurch geworden sind: aber ich kenne keine vernünftige und tugendhafte Frau, welche die besagte Kapitel des Propheten mehr als einmal lesen wird; und keine Frau, von welchem Charakter sie seyn mag, die über dem Lesen derselben von einem ehrlichen Manne angetroffen werden möchte.

Der Pfarrer. Die Sittenlehrer pflegen sonst, wie Ihnen nicht unbekannt seyn kan, die feine Art schlüpfrige und zur Wolluſt reizende Gegenſtände zu behandeln, für weit gefährlicher zu halten, als diejenige da man das Laſter, ohne einen verſchönernden Schleyer darüber zu werfen, ungeſcheut, mit ſeinem rechten Namen nennt, und mit ſeinen natürlichen Farben in ſeiner ganzen viehiſchen Mißgeſtalt darſtellt.

Jch. Es giebt Sittenlehrer, mein lieber Herr Pfarrer, die zuweilen nicht wiſſen was ſie reden. Man muß weder die Welt kennen, noch ſelbſt die mindeſte Feinheit des ſittlichen Gefühls haben, um zu behaupten, daß eine Elegie vom Tibull den Sitten eines jungen Menſchen gefährlicher ſey als die Priapeia. Alle rechtſchafnen und aufrichtigen Männer, die ich noch um dieſe Sache gefragt habe, haben mich des Gegentheils aus Erinnerung ihrer eignen Erfahrung verſichert; und es wäre nichts leichters als die Sophiſtereyen eines Bayle über dieſen Punkt mit den triftigſten Gründen zu widerlegen, wofern es nöthig wäre. Uebrigens dächte ich doch, ein Mann von Jhrer Unterſcheidungsfähigkeit ſollte den Unterſchied nicht überſehen, der zwiſchen einem verhüllenden und verſchönernden Schleyer iſt. Das Laſter an ſich ſelbſt iſt häßlich; wer es verſchönern wollte, würde es ſchminken und herausputzen müſſen, und dadurch allerdings zu einem ſchändlichen Betrüger und Kuppler werden. Aber, wie geſagt, verſchönern und verſchleyern ſind zwey ganz verſchiedene Dinge. Es giebt Laſter die man nicht genug entblößen kann, um sie in ihrer wahren Häßlichkeit darzustellen. Von dieser Art sind z. B. Ungerechtigkeit, Untreue, Bestechung, Undankbarkeit, Hochmuth, geistlicher und weltlicher, Heucheley und Gleißnerey, Unduldsamkeit, Neid, Schadenfreude, und dergleichen. Es ist keines unter allen diesen Lastern, das nicht unter dem Schleyer der Ehrlichkeit, Tugend und Religion von jeher die Welt belogen, und, bloß darum weil es so gut verschleyert und maskirt war, fast immer ungestraft unendlich viel Unheil angerichtet hätte. Diesen Lastern den vermummenden Schleyer und die verschönernde Maske abzuziehen, ist nöthig, ist Pflicht der Weisen und Guten; ihre Naktheit ist das unfehlbarste Mittel Abscheu zu erwecken, und kann nie gefährlich seyn. Aber es giebt, wie Sie wissen, auch andre unsittliche Handlungen, sie mögen nun Vergehungen eines Augenblicks der Unbesonnenheit, oder Ausschweifungen einer an sich sehr natürlichen Leidenschaft, oder Früchte lasterhafter Gewohnheiten seyn, welche der Sittenlehrer eben darum verschleyern muß, weil es gefährlich wäre, sie zu sehr zu entblößen. Sie verstehen mich, Herr Pfarrer, und verlangen wohl keine genauere Erklärung über diesen Punkt?

Pfarrer. Nein; auch war meine Meynung vorhin eben nicht, den Sittenlehrern, deren ich erwähnte, schlechterdings Recht zu geben.

Ich.

Ich. Ueberdies, was auch einige würkliche oder seynwollende Catonen sagen mögen, ist nichts falscher als der Stoische Lehrsatz: alle Sünden sind gleich —

Pfarrer. Soviel ich weiß, giebt es, wenigstens heut zu Tage, keinen vernünftigen Sittenlehrer mehr, der einen so widersinnigen Satz behauptete.

Ich. Ich will es Ihnen glauben; denn ich selbst kann es nicht wissen, da ich nicht Alles lese was gedrukt wird. Aber ich finde doch häufig genug, daß man in besondern Fällen gerade so urtheilt als ob man jenes Paradoxon der Stoa für einen Grundsatz hielte. Denn woher sonst der Vorwurf den ich so oft habe hören müssen, daß ich in meinen komischen Gedichten meine Talente gemißbraucht hätte, gewisse Laster mit reizenden Farben zu schildern, und in verführisches Licht zu setzen? Wie hastig, und mit wie wenig Unterscheidung haben die Herren, welche aus diesem Ton sangen, geurtheilt? Man sollte wenigstens die Sache sehr genau untersucht haben, eh man einen Mann der einige Ansprüche an Verdienst und Achtung zu machen hat, mit so gehäßigen Vorwürfen zu belegen wagte. Aber viele dieser gestrengen Herren sind soweit entfernt mit Kenntnis der Sache zu sprechen, daß sie die Werke, die sie mit dem entscheidendsten Censor-Ton als unsittlich und seelenverderblich verdammen und alle fromme Christen davor als vor Tod in Töpfen warnen, nicht einmal gelesen

lesen haben. — Wiewohl, da die Herren nicht lesen können, dies freylich am Ende nichts verschlägt. Für gewisse Leute sind alle Sünden gleich, nicht weil diese Leute Stoiker sind, oder gerne Paradoxes Zeug behaupten; sondern weil sie so wenig Welt- und Menschenkentnis haben, daß Messalina und Ninon Lenclos, Ahaliba und Danae, Delila und die neue Heloise in ihren Augen Geschöpfe von einerley Art sind. Es sind H*r*n, sagen sie, und bilden sich dann ein, gewaltige Sittenlehrer zu seyen, und der Tugend einen mächtigen Dienst gethan zu haben, daß sie das Kind so freymüthig mit dem rechten Namen genennt. — Gott bewahre mich, daß ich jemals unsittliche Handlungen beschönigen, oder den Abscheu den sie verdienen vermindern wollte! Aber ist es nicht auf der andern Seite Pflicht des Menschen und Christen, nur das Laster, nicht die Personen die es begangen haben, zu verabscheuen? Und wie soll es jemals möglich seyn, diese Pflicht gehörig auszuüben, wie soll der Unbilligkeit und Lieblosigkeit in Verurtheilung unsers Nebenmenschen, worüber auch die Sittenlehrer Jhres Ordens so viele Klagen führen, gesteuert werden können, wenn man keine Rücksicht auf die Umstände nehmen lernt noch nehmen will, durch welche die nemliche Handlung die an dem einen den höchsten Abscheu verdient, bey dem andern mehr bedaurens- als strafwürdig ist? Wenn man keinen Unterschied zwischen den ungeheuersten Verbrechen und den menschlichsten Schwachheiten macht? Keinen Unterschied

zwischen

zwischen dem Gleißner, der immer Tugend und Religion auf der Zunge hat, und beyder durch seine Thaten spottet; und dem Biedermanne, der bloß darum weniger vorsichtig ist bösen Schein zu meiden, und sorgloser sich bey dem Pöbel durch die bekannten Mittel in gute Meynung zu setzen, weil er zu gewiß weiß, daß er ein rechtschafner Mann ist, um sich viel darum zu bekümmern, ob er auch von Oechslein und Eselein dafür erkannt werde? Zwischen dem Schurken, der (wie Juvenal sagt) den Curius oder Cato heuchelt und Bacchanale lebt; und dem ehrlichen Kerl, der in einem Anstoß von leichtsinniger Frölichkeit seiner Einbildungskraft und seinem Wiz zuviel Freyheit erlaubt? Zwischen dem schändlichen Sänger seiner eignen brutalen Ausschweiffungen (einem Rochester oder Grecourt) und dem harmlosen Anakreon, der in seinem Neunzigsten Jahre (dem stärksten Zeugen seiner Mäßigung und Weisheit) noch Rosen um seine Glatze wand, und zwischen Jünglingen und Mädchen, unter dem sanften Jonischen Himmel, der Freude opferte, ohne die er weder so alt geworden, noch in seinem Alter so glücklich gewesen wäre? Keinen Unterschied zwischen einer nächtlich schwärmenden Priesterin der Venus Volgivaga, und einer Leontium, für welche die Grazien und Musen (mächtige Fürsprecherinnen!) beynahe die Tugend selbst zu Nachsicht bestechen konnten? Zwischen einer Schatulliöse, die unter der Maske einer spitzfündigen Delicatesse heimlich allen Forderungen

eines

eines unbändigen Temperaments genug thut; und einer Phädra, die nicht eher als nach einem alle ihre Kräfte erschöpfenden Kampfe der Allgewalt einer unfreywilligen Leidenschaft unterliegt, oder einer Julie, deren Seele durch ihren Fall selbst ihre Reinigkeit nicht verliehrt, und der Tugend, auch da sie sich von ihr verirrt, herzlicher ergeben ist, als manche anmaßliche Lucretia, die sich große Dinge auf eine Keuschheit einbildet, welche niemand auf die Probe zu stellen begehrt? — Die Pflicht des Dichters, wie des Beobachters und Geschichtschreibers der Menschheit, ist, alle Arten von Charactern (an deren getreuer Abschilderung doch wohl so viel gelegen ist als an genauer und vollständiger Beschreibung aller Arten von Schwämmen, Würmern, Fliegen, Läusen, u. s. w. welche so vielen braven Männern billig zum Verdienst angeschrieben wird) so darzustellen, wie sie würklich sind, nicht wie sie ein Mensch sich einbildet, der sich in seinem Studierstübchen den Kopf mit willführlichen Abstractionen und Spinnenweben angefüllt hat. Die Aspasien, die Danaen, die Musarion sind in der Natur; sie sind keine Hirngespenster, wie Mancher, von Schulwitz frisch aufgeblasener Homunculus und mancher alte, halbkindische Hosenpauker wähnt, weil er in dem kleinen, meistens sehr unbedeutenden Cirkelchen seiner Bekantschaften nichts dergleichen gesehen hat. Diese Aspasien, Danaen, u. s. w. sind freylich sehr zeigende, liebenswürdige Sünderinnen; aber wer kann dafür? Man muß ihnen

ihnen dennoch ihr Recht wiederfahren laßen! Wenn es Unrecht ist, dem Teufel selbst zu viel zu thun, so kann warlich ein Dichter, dem Natur und Wahrheit ehrwürdig sind, eine Sünderin, welche alles was schön und liebenswerth und bezaubernd ist in ihrem Geist, ihrer Person, und in ihrem Umgang vereinigt, nicht mit den eckelhaften Farben mahlen, die sich nur für die Ahala's und Ahaliba's schicken. Sie bleibt darum nicht weniger tadelwürdig insofern sie eine Sünderin ist; aber wenn sie nun gleichwol Wiz, Geschmack, feine Empfindung, Lebensart, Kentnisse, Talente, kurz tausend Reizungen hat, die selbst auf ihre Sünden ein sanftgebrochnes Zauberlicht werfen: soll der Dichter sie nicht schildern wie sie ist? Oder ist er zu tadeln wenn sie in seinem Gemählde sich selbst ähnlich, und also eben so verführerisch ist als in der Natur? Und kann man ihm alsdann nur mit dem Schatten eines vernünftigen Grundes vorwerfen, daß er die Sünde reizend gemahlt habe, in der Absicht das Volk sündigen zu machen?

Der Pfarrer. (lächelnd.) Ich habe Sie lange reden laßen; und ich dächte dies sollte einem Manne meines Standes, der von Amtswegen so oft allein reden muß, und sich dadurch unvermerkt eine Gewohnheit, ohne Ein= und Widerrede zu sprechen zuzieht, als einiges Verdienst angerechnet werden —

Ich.

Ich. Allerdings, und für kein geringes!

Der Pfarrer. Und da es mir nicht ums Rechthaben, sondern um Wahrheit zu thun ist —

Ich. Auch dies, Herr Pfarrer, ist billig einem Clericus zu größerm Verdienst anzurechnen, als einem andern Menschenkinde.

Der Pfarrer. Wie satyrisch!

Ich. Es ist mein ganzer Ernst. Weiße Raben sind kaum seltner als ein Theolog, oder ein Professor, oder ein Autor eines Systems, wär's auch nur ein Schul-Compendium, dem es nicht um's Rechthaben, sondern um Wahrheit zu thun ist.

Der Pfarrer. Ich zweifle nicht, daß es allen Gelehrten um die Wahrheit zu thun ist; aber die Meisten sind so stark von der Wahrheit ihrer Meynungen überzeugt, daß sie bloß darum immer Recht haben wollen, weil sie versichert sind, daß sie würklich immer Recht haben.

Ich. Das ist eben der Jammer! — Aber, um Vergebung, daß ich Sie unterbrach. Sie wollten etwas sagen?

T. M. Junius 1775.   R   Der

Der Pfarrer. Ich wollte Ihnen bekennen, daß ich dasjenige, was Sie zu Ablehnung des Vorwurfs, „als ob Sie gewisse Untugenden aus böser Absicht mit reizenden Farben geschildert hätten,„ vorgebracht haben, aller Aufmerksamkeit würdig finde. Ich muß gestehen, ich hatte die Sache nie in diesem Licht, und von dieser Seite angesehen; und ich begreife nun weit besser als sonst, wie ein Mann von ihrer Sinnesart die oft genannten komischen Werke verfertigen konnte, ohne zu glauben, daß er daran Arges thue, und vielleicht gar in der Meynung Gutes zu thun —

Ich. Sie werden dies in der Folge noch besser begreifen; denn ich habe Ihnen noch lange nicht alles gesagt.

Der Pfarrer wartete eine kleine Weile, vermuthlich durch meine lezten Worte auf den Gedanken gebracht, daß ich wieder reden wollte.

Ich. Fahren Sie immer fort, wenn ich bitten darf. Es ist izt noch nicht Zeit, daß ich das sage, worauf Sie zu warten scheinen.

Der Pfarrer. Ich bin also mit meinen Geständnissen noch nicht fertig; denn ich muß Ihnen noch gestehen, daß die wirkliche Existenz solcher verführerischer Geschöpfe wie Ihre Autoren, Danaen,

„Amö-

Armonen u. f. w. oder so ärgerlicher, wie ihre Dianen und Junons, Rahimous und Schatulliösen sind, mir kein hinlänglicher Grund zu seyn scheint, die Moralität der schönen und auch die kälteste Phantasie erhitzenden Gemählde, die Sie uns davon gemacht haben, zu rechtfertigen. Denn Sie selbst begehren doch nicht zu läugnen, daß in diesen Gemählden etwas gefährliches und verführerisches ist, sonst würden Sie nicht gesonnen seyn, sie vor ihren eignen Töchtern zu verbergen. Nun ist doch nichts natürlicher als die Frage, was haben andrer Leute Töchter verbrochen, daß Sie gar keine Rücksicht auf solche nehmen; auf so viel tausend junge ehrliche Mädchen, die es wenigstens eben so nöthig haben, als die Ihrigen, daß man gefährliche verführerische Gemählde vor ihnen verberge? Wär' es, da man diese Gemählde doch vor so vielen verbergen muß, nicht besser gewesen, sie gar nicht öffentlich aufzustellen? Und — damit wir uns auch den gefährlichen Kampf, mit der Versuchung sie bekannt zu machen, ersparen — wär' es nicht besser solche Gemählde überall gar nicht zu mahlen?

Ich. Was diesen letztern Punkt betrifft, dürfte ich, um am kürzesten aus der Sache zu kommen, Sie nur an die sehr warmen, sehr wollüstigen Gemählde des hohen Liedes, und an die sehr ärgerlichen Gemählde der H***yen der mehrbesagten allegorischen Damen Ahala und Ahaliva erinnern. Sie können warlich keinen stärkern Beweis, daß es nicht besser seyn muß, solche Gemählde überall gar nicht zu machen, von mir verlangen, als die Existenz jener Gemählde in dem Heiligsten der Bücher. Aber meine Sache ist nicht so schlimm, daß ich vonnöthen hätte den Knoten zu zerhauen. So viel ich höre beruht ihre Einwendung gegen die Moralität der Gemählde, die Sie mir zum Vorwurf machen, auf zween Punkten: Sie finden solche, an sich selbst betrachtet, ärgerlich oder verführerisch; und dann däucht Ihnen, daß ich sie mit zu viel Wärme coloriert habe. Das leztere mag wohl hier und da geschehen seyn. Ich wollte izt freylich lieber, daß es nicht geschehen wäre. Aber wie leicht kann einem Dichter von warmer Einbildungskraft so etwas begegnen? zumal wenn er, so wie ich, gänzlich überzeugt ist, daß das Aergerliche oder Verführerische, was in den Gegenständen solcher Gemählde liegt, kein Grund ist noch seyn kann, sie gar nicht zu mahlen. Denn, bey dieser Ueberzeugung, wie leicht kann eine lebhafte Einbildung mitten im Feuer der Composition den Dichter da oder dort ein wenig über die Grenzen der Vorsichtigkeit wegführen, womit moralische Schilderungen dieser Art verfertiget werden sollten?

Der Pfarrer. Dies leztere begreife ich leicht; aber, wenn ich bitten darf, den Grund Ihrer Ueberzeugung, daß ein Dichter überhaupt ärgerliche oder verführerische Gemählde mahlen dürfe?

Ich.

Ich. Um Vergebung, lieber Herr Pfarrer, dies war es nicht, was ich sagte. Gemählde, die in ihrem Gegenstande etwas ärgerliches oder verführisches haben, sind darum noch keine ärgerliche und verführische Gemählde.

Der Pfarrer. Sie haben recht; verzeihen Sie mir es, ich drückte mich nur unrichtig aus. Aber ich wünschte doch, daß Sie mir den Grund ihrer vorgedachten Ueberzeugung mittheilen wollten.

Ich. Was däucht Ihnen, lieber Herr Pfarrer, zu dem Umstand, daß die ganze Welt schon seit etlichen tausend Jahren voller ärgerlicher und verführischer Personen, Handlungen und Sachen ist? Dies werden Sie doch wohl nicht läugnen wollen?

Der Pfarrer seufzte.

Ich. Nennen Sie mir einmal, ich bitte Sie, ein Laster, welches nicht ärgerlich, und wenigstens für manche Leute verführerisch wäre? Scheinen Ihnen etwan Heuchelen, Scheinheiligkeiten, falscher Religionseifer, pharisäischer Hochmuth, unbändige Herrschsucht, wissentliche Beugung des Rechts, Unterdrückung, Bestechung, Verrätherey, Giftmischerey, u. s. w. nicht eben so ärgerliche und verführische Verbrechen als Schwelgerey, Völlerey und Unzucht? Und

ist

ist dieses Erdenrund nicht von jeher mit Menschenkindern bedeckt gewesen, welche alle diese und noch viel mehr höchst ärgerliche Laster begangen haben? Ist die Geschichte wohl viel besser, als ein ungeheures Sündenregister des menschlichen Geschlechts? Wie groß ist nicht die Anzal der Kayser, Könige, Fürsten, Feldherren, Staatsminister, Günstlinge, Hofnarren, — Päbste, Bischöffe, Aebte, Priester und Leviten, ꝛc. — item: der Königsweiber und Königstöchter, Dames d'Honneur, Favoritinnen, Kammerfrauen, Schauspielerinnen, Sängerinnen und Tänzerinnen, u. s. w. die eine höchstärgerliche Rolle auf der Welt gespielt haben, und vermittelst der Geschichte, die uns zu Zuschauern ihrer Thaten macht, noch immer fortspielen? Und gleichwol ist noch keinem klugen Menschen eingefallen, die Declamationen gewißer wunderlicher Köpfe, welche die Annalen und Geschichtbücher, aus dem nemlichen Grunde weil sie ärgerlich seyen und verführen könnten, überall vernichtet wissen wollten, der mindesten Aufmerksamkeit werth zu halten. Gewiße Perioden in der Europäischen Geschichte, z. E. das zehnte und eilfte, vierzehnte und funfzehnte Jahrhundert, zeichnen sich durch das scheusliche Gemählde sittlicher Verdorbenheit und die schändlichen Beyspiele, so sie darstellen, vorzüglich aus. Erlauben Sie mir doch, Ihnen aufzuschlagen was einer der verdienstvollesten Geschichtskundigen unserer Zeit von dem sogenannten Mittlern Zeitalter sagt: — „Der Geschichtschreiber, wenn er bis an die ersten

„Quel-

„Quellen der Begebenheiten zurückgeht, muß über den
„Charakter der damaligen Geistlichkeit erstaunen,
„und, von der Menge der Vorstellungen ermüdet, wird
„er unfähig das Gemählde ihrer Leidenschaften zu ent-
„werfen. Hier findet keine Mischung von Tugenden
„und Fehlern statt; — der tugendhafte Mann flieht
„bey diesem Anblick zurück wie bey den Gemählden
„eines Aretins (*) „ — Und gleichwohl ist es eine
Schuldigkeit des Geschichtschreibers, uns diese Gemählde der verderbtesten Zeiten des menschlichen Geschlechts,
mit ihren Ursachen, Umständen und Folgen, getreulich
nach der Natur gezeichnet und gemahlt, so warm und
lebhaft darzustellen, als es zur Erreichung des sittlichen
Endzwecks, uns dadurch weiser und besser zu machen,
vonnöthen ist! Will sich jemand daran ärgern, so hab'
er's sich selbst!

Der Pfarrer horchte nachdenklich auf.

Ich schöpfte ein wenig Athem.

Der Pfarrer. Alles wahr! Alles wahr! — Aber —

Ich. Erlauben Sie mir nur noch ein Wort. Alle
die vorhin specificierten Laster sind so häßlich, daß es
unmöglich ist von ihnen verführt zu werden, sobald
man

(*) Häberlins Geschichte von Teutschland 1 Periode S. 69.

man sie in ihre wahre Gestalt zurück zu treten nöthigt. Es ist daher auch, wie ich oben schon bemerkte, weiter nichts mit ihnen zu thun, als sie zu entlarven. Aber was denken Sie von so manchen in der Weltlichen- oder Kirchen-Geschichte glänzenden Männern, deren Leidenschaften und oft sehr große Fehler durch den *Nimbus* ihrer Tugenden, besonders der religiosen Heiligkeit, so zu sagen übergüldet werden? Meynen Sie nicht, daß Männer wie Sanct Bonifaz, Sanct Bernhard, Sanct Thomas von Canterbury, Sanct Heinrich der Zweyte, der Mönchenvater, (*) u. s. w. durch ihre menschliche Schwachheiten und Leidenschaften, wiewohl solche mit dem sechsten Gebot nichts zu thun hatten, ihren Zeiten und der Nachwelt unendlich mal mehr Schaden gethan haben, als alle Danaen der vergangnen, itzigen und künftigen Zeit? Glauben Sie, daß es nicht gefährlich ist, solche Personen, solche Charakter (und wie viele hat deren die Geschichte nicht?) ins Schöne zu mahlen, ihre Tugenden zu erheben, ihre Fehler zu beschönigen, ihre Schwachheiten und Uebereilungen zu entschuldigen? Und gleichwohl würde derjenige ungerecht seyn, der, wenigstens einige von ihnen, nicht aller ihrer Mängel ungeachtet, als fromme, wohlmeynende, zum theil auch wohl vortreffliche und große Männer, schildern würde; unbekümmert, ob nicht man-

(*) So nennen ihn seine gleichzeitigen Geschichtschreiber, in der Meynung, ihn höchlich dadurch zu ehren.

cher schwache Kopf oder böse Bube sich von dem Beyspiel ihrer Fehler verführen lassen oder hinter solches
sich verstecken und sagen werde: ego homuncio hoc
non facerem?

Der Pfarrer. Ich verstehe Sie, und sehe die Anwendung, die Sie von dieser Bemerkung gemacht wissen
wollen.

Ich. Mir däucht, sie macht sich von selbst. Es
ist eben so erlaubt, eine Danae, eine Heloise, eine Ninon, mit gefälligen Farben zu schildern, als es erlaubt
ist, einen Mann mit einem Nimbus zu mahlen, der,
bey aller seiner strengen Heiligkeit und Mönchischen
Tugend, von Herrschsucht und Eifer sich zu ungerechten
und gewaltthätigen Handlungen hinreissen ließ, Empörung und Bürgerkriege anzettelte, oder Europa zu
verderblichen Kreuzzügen anspornte, und arme harmlose Philosophen verfolgte.

Der Pfarrer sah auf seinen Rock.

Ich. Ach! mein guter Herr Pfarrer; der schwarze
Rock thut nichts zur Sache! Warum sollte ein ehrli-
cher Pfarrherr, — trotz den Vorurtheilen, die sich noch
aus jenen heillosen Zeiten herschreiben, wo ein bischen
Keuschheit, wie eine Messerspitze voll Philosophisches
Pulver, hinlänglich war die menschenfeindlichsten Laster

in goldne Tugenden zu verwandlen — warum sollt' er nicht der Wahrheit die Ehre geben, und wenigstens unter vier Augen bekennen dürfen, was er überlaut bekennen würde, wenn er einen grünen Rock und einen Haarbeutel trüge?

Der Pfarrer. Ich besorge, lieber Herr W**, Sie haben die schrecklichen Folgen nicht in ihrem ganzen Umfang erwogen, die daher entstehen würden, wenn Gesetze, Sittenlehre und Religion nicht alle ihre Kräfte vereinigten, die Keuschheit in und außer der ehlichen Verbindung aufs nachdrücklichste zu befördern, und den entgegenstehenden Lastern, zu denen der thierische Theil des Menschen einen so starken natürlichen Hang hat, alle mögliche Hindernisse in den Weg zu legen.

Ich. Ich gestehe Ihnen, daß ich viel weniger unmittelbare Veranlaßung gehabt habe als vielleicht tausend andre Unsersgleichen, dergleichen Betrachtungen zu machen. Indessen bitte ich Sie, darauf zu rechnen, daß ich über diesen Theil der Sittenlehre so orthodox bin als Sie selbst.

Der Pfarrer. Um so gewisser werden Sie mit mir übereinstimmen, wenn ich behaupte, daß ein gewissenhafter und menschenliebender Schriftsteller sich gleich sorgfältig hüten müße, die Dämme, welche Religion, Sittenlehre und Gesetze den Sünden gegen die Keuschheit

heit entgegen setzen, zu miniren, als die Reitzungen zu
diesen Sünden zu verstärken. Jenes geschieht, däucht
mir, wenn den Sünden dieser Art, durch die Reitzungen
und die Liebenswürdigkeit der Personen, die man sie
begehen läßt, durch gewiße verschönernde Wendungen,
die man der Sache giebt, und durch den Grazien-Schley-
er, den man über das Anstößigste zieht, der Begriff und
das Gefühl des Schändlichen benommen wird, welches immer damit associirt seyn sollte: Dieses wenn
man alle Kräfte der Einbildungskraft, alle glühenden Farben der Natur, alle Zauberey der Beredsamkeit
und Poesie aufbietet, um wollüstige Gemählde zu machen, ohne daß sich irgend eine moralische Nothwendigkeit, irgend ein die Tugend befördernder Zweck, den der
Autor dabey hätte haben können, denken ließe. —
Sie haben mir, mein liebster Herr W** zu Rechtfertigung eines Theils ihrer Schriften, und zu Bestimmung des Standpuncts woraus solche zu beurtheilen sind,
vieles gesagt, wofür ich Ihnen verbunden bin; aber
mir däucht, daß alles, was Sie bisher vorgebracht haben, noch lange nicht zureiche, diesen gedoppelten Vorwurf gründlich zu heben. Was halten Sie hievon?

Ich. Wir suchen Wahrheit, mein ehrwürdiger
Freund; dies ist unser beyder großes Interesse; wie
könnten wir bey dieser unsrer Unterredung ein Anders
haben? Ich habe Ihnen schon gestanden, daß ich, besonders was Ihren jetzigen Vorwurf betrift, nicht völlig

lig mit mir selbst zufrieden bin. Indessen däucht mir, das was Sie so eben sagten, zerfalle in einige sehr verwickelte Aesthetisch-Moralische Probleme, deren Auflösung nicht so leicht ist, als Sie zu denken scheinen. Ich bin sehr geneigt, diese Probleme genauer mit Ihnen zu erörtern, und Ihnen darüber meine Gedanken mit aller Aufrichtigkeit, die Sie nun schon an mir gewohnt sind, vorzulegen, wenn Sie anders Lust zu einer zwooten Unterredung haben.

Der Pfarrer sagte mir, daß er Geschäfte hätte, die seinen Aufenthalt bey uns um einige Tage verlängern würden. Wir redeten eine zwoote Zusammenkunft ab, und schieden für diesmal als sehr gute Freunde von einander.

V.
Theatralische Neuigkeiten.

Hamburg — denn unter den verschiedenen Bühnen, von denen ich bishero noch keine Neuigkeiten erzählt habe, zieht mich vor allen andern das Theater dieser Stadt an sich — hat seit langer Zeit ein Glück genossen, dessen sich wenig teutsche Städte rühmen können. In einer langen — obgleich nicht ununterbrochenen — Folge von Jahren haben sich unsre besten Schauspieler vor diesem Publikum gezeigt, die Schönemannische, Kochische und Ackermannische Gesellschaften in ihren glänzendsten Epochen. Und sollte
Hamburg

Hamburg nicht durch das Andenken unsterblich werden, das Leßing von der großen, leider vereitelten,
Unternehmung, eine Nationalbühne daselbst zu gründen,
gestiftet hat? Noch jetzo beeifert sich die verwittwete
Madam Ackermann mit ihrem Stiefsohne, Herrn
Schröder, durch den Rath ihres Theaterdichters, des
Herrn Bock, unterstüzt, ihre Vorgänger zu erreichen,
und den guten dramatischen Geschmack von Hamburg
mehr zu beseelen als erkalten zu lassen. Von ihrem
patriotischen Enthusiasmus für die Aufnahme der Bühne zeugt diejenige Ankündigung, worinnen sie vor
kurzem den dramatischen Schriftstellern allerley Vortheile versprochen hat. Wenn gleich — wie Berlin
und Wien bereits erfahren — Preise nur selten das
Mittel sind; wenn Männer von Talenten sich gleich
nicht gern einem unbestimmten Richterstuhle unterwerfen, dessen Einsichten sie nicht kennen; wenn gleich die
Raubsucht der Drucker, welche schon oft aus den Par-
thien der Schauspieler Stücke ohne Vorbewußt der
Verfasser edirt haben, den Autoren leicht den Vortheil
entziehen könnte, der ihnen noch von dem Drucke ihrer Arbeiten zu hoffen übrig bleibt; mit einem Worte,
wenn gleich den Absichten der Madam Ackermann
manche Hindernisse entgegenstehen: so ist es doch eine
rühmliche Bemühung, die Vorstellungen aus der Handschrift zu vermehren, und dem Mangel an Originalen
und guten Uebersetzungen abzuhelfen.

Im vorigen Herbst — denn von da geh' ich aus —
erhob sich ein heftiger theatralischer Krieg über den
Werth und Unwerth einiger der vornehmsten dasigen
Schauspieler, der sich, wie gewöhnlich, auf Persön-
lichkeiten gründete, und zuletzt, um die Sache doch
etwas wichtiger zu machen, über die Erbärmlichkeit der
Bühne überhaupt ausgedehnt ward. Herr Wittenberg, ein Mann, den ich meinen Lesern nicht zu schildern

dern brauche, gab das Signal dazu. Er, der sonst mit freygebigen Händen denen ersten Schauspielerinnen Weihrauch gestreut hatte, verwandelte sich, nach seiner besondern Geschicklichkeit sich zu metamorphosiren, plötzlich in den unvernünftigsten Tadler derselben, und alliirte sich, um die heilige Fahne vorzutragen, mit Herrn Götze, dessen Anathema gegen das Theater im Altonaer Postreuter häufig erneuert und eingeschärft ward. Ein gewisses Wochenblatt, das er unter dem thrasonischen Titel, Allgemeines teutsches Wochenblatt zur Ehre der Lectüre heraus gab, und worinnen die (höchst schaalen) Theaterartickel noch das Beste waren, ward in der Folge sein vornehmster Kampfplatz. Andre Zeitungsschreiber (z. E. der Wandsbecker Bothe) und Wochenblattverfaßer ermangelten nicht, ihm seine gebührende Züchtigung deshalb wiederfahren zu laßen. Dies gab einem Ungenannten Gelegenheit, sich in einer Brochüre: Raufbalgereien einiger Wochenblattisten und Zeitungschreiber wegen der Hamburger Schaubühne, den ganzen Streit lustig zu machen. Einige Schauspieler, z. E. Hr. Brockmann und Dem. Ackermann (die ältere) suchten ihren guten Laimund selbst zu retten. Das Sendschreiben eines Hamburgers und die Antwort auf daßelbe entschieden nichts. Zu Boden ward hingegen Herr Wittenberg durch den Verfaßer eines dramaturgischen Etwas geschlagen, und sein Freund, der Urheber des (jämmerlichen) Briefwechsels zweyner Teutschen, die teutsche Litteratur und die Hamburger Bühne betreffend, konnte ihn nicht wieder aufrichten. Ja, dieser sein Freund, ließ sich zuletzt zu solchen Niederträchtigkeiten herab, daß ihm ein Verbot der Obrigkeit Stillschweigen auferlegen muste. Ein Theatralisches Wochenblatt, das in Hamburg noch mitten in der Hitze dieses Streits (30sten August) angefangen ward, und bis zum

Merz) aus 20 Stücken besteht, hat das Meiste dazu beygetragen, dem bellenden Kunstrichter das Maul zu stopfen. „Weit entfernt, sagen die Verfaßer deßelben, „uns zu schmeicheln, die Stelle eines Leßings, eines „Sonnenfels zu ersetzen, werden wir nur durch Be- „scheidenheit unsre Kollegen zu übertreffen suchen." Es hat daher dies Wochenblatt für den Geschichtschreiber der Bühne einen großen Werth, wenn es auch dem Kritiker keine neuen Aussichten eröfnen sollte.

Ein Hauptverdienst der jetzigen Theaterdirection in Hamburg, zu dem unstreitig die Bemühungen des Herrn Bock viel beygetragen, ist, glaub' ich, dieses, daß sie diejenigen Werke der Ausländer, welche sie aufführt, zu nationalisiren sucht, und glücklicher nationalisirt, als es in Wien, bey gleich gutem Vorsatze, zu geschehen pflegt. Aus dem Bourru bienfaisant ist ein ehrlicher Meklenburger gemacht, so wie fast alle Stücke von Goldoni umgeändert worden. Die School for Wives spielt in Schlesien, und der Irrländer ist in einen Pommer verwandelt. Den besten Mann von Beaumont und Fletcher, (aus dem englischen Theater) wohl das erste Lustspiel der ältern englischen Bühne, das in Teutschland vorgestellt worden, hat man zuvor von Auswüchsen gereinigt. Die Schwester des Frau Lenor, le dedain affecté, Kenrick's Frau ohne Mann (lezteres unter dem Titel: die Brunnenkur) sind alle verändert. Kurz, in Hamburg versucht man jezt die meisten Gattungen von Schauspielen, und kann (denn auch Ilgener wagt alles) es versuchen.

Von den Originalen, die neuerlich von dieser Gesellschaft aufs Theater gebracht worden, sind Clavigo, Götz von Berlichingen, die Jubelhochzeit, der Edelknabe, und der Graf von Wickham die Wichtigsten. Clavigo ward den 21sten August das erstemal gege-

gegeben. Herr Brockmann ist jezt der erste Schauspieler dieser Gesellschaft, und so erhielt er den Beaumarchais. Ob er sich gleich im Mellefont und im Eßex
einerley Beyfall erhält, und ihn in allen Rollen seine
Bildung unterstüzt, so scheint er doch mehr Würde und
edlen Stolz, als Biegsamkeit und Lebhaftigkeit zu besitzen; daher sein Fürst im Edelknaben seinen Beaumarchais übertrift. Herr Reinecke, der sich sonst auf
zärtliche Väter befleißigt, hatte den Clavigo, und
in vielen Stellen gelang ihm diese schwere Rolle, die
Kälte und Feuer zugleich erfodert. Herr Schröder
ist in niedrigkomischen Rollen groß, und so schien der
Humor des Carlos nicht immer seine Sache. Dem.
Ackermann die ältere spielt zwar die Sara und die
Orsina, aber zärtliche Rollen sind ihr unstreitig natürlicher, und so gehörte ihr die Marie vorzüglich. —
Den 24sten October machte man das erste Probe
mit Götz von Berlichingen, und stellte ihn in kurzer Zeit dreymal vor. So wenig auch Herr [...]
für die Vorstellung gearbeitet haben mag, [...]
doch die Absicht der Schauspieler löblich, den [...]
schauern lieber zu starke als zu schwache Speise [...]
setzen, und lieber einem großen als einem [...]
Dichter nach zu arbeiten. Von Seiten der [...]
waren keine Kosten gespart, und, mit Hülfe des [...]
termahlers, Zimmermann, das Kostume strenge [...]
achtet. Um die Zerstreuung einigermaßen zu [...]
über welche die Zuschauer an andern Orten geklagt [...]
man hier bey der Vorstellung einen gedruckten A[...]
aus dem Göthischen Schauspiele ausgehoben, [...]
die Geschichte des Stücks im Zusammenhang vorgetragen war. Nicht allein, weil die Sentiments des Dichters, Hamburg angemeßner als Berlin sind, [...]
weil auch die Vorstellung überhaupt hier besser [...]
war der Beyfall allgemeiner und anhaltender. [...]
spielte Herr Reinecke. Bey der Mannigfal[...]

Talente, welche zu einer solchen Rolle gehören, wird
sie von keinem unsrer jetzigen Schauspieler jemals ganz
vollkommen gespielt werden; die Scene, welche Herrn
Reinecke am besten gelang, war die mit dem Bruder
Martin. Noch besser ward Weislingen durch Herrn
Brockmann ausgeführt, vornemlich in der Scene,
wo ihn sein Gewissen peinigt. Die jüngere Dem.
Ackermann (deren für unsre Bühne zu früh erfolgten
Tod wir als einen wahren Verlust beklagen müßen,)
hatte die schlüpfrige Rolle der Adelheid, und riß sich
am besten dadurch aus der Verlegenheit, daß sie ihre
Rolle mehr ins Stolze als ins Buhlerische hinspielte.
Marie war an ihre Schwester, das heißt, an die rechte Person gekommen. Madam Reinecke, die sonst
als Marwood gefällt, bemühte sich hier die sanfte und
gelassene Elisabeth zu machen. Herr Schröder be-
kleidete (wozu bey diesem Stück alle Gesellschaften genöthigt werden) zwey Rollen zugleich, den Mönch und
den Lerse, unter welchen unstreitig der leztere ihm am
angemessensten war. Herr Dauer, ein Anfänger, welcher in Operetten singt, und zuweilen den Petitmaitre
erträglich macht, sollte hier den Reutersjungen Georg
vorstellen. Besser ward Franz von Herrn Schütz gespielt, welcher überhaupt, wenn er sein natürliches
Feuer durch Kunst mäßigen wird, viel hoffen läßt. —
Daß die Gesellschaft der Jubelhochzeit gewachsen gewesen, wird keines solchen weitläufigen Beweises bedürfen. Herr Schröder machte den Hausvater Klaus
mit viel Humor, und Herr Klos (der noch besser singt
als spielt) traf seinen Bärtel recht gut. Herr Reinecke war ganz Robert, nur kein Sänger. — Es
würde die Leser ermüden, wenn ich diesmal noch mehrere
Stücke so umständlich durchgehn wollte; daher bemerke ich nur noch, daß leider auch Originale wie der
Stahlvolle, der Kriegsgefangne und dergleichen
gegeben werden. Im December und im März that die

C. M. Junius 1775.   S   Gesell-

Gesellschaft eine Reise nach Schleswig; in ihrer Abwesenheit amüsirte Mr. Hamon mit seiner franzöischen Operette das hamburger Publikum.

Ich freue mich, diesmal von zwey Theatern einige Nachrichten ertheilen zu können, die wegen ihrer Entfernung weniger bekannt sind, von dem Münchner und dem Rigaer. Das erstere ist noch ganz in der rohesten Kindheit, und noch sieht man geringe Hoffnung, daß es vollkommner werden möchte. Die meisten Stücke, welche man zu München spielt, sind Wienerische und einige noch viel schlechtere Geburten, z. E. den unglücklichen Grafen von Pontis. Baierische Originale und Uebersetzungen kommen freylich immer häufiger zum Vorschein, aber, was sind sie alle, wenn man sie auf die Waagschale der Kritik legt? Die Namen der Schauspieler sind: Herr und Madam Mousseuil, Herr und Madam Nieser, Herr Appelt, Herr Renner, Herr Panderer, Herr Pallerschweng, Herr Clement Huber, Herr Xaver Huber, Herr Seeler, Herr Schiele, Madam Pauser, Dem. Ackermann, Madam Sewald, Madam Scheibel, Dem. Pfeiffer. Dunkle Namen, werden die Leser ausrufen! Und in der That ist, außer Herrn Mousseuil, der sonst bey Marchand in Liebhabern gefiel, kein einziger auswärts bekannt, und noch etwa zwey, höchstens drey davon nur leidlich. Das Publikum zu München hat bereits viel gethan. Das Vergnügen an den ehmaligen rohen und ungesitteten Scherzen ist fast ganz verschwunden; die meisten, sogar einige Bürger vom untersten Range, freuen sich, und versammeln sich zahlreich, wenn zuweilen ein gutes rührendes Schauspiel oder eine Tragödie gegeben wird. Es ließe sich also von einem solchen Publikum in der That etwas hoffen. Der Unterdirector, Herr Nieser, (denn die eigentliche Direction hängt von dem Grafen Serau ab) hat, als

als er noch für sich selbst eine Gesellschaft dirigirte, den Muth, sogar auf einer Privatbühne ohne Hanswurst zu spielen, und es gelang ihm zu gefallen. Aber jezt läßt man bald wieder durch Uneinigkeiten unter den Schauspielern, durch Unthätigkeit und Geringachtung des guten Geschmacks von Seiten der höhern Direction, die ersten Keime der guten Hoffnung wieder ersticken. — Einige Edle dieses Landes haben eigne dramatische Versuche gemacht, welche in so fern wichtig sind, als ihr Stand der gesitteteten Bühne Ansehen verschaffen kann. Ein edler Herr von Speckner, des H. R. Ritter und Regierungsrath zu Burghausen, schrieb schon 1772 ein Trauerspiel: Der Baronet von Yorkshire, in fünf Akten und in Prosa; und vor kurzem ist von ihm ein Darius in reimlosen Jamben und in einem Akte erschienen. Von Nachahmungen fremder Muster haben alle Länder den Anfang gemacht, und selbst der Gedanke sie nachzuahmen muß zu gewissen Zeiten kühn genannt werden. Herr von Speckner wird unstreitig auf einen bestimmten Rang unter den teutschen tragischen Dichtern keine Ansprüche machen; sein Patriotismus und seine Bekanntschaft mit der Sprache des Theaters geben ihm dafür ein Anrecht auf das Amt eines Reformators in seinem Vaterlande —. Ein Graf von Savioli hat ein seines Standes würdiges Thema zu einem Lustspiele gewählt: Die Ahnensucht. Die Geschichte seines Stücks ist aus einer französischen Erzählung le Noble entlehnt, und die Hauptabsicht desselben geht dahin, den vernünftigen Ahnenstolz zu schildern. Meistentheils überrascht den Leser die Reinigkeit und Geschmeidigkeit der Sprache, welche darinnen herrsche. Nur hier und da bin ich angestoßen, z. E. der verehrliche (verehrungswerthe) Vorzug; der Ehestand ist ihr Antheil; wie fehlig war ich, etwelche Urkunden; der Saal ist derselben voll u. s. w. Zuweilen hat der Ver-

S 2   fasser

faſſer den pretiöſen Ton des franzöſiſchen Erzählers beibehalten, welcher im dramatiſchen Dialog nicht die beſte Wirkung thut, z. E. die Liebesfackel beleuchtet nur alsdann den Verſtand, wenn ſie zu erlöſchen anfängt. Die Sprache des gerührten Herzens ſcheint dem Herrn Grafen nicht immer geglückt zu ſeyn; ſo ſagt z. E. die Tochter, wenn ihr der Vater den Fluch giebt: Ihr Fluch tödtet mich; iſt wohl dem ſchmetternden Blitz ſoviel Gewalt eigen? — Herr von Courtin hat einen Wohlthätigen ——— ben. Wenn er mehr gefliſſen geweſen wäre, ſich wohl ein Ideal eines Wohlthätigen zu ———, dieſen Character durch ſeine Raiſonnemens ——— Empfindungen zu beſtimmen; wenn er mehr ——— Eindrücke zu ſeiner Abſicht gemacht hätte, ——— legenheit, in welche der Freigebige durch ſeine ——— thaten geräth; wenn er eine gröſſere Mann——— teit von Wohlthaten und weniger romanhafte ——— heiten aufgeſtellt hätte: ſo könnte ich ihn ——— gar loben. Im Komiſchen ſinkt er oft bis ——— meinen z. E. Die Männer ſind katzenartig ———

Durch die Unterſtützung des Herrn G——— von Vietinghof dauert das (1773) zu R——— dete deutſche Theater noch immer fort, und ——— ſans ſehr vollſtändig, wenn gleich nicht v——— worden. Ich will unter den Mitgliedern ——— erſt diejenigen nennen, welche bereits v——— vor ſich haben. Mit Recht ——————— Her——— die Direction, als einer der ———————— noch aus der Schönemanniſchen ——————— dem in ernſten Liebhabern Beifall ——————— in edlen Alten hervorthut.) Madam ——————— malige Dem. Rainer, beim Theater ——————— vornemlich in ſchwatzhaften Mäd———————— fängt bereits an, Liebhaberinnen ———————

spielen, und in Operetten (denn auch diese sind das
gröste Labsal des Rigaer Publikums) zu singen; besonders spielt sie das Kätchen in dem Rosenfeste sehr
gut. — Madam. Hübler ist als Dem. Stein-
brecherinn zu berühmt, als daß ich sie zu characterisiren
nöthig hätte; ihr Mann aber erhebt sich immer noch
nicht über den Anfänger. — Herr Mende hat sich
von seiner Frau getrennt, und ist nicht bey diesem Theater. Hingegen hält sich Madam. Mende mit ihrem
nunmehrigen Manne Herrn Hundeberg zu Riga auf.
Dieser spielt alle Arten von Alten hier, doch nur die
edlern vorzüglich, und er ist ein Hausvater (im Dide-
rotischen Stück) ungefehr von des verstorbnen Schu-
berths Güte. Madam Hundeberg war schon als
Madam Mende in Soubretten bekannt, und gefällt
auch noch jetzt als Francisca in der Minna von Barn-
helm. Wie sie aber, zumal bey ihrer heisern Stimme, es wagen kann, auch als Orsina aufzutreten, und
in Operetten zu singen, ist schwer zu entscheiden. Sie
hat eine Tochter von ihrem vorigen Manne, eine Dem.
Mende bey sich, welche das Suschen im Arzdtekranz
ganz artig spielt. Herr und Madam Engelmeyer
haben sich schon bey so vielen Gesellschaften, in so vielen Gegenden als mittelmäßig producirt, daß mehr von
ihnen zu sagen überflüßig wäre. Madam Sauerweid darf ich nur als die verwittwete Madam
Kirchhof und als gebohrne Heidenschild angeben, so
werden die Liebhaber des teutschen Theaters sich ihrer
sogleich erinnern. Zum Glück spielt sie jetzt keine Liebhaberinnen mehr, sondern Mütter, unter welchen ihr
die affectirten am besten gelingen, weil sie auch schon
sonst in Liebhaberinnen affectirte. Ihr Mann, Herr
Sauerweid bessert sich jetzt, und spielt einige Bediente,
Wirthe und Pedanten erträglich —. Unter den
obscuren Namen verdient noch Madam Strödel
am ersten bemerkt zu werden, als erste Sängerinn von

eine«

einer ziemlichen Stimme, als Amalia im Aerndtekranz und als Elise in Elysium. Ihr Mann, Herr Strödel will Liebhaber und Bediente spielen. Ein gewisser Herr Meurer macht die Bouffons in den Operetten, allein, da er vorher auf dem italienischen Theater gewesen, so behält er noch immer das Spiel des Pantalon. Ein Herr Meyer macht Nebenrollen und singt auch eins. Ein Herr Stark, der allenfalls einigen noch als Kochischer Balletmeister und Budenprincipal ums Jahr 1766 bekannt seyn mag, wird hier — leider — zu komischen Alten gebraucht. Die Herrn Wonus und Wildhansen bekleiden unbedeutende Rollen und Bedienten; und endlich tritt zuweilen auch Madam Lindner die Frau des Soufleurs mit auf.

Weil ich eben in dortigen Gegenden bin, will ich noch zween Worte von einer andern Truppe hinzusetzen, welche sich zu Reval aufhält. Ob sie gleich der in der Theatergeschichte bekannte Scolary dirigirt, so ist sie doch der Rigaer weit nachzusetzen, wie aus dem Verzeichniß der Personen erhellen wird. Die Herrn Antusch und Mende sind zwar bekannte Namen, aber nur denen, welche neugierig gnug sind, auch die Mittelmäßigkeit zu kennen. Außerdem ist Madam Porsch, welche einmal eine schlechte Truppe in Ober- und Niedersachsen geführet, mit ihrer Familie hier, nur ihre Eltern, Herr und Madam Richter, ausgenommen, welche in Rußland gestorben sind. Ein Herr und Madam Schulz, ein Arnhold u. s. w. sind alle nicht werth, nur ein Wort weiter um sie zu verlieren.

VI.

VI.

Nöthige Errinnerung

in Betreff eines Falls, wo die eingeimpften Blattern wiedergekommen seyn sollen.

Der im achten Bande des Teutschen Merkurs S. 218. bekannt gemachte Auszug eines Schreibens von D**. worinn von einem daselbst sich zugetragnen Falle, wo die Kinderblattern nach der Einimpfung wiedergekommen, eine allzukurze, und den gründlichen und vorsichtigen Beobachter der Natur nicht befriedigende Nachricht mitgetheilt worden, hat im Publicum einiges Aufsehen gemacht, viele beunruhigt, und bey verschiedenen Einsichtsvollen und erfahrnen Aerzten die gegründete Besorgnis erregt, daß der guten Sache dadurch einiger Nachtheil zugehen könnte. Ich eile also, folgenden mir so eben von einem großen Arzt mitgetheilten kurzen Aufsatz, dem Publicum, und besonders dem würdigen Freunde, von welchem jene mir privatim mitgetheilte, und von mir, mit mehr Wohlmeynung als Vorsichtigkeit publicierte Nachricht herrührt, mitzutheilen; in Hofnung, daß derjenige Arzt, dem dieser merkwürdige Casus vorgekommen, sich nicht weigern werde, das gerechte Ansuchen, das hiemit im Nahmen aller Freunde der Inoculation an Ihn ergeht, statt finden zu lassen.

W.

* * *

„Der Verfasser der ängstlichen Nachricht im T. W. 8 B. S. 218. von nach der Einimpfung wiedergekommenen Blattern, wird ersuchet, zum Besten der Kleingläubigen und Ungläubigen in diesem heilsamen Geschäffte, auf eine den philosophischen Arzt befriedigende Weise, oder, wie es ihm beliebt, gerichtlich, und durch Notariats-Instrumenten darthun zu lassen, daß die in seinem Falle eingeimpften Blattern die wahren und nicht die falschen, oder Windblattern gewesen. Die Erfahrung hat gelehret, daß die falschen Blattern von unvorsichtigen oder un[...] Inoculisten oft eingeimpfet werden, und daß die besten, den wahren ähnlich-scheinenden [...] hervorgebracht haben. Eben diese sichere [Erfahrung] hat aber auch erwiesen daß keine dieser falschen Blattern, eingepfropft oder uneingepfropft, vor der von Blattern Ansteckung sicher stelle, daß aber die pfropfung der wahren Blattern vor zwoter An[steckung] allemal in Sicherheit setze: Die bisher vorge[stellten] Fälle nach der Einimpfung wiedergekommene[r Blat]tern, sind alle verdächtig, durch diesen [...] anlaßet zu seyn.

Es ist daher zu viel daran gelegen, als daß [...] die geforderte Untersuchung und [...] gegenwärtigen Falles nicht verlangen und g[...] Menschenliebe des Herrn Denunciaten er[...] solle."

VII.

VII.
Neue Bücher.

1. Halladat, oder das rothe Buch, zum vorlesen in den Schulen. Hamburg, bey Bode. 1775. klein 4. S. 94.

Ungeblendet von Freundschaft oder Feindschaft gegen den ungenannten Verfaßer, ohne Vorurtheil, ohne andre Absicht als der erkannten und gefühlten Wahrheit Zeugniß zu geben, trete ich hervor, — nicht um ein kunstrichterliches Urtheil zu fällen, — nicht einen eingebildeten Machtspruch, der irgend Jemanden den Mund aufbrechen oder zuschließen soll, auszusprechen, — sondern bloß meines Herzens Meynung von einem Buche zu sagen, das in meinen Augen unter allen den mannichfaltigen neuen Erscheinungen unsrer Zeit die wunderbarste Erscheinung ist.

Ich höre, daß Viele — die das rothe Buch wie eine andre poetische Neuigkeit in die Hand genommen, und (vermuthlich nur sehr flüchtig) übersehen haben — entweder ziemlich ungünstig davon geurtheilt, oder wenigstens nicht recht mit sich einig haben werden können, was sie daraus machen sollten. Den Leztern kann es vielleicht nüzlich seyn, wenn sie auf den wahren Standpunkt gewiesen werden, aus dem sie ein so sonderbares Phänomen ansehen müßen, wenn sie es recht sehen wollen: die Erstern aber möcht' ich wohl, aus guter Meynung, warnen, durch allzurasche Urtheile nicht am Ende bloß sich selbst zu beschämen. Ich begreiffe zwar sehr wohl, daß Weltleute, deren Herz durch den ganzen Zusammenhang ihrer Umstände, Beschäftigungen, Ergötzungen und unaufhörlichen Zerstreuungen, von der hohen Einfalt die im Halladat herrscht, unendlich entfremdet worden ist, nichts weniger als gestimmt sind, ein solches Buch zu verstehen und zu genießen; und daß jemand, der von langer Zeit her gewohnt ist nichts als französische feine Ragouts zu kosten, eine so kunstlose Speise (so gesund sie auch ist) nicht wohl nach seinem Geschmack finden kann? Billig muß es ihm also frey stehen, sie vorbey paßieren zu laßen; aber unbillig wär's, wenn er sie verachten, und andre, deren Gaum noch nicht so verzärtelt ist, durch Spott und Verfichtlage davon abschrecken wollte.

Ich selbst (wiewohl mit einer vieljährigen Fertigkeit alle Arten von Schriften, aus denen eine gesunde Seele einigen Saft auspressen kann, ohne Gefahr einer Indigestion vertragen zu können) bekenne, daß mich die ungewöhnliche Simplicität, und der mystische Geschmack dieser neuen Seelenspeise im ersten Augenblick stutzen machte. Aber freylich brauchte es nicht viel Zeit, um durch alle meine innern Sinnen inniglich überzeugt zu werden, daß es — Ambrosia und Nektar sey.

In der That — um die abgenützte Allegorie einmal fahren zu laßen — ich kenne wenige — und wenn ich geradezu mit meinem Gefühl sprechen soll — gar kein andres bloß menschliches Buch, welches geschickter wäre, eine Seele, die für das Wahre und Gute gefühlvoll ist, eine Seele die sich glücklich fühlt, wenn sie sich zu Zeiten (je öfter je lieber) aus den Zerstreuungen des Lebens — des größtentheils kindischen und animalischen Lebens, wozu uns die Umstände in diesem unserm Raupenstande (wie ihn Haller nennt) verurtheilen — sammeln, und sich an stiller Betrachtung dessen was wahrhaft und ewig Schön und Gut ist laben kann, — was, sage ich, geschickter wäre, einer solchen Seele *in solchen Stunden* der besten Unterhaltung zu dienen als dieses Büchlein. Auch bin ich gewiß, wenn dieses kleine rothe Buch sich erst einmal über alle Hindernisse, die ihm Vorurtheil, falscher Geschmack u. s. w.

vielleicht

vielleicht auch Partheygeist und Eigensinn eine Zeitlang entgegensetzen werden, einen Weg gemacht haben wird, (und dies wird ganz gewiß geschehen; denn das Publikum ergreift am Ende doch allemal die gute Parthey) so wird es gerade das Buch seyn, dessen Werth am allgemeinsten anerkannt, und dessen man, unter allen Erbauungsschriften, sich am meisten bedienen wird. Vielleicht werden mir wenige meiner Leser hierinn unrecht geben, wenn sie folgende Vorstellungen näher mit sich selbst erwogen haben. —

Die wahrheitforschende Betrachtung der Natur führt uns zur Erkenntnis ihrer höchsteinfachen und wohlthätigen Gesetze, und der wundervollen Harmonie aller ihrer unendlich mannichfaltigen Theile und Bewegungen zu Einem großen Zweck des vollkommensten Ganzen. Das Resultat dieser Betrachtung ist Weisheit, und diese Weisheit führt zu Gott. Aus der aufrichtigen Bestrebung, in allen unsern Handlungen wahr und gut zu seyn, entsteht endlich eine zur Fertigkeit gewordene Unschuld und Güte des Herzens. Die Würkungen dieser wahren Herzensgüte sind Friede und Harmonie mit der ganzen Natur, Wohlgefallen und Freude an Allem und über alles was schön und gut ist, warme Theilnehmung an dem Wohl unsrer Mitgeschöpfe, immerwährendes Streben, es mit aller unsrer Thätigkeit zu befördern; — und auch diese Güte führt zu Gott. Die Verbindung jener wahren Weisheit des Geistes mit dieser wahren Güte des Herzens macht die wahre sittliche Vollkommenheit des Menschen aus; beyde befördern und erhöhen einander wechselsweise, und vereinigen sich, die Seele zu der einfachesten Erkenntnis und reinsten Liebe Gottes zu führen, deren sie fähig ist, und wovon die Grade ohne Zahl sind. Ein Sterbliches, der sie besitzt, erhebt sich stuffenweise und beynahe ihm selbst unmerklich, zu einer dem großen Haufen der Menschen unbegreiflichen Höheit und Einfalt der Seele;

Verstand

Verstand, Wille und äußere Thätigkeit sind gleichsam nur Eins in ihm; alle seine Gedanken sind Empfindungen, alle seine Empfindungen werden zu Gedanken, und beyde zu Handlungen, bey der ersten Gelegenheit. Seine Seele wird wie ein reiner Bach, worinn die Natur sich spiegelt; Alles in ihm ist lebendige Wahrheit und Güte. Endlich wird es ihm gewöhnlich und natürlich, in der ganzen Schöpfung immer und allenthalben den Guten Gott zu sehen, dessen Werk sie ist; er wird in diesem Verstande ein Seher Gottes, er fühlt allenthalben den Allgegenwärtigen; nun fallen von allen Dingen, allen, die Schleyer weg; er sieht Glück und Unglück, Thun und Lassen, der Sterblichen, in ihrer wahren Gestalt; aber so wie er darum selbst nicht aufhört, menschlichen Bedürfnissen und Schwachheiten unterworfen zu seyn: so hört er auch nicht auf, sich für die Menschen zu interessieren, ihnen nach allem seinem Vermögen Gutes zu thun, und wenn er dies auf keine andre Weise kann, es durch die Mittheilung seiner Ueberzeugungen, durch Unterricht und Aufmunterung zum Guten, zu thun. — Dieser Weise, ich gesteh es, ist ein Ideal; aber wohl dem Menschen, der auf dem Wege ist, ihm immer näher zu kommen! — Und dieser Weise, meine Freunde, ist der Seher Gottes, den uns der Verfaßer des Halladat nach dem schildert; oder vielmehr, nicht schildert, sondern uns selber in seinen von reiner Wahrheit ganz durchwalteten Geist in sein mit reiner Güte ganz erfülltes Herz hinein schauen läßt. — Der Verfaßer hat seinen Weisen nach Indien oder Persien (wie ich vermuthe) versetzt, wo es mehr als Ein Weiser von ähnlicher Art gegeben hat. Der Morgenländische Schwung, der im ganzen Halladat herrscht, wird dadurch nicht nur natürlicher, sondern schickt sich überhaupt am besten Wahrheiten für das Herz, und Empfindungen für den Verstand mit Würde, Kraft und Einfalt vorzutragen. Die Benennung eines jeden der Capitel, in die das Werk ist, mit seinem eignen Nahmen, ist morgenländisch, und schon von den ältesten griechischen Scribenten, z. E. Homer und Herodot, den Orientalen vermuthlich abgesehen worden. Sie hat ihre Bequemlichkeiten beym Gebrauch des Buches. Die Arabischen oder Arabisch klingenden Nahmen der Personen und einiger Sachen, waren auf gewisse Art die schicklichsten die der Verfaßer finden konnte; griechische, lateinische, teutsche Nahmen würden zum Ton und Inhalt des Buches nicht gepaßt haben.

Das Ganze ist in zwey Theile getheilt, wovon der Erste auf eine unmittelbare Art Gott, und der Andre den Menschen zum Gegenstande hat. In jenem beschäftigt sich der Weise hauptsächlich damit, den Menschen würdige Gedanken und Empfindungen von ihres Gottes unendlicher Größe, Weisheit und Güte zu geben; in diesem, sie in den Pflichten der Gerechtigkeit, Menschlichkeit und Wohlthätigkeit, vermittelst kleiner zu seinem Zweck erfundener Geschichtchen, zu unterweisen, und zur Ausübung derselben zu erwecken. Aber die Art, wie er dies alles thut, auf die kam alles an, und die macht das Originelle, Charakteristische, und den ganz besondern Werth dieses kleinen Buches aus. Alles darinn ist bestimmt, anschauend, gefühlt; nichts ist durch kaltes Nachdenken, da man sich hinsezt und gewisse Gedanken hat, weil man sie haben will, sondern Alles, wie man augenscheinlich sieht, durch besondere Veranlaßungen, wie durch Inspiration, eingegeben; und in so fern der Leser nur mit einiger Ruhe des Gemüths und ohne widrige Vorurtheile ließt, so ist es unmöglich, daß er der Wahrheit widerstehe, die darinn mit seiner Seele spricht, oder daß er nicht eben so innig fühle, daß sie Wahrheit ist, als er sein eigen Daseyn fühlt. — Und so muß man doch moralisieren, wenn man will, daß wir dadurch besser werden!

A. William

2. William Shakespears Schauspiele. Neue Ausgabe, von Johann Joachim Eschenburg ꝛc. 8. 1775. I. II. III und IV. Theil. Zürich. Bey Orell, Geßner, Füeßli und Compagnie.

Mit wahrem Vergnügen eile ich diese vier ersten Theile der neuen, verbesserten, und vollständigen Ausgabe des größten, lehrreichsten und unterhaltendsten Schauspiel-Dichters der je gewesen ist und vermuthlich je seyn wird, anzupreisen. Wer ihn nicht Englisch lesen kann, müßte sich selbst Feind seyn, wenn er säumen wollte sich diesen teutschen Shakespear anzuschaffen — er müßte denn nur gar nicht lesen können. Herr Eschenburg hat, so viel ich bey der ersten Durchlesung sehe, alles geleistet was er versprochen und was man nur immer erwarten konnte. Seine Bemühung verdient einen der Größe und den Schwierigkeiten seiner Arbeit angemeßnen Dank; einer Arbeit, die, besonders in den vorher gar nicht übersetzten Stücken, und in den hier und da vol dem ersten Uebersetzer entweder ganz weggelaßnen oder nicht so treffend übersetzten Liedern, sehr groß war. Diese Ausgabe hat überdem Vieles gewonnen durch die erläuternde Anmerkungen (wobey der Herausgeber Alles, was nur immer in und außer England über Shakespear geschrieben worden, sich zu Nutz gemacht) und durch den jedem Theile beygefügten Anhang kritischer Nachrichten von jedem darinn enthaltnen Stücke. Besondere Anmerkungen, insonderheit über den Beyfall, der fast immer dem D. Johnson gegen den Warburton gegeben wird, behalte ich mir auf eine andere Gelegenheit vor. Der erste Theil enthält den Sturm, den Sommernachtstraum und die beyden Veroneser; der zweyte: Gleiches mit Gleichem, den Kaufmann von Venedig, und wie es euch gefällt; der dritte: der Liebe Müh ist umsonst, das Wintermährchen, und was ihr wollt; der Vierte: die Lustigen Weiber zu Windsor, die Kunst eine Widerbellerin zu zähmen, und die Komödie der Irrungen.

W.

Innhalt
des zweyten Vierteljahres.

April

I. Der Mönch und die Nonne, Zweeter Ges. S. 3.
II. Briefe über den Ricciardetto. 15
III. Geschichte des Philosophen Danischmende.
    Fortsetzung. 72
IV. Die Königskrönung. Ein Drama. 55
V. Unterredungen zwischen W** und dem Pfarrer zu ***.
    Erste Unterredung. 71

May.

I. Die goldnen Sprüche des Pythagoras 97
II. Geschichte des Philosophen Danischmende
    Fortsetzung. 106
III. Briefe über Italien.
    Zweeter Brief. 118
IV. An alle Menschenfreunde; über das Philanthropinum in Dessau. 134
V. Miscellanien.
    1. Unterthänige Zweifel gegen das classische Ansehen des A. Dow, in seiner Nachricht von den Fakirn. 152
    2. Einige Anmerkungen über Hr. Dow's Nachrichten von den Bramiuen 156

3. Woher, nach der Edda die guten und schlechten Skalden und Barden-kommen. 168

4. Etwas von der Goldmacherey des Demokritus von Abdera. 172

VI. Neue Bücher 177

Junius.

I. Gedichte. 193

II. Geschichte des Philosophen Danischmende Fortsetzung. 209

III. Briefe über Italien.
Dritter Brief 230

IV. Fortsetzung der ersten Unterredung zwischen W** und dem Pfarrer zu *** 243

V. Theater Neuigkeiten. 268

VI. Nöthige Erinnerung in Betreff eines Falles, wo die eingeimpften Blattern wiedergekommen seyn sollen. 279

VII. Neue Bücher. 281